EVERY TRUE HISTORY IS
FINANCIAL HISTORY!

世界金融大歷史3000年

從古希臘城邦經濟到
華爾街金錢遊戲

陳雨露、楊棟
著

年表——世界金融史上的第一次

前594年 雅典城邦第一任執政官梭倫發布「解負令」，解除奴隸「六一農」的債務。兩年後，梭倫改革幣制，鑄造足值幣，使商業再度繁榮。並依財產多寡，將公民分為四級，各級間貧富差距不大，形成較穩定的社會。

前431年 以雅典為首的提洛同盟和以斯巴達為首的伯羅奔尼薩同盟，展開耗時近三十年的伯羅奔尼薩戰爭。雅典倚靠「海事借貸」籌措糧食與軍費：放貸者可獲得高達三〇%至一〇〇%的利息，但同時也承擔風險，如果發生船難，或者船被斯巴達人劫持，甚至貸款者惡意騙貸……放貸人都會血本無歸。

前451年 羅馬《十二銅表法》誕生，不僅是世界法律的鼻祖，內容還包含兩個在經濟進程中最關鍵的概念：財產私有、權責對等。這兩個概念也是當代金融的靈魂。

前27年 屋大維即位，其有效治國方式，就是鑄幣。金、銀幣由帝國統一鑄造，行省只能鑄造銅幣。貨幣的權威建立後，使交易更加方便，商業逐漸繁榮。

324年 君士坦丁即位，以傭兵牽制分散各地的貴族來統治帝國，軍費來源有：國家鑄造貨幣、壟斷商業和手工業。所有手工業都由行會管理，從業者必須世襲，稅收由官僚規定。對進出城市的商品課重稅。對外貿易時，從進口數量到在國內上市時的價格，全由政府規定。

481年 克洛維一世建立法蘭克王國，建立領主制度，透過土地分封奠定西歐的社會與經濟基礎。

882年 北歐人在斯拉夫地區組建了基輔羅斯公國，再次打通黑海、波羅的海和裏海之間的商業聯繫，流入西歐的東方商品急劇增多。

1096年 第一次十字軍東征展開。戰爭促使以「聖戰」為名義的騎士團大發戰爭財，開始為商人、城鎮甚至各國王室提供信貸。

1119年 九名騎士組成聖殿騎士團。聖殿騎士團在征戰時聚斂不少財富，後來提供貸款與兵源給十字軍，為了尋找兵源，聖殿騎士團在各地成立分支，因此發展為橫跨歐亞的機構。他們將錢存放在各分部，成員可以憑單據取用現金，漸漸發展出匯兌的概念，就連一般商人也開始利用十字軍建立起來的通路。

1270年 香檳地區的集市形成第一個歐洲金融中心。這裡定期舉行財政貸款會議，法國王侯可以從這裡選擇合適的貸款者。

1337年 英法百年戰爭爆發，英國王室成功說服佛羅倫斯、米蘭，以及英國本地的商行貸款給王室。不僅取得軍費，也使得支撐戰局的金融體系得到空前發展。

1492年 哥倫布首次出航。他是第一個為了商業利益前往新大陸的人，同時也讓西班牙成為第一代海上霸主。西班牙人從美洲運回大量白銀、黃金，使歐洲的貨幣開始增加。市場流通的貨幣多了，造成歐洲物價飛漲。日後，這段歷史被稱為「價格革命」。

1520年 教會賣贖罪券斂財、擁有大筆土地，聚斂財富。面對教會亂象，馬丁・路德在八月發起宗教改革。

1534年 亨利八世查封所有的教會財產，完成著名的《教產帳簿》；查封修道院，最後沒收教會的土地。原修道院的地產被亨利八世交換、饋贈和出售，土地的購買者則是新興農場主和中產階級。

1588年 西班牙出動「無敵艦隊」，與英國決一死戰。戰爭期間，女王伊莉莎白一世要求英國商人把西班牙王室的匯票收集起來，然後在同一時間兌付。西班牙王室銀根緊縮，戰鬥力因此大受影響。

1602年 全球第一家證券交易所、第一個世界金融中心——阿姆斯特丹證券交易所成立。
荷蘭聯省議會批准荷屬東印度公司成立，負責東方的貿易事宜。
荷蘭聯省共和國設立阿姆斯特丹銀行，其銀行券成為全歐流行的貨幣；也是歐洲第一次出現紙幣。

1636年 鬱金香在阿姆斯特丹及鹿特丹的證券交易所上市。荷蘭人開創「期貨選擇權」：今年可以賣出明年才會長成的鬱金香球莖，交割時只需交割證券市場的差價。看漲、看跌、期權、期貨等證券市場專有名詞，都是在此時發展出來的。

1637年 市場上謠言紛飛，鬱金香的價格開始毫無理由地暴跌，人們開始拋售。出現金融市場以來首次爆發大危機：鬱金香投資泡沫化。

1640年 阿姆斯特丹成為世界貴金屬的貿易中心；阿姆斯特丹銀行成為國際匯率中心。

1694年 全球第一家股份制銀行——英格蘭銀行成立。

1705年 出身蘇格蘭的傳奇金融家約翰．勞，撰寫《論貨幣和貿易——兼向國家供應貨幣的建議》。這本著作在日後受到經濟學家熊彼得與凱因斯的推崇。

1711年 南海公司成立。該公司以承擔英國王室六十萬英鎊的債務作為報答，藉以獲得南海貿易的壟斷權。

1716年 法王路易十五即位，其攝政王奧爾良公爵腓力二世引進約翰．勞，特許他在巴黎成立法國第一家私人銀行：通用銀行，其發行的紙幣可以足額兌換金幣銀幣，因此獲得人們的信賴，法國的商業開始復甦。

1717年 密西西比公司成立。該公司獲得北美密西西比河流域的法國貿易特許權，與加拿大皮貨貿易的壟斷權。
英國王室造幣大臣牛頓規定，只有黃金才是貨幣，使英國實際上確立了金本位。

1719年 約翰．勞買下法國皇家造幣廠，皇家銀行所發行的紙幣成為法國法定貨幣。
密西西比公司、東印度公司、中國公司合併為印度公司，壟斷法國所有歐洲以外的海外貿易。

1720年 英國頒布《泡沫法案》，並宣布禁止一百〇四家公司的股票交易。該年九月，爆發「南海泡沫危機」。
法國國會下令皇家銀行的紙幣應貶值一半，這樣皇家銀行的黃金儲備才能兌付市場上所有流通的紙鈔。此法令一出，印度公司的股價大跌。

1721年 約翰．勞被免除財務大臣職務，法攝政王宣布紙幣停止流通，廢除印度公司所有特權，法蘭西銀行因擠兌而倒閉。

1725年 英格蘭銀行壟斷英國鄉村型銀行的票據清算。

1756年 以英法為主的七年戰爭爆發，歐洲國家幾乎捲入其中。荷蘭國內的金融業撥給各國的貸款已經超過了國內現金（金銀）的十五倍。

1763年 七年戰爭結束。阿姆斯特丹出現銀行擠兌潮，導致該年有四十三家銀行破產。

1774年 法王路易十六即位，任用來自日內瓦銀行界的雅克．內克爾為財政大臣。

1775年 英王亨利三世授與英屬東印度公司可獨家在北美賣茶葉，引發不滿，在北美港口爆發倒茶事件。漸漸的，北美開始有人反抗英國，美國獨立戰爭爆發。

1789年 五月，法王路易十六宣布召開三級會議，然後向會議提案，強行對特權階層徵稅。
「美國金融之父」漢米爾頓臨危受命，成為華盛頓的第一任財政部長，主張成立中央銀行並發行統一的貨幣，才能使金融發展起來。

1790年 七月，法國大革命爆發。

1790年 美國國會頒布《專利法》，保證發明人對發明成果享有獨占收益。

1791年 美國總統批准成立美利堅合眾國銀行（美國第一銀行）。

1791年 七月，美國第一銀行股票開始上市交易。

1792年 三月，二十四位經紀人在華爾街簽訂《梧桐樹協議》，並組成一個有價證券交易聯盟。此即紐約交易所的前身。

1792年 九月，法國國民公會廢黜路易十六，宣布成立法蘭西共和國。

1802年 美國國會批准成立專利管理局。

1816年 英國議會通過《金本位》法案，黃金第一次成為一個國家的法定貨幣。

1816年 美國國會要求總統重建美利堅合眾國銀行，美國第二家中央銀行，第二銀行成立。

1820年 位於美國紐約州的伊利運河通航，使運輸成本大為降低，各種運河公司應運而生。史稱「運河熱」。運河概念股也成為紐約證券市場的熱門股。

1830年 五月，美國第一條鐵路通車。此後，隨著鐵路發展，成為陸地貨運的主要工具。

1834年 以普魯士為核心的北部小邦取消彼此之間的關稅，有利各邦之間發展貿易關係。

1835年 德意志北部第一條鐵路開通，加強各邦之間的貿易發展。

1836年 三月，美國第二銀行關閉。此後幾十年，美國都沒有成立中央銀行。

1837年 七月，以普魯士為首的關稅同盟達成協議，建立「科隆馬克制」，逐漸邁向貨幣統一。

1841年 美國加州首次發現金礦。

1844年 五月，摩斯發出世界上第一條完整意義的密碼，由此創造了一個嶄新的華爾街。

1849年 加州的淘金熱讓美國一躍成為世界上最大的產金國。

1853年　「紐約中央鐵路公司」整合各家鐵路公司的資源，統一鐵軌和火車的標準規格。鐵路公司股票因此備受矚目。

1856年　英國皇家研究員珀金發明合成染料，但英國企業家不重視。後來此發明傳入德國，到一九〇〇年，全世界八〇%的染料都產自德國。

1857年　八月，美國密西根中央鐵路公司的股價從八十五美元跌到六十七美元。

九月，美國政府接管密西根中央鐵路公司。

十月，美國一半以上的股票經紀人破產。

十二月，全美共五千多家企業破產。第一次全球經濟危機，在紐約華爾街登場。

1861年　美國爆發南北戰爭，使美國北方經濟衰退。

1863年　紐約證券交易所掛牌，在這一年的交易量僅次於倫敦證券交易所。

1865年　紐約證券交易所的成交量是倫敦交易所的十倍。

1868年　日本明治維新，廢除幕府制，集權於天皇。

1870年　洛克菲勒成立標準石油公司，煉油產量占美國的九十五%。

1871年　包括普魯士在內的二十二個邦和三個自由市宣布成立德意志帝國，由普魯士邦的國王出任國王。

1873年　德意志帝國組建帝國銀行，統一馬克幣值，由三十二家銀行在各邦發行馬克紙幣，象徵德國在經濟上也實現了統一。

1876年　八月，日本明治政府頒布《金祿公債證書發行條例》，總計發行一．七四億日圓公債，用於資助國內大型企業。

1880年　全美有七個州立法，宣布壟斷市場的托拉斯企業在該州境內是違法組織。

1882年　洛克菲勒開創了史無前例的事業——托拉斯，標準石油成為全世界最大的石油企業。

1890年　美國國會通過《反托拉斯法》。

1893年　美國的黃金用於收購白銀、兌換紙鈔，且與海外貿易都必須以黃金支付，到了這一年，美國的國庫只剩九千萬美元的黃金。當時的美國總統克里夫蘭認為國家應不惜代價拯救金本位。

1897年 日本藉由《馬關條約》取得中國的戰爭賠款，建立了金本位制度，金融市場開始與海外往來。此後十年，日本經濟快速發展。

1898年 中國清政府頒布《專利法》。

1901年 約翰．摩根成立美國鋼鐵公司，公司資本占全美製造業資本十五%強

1903年 美國國會批准成立反托拉斯的執法部門：反托拉斯局。

1907年 十月，投機客炒作美國聯合銅業公司，使股價從六十美元跌到十美元，聯合銅業公司宣布破產。大恐慌蔓延華爾街股市，紐約證交所主席湯瑪斯向摩根財團求援。十一月，倫敦向紐約支援七百萬美元的黃金。道瓊指數開紅盤，危機解除。

1908年 美國通用汽車公司創立。

1911年 美國最高法院判決洛克菲勒的美孚石油是一個壟斷市場的機構，洛克菲勒的石油帝國被拆成三十七家地區性的石油公司。

1914年 在威爾遜總統的授意下，一批議員向美國國會提交《克萊頓反托拉斯法》，而且獲得通過。該法規定：「凡能導致削弱競爭的價格差別對待均屬非法。」

- 七月，英格蘭銀行提高貼現率，吸引資金回流英倫。德國的資金出現缺口，帝國銀行爆發擠兌。
- 十一月，美國的聯邦準備銀行正式開張。
- 英、法等交戰國苦缺軍費，美國則無法將農產品出口。威爾遜總統表態，美國金融機構可以對交戰國融資，但不准以國家名義進行。

1915年 美國摩根財團貸款五千萬美元給法國；貸款四．七五億美元給俄國；提供貸款五億美元給英、法。協約國的戰費幾乎一半來自借貸，最大的債主是紐約金融市場。

1917年 三月，美國對德宣戰，並且無條件提供協約國一百億美元的貸款。

1919年 三月，英鎊匯率下跌七十八．二%，英國正式放棄金本位。

- 六月，協約國和同盟國在巴黎簽署《凡爾賽和約》，第一次世界大戰正式結束。

1920年 一月，《凡爾賽合約》生效，德國須賠償協約國兩千六百億馬克，以等值黃金支付。後來因為德國無力償還這個金額，賠款委員會將金額降到一千三百二十億馬克，分三十年付清。

1922年 國際聯盟在熱那亞召開國際金融會議，要求與會國實行以金本位為基礎的金匯兌本位制。

德國出現了天文數字的通貨膨脹，全國人民都力主修改《凡爾賽和約》。

英、美放棄德國的戰爭賠償金，因為只有德國重建恢復購買力，英、美的貨品才有傾銷的對象。

1923年 一月，法國為了確保德國支付賠款，出兵占領德國魯爾區。英美聯手對付法國，美國拋售法郎，使法郎迅速貶值。法國只好退兵。

1924年 八月，英美為了牽制法國，每年提供德國八億金馬克的貸款，使德國經濟復興，並暫時不再討論德國賠款總額和支付年限。

1925年 德國工業產值再度超過英國，高出法國一倍以上。

1926年 德國對外貿易超過戰前水準。

九月，風暴捲走美國邁阿密數千棟房屋，導致房地產大跌。美國經濟也隨之出現疲態。

1927年 英德法三國央行派人到美國拜訪，說服聯準會放鬆銀根，降低稅率，多印美鈔。寬鬆的貨幣政策使華爾街股價不斷上漲。

1928年 簽署《非戰公約》，德國重新參與歐洲軍事事務。並以經濟困難為由，要求重新計算賠款與償還年限。

1929年 三月，美國股市單日跌幅高達二〇％、出現天量拋盤、股票經紀人要求投資者追加保證金。

十月紐約股市暴跌，引發全球第一次的金融海嘯。一九二九到一九三三年，美國破產的企業十四萬家、銀行一萬家，失業率高達三十二％。

1933年 六月，美國通過《一九三三年銀行法》，規定投資銀行的業務必須與商業銀行分開，商業銀行不再有證券風險。這種銀行、證券分業的模式，一直延續到一九九九年。

1934年 美國國會通過《證券交易法》，美國成立證券交易委員會。

1939年 九月，德軍進攻波蘭，第二次世界大戰爆發。

1941年 一月，美國總統羅斯福起草《租借法案》，總統可以「出售、劃撥、交換、租借防禦類物資給他國」。

1944年 五月，羅斯福宣布，中國納入租借法案，到抗日戰爭結束，共援助國民政府八・四五億美元。

十二月，日本偷襲珍珠港，美國隨即對日宣戰。

英國黃金儲備已從四十一億美元，下降到十九億美元；美國的黃金儲備則有兩百億美元，占全球七〇%。

七月，在美國的倡議下，四十四個盟國代表於美國召開「聯合國貨幣金融會議」。會議中決定：建立國際貨幣基金組織管理國際貨幣體系、建立以美元為核心的國際貨幣體系、繼續匯兌金本位體制。

1946年 三月，邱吉爾發表「鐵幕演說」，自此，世界進入了美蘇冷戰時期。

1947年 四月，美國助理國務卿克萊頓撰寫了著名的《五月備忘錄》，明確提出美國必須確保在西歐的戰略地位，並透過西歐遏制蘇聯，成為世界霸權的最終勝利者。

六月，美國國務卿馬歇爾在哈佛大學演講時，提出「歐洲復興計畫」，宣揚美國有責任復興歐洲經濟。

七月、八月，史達林為了反制「歐洲復興計畫」，與保加利亞、捷克斯洛伐克簽訂貿易協定。

1948年 四月，美國總統杜魯門簽署《對外援助法案》，向西歐各國提供一百三十三・二億美元的援助；其中九〇%為捐贈，其餘為貸款。

1949年 一月，蘇聯與東歐共產國家成立「經濟互助委員會」，東歐共產國家變成蘇聯的衛星國，向蘇聯提供原料，任蘇聯傾銷產品。

1950年 六月，韓戰爆發。為維持戰爭及戰後軍事開支，美國擴大財政支出，並成為全世界最大的軍火買家。韓戰期間，美國黃金儲備從占世界比重四七%，下降到三〇%，西歐則從一六%上升到三〇%，雙方力量已經大致持平。

1952年 六月，美元正式取代英鎊，成為國際貨幣。

1957年 三月，法、義、西德等六國簽署《歐洲經濟共同體條約》，邁出歐洲統一的第一步。

1963年 經濟互助委員會批准在東歐共產國家實行「轉帳盧布」，各國之間貿易差額清算以「轉帳盧布」計算。

1967年 東南亞國協成立，成員國確立了出口導向型發展戰略。接下來十五年，東協經濟成長率為七・一%。

1969年 索羅斯在華爾街成立「量子基金」。

1971年 美國終於結束建國以來始終保持外匯盈餘的紀錄，黃金儲備只剩下一百〇二・一億美元。

1973年 十二月，阿拉伯國家為了報復美國在中東戰爭時支援以色列，將石油標價權收回，不僅提高油價，還限量生產，使西方國家陷入「石油危機」。

1978年 中東爆發第二次石油危機。

1981年 二月，美國總統雷根提出「經濟復甦方案」：減稅、降低公共支出、放鬆政府管制。

1983年 三月，美國總統雷根向全國發表電視演說，宣布啟動「戰略防禦計畫」，建立太空防禦體系，摧毀任何飛向美國和盟國的核子彈頭。接著遊說國會撥款。

1985年 九月，美、英、法、西德、日本簽訂《廣場協議》。透過美元貶值提高日本、西德和英國的貨幣購買力，同時促進美國出口貿易。

1986年 日本政府預期景氣下滑，採取擴張性財政政策和貨幣政策、五度下調央行貼現率。日本開始連續五年的「平成景氣」：房地產、股市一飛沖天、大量在海外置產、GDP超越美國。

1987年 美、英、法、西德、日本簽訂《羅浮宮協議》，阻止自簽訂《廣場協議》後的美元跌勢。

1989年 日本政府意識到市場的價值高過實體經濟可承受的程度，央行總裁宣布要戳破經濟泡沫，東京股市下跌兩千點。

1992年 一月，所有經濟指標一致顯示日本經濟進入蕭條期、股市泡沫化。日本「失落的十年」開始。

二月，歐洲十二國簽訂《馬斯垂克條約》，歐盟正式成立。並以德國馬克為核心，約定組成歐洲貨幣單位。

九月，量子基金拋出四十億英鎊的賣單，英格蘭銀行動用資金使英鎊升值，但護盤失敗，英鎊退出歐洲匯率機制；英鎊匯率浮動，導致英鎊貶值。

1997年 五月，在量子基金的操弄下，泰銖暴跌，開啟東南亞金融風暴。

八月，泰國政府與國際貨幣基金組織簽訂協議，重整泰國金融秩序。

十月，國際貨幣基金組織提供兩百三十億美元援助印尼。但印尼政府無法提出可行的財政預算方案。

1998年 一月，印尼盾貶值二〇〇％，股市下跌五〇％。

五月，印尼總統蘇哈托下臺，結束其對印尼三十一年的統治。

七月歐洲中央銀行成立，翌年發行歐元。

美國矽谷創造兩千四百億美元的產值。

1999年

- 美國國會通過《金融服務業現代化法案》，正式結束自一九三三年以來的分業經營模式，商業銀行開始涉足投資銀行領域。
- 三月到五月，歐洲爆發科索沃戰爭，歐洲投資環境不佳，兩千多億美金的歐洲資金流入美國。

2003年

- 貝爾斯登實現利潤十一億美元，超越高盛、摩根史坦利，成為全世界最賺錢的投資銀行。

2005年

- 五月，歐盟創始國之一的法國，全民公投否決了《歐盟憲法》，歐洲統一進程遭重創。

2006年

- 次級房貸已占美國地產貸款的四十五%。
- 六月，由於聯準會上調利率，利息翻了五倍。
- 貝爾斯登的擔保債券憑證交易總額達一千一百三十億美元，居全球之冠。
- 十二月，摩根史坦利以七億美元併購薩克森房貸服務公司——專營次級抵押貸款的公司。

2007年

- 利率連年調升，導致許多次貸違約事件，連帶引發全球投資者不信任結構性金融商品，紛紛拋售投資品。影響所及，金融市場價格下跌，銀行收縮信貸，金融機構開始倒閉。
- 貝爾斯登宣布自成立以來首次虧損，金額為八．五四億美元。
- 八月，摩根史坦利的稅前虧損為三十七億美元。

2008年

- 三月，貝爾斯登被摩根大通收購
- 九月，美國第四大投資銀行雷曼兄弟宣布破產，這是有史以來美國最大的金融業破產案。雷曼兄弟宣布破產後的第四天，美國財政部長保爾森主導的救市計畫出爐：政府動用七千億美元購入已喪失流動性的不動產抵押貸款證券。但這方案被國會否決。
- 九月，聯準會宣布批准高盛和摩根史坦利轉制為銀行控股公司，向包括美林在內的投行提供更多流動性支援。
- 九月，通用汽車、福特、克萊斯勒三家汽車公司的CEO聯袂到華府，要求政府支持底特律的汽車產業。但申請未被批准。
- 十一月，美國總統小布希向通用汽車緊急援助一百三十四億美元。

2009年

- 六月，通用汽車正式申請破產保護。

目錄

年表　世界金融史上的第一次　002
楔子　今天是好日子，明天也會是好日子嗎？　021

第一章　古希臘羅馬時期——貨幣、貸款萌芽　023

經過梭倫改革，雅典在公民間建立了一個紡錘形社會，在相對公平的體制下，人類社會展開金融之旅。而嗜血的羅馬只是「手中有錢，心中無劍」，在聲色犬馬裡，貴族開始無視社會規則，甚至法律。當所有公民都無法謹守儉樸和忠誠時，在一次大通膨當中，羅馬的輝煌戛然而止。雅典輝煌的祕密是什麼？羅馬共和國真的死於大通膨嗎？

梭倫的金融改革　024
歷史上第一次「海事借貸」　028
商業文化改變雅典公民素質　032
羅馬的債務奴隸　035
貧富不均難以維持共和　038
散財以取悅平民的尼祿　043
貨幣交易退化為以物易物　047
以神之名操控物價　050

第四章 地理大發現時代——掌握海路就控制財路 109

一旦原本應屬於民間的資金被王室擄占，金融制度就可能成為權力掠奪財富的利器。當人們認為自己正在儲蓄未來的時候，財富早就被強權揮霍一空。為何富可敵國的富格家族最終成為西班牙稱霸世界的絆腳石？是鬱金香危機打垮了世界上第一個日不落帝國荷蘭共和國嗎？

第五章 日不落帝國崛起——金融強國術 137

第一代債券「贖罪券」拉開了宗教改革的序幕。在西歐，第一個被資產階級剝削的，恰恰就是天主教廷。當領主開始將女兒下嫁給富裕的農奴時，領主城堡的末日也悄悄來臨。英王查理一世錯誤的融資手段使他喪失了戰爭先機，最終也為此命喪黃泉。

第六章

太陽王的國度——金融淪為皇室斂財工具 167

宗教改革為法國帶來強勢的王權，然而，強勢王權卻扶持了一個金融怪才——約翰．勞，一位毀譽參半的偉人，一位真正的當代經濟學大廈奠基者。在約翰．勞這位賭王、殺人犯、越獄犯和詐欺犯的悉心指導下，法國金融乃至經濟體系終於崩潰，於是，迎來了轟轟烈烈的大革命。但貧窮的法國革命黨沒有任何收入來源。是窮困毀掉了法國大革命嗎？

第七章

第八章

第九章

第一次世界大戰——德國如何以賠款牽制列強 255

第一次世界大戰，協約國在美國貸款支持下擊潰了德意志聯盟。然而，巴黎和會後美國又反過來幫助德國擺脫《凡爾賽和約》的束縛。一戰後的貨幣世界混亂不堪，美國、英國、法國各行其是，終於為二戰埋下了火種。一戰前後，美國對德態度為何判若兩人？德國能在戰後扭轉經濟頹勢嗎？

第十章 第二次世界大戰——英美金融實力消長關鍵期 285

一九二九年，紐約金融市場暴跌引發世界性經濟危機，美國、英國、德國經濟衰退、失業率攀高，儘管羅斯福新政在一定程度上刺激了美國經濟，但這絕非凱因斯政策的功勞。在一九二九年經濟危機下，出現了法西斯同盟，最大的法西斯投資，恰恰就是在銀行勢力扶持下登上歷史舞臺的。一九二九年的世界大危機，紐約金融市場是真正的始作俑者嗎？盟國何以能在二戰中反敗為勝，最終擊潰法西斯？

地產、股價飆升的一九二〇年代 286
一九二九年華爾街股災 292
羅斯福的新政救經濟 296
希特勒的興起 301
明治維新改造日本 307
租借法案金援同盟國 311
美元集團勝出 318

第十一章 冷戰時代——美元成為國際貨幣 321

羅斯福逝世後，杜魯門和邱吉爾一手塑造二戰後的冷戰格局。在美國馬歇爾計畫的支持下，西歐走出了戰後廢墟，然而，西方世界馬上又面臨更加棘手的「滯漲」，二戰後的國際貨幣體系，也在二十年內崩潰。馬歇爾計畫是幫歐洲復興，還是美元稱霸世界的陰謀？布雷頓森林協定最終崩潰，是誰的責任？

美蘇冷戰時期開始 322
紙上談兵的「星際大戰」拖垮了誰？ 326
美國兩度提出救濟西歐計畫 330

第十二章　金融新世界——英鎊沒落，歐元興起　349

雷根藉由「星際大戰」拖垮蘇聯經濟，雖然冷戰結束，金融危機依舊層出不窮。日本「失落的十年」、東南亞金融危機、美股市場暴漲暴跌……這些現象其實並非全是美元之過，而是這些經濟體系本來就有根深柢固的惡疾。索羅斯為什麼認為現在的西方經濟學是騙子？冷戰以來，歷次金融危機中，西方政府究竟在救市還是在毀滅市場？

第十三章　危機年代——從次貸危機到全球金融海嘯　387

美國次貸危機引發全球對結構性金融產品的悲觀情緒，是美國歷史上百年不遇的金融災難。一批名震寰宇的公司因此倒下……二〇〇八年，人們已經開始習慣將這場衰退稱為「全球金融海嘯」。貝爾斯登，這隻「從不冬眠的熊」為何將永久冬眠？是誰摧毀了雷曼的靈魂？華爾街投資銀行的榮耀能否繼續？百年通用為何走到了盡頭？

楔子——今天是好日子，明天也會是好日子嗎？

什麼是金融？金融就是普通人的日常生活，是人的一顰一笑，人性因為金融而豐滿，金融因為人性而高尚。有人的地方就有金融，金融就是我們每一個人。

希臘神話裡，宙斯家門口有兩個大桶，分別放著「幸福」和「災難」；宙斯混合了兩個大桶，並將其賜給世人。

於是，我們每個人都從神那裡借到了生命；於是，我們的一生都福禍相依；於是，我們有了光怪陸離的金融世界……

二〇〇七年次貸危機、二〇〇八年全球金融海嘯、二〇〇九年美國啟動七十年來最嚴厲的金融監管、二〇一〇年美國繼續忽視人民幣升值……

對國際金融而言，這當然不是一個最好的時代，但也不是最壞的時代。它只是一個平凡的時代，和過去、未來的任何一個時代一樣。

無論「海嘯」、「危機」、「戰爭」這些名詞如何恐怖，我們每個人還是希望能愉快地生活下去。

你的生活恐怖嗎？如果每個人的日常生活都恐怖到如同身處海嘯，那麼就真的有危險了。如果不是，那麼這個世界還是美好的。

金融和菜販一樣，都是三百六十行之一，只不過，賣菜的賣菜，賣錢的賣錢。對菜販來說，菜得賣給有錢買菜的人；對金融而言，錢也要賣給買得起錢的人。

這就是金融的本質：永遠用你的錢，為比你更有錢的人服務。

於是，大家便在金融市場上看到強者剝奪弱者，美元一直在貶值，卻逼迫人民幣升值。

為什麼中國的CPI（消費者物價指數）高漲，貨幣還要對外升值？

一個號稱最為自由的國度，卻在最為自由的金融市場裡耍霸權，試圖以強硬的手段決定貨幣價格。

指責中國操縱匯率，不知道誰才是匯率真正的操縱者！

無他，唯利益爾。

這種匯率變動對強者最有利，因為這樣，他們的商品在海外才能更有競爭力，才能依靠出口來更加刺激國內經濟的復甦。

強者的規則，可以改變嗎？

可以，只要你成為強者。

沒有一個國家天生是老大，如同我們每一個人，咿呀學語的時候，我們都曾經是普通人。西班牙、荷蘭、英國都曾在艱難中行走，也都曾執世界牛耳。

但是，一代代世界強國倒下了，死在自己的繁榮中。

國家強盛的時候，自由流淌的貨幣是經濟的血液；貨幣向最有效率的地方集中。社會財富的規則是「創造」；今天不是好日子，明天也會是好日子。

國家衰敗的時候，金融是掠奪財富的利器，貨幣也會向某個方向——少數人的口袋集中。社會財富的規則修改為「掠奪」；就算今天是好日子，明天未必也是好日子。

五百年必有王者興，其成也勃焉，其亡也忽焉。那麼，我們會成為下一個王者嗎？

看看曾經的王者的金融史吧！

第一章

古希臘羅馬時期

貨幣、貸款萌芽

經過梭倫改革，雅典在公民間建立了一個紡錘形社會，在相對公平的體制下，人類社會展開金融之旅。而嗜血的羅馬只是「手中有錢，心中無劍」，在聲色犬馬裡，貴族開始無視社會規則，甚至法律。當所有公民都無法謹守儉樸和忠誠時，在一次大通膨當中，羅馬的輝煌戛然而止。雅典輝煌的祕密是什麼？羅馬共和國真的死於大通膨嗎？

梭倫的金融改革

在梭倫翻開木板的前一刻，他未必知道「六一農」的慘境，甚至沒有想到自己的法令會締造古希臘最輝煌的古代民主。梭倫的目的其實只有一個：如果任「六一農」持續淪為奴隸，雅典要不了多久就不存在了。

有人告訴我們，古雅典很輝煌，是西方文明的發源地，是一個夢幻之城。古雅典的輝煌時期，正值茹毛飲血的原始社會，當然比幾百萬年前的猿猴輝煌許多。

這句話的另外一個意思就是，雅典當時生產力仍然很低下，個人或者家庭除了維持生存，剩餘產品並不多。若發生一件很小的事情，比如摔斷腿，人們就可能混不下去。

一個人混不下去的時候，就得借債。

於是，雅典城邦出現了亞里斯多德筆下的特殊公民——「六一農」：借貸者收成的六分之五要給債主做為利息，自己只留下六分之一。如果收成的六分之五還是不夠繳納利息，債主有權在一年後把欠債的農民及其妻子變賣為奴。

「解負令」拯救六一農，阻斷貧者越貧惡性循環

六分之五高嗎？

如果六分之五的收入都不能抵償利息，那就更別指望另外的六分之一能還本金了。說白一點，「六一農」的債務根本沒有償還的可能——本來就沒積蓄，還要交出六分之五的收穫，還能指望還錢？

唯一的還款方式就是變賣自己。

貨幣只眷顧有生產能力的人，也只向一個方向集中，那就是最有效率的地方。**這也是金融最殘酷的地方：你有，給你更多；你沒有，把你剩餘的也拿走。這就是金融的本質。**昨天這樣，今天這樣，明天也會這樣。關於這點，我確定以及肯定。

於是，雅典很多公民，變為奴隸。

比「六一農」淪為奴隸更可怕的是，這種債務體制形成了一種惡性循環，貧者越貧而富者越富；雅典公民喪失了獲取財富的公平起點。

這個起點是社會的希望。

儘管標準不同，但任何一個社會小康之家的淪落，都是社會動盪的開始。貧困固然是不穩定的開始，小康階層的淪落則會使社會徹底失去自糾能力。這是一個沒有支撐的社會，如果連社會精英（當時的雅典公民）都失去了希望，社會也就真的失去了未來。

問題是，雅典城不能讓自由民變為奴隸，他們是雅典公民。沒有這些人，雅典就沒有軍隊、沒有稅收、沒有……指望貴族在關鍵時刻出錢出槍，那是相當不明智的。

幸好，雅典有梭倫[1]。

西元前五九四年的一個清晨，梭倫來到市中心廣場上。他將架在木框中的木板翻轉過來，木板上的新法律條文呈現在人們面前，這就是著名的梭倫《解負令》：由於欠債而賣身為奴的公民，一律釋放；所有債契全部廢除，被抵掉的土地歸還原主；因欠債而被賣到外邦做奴隸的公民，由城邦撥款贖回。

1 梭倫（Solon，638B.C.~558B.C.），古代雅典的政治家，於西元前五九四年擔任雅典城邦的第一任執政官，除制訂法律外，還進行一連串經濟與政治改革。

公民分四級，無暴力調和社會各階層

在梭倫翻開木板的前一刻，他未必知道「六一農」的慘境，甚至沒有想到自己的法令會締造古希臘最輝煌的古代民主。梭倫的目的其實只有一個：如果任「六一農」持續淪為奴隸，雅典過不了多久就不存在了。

這就是史書上大書特書的「梭倫改革」。

實際上，梭倫所做的，遠比解放「六一農」有意義。

頒布《解負令》兩年後，雅典社會趨於平穩，梭倫開始推行幣制改革。此一改革的核心是：鑄足值貨幣，貨幣增重（重量說法不一，各種貨幣大致增重一〇%至一二%之間）。足值貨幣刺激雅典人原本就豐富的經商神經，也使地理位置優越的雅典，再次成為希臘地區的商業中心。

接下來，梭倫才推出改革中最有意義的部分：賦予居民公民權、對城邦制度立法。

忽略種種說教式的細節和條文，梭倫的政策可以概括為六個字：「抑強、扶貧、強中」。解放「六一農」只是「扶貧」而已。

從梭倫開始，雅典公民按家庭財產，分為四級：五百斗者、騎士、套軛和農奴，按財產不同擔任不同官職，氏族貴族不再世襲城邦職位。這種「金權政治」徹底摧毀氏族貴族對城邦的控制權，由此培養起來的四個等級公民，構成了一個相對穩定的社會基礎。

四個等級的公民維持了一個相對穩定的社會，三、四等公民則成為雅典的中堅，且四個等級公民的財產數量差別其實並不大：一等公民的土地僅是四等公民的三至五倍，一般不超過三等公民的兩倍。當然，上等公民在城邦事務中的發言權要高於下等公民。

雖然富人債權受損，卻獲得了政治權力。說改革是妥協也好，說梭倫代表新興奴隸主階層也罷，梭倫在沒有使用暴力的情況下，調和了雅典各階層。

任何一場推進社會進步的改革都會有所犧牲，或者說，舊勢力不會完全倒塌。倘若既得利益者不同意改革，弱勢群體便會帶來革命。因此，如果「六一農」認為自己不能討到一個說法，最後就會以自己的方式向雅典執政官討一個說法。

「六一農」的方式將會是暴力。因為，除了暴力，「六一農」已經不能給債主任何利益了。當社會弱勢群體再也無可犧牲時，就會徹底崩潰。這種崩潰無論對「六一農」還是奴隸主，都是相當殘酷的：再無妥協退讓，玉石俱焚。

從梭倫改革，我想到了一句中國古訓：「古之治國者，不患寡而患不均。」很多人將此一古訓列為攻擊對象，認為就是它搞得中華民族無法富強，甚至認為就是這個治國理念，使中國好幾千年都沒有脫離小農經濟。

中國自古以小農立國，本應是一個利益分配最平均的國度。可惜事實恰恰相反，阻擋社會前進的根本不是「均」，而是太多的「不均」。每一次亂世之源，都是由於太多的土地兼併。

雅典公民紡錘形的社會結構[2]之所以穩定，不是因為人們有了選舉權，而是因為這樣的社會結構相對公平，大部分人都不可能打破規則，所以才會有選舉制度。如果是一個金字塔型的社會，在金字塔的底部，幾乎任何人都想打破規則，那麼這樣的社會，無論有多少法律、無論執法多嚴格、無論實行何種制度，都無法保持穩定。

誠哉斯言：

我所給予人民的，適可而止。他們的榮譽不減損，也不增加。——梭倫

2 指中產階級占多數的社會體制。

歷史上第一次「海事借貸」

亂世出梟雄，亂世也出金融。為了補充本土糧食，也為了準備戰爭，雅典亟需補充各種物資。這場曠日持久的戰爭催生了古希臘金融業，今天我們將之稱為「海事借貸」。

如同冷戰中的美蘇，雅典和斯巴達是古希臘地區最強盛的兩個城邦。雅典矗立在徐徐海風之間，公民自幼接受良好的人文教育，探討詩文哲學；斯巴達則居於群山環繞的谷底，公民從未有過人生歡樂，生命中最重要的事情就是軍事訓練和作戰。

可以斷定，無論雅典還是斯巴達，都從未把對方當作真正的盟友，雙方都希望統一希臘，唯我獨尊，建立一個統一而強大的帝國。

戰爭稱霸，是城邦獲利的手段之一

西元前四三一年，文明的雅典對不怎麼文明的斯巴達率先動手，雙方各自糾集一批城邦大打出手：以雅典為首的提洛同盟[3]和以斯巴達為首的伯羅奔尼薩同盟[4]，開始了一場耗時近三十年的伯羅奔尼薩戰爭[5]。

西方世界具有代表性的觀點認為，雅典和斯巴達意識形態的對立，最終導致了伯羅奔尼薩戰爭。這麼說的人是白癡。

民主與戰爭根本毫無關係，雅典和斯巴達共存於一個地區，擊潰對方就可以獨霸希臘，並為城邦攫取最大利益。

雅典確實為後世留下許多美好的想像：城邦公民將榮譽置於物質之上、生命價值置於物質之上……甚至到羅馬時代之後，奴隸主仍舊以擁有雅典籍的奴隸為榮。

但是，雅典人還沒有高尚到為了讓斯巴達人過同樣的生活，而發動戰爭。爆發伯羅奔尼薩戰爭的原因，始終是希臘區域的霸權雅典，想為自己的城邦攫取更多利益。

反抗波斯的時候，雅典不是為了希臘自由而戰，雅典所希望的，是以雅典帝國取而代之。

——修昔底德[6]《伯羅奔尼薩戰爭史》

雅典的目標很遠大，但廣大的斯巴達人民是不會答應的。

當一個國家擴張勢力時，必然會損害其他國家的利益。一旦擁有力量，便想保持先發優勢，就會使用各種手段，將其他國家壓制於現有利益分配的格局之內。手段可能是戰爭，也可能是產業分工。其實，本質並沒有區別，都是霸權和剝削，靠犧牲別人致富。

當時的情況是，雅典大致只能產出本土所需農產品的三十分之一，即使在豐收年份，也不能滿足

3 西元前四七七年，雅典聯合愛奧尼亞各邦，以及小亞細亞的希臘殖民地，共約兩百多個大小不一的城邦，組成一個對抗波斯的海上同盟。因總部設在提洛島（Delos），故稱「提洛同盟」（Delian League）。

4 約在西元前五三〇年左右，伯羅奔尼撒半島上的大部分城邦，都參加了以斯巴達為首的軍事同盟，史稱「伯羅奔尼薩同盟」（Peloponnesian League）。

5 波希戰爭結束後，原本合力對抗波斯的雅典與斯巴達，終因理念不合而拆夥，各擁其同盟對立著。西元前四六〇年，一個叫米加臘的城邦，突然退出以斯巴達為首的伯羅奔尼薩同盟，改加入以雅典為首的提洛同盟，為此斯巴達與雅典正式開戰，史稱「第一次伯羅奔尼薩戰爭」（Peloponnesian War）。這場戰役雙方打成平手，最後簽下三十年和平協定，彼此暫時相安無事。不料，先前退出伯羅奔尼薩同盟的米加臘，突然背叛雅典，重返斯巴達陣營。雅典為此震怒，決定出兵討伐斯巴達與其同盟，史稱「第二次伯羅奔尼薩戰爭」。這次歷時二十七年，最後雅典戰敗投降。

6 修昔底德（Thucydides），古希臘歷史學家、思想家，因參與過伯羅奔尼薩戰爭，而以自身所見所聞記錄並分析這場戰役。

自身對農產品的需求。支撐雅典經濟的產業是釀酒、橄欖油和製陶業，而靠這些，雅典人是吃不飽的。加上波希戰爭幾乎摧毀了雅典的手工業，三、四等公民基本上都成了戰士，迅速恢復國力最有效的方式，就是戰爭和劫掠，何況此時雅典已經擁有在希臘地區幾乎可說是無敵的海軍，而斯巴達陸軍的戰力，則在波希戰爭中消耗過度。

雅典咄咄逼人的態勢，引起斯巴達的擔憂，看在自己未必打得贏的分上，斯巴達開始奉行退讓政策；為讓雅典人放心，甚至表示自己不再修築城牆。

斯巴達的忍讓為雅典贏得了近半個世紀的發展時間。此外，雅典得益於勞里昂地區[7]的銀礦，雅典統一了提洛同盟內部的貨幣[8]。貨幣統一為雅典商業繁榮和經濟發展創造了條件，到伯羅奔尼薩戰爭開戰前，雅典商人的貿易惠及希臘、埃及地區兩千萬以上的人口。

商業確實比農業更能刺激經濟，也更能誘發社會分工，但**工商業也是最容易激發國家霸權的行業**。因為，在古代，富強的國家會漸漸發現，假使可以控制一個國家，將會讓生意更好、更賺錢。隨著雙方實力此消彼長，包括普通公民在內，雅典人的野心開始逐步膨脹。西元前四三一年，伯羅奔尼薩戰爭正式開打。

遺憾的是，儘管雅典經濟實力強於斯巴達，軍事力量卻沒有壓倒性的優勢。斯巴達所有男性公民，七歲就開始接受嚴酷的軍事訓練，到長大成人，已不知經歷過多少次生死搏鬥；帶領隊伍衝鋒的人必須是最高統帥，甚至是國王。

戰爭一開始就呈現膠著狀態，雙方任何一次勝利，都是慘勝。此後，三天一小打，五天一大打，打得連海盜都沒法在愛琴海上生存，更別提來往的商旅了。

戰爭物資需求，催生古希臘「海事借貸」

「貿易受阻」對斯巴達影響還不大，畢竟農產品可以自給自足；但對雅典可就是性命攸關了，沒法買糧食，雅典軍隊只能喝西北風。

亂世出梟雄，亂世也出金融。

為了補充本土糧食與準備戰爭，雅典亟需補充各種物資。這場曠日持久的戰爭催生了古希臘金融業，今天我們將之稱為「海事借貸」[9]。

當時的「海事借貸」更類似於海事借貸與保險的結合體。放貸者可以獲得高達三〇%至一〇〇%的利息，同時也承擔著巨大的風險——一旦出海的船隻被大海吞沒，或者被斯巴達人俘獲，甚至貸款者惡意騙貸，放貸人都會血本無歸。不過，如果貸款人在航海過程中發生意外，便可獲得貸款本息的豁免權。唯一的追索方式，是法庭認為貸款人意圖行騙。

雅典的海事借貸，大多透過港口城市的中間商完成，如雅典、拜占庭、馬西利亞[10]等，這些城市不僅是商品集散地，也是進行金融交易和海事借貸的場所。

也許你有想到以下這一點：在資訊極度不發達的時代，中間商憑什麼相信貸款者能夠歸還貸款？要知道，古代的海事借貸與今日信貸最主要的區別，就是一無抵押，二無質押，三無擔保。

按照騙子的思路，中間商肯定會吃虧；貸到款就腳底抹油，能奈我何？

中間商確實不能找黑道人物去教訓騙子，但這些貸款人本身都是從航海圈裡混出來的老油條，謊

7 勞里昂地區（Laurion），位於阿提卡半島（Attica）南部。波希戰爭期間，雅典曾用該地開採出來的銀礦建造數量眾多的強大戰艦，擊敗波斯人。

8 即雅典自身的貨幣阿提卡銀幣。雅典銀礦的品質是當時愛琴海域品質最高的，無論在什麼地方出售雅典銀幣，都可以得到一個好價格；這種銀幣一直持續到羅馬入侵，仍在使用。

9 所謂「海事借貸」（maritime loan），指的是借方與貸方約定，若用於借貸擔保的物品，因海上危險或不可抗拒的因素而遺失、毀壞，則貸方不能收回本金，除非在危險發生後，所剩物品的價值與所借金額相當。但如果物品安全抵達，或只是因其自身的缺陷，或因人為過失而受損，則借方有義務返還貸方本金，以及為此借貸風險而支付的協議金額。

10 馬西利亞（Massalia），即今日的法國馬賽，遠在希臘時期就是一個商業貿易發達的港口城鎮。

稱一個貸款項目去騙中間商，不能說沒有可能。何況中間商壓力也很大，一旦經手的貸款不能歸還，同行會把他的糗事到處宣揚。要是還想幹這行，基本上等下輩子吧！

商業文化改變雅典公民素質

銀行和金融商給雅典帶來的，不僅僅是貿易便利、外匯結算和戰時物資，更多的是財富觀念的改變。遺憾的是，任何事情都要分兩面來看……

伯羅奔尼薩戰爭也激發了雅典金融商創新業務的激情；在這裡，他們開創了貨幣匯兌的先河。儘管世道並不太平，希臘商人依然要帶著一堆銀條行走於各地，沒準哪天在路上會被打劫。因此海事借貸的中間商，很快便成為世界上第一批外匯炒家。

此時，這批貸款中間人兼外匯炒家獲得了一個專有名詞，即「金融商」。「金融」這個詞彙可能就由此而來。

我一直覺得銀行不夠厚道：我存錢的時候並不認識行員，也沒調查過你，可是我仍舊把錢存在你那裡。銀行就給我這麼一點點利息，少到遠遠不能補償飛漲的CPI[11]。

金融商和神廟貸款給商人，發展出信貸融資雛型

金融商逐漸感覺到，在匯兌過程中，總有一部分貨幣會留在手邊，無法為自己賺到更多錢。他們開始同時借錢給商人。由於金融商能接觸到各行各業的商人，藉此集中大量資訊。後來，希臘城邦的金融商開始從事其他行業貸款，這已經頗類似於今天的信貸。

接下來，一個組織的介入，最終使金融形態一錘定音，那就是神廟。

神是希臘城邦虛構出的權威，既是城邦保護神，也是居民祖先。雅典的保護神則是美麗的智慧女神雅典娜。由於神廟的特殊地位，希臘人往往將存款放置於神廟。

智慧女神座下的弟子當然也很有智慧，看著自己手上這麼多錢，當然也想賺一些。於是，神廟開始利用手中的存款貸款給商人。

雅典人對雅典娜一向很景仰，既然雅典娜能做，人當然也能做。金融商開始不滿足於匯兌中存留的那點存款，比較厲害或者很厲害的金融商開始向公眾吸收存款，順便發明土地抵押貸款、房地產借貸、海洋借貸，甚至在戰爭中貸款給國家、城市……

今天，我們把金融商的這種行為稱之為「信貸融資」[12]。

據說當時雅典最大的金融商[13]掌握著幾家匯兌銀行，他的財產已經有四百塔蘭特[14]，每塔蘭特約合現在四十公斤黃金的價值。按現在的黃金價格，四百塔蘭特大概是雅典極盛時期財政收入的三分之一，絕對稱得上富可敵國。

銀行和金融商給雅典帶來的，不僅僅是貿易便利、外匯結算和戰時物資，更多的是財富觀念的改變。

遺憾的是，任何事情都要分兩面來看……

---

11 CPI，Consumer Price Index的簡稱，即消費者物價指數。

12「信貸融資」（Credit Financing），指企業或個人為生產經營之需，向銀行等金融機構簽定協議，借貸一定數額的資金，並在約定的期限內還本付息的融資方式。其按還款期限又可分短期貸款、中期貸款、長期貸款，按有無擔保品則可分信用貸款、擔保貸款等。

13 帕西翁（Pasion）古希臘雅典著名的金融家之一，西元前三七〇年去世。他曾經為奴隸，以放高利貸起家，後從事匯兌業務致富。

14 塔蘭特（talentum），該字原意為「天平」，是古希臘、羅馬時代的重量單位。當作貨幣單位使用時，一塔蘭特即等於一塔蘭特重的黃金或白銀。

傭兵讓雅典喪失公民榮譽感、也輸掉戰爭

隨著三、四等公民大量參與海事借貸，海事活動衝擊了雅典人的本土意識，航行使他們胸懷寬廣，只要有利於賺錢，他們就能容納更多的新觀念。商業文化的個性精神逐漸取代了雅典的家族主義。

但結果卻相當不幸：雅典戰士以公民為主，當公民熱中於海外探險時，人們就傾向於以貨幣支付戰爭成本，於是，傭兵登上了雅典的歷史舞臺。

此時，雅典娜的光芒不再神聖，因為，戰士的責任不再是公民的義務。當神的光環對雅典人失去約束時，雅典便迅速蛻變為一個蠅營狗苟之所，加上戰後雅典城曾流行瘟疫，及時行樂就成為雅典公民的一種時尚。

無論雅典對斯巴達的戰爭是否符合正義，公民這種道德上的蛻變，為雅典帶來了永久的傷害。隨著公民的城邦榮譽感消失，戰爭的決策規則很快就被破壞，公民之間的妥協、退讓能力逐步弱化，讓戰爭的決策機構蛻變為各級公民爭吵的場所。在西西里決戰之前，雅典當局居然詔令最高統帥回城受審，直接導致主將臨陣叛逃，最終輸掉了西西里戰爭。

傭兵沒能抵擋斯巴達的巨盾方陣，雅典也由於內部分裂損失了海軍主力，最終喪失稱霸希臘的實力。儘管戰爭後期，執政官已經意識到戰爭和海事活動導致公民道德淪喪，開始試圖以懷柔政策團結盟邦和公民。然而，**社會道德沉淪會遵從一種不可逆的制輪效果[15]，建立一種美德和良好的公民道德需要幾代甚至十幾代人的努力。一旦毀滅，又如何能在數年、數十年內重建？**

五十年後，失去了光榮與夢想的古希臘文明被羅馬鐵騎征服，之後，西歐便進入了一個鐵血時代……

羅馬的債務奴隸

羅馬公民服兵役，並非有先進的社會責任意識。其實，戰爭是古羅馬公民最主要的財富來源，只有戰士才能發財。因為羅馬人發家致富的途徑比較特殊——搶劫。

據說西元前五〇九年，羅馬人廢除了氏族首領制度（即「王政時期」），奠基共和。從此，古羅馬和雅典一樣，在神壇上被很多人頂禮膜拜，成為共和民主的祖先。

如果把羅馬的共和制搬到美國，會被人罵死：既沒有人人平等，更不是天賦人權，甚至大多數人都不是公民，而是奴隸。把「雅典—羅馬」說成西方當代民主的祖先，頗類似於阿Q老兄大言不慚「老子祖上曾經闊過」。

西元前五〇九年確實是羅馬共和國的開端，其實這一年也僅是推翻了羅馬原始氏族的統治。之後，這座從七個山丘[16]家底發展起來的城邦實在太小，貴族沒有絕對優勢，於是建立起一種凡事商量著來的體制。

與雅典公民類似，羅馬共和國也按財產，將公民劃為五個等級，但並非每個公民都有相同的權利，財產多的公民，權利比較大。還有一條，財產多的公民，義務也重。比如兵役，隨著公民等級下

15 制輪效果（ratchet effects），指人們的消費習慣形成之後有不可逆性，即易於向上調整，難於向下調整，形成所謂的「由儉入奢易，由奢入儉難」；消費者易於隨收入的增加而增加消費，但不易於在收入減少時減少消費。

16 羅馬的七座小山丘位於義大利半島中西部，台伯河下游平原東側，其名分別為凱馬路斯（Cermalus）、契斯庇烏斯（Cispius）、法古塔爾（Fagutal）、奧庇烏斯（Oppius）、帕拉蒂尼（Palatium）、蘇古沙（Sucusa）與威利亞（Velia）。根據羅馬神話傳說，這裡是羅馬建城之初的重要宗教與政治中心，亦可說是其發祥地。

降，服兵役的人數也逐漸減少。

修法保障平民債務人以確保戰力

羅馬公民服兵役，並非有先進的社會責任意識。其實，戰爭是古羅馬公民最主要的財富來源，只有戰士才能發財。因為羅馬人發家致富的途徑比較特殊——搶劫。在戰士的腦子裡，戰爭就是發財。沒仗打，沒財發，這也是一種相對公平的權責體制。

有人說：富人可以雇傭窮人去拚命；搶回來的財富和奴隸屬於富人。好不容易有這麼多錢，應該先享受，打仗搞不好可是要出人命的。

在赤裸裸的搶劫中，最稀缺的資源是武力，如同今天你很缺錢一樣。誰擁有武力，誰就可以占有財富。所以，雇人搶劫是絕對不行的，能搶來，就不會給你！

怎麼樣才能擁有武力呢？很簡單，你得先有錢。

古羅馬戰士需要自帶裝備。在軍團中，平民身分的農夫加入輕裝的「前戰部隊」（hastati），武器是標槍；貴族出身者，年輕人加入「前線部隊」（principes），壯年人加入「中線部隊」（triarii），武器是重標槍、大盾和高盧長劍。

這些東西，沒錢你是絕對弄不來的。沒錢，就只能當前戰部隊。

前戰部隊的職責，是在第一線當靶子，擾亂敵人隊形，被殺；前線部隊與中線部隊的職責，是躲在前戰部隊後面擊潰敵人，殺完人再搶劫。

前戰部隊沒有戰功，意味著沒搶到錢、土地和奴隸，只好回家繼續種田。很多平民背負著發財的夢想走向戰場，回來的時候卻背了一屁股債。羅馬債主顯然不夠厚道，平民戰士雖然沒錢還債，但最起碼為羅馬軍隊捧了人場。他們將背債的平民，變賣為奴隸，甚至賣到外邦（這個場景在雅典的「六一農」中依稀曾見）。

平民很憤怒。比憤怒更駭人的是，這些平民都是真刀真槍在戰場上拚命過的，結果很多平民選擇與債主同歸於盡。這其實很不利於社會穩定。西元前四九五年，古羅馬的執政官塞維利烏斯（Servilius），頒布了一條法令：禁止債主扣押平民戰士為奴隸，也不准占有他們的土地。雖然塞維利烏斯沒有廢除平民戰士的債務，但這個命令真執行下來，估計沒什麼人會還債了。大家心知肚明，歷任執政官對這條法令都不是很認真，不過，起碼在表面上沒人敢不承認這條法令，也算是給平民戰士一個精神鼓勵獎。

西元前四世紀中期，羅馬共和國開始與迦太基打仗。但就在戰時，羅馬的新任執政官克勞狄烏斯（Claudius）居然公開拒絕執行這條法令。平民戰士憤怒了，我拚了命來打仗，你卻在背後扯我後腿，連名義上的東西你都不想認帳。

不幹了，大家集體辭職，準備離開羅馬。這後果很嚴重，因為迦太基人的馬隊就在羅馬城邊；沒有前戰部隊擾亂敵人，前線與中線部隊也不可能單獨作戰。

面對威脅，古羅馬貴族終於向平民低頭。本來嘛，**生存才是最大的法律，也是更大的社會契約**。元老院終於公布一項法令：「除犯有罪行等待交付罰款者外，不得拘留任何人或施以鐐銬枷鎖；債務人應以物品而不是以人做為借款之抵押品。」

羅馬法確立金融基本概念：財產私有、權責對等

西元前四五一年，保民官[17]創立了《十二銅表法》（Twelve Tables），規定不得以債務為由，使士兵淪為奴隸。我們說過，羅馬執政官很忙，天天在外面搶劫，顯然沒有工夫聽貴族聒噪。《十二銅表法》給了執政官啟迪：有什麼事情，就按法律辦。世界法律的鼻祖——羅馬法於焉誕生。

17 保民官（Tribune），羅馬共和時期各類軍事和民政官員的總稱，如平民保民官、軍事保民官、財務保民官等。

從此，羅馬在擴張領土時，統治者必須按照法律統治各行省，如同古羅馬的鐵騎軍規。無論從哪個角度來看，羅馬法律對後世金融體制的形成，都是至關重要的。今天，包括中國在內的法律，都屬於羅馬法系。沒有羅馬法系，就沒有歐洲後世的經濟繁榮，更不會出現銀行、股票、有限責任[18]等一連串決定性事件。

因為，**羅馬法確定了兩個經濟進程中最關鍵的概念：「財產私有」和「權責對等」，這兩個概念是當代金融的靈魂**。此時，羅馬處於奴隸社會，所謂私有財產、自由權，是針對奴隸主，至於奴隸，他們本身就是財產，怎麼會有財產權？

古代人類有很多法律，不是每一個法律都能流傳至今。羅馬法得以流傳，絕不是因為條款合理——這些法律相當野蠻，大部分是原始社會流傳下來的習慣，如債權人可以瓜分債務人的軀體與土地（平民戰士除外）——而是因為自羅馬法起，法律才有了獨立精神：法律必須有一個公平的程序，不經審判，不得定人罪責；要獲得某種特定的結果，便必須有某種特定的行為，一經法庭確認，就是必須執行的法定權責。

所以，法律才如此神聖！

貧富不均難以維持共和

與希臘文明相比，羅馬還很落後。一個長期以耕戰為底蘊的民族，驟然接觸到開化文明（觀看優雅的戲劇，使用精美的陶器，暢飲甘醇的美酒……），就如同劉姥姥進大觀園。

搶劫，是一份很有「前途」和「錢途」的職業。

一個人，搶劫一次並不難，難的是搶劫一輩子。一個民族，以搶劫為生也不少見，少見的是數百年如一日，一個龐大的國家，代代以搶劫為經濟支柱。

古羅馬，就是這樣一個國家。

實在怨不得他們。因為南歐臨海。臨海的結果，就是土地都是鹽鹼灘，壓根兒就種不出什麼糧食來。

這個問題以前雅典人也遇到過，雅典人的方式是做貿易。現在，羅馬人的方式是搶劫：被征服地區的居民被直接劃為奴隸，財產理所當然歸搶劫者所有。

共和國後期，羅馬鐵騎已經征服了義大利、西西里、伊比利半島、兩河流域、馬其頓和希臘絕大部分地區，成為一個地跨亞非歐三大洲的帝國。羅馬共和國，就是這樣一個在共和旗號下以搶劫為生的國家。

究竟是什麼在支撐一代又一代的羅馬公民，對戰爭樂此不疲呢？錢？

答：不是。

貴族拿戰爭財炒房地產、放高利貸

在羅馬共和國，包括執政官和元老在內的所有公民都要耕種土地，這對羅馬公民來說是一種榮譽，奴隸的職業才是工商貿易。

這樣儉樸的生活根本就不需要錢，也不能享樂。

18 有限責任（Limited Liability）是指債務人僅以特定財產為限，對其債務所負的清償責任。而當債務人的特定財產不足以還清款項時，借貸者不能要求他以其他財產來還款。

羅馬人的榮譽就是以生命換取戰爭勝利，因為，國家也把自己獵取的財富和生命給予了他們。在戰爭失利的情況下，執政官甚至可以揮舞長槍衝入戰陣，酣戰至死（「我將自己和敵人共同奉獻給神吧。」——執政官德西烏斯）。

羅馬人深信，自己是狼的後代。

「使自己成為一名第一陣列的戰士、最勇敢的將軍，享有最大的榮譽，擁有最高的聰明才智，以高尚的手段獲取巨大的財富，留下大量的後代，並成為國內最著名的人物。」

無論平民還是貴族，都是這個夢想支撐他們在戰場上視死如歸。對他們而言，生命就是戰爭！

戰爭給羅馬帶來了源源不斷的財富。西元前二〇九年羅馬攻陷希臘城邦塔林敦（Tarentum）時，約有三萬居民淪為奴隸；西元前一七七年羅馬征服了撒丁尼亞[19]，約八萬人淪為奴隸……西元前二世紀，羅馬國庫每年收入的四分之三來自於戰爭賠款，另外四分之一則來自行省稅收。

然而，這個不喜歡貨幣的民族，卻在財富中悄然改變。在財富的衝擊下，以搶劫為生的民族，注定不可能長久。

這一切，都要拜希臘文明所賜。

與希臘文明相比，羅馬還很落後。一個長期以耕戰為底蘊的民族，驟然接觸到開化文明（觀看優雅的戲劇、使用精美的陶器、暢飲甘醇的美酒……），就如同劉姥姥進大觀園。

文明與錢，如同中國武俠小說裡的「招式」與「內功」，羅馬共和國只是，也只能是「心中無劍，手中有錢」……

開好車，就一定是好人嗎？

一個強盜儘管有了點綴著寶石的馬車、豔光逼人的女子，可他卻完全不懂文明的真諦。他們看到的只是雅典人的享受，至於如何去創造，是不會關心的，反正用完之後可以再去搶。

心中無劍，手中有錢，還能搶嗎？

艱苦勤忍的羅馬公民當然可以為榮譽放棄自己的生命，但慣看驕奢淫逸的酒色之徒，卻無法放棄奢華。

搶劫為羅馬帶來財富，這是一筆巨額的財富增量。然而很遺憾的是，這種財富不是平均攤派給每一個羅馬公民，執政官、將軍、貴族、行省總督，他們獲得絕大部分的財富，至於底層的公民士兵，得到的只是微乎其微。

這些強盜並不懂得如何使用金銀，甚至沒有用這些財富富國強兵。

自古至今，貨幣亂飛而又不事稼穡的時代，保有財富最有效的途徑，就是投資房地產或放高利貸；後者有賴於前者。地產價格飆升的結果其實只有一個，那就是吸引更多的金銀投入其中。由此，羅馬共和國本土和行省的經濟同時開始萎縮。

原因很簡單：錢都被貴族弄去炒房地產了。其結果是，非但不能武裝士兵，還惡化了廣大羅馬人民的生活水準。儘管羅馬城在共和後期迅速繁榮，儘管此時羅馬史記載了大量富豪出現，但史籍也記載羅馬的自由民流離失所，甚至與奴隸競爭工作，最終淪為奴隸。

貴族道德淪喪，公民隨之墮落，公民制度隳壞

繁華，終結的不僅僅是羅馬鐵騎的戰力，還有全體公民的道德。戰火中的強者很快學會如何在內耗中利用權勢。至今我也沒數清楚西元前二〇〇年至凱薩執政（羅馬帝國開端），羅馬共和國到底發生了多少次內戰。

我們無法想像，一個社會，財富的主要占有者根本無視社會規則甚至法律，卻能保證底層人民謹守原有的儉樸和忠誠。道德墮落必然是從社會上層開始的，沒有他們的喪心病狂，底層不可能，也不

19 撒丁尼亞（sardinia），位於義大利半島西南方，當時為迦太基人所統治。迦太基與羅馬作戰失利後，將其割讓羅馬。

敢淪落。

這種墮落絕非勻速運動，當底層公民看到或者感覺到貴族（精英）在奢靡、在頹廢，整個社會就會以一種加速墮入此輪迴，而且更可怕。

因為，所有社會的規則都已經改變。

隨著自己土地的喪失，底層公民開始墮落為無業遊民、低級妓女和小混混，他們不事稼穡，漂泊不定，甚至下一頓飯都不知道在哪裡吃。對社會的絕望使他們喪失了一切勞動積極性，成為社會的毒瘤。馬克思估計，這批人至少占羅馬城總人口的二〇％，他賦予這批人一個頗為不雅的稱號——「惰民」。

羅馬公民就這樣拋棄了自己的光榮，一個民族的道德開始淪喪。

貴族享樂的方式是慵懶地洗浴、放縱地飲酒、毫無節制地淫樂。在酒席宴上，為了能享用更多豐盛的佳餚，羅馬人甚至要把自己吃進去的東西嘔吐出來，甚至有人專門製造了嘔吐用藥……

羅馬共和國，幾乎有著一種夢幻般的古代公民制度：執政官執掌行政，元老院分管司法，公民大會決定立法。這是一種君主制、貴族制和民主制的混合，但即使是這種政體，也不能阻擋羅馬在墮落的路徑上越陷越深。所謂共和，不過是一堆死文字，一堆條條框框，**只有公民道德適應這些文字的時候，共和才有光華**。

當民族喪失了光榮與尊嚴，所有人就開始按照利益來選擇政治：執政官不再將榮譽授予有德行的人，而是授予諂媚的人；誰答應給我麵包，我就選誰；誰安排更多的演出和競技，我就選誰。

榮譽，與我何干？

驕奢淫逸的背後，是充滿戾氣的社會，似乎每個人心裡都充滿了對社會的仇恨，最令人興奮的事情甚至不是自己財富的增加，而是看到別人甚至國家破敗。當羅馬共和國軍隊在西西里的奴隸叛變中受挫，羅馬史籍裡的記載居然是「普通人不但不對此表示同情，而且還很高興」。

羅馬共和國——一個真正用鐵和血鑄造的國度，曾經有著氣勢磅礴的鐵蹄，但在征服歐洲之後，他們卻拋棄了奧林帕斯諸神的簡潔明快，只留下無恥和庸俗。當貴族將掠奪當成習慣時，內部調和的手段也不可能再有影響力。共和國晚期，為調和底層公民和貴族之間的財產差異，保民官提比略·格拉古（Tiberius Gracchus）曾經提出一個相當溫和的改革方案，試圖讓土地所有者以不再漲價的方式出售部分土地，結果這位保民官竟在元老院被元老們活活打死。

散財以取悅平民的尼祿

很多人，比如孟德斯鳩、但丁等，讚美羅馬共和國，認為羅馬帝國玷汙了共和的靈魂。共和 vs. 帝制，共和就一定勝出嗎？

道德淪喪至此，沒有革命性的變革，就會有比變革更混亂的革命。

西元前二世紀至西元前一世紀，羅馬共和國貴族之間開始了無休止的內戰。

這些人是誰？做了什麼事情？這些其實都不重要，重要的是他們之中沒有正義，有的只是無止境的貪婪和欲望。

紛爭止於強者。

西元前四五年，凱薩自封終生執政官，元老院、公民大會都成了擺設，羅馬共和國已經名存實亡。很多人，比如孟德斯鳩（Montesquieu）、但丁（Dante Alighieri）等，讚美羅馬共和國，認為羅馬帝國玷汙了共和的靈魂。共和 vs. 帝制，共和就一定勝出嗎？

古代共和體制下，執政官的職責甚至不是為貴族公民謀取利益，而是取悅貴族，就連英雄凱薩也不得不安排戰艦海戰。看清楚，海戰不是為了抵抗外敵或者鎮壓奴隸起義，而是為了現場貴族娛樂！而面對蠅營狗苟的公民，也只有鐵腕帝國才能在短期內將其懾服；帝制已經是羅馬生存下去的唯一路徑。

統一鑄幣、權力集中，羅馬帝國開始繁榮

相對清醒的統治者，其獨裁強權約束了民主強權，貴族不可能再任意分享羅馬這頓大餐，因為，大餐是有主的——獨裁者。為了維護長遠利益，凱薩及其後幾位繼任者推行了一系列有利於自己統治的政策。

孟德斯鳩罵凱薩，罵了整整一輩子。

冤枉凱薩了，羅馬帝國第一個真正的強勢獨裁者並不是凱薩，而是屋大維（奧古斯都）。屋大維採取的最有效的治國方式之一，就是鑄幣。

屋大維規定，金幣、銀幣由帝國統一鑄造，行省只能鑄造銅幣。更為重要的是，這些貨幣是執政官自己（不代表帝國）鑄造，發給士兵和行省官員。

權力集中後，帝國商業開始繁榮。

很多人覺得奇怪，專制體制下的商業怎麼會如此繁榮？有人對此做出了解釋：羅馬帝國內部有一個穩定的經營環境。那麼羅馬帝國為什麼能獲得穩定的環境？

答案一：原始的共和制，實際是一群貴族寡頭在瓜分整個國家，沒有一個強勢者可以遏制對方；既然如此，這種劫掠就會變得永無止境。元首制的帝國，儘管羅馬人的道德仍舊沒有改觀，但是，大部分行省已經變成元首的私產，就是給貴族幾個膽子，也不能去搶劫元首。

答案二：**帝國貨幣制度權威的確立，使交易更加方便**。帝國前期，鑄幣的品質應該很高，不同行省銅幣的含量基本上一致。在羅馬帝國這樣一個廣袤的地域內，第一次出現了統一的貨幣。

答案三：羅馬帝國初期的經濟繁榮其實是在一個相當寬鬆的體制下形成的，寬鬆到幾乎沒什麼行政管理。羅馬元首仍舊更關心搶劫，不關心貿易。只要交稅，隨便您怎麼賣，即便是羅馬城賴以生存的糧食，也交給商人（這一點在後期被證明是完全錯誤的）。

糧食限價令使農夫不務農，國庫對外買糧食不利財政

遺憾的是，帝國體制同樣不能持久。

所有帝國的建立者能在無數競爭者中脫穎而出，無疑在很多方面都是最優秀的，包括軍事才能和政治胸襟。凱薩、屋大維，這些人確實都是帝國優秀的統治者，他們可以為了國家的長治久安，放棄眼前的享受和利益。

但是，沒有任何體制可以保證繼任者能夠繼承這些優點。低能的繼任者早晚都會出現，這是專制獨裁的宿命。可以斷言，每個獨裁者都會認真選擇自己的繼承者，畢竟，他不想把萬里江山交給一個廢物。問題是，獨裁者的眼睛是瞎的。

感謝古羅馬塔西陀[20]在《羅馬編年史》（Annales）中做了如下記載：議事的時候，元首讓元老首先表達意見，一位元老的回答是：「凱薩啊，你將以怎樣的程序提出自己的意見呢？如果你第一個發表意見，我就按照你的意見發表我的個人意見；如果你最後發表意見，那我害怕會不小心而發表和你相反的意見。」

虛偽肯定比坦誠更有競爭力，只有虛偽才可以把原本不屬於獨裁者的光環罩在他頭上。這種環境下，越顯高貴的人才越發醜惡。**一旦帝國進入這種體制，優秀者會迅速被虛偽兇殘的卑劣者驅逐，**

20 古羅馬塔西陀（Gaius Cornelius Tacitus，55~117）羅馬帝國的執政官、元老院元老，同時也是一位著名的歷史學家。他以自身經歷和所見所聞，記錄了當代的羅馬歷史，其作品裡有許多珍貴的史料與論述。

這個體制根本就不可能允許高尚和坦誠。

卑鄙確實可以是卑鄙者的墓誌銘，更多時候，高尚根本就不是通行證。

廢物繼承者遲早會出現，帝國的第四位繼承者——尼祿（Nero），就是你了。

任何一個專制帝國的歷史裡，總會出現奇人帝王，尼祿無疑是其中之一。有人說，他是一個浪漫、無知而又卑劣的人，一個極其不合格的皇帝。

尼祿，心機和手腕絕對可以和他的前輩比肩，可惜，他即位的手段太卑劣，影響了獨裁者的權威，最終導致他的滅亡。

尼祿是在自己母親的一連串陰謀下登上帝位的，所以軍隊並不支持他。為了取悅平民從而對抗軍隊，也為了獲得軍隊底層的支持，尼祿頒布了「糧食限價令」，這就是傳說中的市場管制。

結果，以務農為生的平民拋棄了土地。

很簡單，按照尼祿規定的糧食價格，大家就得去喝西北風。據記載，西元一世紀尼祿當政初期，羅馬城郊的耕地價格硬是貶值將近一倍。

尼祿的補救政策更離譜了：分配免費糧食給平民，以農補城；舉辦節日狂歡，取悅城市居民。當時，羅馬城有一半時間在過節，比如羅馬節[21]，有五天的馬戲加七天的戲劇加兩天的宴會加兩天的賽馬，國庫負擔的費用為七十六萬銀幣，而一升油的價格不過兩個銀幣。

因為，就算耗盡全國資源，統治者起碼要維持首都羅馬的穩定。

這些頗顯「才華」的政策使得羅馬帝國的錢袋很快就空了，要不停從外邦購買糧食，還要取悅平民舉辦歌劇和體育比賽……

尼祿終於換來了羅馬城平民的支持，迫使帝師賽內卡[22]隱退，且幹掉了禁衛軍統領——也就意味著他自己可以執掌帝國傭兵。他甚至把奴隸塞進元老院……一個東方式的專制君主即將誕生。

還是很遺憾……

羅馬帝國不是羅馬城的羅馬帝國，**羅馬城的繁榮是以行省凋敝為代價的**。在行省，出售食物要繳稅、搬運東西要繳稅，甚至從良的妓女仍要為以前的行為繳稅……尼祿的橫徵暴斂激起了如火如荼的行省反叛，包括高盧行省、西班牙行省等。

另一方面，用錢餵養的奴才不可能對自己的統治者有任何真正的主從情誼，他們會逐漸認為自己的這種福利本就應得。一旦統治者不能維持對他們的給養，很偶然的事情都會引發叛亂。西元六八年，一個不能分配糧食的謠言引發了羅馬城居民的暴動，尼祿喪生於羅馬城叛變，也終結了羅馬帝國第一代王朝——朱里亞．克勞狄王朝（Julio-Claudian Dynasty），凱薩家族的輝煌戛然而止。

貨幣交易退化為以物易物

搶劫的第一個「境界」，是高稅收。

搶劫的第二個「境界」，是罰沒。

搶劫的第三個「境界」，是超級貨幣貶值。

人類歷史上，從來都不缺乏搞笑戲碼，羅馬帝國克勞狄王朝及弗拉維王朝（Flavian dynasty）之後

21 羅馬節（Ludi Romani）為西元前六世紀，伊特拉士坎族人所建立。它是一種宗教性的節日，除了祭祀神祇外，還有歌舞表演及競賽遊戲。羅馬共和成立後，不僅保存了這個節日，甚至軍事勝利或婚喪喜慶，也比照慶祝該節日的模式辦理。羅馬人相當迷信，認為如果節日活動中，儀式或程序稍有差錯，一切都得重來，因此節日展演的天數多寡不一，最高峰的紀錄是一年有一百七十五天。

22 賽內卡（Seneca the Younger）古羅馬時代著名的哲學家，為尼祿的母親延攬成為帝師。西元六二年為躲避政治迫害而退隱，但仍舊於西元六五年被迫自殺。

是安敦尼王朝（Nerva-Antonine dynasty），安敦尼王朝的幾位統治者都堪稱「極品」。這其實並不奇怪，人性本身就是很複雜的東西，對專制者的人性更是沒有任何束縛；在外部危機消失之後，專制者本人也會越來越離譜。

最著名的皇帝當屬康茂德（Commodus），羅馬史中看康茂德，跟明史看熹宗朱由校差不多：朱由校喜歡鑽研木工手藝，康茂德喜歡親自下場與鬥士[23]搏鬥，都是不務正業的高級領導。

無論是角鬥士成為皇帝，還是皇帝成為角鬥士，基本上對其他事情，都後知後覺，往往事到臨頭，措手不及。於是，這位皇帝角鬥士被自己的情婦和侍衛長合謀暗殺了。

為維持軍費而提高稅收、沒收土地，導致貨幣貶值

康茂德活著的時候是個禍害，死了禍害更大。康茂德確實昏庸，但他是在戰爭中成長起來的軍隊統帥，是名副其實的軍事權威。推翻一個軍事壞權威不是壞事，但如果無法產生更好的領導者，那就未必是好事了。一個軍事權威倒下，新的領導者不能服眾，結果必然是群雄爭霸。

康茂德死後，羅馬帝國同時出現了三個皇帝，更離譜的是，這三個皇帝的稱號，居然是透過拍賣得到的。

天無二日，國無二主，何況是一下出來三個皇帝。最後，其中一個叫塞維魯（Severus）的皇帝擺平了另外兩位皇帝。

塞維魯之所以能擺平其他兩個皇帝，是因為他很有辦法。他的辦法是，給士兵多發錢；只要是他的手下，無論士兵還是軍官，收入都比其他兩位皇帝多一倍。他最著名的一句話是：「要多發錢給士兵，其餘的人可以不管。」

塞維魯時代，羅馬帝國已經開始使用傭兵，結果傭兵的工資越來越高，國家支出越來越大，大到足以耗盡羅馬帝國的年收入。

為應付日益浩繁的軍費開支，塞維魯拿出了祖宗的老本行——搶劫。在國內，統治者的劫掠手段一般分為如下幾種，不同時期使用不同手段，不同手段又會帶來不同後果。一般而言，統治者為了長治久安、幾百年如一日地搶劫時，一定會給被劫掠者留下一口氣。不到最後關頭，統治者也不會把人逼入死境。

搶劫的第一個「境界」，是高稅收。達到這個「境界」的統治者，可以獲得人民所有的積蓄，民眾的收入僅夠維持生存。

簡單來說，就是增加若干稅目，白天當街收錢，半夜砸門撬鎖；複雜點的，無償徵用勞動力，比如徭役。

搶劫的第二個「境界」，是罰沒。達到這個「境界」的統治者，可以獲得民眾所有的財富，民眾已經徘徊在生死邊緣。

儘管增稅能提高收入，畢竟成本很高：要派稅吏、要統計所有居民的收入，中間還得被稅吏暗抽一筆。

凡此種種，效率實在是太低。居民手中什麼最值錢，找個幌子就直接拿來，比如土地。於是塞維魯宣布：行省土地全部歸皇帝所有。

搶劫的第三個「境界」，是超級貨幣貶值。達到這個「境界」的統治者，會喪失天下所有的財富。因為，民眾已經忍無可忍，也就無須再忍。

23 鬥士（Gladiator）或稱「劍鬥士」，是古羅馬社會裡一種身分特殊的奴隸，通常都由戰俘或其他犯了過錯的奴隸來擔任。他們的職責是在競技場上進行殊死搏鬥，為人們提供野蠻的娛樂。

塞維魯畢竟也是馬上皇帝，所以，在貨幣減重上還比較克制。他當政的時候，金銀幣重量僅減少三分之一。但塞維魯的繼任者很快就修煉到最高境界，金幣居然只含二%的銀，就差發冥幣了。

隨著劣幣的發行量逐步增加，羅馬物價也一步步提高，終於二至三世紀爆發了一次大規模的通貨膨脹。最終，羅馬的經濟開始退化成自然經濟[24]形式，塞維魯王朝也開始用實物支付官員薪水，從食品、衣著到車馬。

羅馬帝王，專制權力遠不如東方皇帝，應對危機的能力當然也遠遜東方帝國。東方帝國的士兵就算缺衣少糧，最多譁變，拉桿子造反的人畢竟是少數。羅馬的士兵可是傭兵，沒有錢，皇帝就會被幹掉。

塞維魯王朝（Severan dynasty）的三代帝王，都在不同的場合，被自己的士兵以不同的方式除掉了。

以神之名操控物價

搶劫的最高境界是：自封為神！達此境界者，肯定「神功在手，天下無有」。還要強調一點，與葵花寶典不同的是，這種情況下被閹割的不是練功者，而是整個國家的經濟。

前任造成的混亂，在戴克里先（Diocletian）這裡結束了。

戴克里先登基後重鑄貨幣，把金幣的含金量提高到六十分之一羅馬磅，大約是羅馬帝國早期的六〇%，希望能以此平抑物價，使羅馬商品流通、再度繁榮。但即使是這個含量，戴克里先也吐血了，因為他根本就沒有這麼多金子重鑄貨幣，而且他也不是唯一的貨幣鑄造者。其他鑄幣者不想跟著他發瘋，唯一的結果就是耗盡黃金。

鍍銅的金幣仍然是交易的主要貨幣，物價該漲照漲。

戴克里先又想出一個很不怎麼樣的法子，即命令價格不准上漲！他發布了一道敕令，對糧食、飼料、教師工資等公布了官方價格，不准市價高於官方公布的價格。而且他恐嚇老百姓：「誰若敢違抗這個命令，就有掉腦袋的危險。」

居民很害怕，但是沒服從。理由很簡單，因為按皇帝的價格，大家都得餓死；反正都是死，只要不被抓，說不定大家還能多活幾天。

所以，大家照抬物價。

皇帝大人沒有物資儲備，不能像現在一樣，在地價高漲時拋出儲備土地。指望一張敕令控制價格，是很不可靠的。

於是，戴克里先晉級到了**搶劫的最高境界：自封為神！達此境界者，肯定是「神功在手，天下無有」**。還要強調一點，與葵花寶典不同的是，這種情況下被閹割的不是練功者，而是整個國家的經濟。

戴克里先是一個比較有理想的人，既然大家不聽我的命令，我就扮成神，神的旨意總該聽吧。羅馬人崇拜太陽，太陽神是神，太陽神的兒子應該也是神。戴克里先終於使出了絕招——自封為太陽神之子。

從此，他身穿絳紅色披風，走向本屬於神的祭壇。

人對人的控制必須動之以情、曉之以理、鎮之以威。神就不一樣了，人應該朝拜神，對神旨絕對

24 自然經濟（Natural Economy），不使用貨幣買賣物品，而是以物易物，或是以勞力換取物品的一種交易方式。

服從。

神不讓你漲價，你就不能漲價。

戴克里先之前，羅馬皇帝的所有命令仍舊需要元老院批准，即使是形式上的審查，程序還是要走的。戴克里先繼位後，剝奪了元老院的所有權力，所有問題由皇帝本人決定。以往所有與共和制有聯繫的行政官職，如執政官、監察官、保民官等，如今由皇帝親自任命，不再經過元老院。

最重要的一點是，戴克里先明確宣稱他的君主權力「無上絕對」，「神」當然不用受任何人的限制，而對芸芸眾生有生殺大權。

屬下對他，那可不是一般的尊敬，他也不是一般的莊嚴。侍從和宮廷官吏必須對戴克里先行跪拜禮，「臣民」、「陛下」之類的詞彙開始出現在羅馬帝國史籍中。

但即使你在莊嚴肅穆的宮殿裡高高在上，即使你高揮手臂指明方向，你仍然不是神。因為真正的神旨是「規律」，最大的神旨是「人不能被人剝奪」。就算大家真心稱呼你萬歲、萬歲、萬萬歲，也不過是一種心願，又有誰真的可以萬歲？又有誰真的可以不死？驍勇的羅馬帝國也不可能萬古長青。

第二章

法蘭克王國

領主與城堡小農經濟當道

羅馬人喜歡稱日耳曼人為「蠻族」，這個「蠻族」終結了歐洲當時所有的金融活動，人們開始向城堡退卻。這種西歐城堡才是真正的小農經濟，農奴非但沒有貨幣，甚至終生都難以走出石牆。北歐海盜以摧枯拉朽之勢衝垮了城堡，也孕育出第一代國際貿易商，西歐商品經濟開始復甦。中西小農究竟有什麼分別？海盜如何成為金融濫觴？

壟斷商業貿易的君士坦丁大帝

從君士坦丁開始，羅馬帝位改為世襲。以前，即使是以軍事力量做後盾，稱帝也需要元老院首肯，並成為前任皇帝的義子。以世襲為特徵的集權帝制出現，一個國家就會圍繞一個人，市場演進自然會被壓制。

羅馬的北方有一片廣袤而晦暗的世界，這裡居住著金髮、碧眼、高鼻的日耳曼人，他們才是今天歐洲人真正的祖先。

羅馬帝國在聲色犬馬中墮落的時候，日耳曼人已經演進到原始社會末期，並且形成了幾大分支，東哥德人（Ostrogoths）、西哥德人（Visigoth）、法蘭克人（Franks）、盎格魯人（Angles）等等。他們覬覦羅馬的繁華已久，幾個世紀過去，終於等到機會……

羅馬帝國終於來到君士坦丁大帝（Constantinus I Magnus）時代，君士坦丁統治羅馬帝國時間不長，但對西歐發展來說卻是一個重要的時代分野。因為，在羅馬歷史上，君士坦丁是一個最不厚道的皇帝，請注意，在這裡我沒有說「之一」。

從君士坦丁開始，羅馬帝位改為世襲。以前，即使是以軍事力量做後盾，稱帝也需要元老院首肯，並成為前任皇帝的義子。以世襲為特徵的集權帝制出現，一個國家就會圍繞一個人，市場演進自然會被壓制。

隨著權力的集中，帝國皇帝的目標由提刀砍人，變為維持壟斷的中央集權。但是再集權，君士坦丁也是一個人，一個人管不了這麼大的地盤。

君士坦丁賺錢的方法，鑄幣、官方壟斷工商業、重建首都

中國武術有一個拳法叫做「太極拳」，其中有句口訣是「以心使腰、以腰帶臂、以臂運手、以指形力」，意思是以心為機樞，指揮全身發力。

羅馬帝國皇帝和貴族的關係就是心和手臂的關係，皇帝透過貴族傳達政令。可是這個手臂經常不聽心臟使喚。羅馬貴族通常都有自己的領地，他們對皇帝的命令經常置若罔聞。指望他們像奴才一樣言聽計從，那是相當不明智的，畢竟損害了自己的利益，就是皇帝也不行。之前的歷代羅馬帝王對此都束手無策。並非他們仁慈，實在是不能動手。搶劫貴族，等於搶劫自己；不聽話的手臂，總比沒有強。

但是對於這種狀況，君士坦丁無法忍受；你不聽話，我就找個聽話的來。他想到了一個方法取代貴族：用傭兵組成的軍隊統治帝國。要說這個方法，別人也不是沒用過，從奧古斯都時代開始，羅馬帝國就有了傭兵，但基本上不超過軍隊總人數的四〇%。君士坦丁時代，這個數字已經達到九〇%。

這些傭兵在歐洲歷史上有一個特定而又非常不雅的稱號——「蠻族」，也就是北方日耳曼人。軍隊需要錢，而且是大量的錢。有了錢，軍隊才會聽帝王指揮。

君士坦丁賺錢的方式有如下幾種：

第一，鑄造貨幣。為維持軍隊的統治權，君士坦丁剛登上帝位就開始鑄造貨幣，其中包括純度非常高的金幣（如蘇勒德斯幣[25]）、銀幣和銅幣。

第二個發財的方法是，壟斷所有商業和手工業。同時期的漢朝最多只是重農抑商、壟斷鹽鐵，君士坦丁深謀遠慮，走得也更遠。

---

25 蘇勒德斯幣（Solidus）簡稱蘇幣，在當時是一種純度很高的金幣，因此「蘇勒德斯」也被當作黃金的重量單位，一蘇等於四．五克黃金。

君士坦丁建立了當時世界上獨一無二的官僚管理體制：所有手工業都由行會管理，所有手工行業必須世襲；稅收由官僚核定，無論辛苦一年能掙多少錢，對國家的稅收一分不能少；對進出城市的商品實行重稅，尤其是對外貿易，完全由政府壟斷，比如對中國的絲綢貿易，從進口數量、品質直到在國內上市的價格，全部由政府嚴格規定。

如果敢偷偷到中國弄幾車絲綢，也沒什麼，帝國各個關卡都設有「商務專員」，一旦發現走私，商務專員會對你進行一些「納稅光榮」的道德教育，通常這種情況下還會加上體罰，會要了你的命。

第三個方法屬於輔助措施，即選擇拜占庭城（Byzantium，四世紀時改稱君士坦丁堡）重建首都。

拜占庭城與羅馬城不同，羅馬城是自然演進中出現的商業貿易中心，拜占庭城卻完全是一個以世俗權力為中心的城市。之所以選擇拜占庭城，主要是這裡靠近波斯帝國，居民亟需倚靠強權來對抗波斯帝國，因此對行政集權的反彈力量不強。

皇室進口奢侈品，黃金、白銀大量外流東方

在日復一日對人民橫徵暴斂中，羅馬帝王耗盡了人民的財產，蕭條的國內生產不能交換東方的香料、絲綢和陶瓷，羅馬帝國唯一可以流入東方的，只有黃金和白銀。要知道，西羅馬帝國晚期，很普通的東方花椒都比黃金昂貴，而且花椒是以顆粒計算的。

皇室以及依附皇室的人不斷進口奢侈品，導致國內貴金屬大量流出。《羅馬編年史》記載：「據最低之估計，我國之金錢每年流入印度、賽里斯（即中國），不下一億塞斯特蒂厄姆[26]。」此時，早期的幾個銀礦已經枯竭。西羅馬帝國末代皇帝時期，蘇勒德斯金幣的含金量已經不足君士坦丁時代的一%，帝國貨幣再也不能支持耀眼的鐵騎，甚至多數地區再次出現以貨易貨。

出現如此嚴重的通貨膨脹，背後只有一個原因：**帝國已經失去了統治能力，甚至就連掠奪財富的能力也不存在了。**

國家貨幣對內喪失信譽，也就失去了統治基礎。如同窮人拚命買名牌裝飾自己一樣，帝國越是感覺喪失統治能力，對內統治的手段就會越嚴酷。

帝國晚期對居民的高壓統治已經達到了東方帝王都望塵莫及的地步：禁止釋放奴隸，即使是公民和貴族也不得更換居住地、職業，敕令中充滿了這樣的字眼——「應該像奴隸一樣對待逃跑者」；造幣廠的工匠臉上被烙印，被要求「一輩子處於現有的地位」；可以殺掉不馴服的奴隸且不受法律懲罰；羅馬法律史中臭名昭彰的《人口法》、《出生法》，都是這段時期的「傑作」……

殘酷的統治消滅了貴族，取而代之的卻是一批更加寡廉鮮恥的帝國官僚，他們利用手中的權勢，不斷侵蝕貴族甚至皇族的土地。儘管敕令要求不得收留逃亡農奴，但執行敕令者卻不受約束，即使君士坦丁時代，他們也敢收留皇族的奴隸。

沒有監督之制，皇帝一人又怎麼可能管理這麼多官僚？

大官僚的莊園有華麗的大廳、花園、魚池、廣闊的葡萄園和大片土地，有著數以萬計的農奴和奴隸。在西元四世紀作品的描述中，這些官僚領地裡甚至有種類齊全的手工業者，一切生活必需品，都在領地內生產和交換，幾乎不需要和外界發生任何關係。

而平民和奴隸，卻什麼都沒有……

摒棄貨幣的日耳曼蠻族

如果時空倒轉，我們可以站在蠻族征服的時代。從東方文明看蠻族居住的土地，更類似於今天從北美看北非。沒一點跡象顯示，一千年後，這種平權體制可以率先演進出現代的西方文明。

26 塞斯特蒂厄姆（Sestertius）古羅馬的貨幣單位。一億塞斯特蒂厄姆，相當於十噸重的黃金。

對羅馬帝國來說，靠金錢供養的傭兵，對付幾個奴隸叛變還可以，但對付外敵就差得遠了。此時，漢朝正拚命把匈奴往外趕，匈奴逃往的地方，正好是羅馬帝國，或者說是已經分裂的西羅馬帝國。在遷徙過程中，匈奴人發現匈牙利平原還不錯，便在這裡定居下來；「匈牙利」（Magyarország）的原意就是「匈奴人的家」。

當然，這裡不是匈奴人的家，而是羅馬帝國的地盤。

羅馬人早就喪失了公民的責任和榮譽，傭兵湊成的重裝步兵，在倏忽而來的騎兵面前，實在很脆弱。

東西文明的第一輪較量，是透過驅趕游牧民族開始的：中國當時的世俗力量能夠集中資源，把匈奴人擋在長城之外，而羅馬當時正處於衰落時期，中國透過匈奴騎兵，把壓力傳給羅馬。

東西文明爭鋒第一輪，西歐敗北。

隨著軍事實力的衰退，帝國對行省的控制能力也削弱了，日耳曼「蠻族」的軍事首領趁機奪取領導權，一連串的「蠻族」王國出現了，如西哥德人建立的西哥德王國（伊比利亞半島範圍）、東哥德人建立的東哥德王國（義大利半島）、法蘭克人建立的法蘭克王國（高盧[27]）、勃艮第人建立的勃艮第王國（高盧東南的隆河流域），以及盎格魯人、撒克遜人在不列顛島上建立的一些小王國……

君士坦丁之後的兩百年裡，羅馬帝國在這種痛苦的變化中接納了蠻族。也是在這兩個世紀，蠻族逐步入主羅馬帝國。

城堡、莊園經濟活動太過自給自足，反而導致貨幣消失

原始社會末期的日耳曼民族並非一個整體，它有著若干分支，每一分支再有若干分支，真正能夠統一部族的首領，暫時還不存在。當然，每個派系都有強者，而且每個派系的強者也只是極少數，不過，這些極少數湊在一起，數字也頗為可觀了。進入羅馬帝國境內的時候，這些強者實際上誰也不服

誰，但誰也不能保證能消滅誰。

就是這個原因，在這一小撮人中產生了一種理念：公平，即「平權」。用經濟學術語說，也就是「無知之幕」[28]：**誰也不知道占據羅馬莊園之後會有什麼結果，未來被一片面紗隔著，是模糊的**。直接點說，就是大家都覺得未來很不確定；既然都不知道結果，那就要站在同一個起跑線上，即便占不到便宜，起碼也不吃虧。

這種體制為後來西歐的興盛埋下了伏筆，但對金融或者貨幣來說，仍舊是痛苦的。因為，貨幣消失了。

儘管「蠻族」王國的士兵曾經賺過羅馬皇帝的貨幣，但那時候主要是為了騙吃騙喝。當自己統治羅馬帝國時，已經有了莊園，既然在莊園裡可以自給自足，又何必分心勞神去跟外界交換？

金銀貨幣是大宗貿易支付的手段，沒有民間貿易，沒有海外貿易，還用金銀貨幣做什麼？

雖然帝國鑄幣廠仍然存在，但蠻族國王的金幣主要的用途是當禮品饋贈。本來，銅幣的作用是為城鎮的日常生活提供支付工具，但即使在城堡裡，小額支付也很少出現，加上城堡間的大宗交易又主要靠實物，長此下來，銅幣便漸漸消失了。

隨著貨幣的消失，羅馬帝國的行政體系也被徹底打破，日耳曼新貴開始退向城堡，西歐經濟逐漸演化成采邑制[29]。五世紀初期，整個西歐城鎮的數量已經屈指可數，阿爾卑斯山以北的城鎮蕩然無存，西歐進入了一個完全封閉的狀態。

27 高盧（Gaul），大致位於萊茵河以西、阿爾卑斯山脈以西和庇里牛斯山以北地區。

28 無知之幕（veil of ignorance），最早為一九九四年諾貝爾經濟學獎得主約翰．夏仙義（John Harsanyi）所提出，後由美國政治哲學家約翰．勞爾斯（John Rawls）在其著作《正義論》裡使用。此一概念主要是為了在分配社會合作的原則正義與否時抹除一己之私而創造的，即所有人摒除一切所知（例如知道身分、地位、家世背景對其將來的發展會有什麼樣的影響），在不知什麼樣的條件會造成什麼樣的結果的情況下生存、打拚。

如果時空倒轉，我們可以站在蠻族征服的時代。從東方文明看蠻族居住的土地，更類似於今天從北美看北非。沒一點跡象顯示，一千年後，這種平權體制可以率先演進出現代的西方文明。

歷史上有著太多的偶然，但偶然之中肯定也有必然。

此前此後，東西方都曾在分權和皇權的十字路口上有無數次的猶疑，可能在某一個時點選擇某種體制是偶然的，但，最終的選擇卻無疑是一種必然。

中西方歷史裡充斥著帝王將相，平民甚至連「金兵甲」、「宋兵乙」的角色都混不上，包括你我在內的絕大多數人，都不可能在歷史上留下隻言片語。

但再厲害的人也是人，也只有一次生命；他在歷史上可能輝煌幾年，也可能是幾十年。這些時間，相對於厚厚十幾卷的世界史來說，不過也就是一兩頁甚至幾行。厲害的人也可能會使歷史改道，但千百年後鉛華洗盡，人們會發現他們改變的只是歷史的表現形式，只是延緩或者加速了歷史的進程。羅馬帝國由君士坦丁統治還是由戴克里先統治，其實都無所謂，無論誰是統治者，只是若干事件、若干人物更換名字或者形式，內涵永遠不會改變。

歷史的內涵，是人民創造的。

用更直白的語言解釋，普通人的衣食住行、社會認知與道德就是歷史，只有統治者被最普通的人接納，才能持續自己的統治，只有民族文明底蘊才能決定歷史走向。所以在羅馬，如果沒有當時封閉的城堡，也不會有後世身分對等的投資者。當然，在這種文明底蘊之下發軔的西方金融市場，同樣是一種弱肉強食的平權，幾乎與羅馬和蠻族的鐵血規則一脈相承。儘管在身分上平權，但只有強者才可以統治市場。

西元四七六年，羅馬傭兵領袖奧多亞塞（Odoacer）廢黜只有六歲的西羅馬皇帝羅慕路斯・奧古斯都（Romulus Augustulus）。該來的，總會來的，羅馬帝國，早就只是一個軀殼。

克洛維一世開創領主制度

在克洛維一世這位法蘭西萬世之祖的統治下，西歐根本就沒什麼金融可談。法蘭克人連自己的文字都沒有，至於貨幣，克洛維一世把羅馬貴族都打回農村了。沒有交易，也就沒有貨幣。儘管如此，克洛維一世對歐洲金融乃至經濟仍然有極大的貢獻，只是表現形式並非貨幣。克洛維一世一手奠定了西歐的社會基礎，而這個社會基礎不可能允許君主專制存在，卻是現代金融體制的根本。

克洛維一世（Clovis I）是寫在西歐歷史上的起點人物。西元四八一年，克洛維一世統一法蘭克各部，在塞納河流域建立法蘭克王國，建都巴黎。克洛維一世締造西歐歷史上第一個真正的日耳曼王朝——麥洛溫王朝（Merovingian dynasty），直至七五一年，西歐始終被克洛維一世的子孫統治。

現在，克洛維一世被視為法蘭克民族的祖先，是一位具有雄才大略的君主，是基督的聖徒。謠言，絕對是謠言。

儘管後世對克洛維一世的描述多得實在有些離譜，但我怎麼也無法相信，一個沒有文字的民族能有這麼詳細的記載。要知道當時的法蘭克王國，完全是野蠻民族，社會文化壓根就是無意識的自然狀態，如此細節性的描述，是絕對不可能的。

最著名的造謠者是格雷戈里（Gregory of Tours），被譽為法蘭克歷史之父，不過，也有人將他稱為

29 采邑制（Fief），當時的一種土地占有制度。即將土地及依附其上的農民一起作為采邑分封給有功勞的人，以服騎兵役為條件，供其終生享用，但不能世襲。

「謊言之父」，他所著的《法蘭克人史》（Histoire des Francs）中，克洛維一世的形象成為高、大、全的典範。

領主制度成為現代金融體制的根本

克洛維一世是一位嗜血、貪財的蠻族領袖。克洛維一世在本族鬥爭中先是唆使侄兒殺死兄弟，再「舉起雙刃戰斧劈進侄兒的頭顱」，事後，面不改色地宣傳「所有這些事情，我完全沒有參與」。至於皈依基督教，用他自己的話說，就是「既然他們不來救援侍奉他的人，那我就認定他們沒有力量」，上帝在他心中，充其量不過是馬前供奉的戰神。

其實，如何評價克洛維，要分誰說。拿死人說事，在全世界範圍內都通用，只要有利於統治者。在克洛維一世締造的麥洛溫王朝之後，加洛林王朝（Carolingian dynasty）、卡佩王朝（Capetian dynasty）、華洛亞王朝（House of Valois）和波旁王朝（House of Bourbon）或多或少都與克洛維一世有著絲縷血緣的聯繫，王權神聖當然應該自古斯然。

只有將自己的祖先塑造成神，王室才是高盧的萬世之主。在中國，流氓劉邦可以被說成是斬白蛇而受天命，西歐面目猙獰的克洛維一世，當然也可以被描述成虔誠的基督徒。

不過，在克洛維一世這位法蘭西萬世之祖的統治下，西歐根本就沒什麼金融可談。法蘭克人連自己的文字都沒有，至於貨幣，克洛維一世把羅馬貴族都打回農村了。沒有交易，也就沒有貨幣。儘管如此，克洛維一世對歐洲金融乃至經濟仍然有極大的貢獻，只是表現形式並非貨幣。克洛維一世一手奠定了西歐的社會基礎，而這個社會基礎不可能允許君主專制存在，卻是現代金融體制的根本。

克洛維第一個意義深遠的行為是，建立層層分封的領主制度。

對嗜血的蠻族來說，鋒利的法蘭克戰斧不可能使歐洲永遠臣服，法蘭克人衝入西羅馬時，也根本就沒有自由和公民的概念，法蘭克人當時還處於氏族社會，本來就很自由。

自由的原始社會驟然建立了龐大的統治區域，要解決的第一個問題，就是如何統治。

搶劫是件很辛苦的事情，所以，克洛維沒有虧待弟兄們，大塊吃肉，大秤分金，有錢同使，有飯同吃。他不斷把征服來的土地、農民分封給廷臣、將軍和親屬，這些人統稱「領主」。領主向國王效忠。

領主也很慷慨，他們再把土地分封給另外一幫人。這些人不需向國王效忠，他們只需效忠領主。不慷慨不行啊，不慷慨誰為你賣命？

領主的屬下叫做「騎士」，騎士之下還有更細的分封。戰亂中的農民不得不依附於新的領主或騎士，以求得保護，這逐漸形成了西歐政治經濟制度的起源——領主制度。

透過分封統治王國與基督教信仰統一，形成民族國家的雛形

克洛維一世的本意是透過分封控制整個王國，只是他分封的領主，在領地內其實和他一樣：他是大國王，領主是小國王。地方封臣具有相當的獨立性，領主在其領地內擁有司法、行政、軍事、稅收等權力，國王本身只是一個大領主。

為了獲得領主的忠誠，國王必須授予領主權力，這些權力最終成為終結王國專制的根源。法蘭克王國實在是太小了，任何幾個小國王聯合起來，就可以和大國王對抗，不可能形成一個真正絕對集權的統治中心。

以封地為中心產生的「領主—騎士」關係實際上是一種契約關係：領主和騎士分別承擔相應的責任和義務，領主要負責在戰爭中保護騎士，騎士則必須為領主提供兵役和助金。

在這種制度裡，封君對封臣有管轄權力，但對封臣的封臣不再具有約束能力。

換句話說可能更清楚：A在土地a上可能是B的封臣，但B同時也可能在封地b上成為A的封

臣。這是一種極其混亂、複雜的封地關係，因為其中沒有絕對的臣屬關係。

一個人怎麼能既是自己的上級，甚至是上級的上級，同時還是自己的下級，甚至是下級的下級？本來就很難理解，因為，維繫關係的方式是契約，不是權力。

在西歐的領主—農奴制度下，封臣不再生活於公共環境當中，而是處在相對孤立的狀態，以私人生活為主。在個人空間裡，個人的意志就是一切，這無疑是一種進步的社會發展模式，在西歐的發展歷程中，這種精神得到不斷強化。雖然，這只是非常小的一部分貴族的生活方式，但卻成了人們追求的目標。

這種個人主義使西歐地區進入了一個不斷試錯的過程，每位領主都可以獨立創新、試錯，從而使成功制度不斷被模仿。如果面臨外部挑戰，整個試錯的過程將非常緩慢和痛苦，這種制度不能在短期內集中資源，進而應對外部的挑戰，尤其是軍事挑戰。

如果地緣上，西歐鄰近一個強大的帝國，那西歐歷史一定會被改寫，然而阿爾卑斯山和拜占庭阻擋了波斯帝國西進，使西歐獲得了一個良好的試錯環境。

第二個意義深遠的行為是，皈依基督教。

如果有人告訴我，試圖建立專制的統治者有信仰，那我絕對不信。

相傳克洛維是在與阿拉曼人（Alamanni）的托爾比阿克戰役（Battle of Tolbiac）中，發誓如果上帝能讓他贏得這場戰爭，就皈依基督教。種種偶然的機會使克洛維贏得了最後的勝利，於是他在戰後率全體戰士皈依基督教。

其實那都是胡說。

克洛維皈依基督教肯定是經過長期考慮的，不可能光憑一次誓言就決定這麼做。克洛維皈依的並非高盧或巴黎的基督教流派；當地的基督教流派並不被羅馬教廷承認。羅馬教會也為克洛維的皈依做了長時間的準備，包括尊稱他為西羅馬帝國執政官——雖然當時西羅馬帝國已經不存在了。

如果皈依基督教，克洛維不僅僅是軍事領袖，還是西羅馬帝國皇帝名正言順的繼承人。克洛維信奉基督教之前才剛新婚，妻子是勃艮第王國的公主，是一個虔誠的基督徒。說是巧合，難以相信。克洛維信的不是上帝，是鐵血。

雖然蠻族摧毀了西羅馬帝國，但身為西歐當時最強大的軍事力量的法蘭克王國皈依了基督教，就昭示著蠻族將在一定程度上繼承羅馬文明，戰亂對文明的破壞也不會達到毀滅的程度，日耳曼民族因此融合了羅馬民族的精神，形成了歐洲民族國家的雛形。

在此後的歷程中，西歐雖然長時間分裂，出現了很多國王，但精神始終統一在教宗的大旗下。雖然，從世俗權力的架構看，西歐確實是分裂的，但明確的信仰、嚴密的教會在精神領域上，將西歐統一為一個整體。

西歐的小農經濟

從某種意義上說，中世紀歐洲的莊園才是真正的小農經濟，衣食住行甚至手工業都在莊園或者領地內完成，即使領地內存在市場，領主也可以名正言順地去收稅。

克洛維一世常年出去征戰，他經常搶到很多土地，然後把這些土地封給手下；獲得土地的人也就是後來的貴族。

克洛維一世的子孫也想這麼做。

克洛維一世的本行就是強盜，所以有入有出，沒有問題。但到他子孫手裡，就不行了，因為搶來的土地都分給貴族了，王室領地並不比領主多，實在沒那個實力去搶劫。到了七世紀，克洛維家族已經窮得叮噹響了。

宮相成為地下國王，後來獲得教宗加冕

更糟糕的是，他們成了被搶劫的對象，搶劫他們的人，就是宮相[30]。宮相，大概類似中國的大內總管、宦官，這在哪裡都是一份很有前途的職業。何況，這些侍從不但沒有淨身，而且可以統帥軍隊。

更離譜的是，法蘭克的宮相是一個可以世襲的職位。事實上，這些侍從與中國的宦官有著本質上的區別：宦官的權力來自於皇權，但宮相的實力卻來自地方莊園。也就是說，宮相是一種完全獨立於王權的勢力，本身就可以制約王權。克洛維一世臨死時，居然把領地分配給四個兒子，而非遵從長子繼承的傳統，這無疑為宮相攫取王權提供了更加有利的條件。

在宮相查理．馬特（Charles Martel）的授意下，強勢的國王達戈貝爾特二世（Dagobert II）被自己的教子暗殺，而且死得很慘。據《查理大帝傳》[31]記載，這位國王睡覺時被長矛戳進眼窩。隨後，馬特始終保持著繼任國王年齡不超過十五歲的紀錄，一旦超齡，就將其廢黜。

宮相不但掌控著地方領地，甚至控制了王室的莊園。此時，國王已經完全成為擺設。然而，雖然有這樣的實力，宮相仍舊不敢自立為王。非不想也，乃不能也。因為，在法蘭克王國當國王，不能僅憑刀把子，還要有教宗加冕。

西方國王不能自封，其權力來自於上帝。國王必須經過教宗加冕，即「君權神授」。不過儘管沒有君權神授，宮相卻擁有國王的實力，長此以往，必定會出事。造反的宮相，叫做丕平（Pippin III），他是馬特的兒子。丕平很矮，在西歐史上也被稱為「矮子丕平」（Pepin the Short）。

執掌法蘭克帝國十年，每次看著廢物般的國王，丕平總有一股衝動，想取而代之。而且，他有將

願望變成現實的條件。

條件一：丕平之前，他的父親馬特在西班牙戰勝了敵對的擴張勢力，查理家族的聲譽在西歐教會裡如日中天。

條件二：西元七四一年，拜占庭在對抗阿拉伯帝國的戰爭中一敗塗地。如果阿拉伯帝國真擊潰了拜占庭帝國，西歐基督徒就得改變信仰了；無論西歐居民還是教廷，都需要一個強大的集權對抗敵對勢力。

這是個好機會。

第一次覲見教宗，丕平就提出了一個具有辯證意義的問題：「徒有虛名的人做國王好，還是有實權的人做國王好？」

教宗心領神會，答：「掌權者應為王。」

心照不宣，丕平放心了。

接下來，在法蘭克貴族舉行的蘇瓦松（Soissons）會議上，丕平廢黜麥洛溫王朝的末代國王希爾德里克三世（Childeric III），並把他關進修道院。

在丕平的加冕典禮上，教宗聖匝加（Pope Zachary）派大主教前往主持儀式。從此，開啟加洛林王朝時代。

西元七五六年，作為回報，丕平奪回了羅馬教廷的統治區，羅馬城及附近一部分地區劃歸教宗管轄。此後，在基督世界裡，任何侵占教宗土地的行為，都被視為反對上帝。這「部分土地」，就是今

30 宮相（Mayor of the Palace），本意是「管家」，乃歐洲中世紀早期的一種官職，名義上是掌管宮廷政務以及輔佐君王的親近官員，但後來演變成王國內的實權所在。

31《查理大帝傳》（Vita Karoli Magni），記錄查理大帝生平的歷史書籍，約完成於九世紀。共有兩篇，第一篇由卡洛林王朝時期的歷史學家艾因哈德（Einhard）所著，第二篇由聖高爾修道院僧侶（佚名）所著。它可說是第一部記錄歐洲國王的作品。

天的梵蒂岡。正是因為有了這一小片土地，教宗才能跟世俗權力對抗。

查理大帝為削弱領主，重新鑄幣購買土地

丕平有個兒子，叫查理曼（Charlemagne），又稱查理大帝或查理一世。跟查理曼比，丕平甚至算不上加洛林王朝的開創者。

查理曼從父親手中繼承了法蘭克王國，卻把領土擴張到西歐全境。他在位四十五年，五十五次對外征戰。法蘭克王國從此成為一個東起易北河（Elbe）、西至大西洋沿岸、北瀕北海、南臨地中海的王國，占有西歐大陸的絕大部分土地，幾乎囊括了當年西羅馬帝國的版圖。

按照東方標準，查理曼絕對是一個具有雄才大略的君主：開疆拓土，為獲得權力和支持，幾乎無所不用其極……很多時候，一旦社會走進這種循環，很可能就會形成不可逆轉的制輪，但是，西歐沒有進入皇權專制的怪圈。

麥洛溫王朝末期，羅馬帝國遺留下來的貨幣制度幾乎完全消失，「購買」的行為，甚至被物物交換所替代。此時，西歐是一個道地的未開化社會，蠻族兵鋒撕裂了羅馬文明，這裡不再有繁榮的商業、高度的文明，更沒有一個國家行政管理機制，取而代之的是一個個領主，貨幣幾乎無用武之地。

農奴一生都未必能走出領主的領地，要貨幣做什麼？沒有貨幣，很慘。不過，對多年以後的西歐歷史來說，這句話應該反過來：幸虧西歐當時沒有貨幣。

要統治整個王國，必須削弱領主實力，也就是說，要從領主手中把土地拿走。丕平、查理曼想出的第一個辦法就是鑄幣，贖買領主的土地。西元七五五年，丕平重建鑄幣廠，規定每磅純銀鑄幣不得超過二十二個。

順便說一句，這個法子實在不怎麼樣。在中國，可以用高價買來好地，但西歐不是中國，用錢買地，就算國王也不好使。中世紀的領主與中國的地主，其實是兩個完全不同的概念，大到涇渭分明，

大到根本就不是一回事。

中國地主只有土地，西歐領主卻擁有土地上的一切。

對中國地主而言，土地只是一種財富的象徵，跟能辦多少事、有多大權力，基本上沒有關係。地主是皇帝的子民，佃戶並不屬於地主，土地所有權和統治權完全是兩個概念。不論有多少土地，誰要是敢在自家地盤上弄個紫禁城出來，立刻就得被滅掉。

以「小農經濟」自標的中國小農，其實只能耕織結合，一個家庭甚至一個地主，壓根兒就不可能完全自給自足。

在這個意義上，中國土地占有的關係，要遠比西歐脆弱；更值錢的，不是土地，而是權力。於是，我們有了「貧富無定式，田宅無定主」。換句話說，中國古代歷史上只存在皇族，從來就沒有真正的貴族。

中古莊園與現代金融市場基本內涵相似

但對西歐領主而言，完全不是這麼回事，土地意味著自己的一切！

國王在領主土地上只能管理領主一個人，至於農奴，是從來不需要效忠國王的。領主制度下，西歐土地的流動頻率遠低於東方，土地兼併也不靠貨幣交易，更多的是聯姻。也正是這種相對穩定的土地制度，保證了西歐在生產力遠落後於東方的條件下，寄存了可憐的社會財富，為後續裂變積累了財富的基礎。

西歐領主，就是在自己家修一個白金漢宮，也沒人能管得了，只要你修得起。

對西方農奴來說，在城堡中出生，也在城堡中死去，終生不跨藩籬一步。這不是小農經濟，又是什麼？

東方的小農經濟本身就存在於城市，小農中的手工業、商業並不侷限於服務某個地主，而是為整個社會服務，工商業在一定限度內發展，不會突破原有的經濟系統。西歐卻不可能在領土莊園裡容納得了這些商業萌芽，因為莊園的範圍狹小，只要手工業和商業稍有發展，就必須與莊園經濟分離。

所以從某種意義上說，中世紀歐洲的莊園才是真正的小農經濟，衣食住行甚至手工業都在莊園或者領地內完成，即使領地內存在市場，領主也可以名正言順地去收稅。

所以，用錢買我的土地，那怎麼可能呢！

領主們對付王室的辦法是，凡是流通出來的貨幣，幾乎都被重鑄，當然，裡面摻了很多鉛和錫。王室發現自己越來越吃虧，領主越來越有錢，自己卻越來越窮。不僅丕平鑄造的貨幣基本沒有派上用場，查理曼及其子孫後代煞費苦心鑄造的足值貨幣，基本也都成為泡影了。

這種受累不討好的情況，當然不可能長期延續。

對照今天的西方金融市場（尤其是外匯市場）與中世紀莊園，我們會發現兩者何其相似：無數莊園主（投資者）各自處在一個封閉的環境（閉鎖自身的投資資訊），騎士在相對公平的環境下決鬥（資金搏殺），國王也不是絕對的權威（任何人都不可能在金融市場裡主宰一切，聯準會[32]也不能，否則就不會有一九二九年的大危機或次貸危機）。當然，莊園主有大有小，投資者也有強有弱，但決鬥或資金搏殺的規則是公平的。

時至今日，西方金融市場仍舊保留著中世紀騎士的風格：失敗者必須自己承認失敗。要知道，一九九七年東南亞金融危機中，是泰國、印尼等國家自己承認匯率浮動。騎士用長矛和利劍擊中對手的弱點，一擊致命；投資者也要選對出劍的時機和位置，否則，對方就會刺穿你的胸膛。

海盜的經商之路

世界上第一批國際貿易商，就是這批海盜。之前，法蘭克王國即使有商人，也僅限於陸地，英倫諸島和歐洲大陸之間，更多的是官方往來。現代，人們開掘後期海葬墓的時候，最常見的陪葬品有兩樣：天平與劍。

克洛維以摧枯拉朽之勢毀滅了曾經不可一世的羅馬帝國，他和他的民族曾被當做野蠻人。江山代有才人出，野蠻人也是。遙遠北方有一群人，他們的名字叫「北歐海盜」。與你的想像可能不同，北歐人的血統其實與華人一脈相承。遠古時代，黃種人走出非洲，來到北歐這片冰雪世界。在這裡，黃種人分道揚鑣了，一部分人留在北歐漁獵，另一部分人則翻過阿爾卑斯山，來到華夏。留下的是北歐人，來到中國的是我們的祖先。

黃種人分道揚鑣的時候，還為這事打了一架，結果北歐人的祖先打敗了。所以，至今北歐人仍舊把「龍」視為邪惡的象徵。

九至十世紀，北歐地區處在原始社會末期，生產力提高導致人口增加，而北歐人的傳統是長子繼承和一夫多妻：命好的，是哥哥，可以繼承財產，娶很多老婆；命不好的，是弟弟，沒財產、沒老婆，只能靠體力餬口。

這些弟弟在嚴酷的環境下勞作，不會有太好的結果。丹麥博物館留存了一副當時的年輕男性骨骸，脊椎已經彎到「U」形，很可能生前曾從事極耗體力的勞動，以至於臨死時幾乎要靠四肢爬行。

32 即美國聯邦準備理事會（The Federal Reserve System），乃美國的中央銀行，簡寫成The Fed，中文簡稱「聯準會」。

維京時代來臨，西歐騎士不敵北歐海盜

無房、無妻、無積蓄，「三無」北歐男人也要活下去。而且，他們也想有房、有妻、有積蓄。你忍心一生連個蝸居都沒有嗎？你忍心孤獨一生嗎？

加入我們，待遇從優，裝備齊全，食宿全免，全天移動式海景套房，多勞多得。只要大幹一票，在巴黎買房不再是夢想；幹兩票，躋身上層社會，直接與國王對話不再有距離。

給你一片海域，換你一生傳奇！

「三無」男人終於找到一份很有前途的工作——海盜。

於是，西歐九至十世紀簡直如同噩夢一般，無論國王還是領主，都沒有能力對抗倏忽來去的北歐人。現在，西歐歷史將這段時期稱為「維京時代」（Vikings）。

世界上第一次關於北歐海盜的文字記載出自於教堂。西元七九三年六月八日，或許是一個風和日麗的日子，一群北歐海盜襲擊了英國北海岸的林迪斯芳修道院（Lindisfarne），修士倒在血泊中，修道院付之一炬。

之後，類似的紀錄多了起來。

西歐和英倫諸島成了北歐海盜的樂園，海盜衝進莊園，殺死所有膽敢反抗的人，搶糧、搶牲畜、搶女人，西歐變成了一片火海……

查理曼沒有軍隊嗎？

答：沒用。

查理曼的軍隊不是常備軍，而是來自四面八方的騎士，等騎士集結完了，北歐海盜早就搶完、分光、溜之大吉。更離譜的是，北歐人習慣用原始戰爭的方式對付西歐騎士。

按照歐洲騎士的規矩，騎士之間要一對一公平決鬥；騎士攻擊步兵被認為是一種恥辱；騎士要

「避免一切欺詐和虛假的行為」。當時西歐還沒有出現重裝騎士，騎士只能騎著一匹馬，拿個帶倒鉤的棍子，戰鬥力實在難以恭維。

在北歐海盜的眼裡，這些規矩很奇怪，當然不會遵守。在他們看來，群鬥似乎更合理。

北歐海盜 vs. 西歐騎士，沒有勝負懸念。

剛開始，北歐海盜也就是幾十人的犯罪集團，最多搶個商船，或趁漲潮衝上海岸劫掠兩個小城堡。後來，北歐海盜已經不滿足於海上的劫掠，而是動輒幾千人的陣容，分裂的法蘭克帝國根本無法集結軍隊，統一防守，海盜可以長驅直入。

海盜破壞城堡小農經濟，發展為殖民探險、海運經商

隨著搶劫帶來的巨額財富，北歐海盜已經武裝到牙齒。標準的北歐海盜船，長約七十六英尺，用一根巨木作為龍骨，船上豎有巨帆，約承載三十名海盜。這種船吃水淺、速度快，笨重的商船即使配有保護設備，也不堪一擊。

北歐海盜的戰果如下：

西元八五五年包圍巴黎，向禿頭查理（Charles the Bald）勒索了七千磅白銀，八八五年再次包圍巴黎，且圍困了整整一年……

西元九〇七年、九四一年兩次圍攻君士坦丁堡，迫使拜占庭帝國訂立城下之盟，承認北歐人在帝國範圍內的商業特權……

這段歷史很少提及金融，甚至連一般史實記載都非常少。也難怪，當時北歐沒文字，西歐有文字。西歐每次都戰敗，勝利者要的是糧食、布匹、財寶，記載文字的羊皮紙，大概只有一種用途，那就是生火取暖。

這段歷史，大家只能對著文物想像，但無論如何想像，北歐海盜對西歐都是一場災難。有人統計

北歐海盜總共從西歐那裡拿走了二十七萬磅白銀、六百磅黃金，在貨幣極其匱乏的中世紀，這絕對是個令人咋舌的數字。

真實的北歐海盜，大概永遠是個謎，我們要給出的內容，不是對海盜的詳細描述，而是海盜給西歐帶來的結果。

維京時代給西歐帶來的，遠非僅僅是劫掠，還有城堡裂變和商人再度興盛……有了北歐海盜，才破壞了僵化的「城堡小農經濟」，才有後來的探險殖民、海運經商。

否則，在原有制度內，領主和農奴還不知要多少代循環，才能打破原來的怪圈。

海盜重啟東方海運貿易，刺激經濟復甦

搶劫，是為了錢；海盜並非天生是土匪，如果貿易能賺更多的錢，海盜也不反對。

全球第一批國際貿易商，就是這批海盜。之前，法蘭克王國即使有商人，也僅限於陸地，英倫諸島和歐洲大陸之間，更多的是官方往來。

現代，人們開掘後期的海葬地點的時候，最常見的陪葬品有兩樣：天平與劍。

巨額財富為海盜帶來了原始商業資本，對這些腰纏萬貫的大佬來說，即使他們不出門做生意，來自東方和阿拉伯的商人，也早就看中了他們腰包裡鼓鼓的銀子。

九世紀末期，北歐的斯堪的納維亞（Scandinavia）已經從一個蠻荒之地，變成了繁榮的商業區，在比爾卡[33]市場裡，有香料、絲綢、毛織品、葡萄酒、玻璃、青銅器……當時世界上最為奢侈的消費品，幾乎都集中於此。

在內外雙重的刺激下，北歐海盜開始了自己的經商之旅。

西元八八二年，北歐人在斯拉夫地區組建了基輔羅斯公國，歷任國王最主要的工作就是帶領士兵巡幸各地城堡。他們不是為了索取錢財，而是「收購」（半買半搶）蜂蠟、皮毛，以便來年轉運到君

士坦丁堡。就是這個小小的公國，再次打通黑海、波羅的海和裏海之間的商業聯繫，從此，歐洲商人可以直達君士坦丁堡、戈爾甘[34]甚至巴格達，大大降低了因阿拉伯人控制地中海而高居不下的東方商品價格，使流入西歐的東方商品急劇增多。

西元九一一年，另一個海盜頭子羅洛（Rollo）在諾曼第（Normandie）建立諾曼第公國（Duché de Normandie），開始了自己的商人生涯。他開闢了南義大利到北海的航線，在隨後的兩個世紀裡，阿拉伯、地中海的商業優勢逐漸喪失，這條航線逐步成為歐洲的海上通衢。

做生意，海盜也怕被人搶。

在海上，最可怕的海盜恰恰是這些商人本身。海盜互搶的可能性不大，雙方都有威懾力，誰也不敢輕舉妄動；在陸地，為保護商品安全，北歐海盜在歐洲大陸建立了城堡，既用來儲存貨物，也可以貿易。

就這樣，北歐海盜跳過領主，直接在歐洲開闢了新的商路。十世紀末期，北歐商人的足跡已經踏遍波羅的海、北非甚至印度。這些，對後來的城鎮興起和經濟復甦，都具有關鍵的作用。

凝固於農業文明的西歐，倘若沒有外來刺激和範例，不可能如此迅速習慣於一種新生活。

——亨利·皮朗[35]

33 比爾卡（Birka），位於斯德哥爾摩以西三十公里的比約雪島（Björkö）上，是維京時期重要的貿易中心。

34 戈爾甘（Gorgan），位於裏海沿岸的大城市。

35 亨利·皮朗（Henri Pirenne，1862~1935），比利時著名史學家，著有《中世紀歐洲社會經濟史》（Ecnomic and Social History of Medieval Europe）等書。

北歐海盜橫行歐洲兩個世紀，驍勇善戰。然而，常年的劫掠生涯也奪去了成千上萬人的生命。不是每個海盜都能搶到很多錢，他們的遺孀，生活照樣也很淒慘。英國作家約瑟夫·拉雅德·吉卜林（Joseph Rudyard Kipling，1865~1936）的〈丹麥女人豎琴歌〉這樣描寫：「……空留紅顏長夜漫漫，寂寞寡婦傷心欲絕……」

十世紀後期，海盜首領大多轉行做貿易了，北歐本土原始的氏族體制逐漸被打破，王權逐漸替代了原始社會的氏族體系，北歐人開始追求平穩、安定的生活。西元一〇〇〇年左右，北歐人逐步接受了基督教，被基督教同化。

北歐社會給西歐帶來了海盜，西歐卻對北歐輸出了基督教。也可以說，西歐社會藉由基督教，實現了對北歐的反征服。西元九七〇年，丹麥王室皈依基督教；一〇〇〇年，冰島王室放棄多神教，皈依上帝；一〇二四年，挪威教會正式成立……

一〇六六年，挪威宣布放棄對英格蘭王位的要求，海盜傳奇由此退場。

第三章

中世紀

《達文西密碼》裡的寶藏是真的嗎？

當國王和農奴同時成為領主的掘墓人，貨幣終於在西歐城鎮中浴火重生，自此，中世紀的西歐不再平靜。

九次十字軍東征造就了世界第一代金融梟雄——聖殿騎士，也造就了一個迄今尚難解答的「達文西密碼」；百年英法戰爭結束英法強勢王權，也締造西歐獨一無二的金融市場。小說《達文西密碼》中聖殿騎士的寶藏究竟是不是史實？誰才是英法百年戰爭中真正的英雄？

人力分工更細，促使城鎮興起

城鎮更類似於股份制公司，領主只能以土地入股，按稅收分紅，不具備管理權，管理權在股東（市民）選出的總經理（執政官）手中。股東有權利撤資（離開），為了稅收，領主不得不謹守對市民的承諾。城鎮以整體的名義對抗領主，繳納賦稅後，領主不能再騷擾城鎮。

在很多人的想像中，中世紀的西歐意味著莊嚴的城堡、驍勇的騎士、多情的貴婦……這是騎士小說裡的描寫。包括《堂吉訶德》（Don Quijote de la Mancha）在內的騎士小說多出自後人之手，文學家筆下的情懷其實多是夢囈式的幻想。一句中國古詩詞足以形容中世紀的西歐：

枯藤老樹昏鴉，

古道西風瘦馬。

中世紀的西歐遠非唐宋盛世，八至十世紀，所謂城堡，大多數也就是幾道木柵欄圍著幾間房子，石質建築的成本相當高，絕大多數西歐領主根本負擔不起。

木頭柵欄裡圈禁的農奴，生活自然比唐宋的自耕農差遠了，也就弄點玉米糊喝喝，運氣好的時候弄點玉米棒。至於濃香的咖啡、甘醇的紅酒、鬆軟的麵包，包括國王在內的歐洲人，經常見不到。

理由很簡單，西歐人烹飪的主要手段是烤，不是蒸。靠西歐當時的廚具，小麥只能烤成鍋巴，至於麵包，是想都不要想的。

逃亡工匠聚集地形成城鎮，商品交易再起

我們曾經說過，這樣的西歐城堡才是道地的小農經濟。這裡，我再提出一個有辯證意義的問題：

真正的小農經濟如何演化出最發達的市場經濟？

惡花怎樣才能結出善果來？

與大家想到的可能不一樣，當惡花結善果之時，西歐國王支持市場，打擊領主，立場堅定地站在農奴這邊。因為，領主不僅剝削農奴，對國王也照樣不理不睬。

實際情況是這樣的——

中世紀的西歐，農奴必須把自己七〇％的時間奉獻給領主，然後才能耕種租來的土地；死後，還要被領主領走最好的家畜；繳納人頭稅、結婚稅、地丁稅；獻納初夜權。領主擁有軍事、行政、司法等一切權力，對農奴有生殺予奪的權力。

如果我是農奴，生活在這樣的環境裡，一定想逃亡。西歐農奴不比我笨，他們經常將逃亡的想法付諸實踐。

初期逃亡的農奴並非終日耕作的農夫，而是一批以手藝為生的工匠。雖然大家都靠雙手吃飯，但工匠可以離開土地，農奴不能。

工匠逃亡的地方不是世外桃源，而是一些便於獲得原料、能找到固定買主的地方，那裡同樣也是國王、大諸侯、大寺院的領地。隨著逃亡人數增多，工匠擺地攤的市集逐步演變成為西歐第一批城鎮，城堡身側誕生了至今驚豔世人的城市：科隆（Cologne）、美因茲（Mainz）、史特拉斯堡（Strasbourg）、法蘭克福、紐倫堡、埃爾福特（Erfurt）……

不要高估這些城鎮的建設水準，所謂城鎮，其實在表象上和鄉村並沒有太多差別，居民有自己的菜園、田地、牧場，可耕種的土地散落於居民房舍之間。工匠仍舊以農業生產為主，農忙時節要全天候耕種。

落後的表象之下，這些逃亡者的聚居地已經和領主城堡完全不同了。這裡，誕生的是勞動分工，只有精細的分工，才能產生更高的生產力，才能讓大家都在各自的領域有所發展。

從此，勞動者不必固定於土地。**當人們離開土地也可以生存時，勞動者不再對土地有依附關係，人類便不再是土地的附庸**。社會鏈條就會從領主權責變為貨幣，商品經濟也就取代了自然經濟。這是通向現代文明的必經之路。

對領主而言，農奴逃亡自然不是好事，他們隨時準備抓捕逃亡的農奴。但是，領主並不是鐵板一塊：城鎮所在地一般不是豐腴的土地，轉包給城鎮也沒什麼壞處；市民又是其他領主的農奴，別人的農奴變成自己的居民，總不是件壞事。

騎士不敵傭兵，領主失去對城鎮的管理權

城鎮本身則樂於接納所有人，包括逃亡的農奴和自由人，而且為之提供保護。很多城鎮有這樣的成規：領主不得在城鎮裡抓農奴。因為只有人口擴張才能有更精細的分工，來抵抗領主的騷擾。

至於國王，他巴不得城鎮和領主槓上，反正領主不怎麼聽話。英國國王亨利宣布：任何人在城鎮生活一年又零一天後，便自動與領主脫離關係；法王腓力二世（Philippe II Auguste）更絕，直接向城市頒發特許狀，免除市民對領主的義務，宣稱國王是城鎮的保護者，甚至授予市民貴族身分和爵位。

當然，如果領主進攻城鎮，城鎮還是得自力更生，國王多半會在道義上給予支持。

開始的時候，城鎮勢力相對弱小，大家湊錢收買所在地的領主，換來暫時的和平。隨著城鎮財富集聚，領主開始垂涎，經常無任何理由就收回特許狀。

真正的談判，需要雙方實力對等：**實力相當，金錢就是力量；實力懸殊，力量才是金錢**，關鍵時刻還是要比誰的實力堅強。

最初，城鎮只有民兵（步兵），領主帶來的是小領主——騎士。為了自己的利益，騎士往往放下風度，與步兵對砍，結果自然是城鎮戰敗。

城鎮畢竟是專業的賺錢專家，做生意的本事比領主大多了。領主，幾百年如一日，沒啥進步。隨著城鎮的發展，其金錢實力越來越雄厚。打仗需要錢，尤其是騎兵。一般來說，西歐騎兵要有甲冑、兩匹戰馬（一匹作戰用，一匹馱甲冑、僕人），順便帶幾個步兵和僕人，幫助騎兵穿甲冑，還得自備糧草。

城鎮沒有騎士，但錢能買來傭兵；傭兵只認識錢。騎士年齡一般都在三十歲以上，已經超出了最佳作戰的年限。在傭兵面前，騎士再也沒有任何優勢，於是在對抗中逐漸敗北。

一手是錢帶來的傭兵，一手是談判後的稅金：城鎮逐步搞定了領主。

不過，從中國史的角度看，這些西歐歷史上大書特書的城鎮戰爭，最多屬於鄉民械鬥。不但參戰人數太少，武器裝備稀鬆平常，戰略戰術更是不值一提，跟諸葛丞相、吳用軍師毫無可比性。最重要的是，契約為王的時候，雙方從來就沒想將對方置於死地：領主要求城鎮順從，城鎮則希望擺脫領主管理；說到底，雙方都是為錢而戰。即使俘虜了對方的首領，也不會將之斬首示眾，向對方勒索贖金還比較實惠。

無數次鄉民械鬥之後，終於形成了一種博弈的格局：城鎮更類似於股份制的公司，領主只能以土地入股，按稅收分紅，不具備管理權，管理權在股東（市民）選出的總經理（執政官）手中。股東有權利撤資（離開），為了稅收，領主不得不謹守對市民的承諾。城鎮以整體的名義對抗領主，繳納賦稅後，領主不能再騷擾城鎮。

領主不敵富裕農奴

農奴一旦轉換為農場主的農業工人，基本上也就擺脫了對領主的人身依附關係。商品經濟條件下，商人資本和工人階層出現，也就為領主制掘好了墳墓。

十一世紀後期，整個西歐城鎮展開迅速的發展，這個時代被稱為「商業革命」。

但即便此時，這些城鎮與羅馬時期的城市比，仍舊是破爛的。領主放棄的土地還是種不出糧食來，城鎮居民始終靠手工業為生。所謂的「城鎮」不過是在路口、碼頭多了幾個建築、幾條街道。然而，在人類社會發展中，此時的破爛卻遠比羅馬氣勢恢弘的建築珍貴。

兩者一個至關重要的區別是，這些集市、城鎮是在經濟自然演進中產生的；城堡靠領地過日子，領主的消費遠大於生產，城鎮則恰恰相反。

商品、貨幣發達，富裕、自由的市民階層誕生

城鎮中的人，是一群逃亡的農奴、流浪漢和失意的小貴族後裔；城鎮中的人，也要生存，而且想生存得更好。但是，**他們沒有土地，必然選擇一種全新的生產方式生活，這就是經濟演進中最關鍵的因素——創新**。

儘管此時他們創新的只是交換方式，還沒有技術上的革新，但在遙遠的中世紀，這就是當時人類最大的進步。

貯藏財富的最佳手段是擁有土地，社會生活圍繞著控制土地的領主階層，普通人基本上沒有舞臺。西歐只有農奴、貴族、騎士、教士這幾個階層。

城鎮居民不屬於以上任何一個階層，他們是自由人，追求的目標比較赤裸裸：錢。

商品、貨幣支撐起城市的新型貴族，莊園、領主制度的基礎終於動搖了。包括領主在內的人們開始注重現實和塵世的享樂，否定貨幣與罪惡的觀念。

城鎮居民有了一個新的稱呼——市民。

市民，成為一個新的階層，誕生了。

市民之所以為「市」民，是因為他們生活在市場交易模式下，「財產主權」成為個人生存的基礎，人成為個體，不再有依附關係。

人們逐漸發現了新的生活樂趣：觀察、描述、思考和研究成了風氣，開始嚮往富裕優雅的生活。

市民的一切，都要錢！

問題是，如何才能獲得財富？

答：自由。

每一個人，只有自由發揮自身能力，才能真正獲得財富。

> 市民階級最不可少的就是個人自由。沒有自由，就沒有行動、營業和銷售貨物的權利……沒有自由，貿易就無法進行。
>
> ——亨利·皮朗

以貨幣支付勞役地租，農奴轉變為受雇用的工人

在人類文明演進中，文明越發達，交換就越頻繁，貨幣是大規模交換的必要手段，也是承載人類文明的方舟。

貨幣，已經在戰亂中的歐洲沉睡了三百多年，終於浴火重生。

讓人始料未及的是，貨幣重生，最先遭殃的是領主。

手藝人的想法是：我貿易，我賺錢；我做工，我賺錢。

領主的想法是：你耕田來你織布，你挑水來你澆園。

以前城鎮弱小，領主想搶就搶，想滅就滅；現在城鎮興盛了，領主想搶搶不來，想打打不過。

結果，只能去跟城鎮做交易。

大量西歐史籍都記載了當時這樣一個離譜的交易：一名騎士跑到城鎮抓捕自己的農奴，見到農奴後，驚艷於農奴富裕優雅的生活（這個農奴的身價大概在兩千英鎊左右，在當時幾乎是天文數字），於是將女兒嫁給了農奴。

把女兒交易給農奴的領主、騎士畢竟是少數，更多領主發現自己費力收來的土特產必須拉到城鎮出售換錢，往往還得不到好價錢。

還不如讓農奴直接交錢，這樣比較省事。於是十一世紀後期，西歐城堡的勞役地租改以銀子（貨幣）繳納。

銀子與勞役，兩者最大的區別是，勞役無法衡量，銀子卻有定數。農奴一旦轉換為農場主的農業工人，基本上也就擺脫了對領主的人身依附關係。商品經濟條件下，商人資本和工人階層出現，也就為領主制掘好了墳墓。

一二九三年，佛羅倫斯工商業者自行頒布《正義法規》，第一次徹底將領主踢出了城鎮決策會議，擁有獨立的政治力量的市民，已經登上歷史舞臺，西方文明曙光初現。

這是西歐經濟演進中最關鍵的一步，驚險，但是，他們做到了。

聖殿騎士團開銀行

獨特的團規為聖殿騎士營造了良好的信譽，聖殿騎士個人不允許占有財產，一旦擁有財產，死後便不得進入聖殿騎士墓地。這種基於信仰的懲罰大大降低了金融活動的風險。後期，聖殿騎士團規要求騎士像忠於上帝一樣忠於主顧，基本上類似於今天的瑞士銀行：除了主顧，誰都不認。

今天，有人把美國「九一一事件」災難看做是基督教與伊斯蘭教之爭。

確實，兩種宗教都是一神教，都容易產生一元化思維：要麼是全知全能的上帝，要麼是至高無上的阿拉。上帝和阿拉，只能有一個，雙方衝突由來已久。

第一次大規模軍事衝突發生在西元七世紀，今天，我們把它稱為「十字軍東征」（Crusades）。

關於十字軍東征，西方史籍解釋如下：伊斯蘭教徒、基督徒都奉耶路撒冷為聖地，都認為到耶路撒冷朝覲是有效的贖罪方式。西元一〇七一年開始，兇悍的突厥人（Turkic peoples）禁絕基督徒朝覲，並虐殺朝覲的基督徒，讓基督徒、羅馬教廷難以忍受。於是，西歐騎士開始組織十字軍奪回耶路撒冷，捍衛自己的宗教尊嚴。

伊斯蘭與基督的對決，造就了一個富可敵國的騎士團

我認為真正讓基督徒難以忍受的，是敵對勢力控制了地中海南部和西部，在地中海四個方向創建海軍基地，西歐商船要繳納重稅才能通過港口……

城鎮對付個把領主還勉強可以，突厥可是一個大帝國，大到橫跨亞非歐，就算把整個城鎮的人都拉出去，到人家地盤上估計最多也就是擺個儀仗隊。

看在打不過人家的分上，西歐城鎮還算安分。

儘管任何一個城鎮都不敢奪其鋒芒，但畢竟人家都欺負到頭上來了，一旦夾在兩股勢力中間的拜占庭頂不住，大家就要改變信仰了。更何況，如同《笑傲江湖》中武當派歷代掌門都想奪回魔教手中的《太極拳經》一般，奪回耶路撒冷，也是每一任教宗的遺願。

問題是，教宗的十字軍戰士也太不可靠了。西歐歷史上大書特書的十字軍實在是一群烏合之眾，戰士甚至不是職業騎士，多是農民或者是破落的流浪漢。

再沒有如此令人傷感的事情。他們以牛羊做馬，沿途拖著雙輪小車，車上堆著破碎的行李和他們的孩子。每經過一個堡壘、一個城市，孩子們都會伸出手問道：「這是耶路撒冷嗎？」

——莫許・基爾（Moshe Gil）

農民十字軍人數不少，但這樣的士兵，戰鬥力難以恭維。

冷兵器[36]時代，似乎是個人就能拉到戰場上湊數，可戰場畢竟不是群毆，就算打遍全村無敵手，那不過是你夠狠、夠強；人多勢眾跟能否打勝仗，完全是兩碼事。

所以，九次十字軍東征，只有半次成功。

之所以說只贏了半次，是因為只有第一次攻下耶路撒冷，而且最終的進攻者還不是西歐的十字軍。第一批十字軍共十萬人，剛到匈牙利就基本上全軍覆沒了，最終打下耶路撒冷的，是一〇九六年西歐莊園領主重新組織的騎士，以及拜占庭帝國的軍隊。

之後就更離譜了，有人認為成年人都有罪，只有純潔的兒童才能獲得上帝青睞。於是在西元一二一二年，三萬名兒童開始東征，號稱「兒童十字軍」（Children's Crusade）。

結果，純潔的兒童被不純潔的成年軍官販賣到埃及當了奴隸……

上帝復仇的使者，在一片噓聲中退場。

十字軍弄得整個歐洲雞飛狗跳、戰爭不斷，第一次十字軍東征甚至使得耶路撒冷「聖殿的鮮血沒過了腳踝」，但是，這半次成功卻製造了至今無人可解的世界金融之謎……

攻下耶路撒冷的騎士又稱為「聖殿騎士團」（Templars）。關於聖殿騎士團的歷史，是世界金融史上最為悲壯、最具傳奇色彩的一頁，不但為後世留下了無數財富的不解之謎，也成為文學家筆下的懸疑素材；暢銷全球的小說《達文西密碼》，就是在這段歷史的基礎上虛構出來的。

西元一一一九年，九名騎士創建聖殿騎士團，自詡「為上帝而戰」。他們向上帝許願，聲稱自己將堅守「貧窮、貞潔、順從」的諾言。幾十年後，這個騎士團成為保衛基督世界最主要的軍事力量，也成為騎士團的祖先，後來的「醫護騎士團」[37]和「條頓騎士團」[38]，均以聖殿騎士團為楷模。

不過，聖殿騎士團一點都不貧窮，攻占耶路撒冷的過程中，他們獲得了大量的財富；身為懺悔者和搶劫者，他們獲得了雙重勝利。

甚至有人斷言，聖殿騎士團挖地三尺式的劫掠使他們獲得了傳說中羅馬帝王埋藏的巨額寶藏，所以，他們後來才能富可敵國。

此後，這些留守耶路撒冷的守護者建立了拉丁國家，負責保護當地的基督徒，以及前往朝貢的基督徒的安全。不過，聖殿騎士團搶錢的本事挺好，防禦能力卻很差，他們很快就被突厥人趕出了耶路撒冷，所幸，逃跑時沒有忘記帶走搶來的財富……

歐洲第一個金融中心——香檳市集

為了繼續東征的目標，包括教宗和王室都貸款給聖殿騎士團，希冀他們能繼續建立戰功。

可惜，聖殿騎士團很令人失望，靠砍人起家卻不想繼續砍人。此時，聖殿騎士團最大的作用不是為上帝獻身，而是尋找為上帝獻身的人。

36 冷兵器（Cold weapon），是相對於火器而言，指純用物理性攻擊，不使用化學燃爆的武器，如刀、劍、弓、斧、投石機等。

37 「醫護騎士團」（Knights Hospitaller），為歷史上著名的三大騎士團之一，成立於第一次十字軍東征之後，又名羅德騎士團或聖若望騎士團，最後演變成馬爾他騎士團。醫護騎士團本為本篤教會在耶路撒冷為保護其醫護設施而設立的軍事組織，後來演變成為天主教在聖地的主要軍事力量之一。直到今日，該組織仍延續與存在，是最為古老的天主教修道騎士會之一。

38 「條頓騎士團」（Teutonic Order），成立於西元一一九八年，第三次十字軍東征之後，正式名稱為「耶路撒冷的德意志人聖母騎士團」，與聖殿騎士團、醫護騎士團並稱三大騎士團。初與聖殿騎士團同樣為軍事組織，四處征戰，全盛時期還曾控制東、西普魯士與整個波羅的海東岸，沒落後，逐漸轉型為純宗教的修士會，目前總部設於維也納。

拿到錢後，他們經常做的事情就是貸款給新十字軍。為尋找兵源，他們在各地普設分支。後來幾次的十字軍東征中，聖殿騎士團發展為一個遍布歐洲和中東的機構，鼎盛時期擁有近千處分支。

這是一個集世俗和基督教義於一體的機構，也絕對是一個跨地域、跨行業、跨國家的國際組織。

聖殿騎士確實對經營商業沒什麼興趣，不過，他們很快就發現匯兌也是一筆很好的生意。新十字軍可以將錢存在各地的分支機構，一路可以憑存單在分支使用現金。而且，普通商人也逐漸開始使用他們的「通路」。

王室、城鎮的金錢支持＋匯兌資金累積＋自身財富＝信貸資金。

騎士團鳥槍換炮，開始為商人、城鎮甚至各國王室提供信貸。貸款給王室貴族最好的方式是匯款，設在賽普勒斯（Cyprus）的聖殿騎士團總部則承擔收帳、運款的任務。法國、英國、地方主教都曾在聖殿騎士團獲得巨額貸款：英王約翰需要貸款支付士兵薪水，當時最著名的克呂尼修道院（Cluny Abbey）需要借款還債，法王路易七世（Louis VII le jeune）需要貸款征伐領主……

西元一二七〇年前後，香檳集市[39]終於形成第一個歐洲金融中心。這裡定期舉行財政貸款會議，法國王侯可以從這裡選擇貸款者。

獨特的團規為聖殿騎士營造了良好的信譽，聖殿騎士個人不允許占有財產，一旦擁有財產，死後便不得進入聖殿騎士墓地。這種基於信仰的懲罰大大降低了金融活動的風險。後期，聖殿騎士團規要求騎士像忠於上帝一樣忠於主顧，基本上類似於今天的瑞士銀行：除了主顧，誰都不認。

西元一二三二年，英國大法官被逮捕，英王亨利要求騎士團的倫敦駐地交出大法官的財產，得到的回答是「未經委託人允許，我們不會把受託的財產交給任何人」。

西元一二五〇年，法王路易九世遠征埃及被俘，路易的手下要求巴黎團交出路易的財產以便贖回國王，居然也得到同樣的回答。

十三世紀末期，聖殿騎士團已經成為歐洲最有權勢、最富裕的團體，在基督世界擁有至少九千座莊園或領地，年收入超過六百萬英鎊（當時英國王室的自營地年收入僅三萬英鎊），已經不僅是富可敵國了。金融事業，也從單純的存貸款擴展到匯款、信託和託管，幾乎囊括了傳統銀行的所有業務。

但世間事歷來福禍相依，正是聖殿騎士團的財富招致了自己的滅亡，鼎盛之後是一片血腥……

腓力四世的奪寶計畫

時至今日，無論官方、考古學家還是民間探寶者，仍有很多人為這筆財寶而瘋狂，或許將永遠有人瘋狂……

西元一二八五年，法王腓力四世（Philippe IV le Bel）登上王位。據說他是法國歷史上的一位美男子，不過，看了腓力四世留下的畫像後，我只能說這人長得很「科幻」。

但是無論怎樣評價此人的容貌，腓力四世肯定是位頗具雄才大略的君王：對外挑起了對英國和法蘭德斯[40]的戰爭，與低地國家（荷蘭、比利時和盧森堡）和親；對內不斷打擊領主，恐嚇城鎮……

這些都需要錢的！

西元一三〇四年開始，腓力四世已經入不敷出了，他想到了一個賺錢的好法子——搶劫，目標——聖殿騎士團。

39 香檳集市（Foires de Champagne）是十二至十四世紀時期歐洲著名的國際貿易集市。中世紀的香檳地區是香檳伯爵的領地，由於該地地處義大利與法蘭德斯之間和德國與西班牙之間兩條商路的交匯處，因而逐漸發展成為歐洲的商業中心，後因海上新航路的開闢和發展，以及英法百年戰爭的爆發而逐漸衰落。

國王與教宗聯手摧毀聖殿騎士團，扣押大筆財產

在毫無預兆的情況下，腓力四世要求各地官員同時在一三〇七年十月十三日打開密函。各地官員惴惴不安地打開密函後，發現內容是逮捕各地的聖殿騎士團成員，罪名是崇拜偶像（騎士團徽章確實違反了基督教義）、異端和同性戀。「特命逮捕法蘭西王國境內全部聖殿騎士，收監候審」，對了，後面還有一句最重要：「**並將其所有動產、不動產悉數收押。**」

當天，僅巴黎就有一百三十八名聖殿騎士被捕，那一天是星期五，這也是金融業「黑色星期五」真正的由來，意指毫無先兆、突如其來的災難。

腓力四世成功了，包括最高首領大團長雅克·德·莫萊（Jacques de Molay）在內的聖殿騎士都被逮捕，而且，在嚴刑之下招認了自己的罪行。

要知道，聖殿騎士隸屬於教宗，國王並無權處置。聖殿騎士團可是一個跨國組織，要錢有錢、要槍有槍，法王雖然逮捕了主要領袖，卻未必能搞定整個聖殿騎士團，搞不好舉全國之力也對付不了聖殿騎士團的反噬。

問題是，當時的教宗叫做克雷芒五世（Pope Clement V），此人當教宗的歷史極不光彩（謀殺前任教宗）。腓力四世即位前，是教宗的幕中之人，也知道這些糗事。此時，長相頗為科幻的國王要脅教宗，如果不同意他處置聖殿騎士團，就要將其糗事公之於眾。

實在是沒有法子，十一月二十二日，教宗命令各國逮捕聖殿騎士團成員。在基督世界裡，教宗的諭旨就是上帝的命令，騎士團的合法地位被徹底撼動。

只是，教宗未必想幹掉自己的手下。消滅自己的武裝力量，從來就不是什麼幸事。在教廷的默許下，所有聖殿騎士在法庭上全部翻供。教宗自以為得到了喘息之機，他也不希望一支基督勁旅無聲無息地消失，何況還有巨額財富。

正當教宗和大主教們擊掌相慶的時候，腓力四世已經陳兵城外。更可恨的是，他帶來了宣揚教宗糗事的小冊子，揚言準備散發，聲稱如果教宗不能搞定聖殿騎士團，他就搞臭教宗。

最終，教宗屈服了，包括最高首領在內的五十四名聖殿騎士團領袖被處以火刑，聖殿騎士團從此覆亡。臨刑前，大團長雅克·德·莫萊在火刑架上詛咒，一年內迫害他的人將會遭到上帝的懲罰。一個月後，教宗去世；半年後腓力四世狩獵時墜馬而亡……

寶藏與祕密符號，聖殿騎士團傳世謎題未解

據說聖殿騎士團大團長在臨刑前曾祕囑自己的侄兒基謝·德·博熱伯爵，要求他繼承自己的職位和「高尚的教義」，在侄兒發誓復興騎士團之後，他說出了一個祕密：法王只是損及聖殿騎士團財富的皮毛，真正的寶藏並未被沒收，而是藏在前任團長的墓穴中。

史實是，雅克·德·莫萊先下葬於聖殿騎士的專用墓地，後再遷出。

今天，更合理的猜測是，博熱伯爵侄兒在遷移遺體時，同時運走了騎士團富可敵國的財寶。後來的歷任教宗為了樹立自身權威，始終未給聖殿騎士團平反，博熱伯爵也沒有獲得重振騎士團的機會。傷心之餘，他在臨終前將藏寶隱匿於法國阿爾曰尼城某地。騎士團有一套長年使用的祕押，後來成為一套神祕的符號體系，又據說這位博熱伯爵就是用這種符號，將藏寶之地刻在城堡城基之上，當下午二至三點陽光照射時，謎語便會出現。

時至今日，無論官方、考古學家還是民間探寶者，仍有很多人為這筆財寶而瘋狂，或許將永遠有人瘋狂……

40 法蘭德斯（Flanders），狹義的「法蘭德斯」指的是比利時北方的一個地區，居民多為佛萊明人。廣義的「法蘭德斯」則包括法國北部和荷蘭南部的一部分。當初腓力四世為了擴張領土，自西元一三〇〇年起即不斷進攻該地。

以上種種，皆為猜測和傳說。

我能告訴你的史實只是：腓力四世很不厚道，不僅幹掉了聖殿騎士團，還屠殺當時法國領地上最有錢的猶太人。不過，這也直接導致他在後來的英法百年戰爭（Hundred Years' War）中缺乏信貸來源，終於敗北。

英王約翰的偷搶賺錢術

約翰採取的方式，無論如何我也接受不了…身為國王，卻去偷竊，而且是本人親力親為。丟人啊……

每一個統治者都把自己標榜為萬世不移；統治者也會用盡一切手段壓制反抗者。但是，任何強大的統治者都會有對手，任何開始都會對應著結束。所以，或早或晚，任何一個強大的帝國都會滅亡。無終，哪有始？

如果暫時沒有勢均力敵的競爭者，或者無人可以制約統治者，這頭餓狼便不會待在籠子裡，而會選擇掠奪作為致富手段。因為，**掠奪財富的成本永遠比創造財富更低**。

如果缺乏競爭者的時間再長一些，社會居民就會形成日常習慣乃至準則。此時人們便會安然接受掠奪，人們會始終這樣理解世界、不遺餘力地接近權力，更可悲的是，這種方式確實能夠獲利。

此時，公平和道德便會蕩然無存，經濟增長會長期陷於停滯。經濟學上，這種現象被稱為「路徑依賴」[41]。

法國王權不敵分封領主，英國的強勢王權興起

沒有競爭、沒有規制，王權肯定會向皇權演進。只有皇權才能獲得最大收益，才能肆無忌憚地搶劫。十世紀前後，在西歐社會的發展軌跡中，英法兩國便在集權與分權中猶疑，數百寒暑，終於走向了現代西方文明。

蠻族入侵後的分封領主格局約束了法蘭克王權，歷代王朝只能獲得「國王」的尊號，指望領主聽國王指揮，根本就行不通。

城鎮的興起改變了這種情況。腓力二世始終支持城鎮對抗領主，聲稱城鎮只要向他納稅，就可獲得特許狀。在他當政期間，授予了八十多個城鎮特許狀，等於公開宣布城鎮脫離領主控制（當然，領主動武的時候還是要靠城鎮自力更生）。

原因說起來可笑，當時在法國領土上最大的領主居然是英國的金雀花王朝[42]；英王在大陸上的地盤，足足是法國王室領地的六倍。不僅如此，英王的領地還將法王的領地包圍起來，法王領地被戲稱為「法蘭西島」。這日子還過不過得下去？

城鎮興起前，法王只能保留自己的意見，因為沒錢、沒兵、沒糧、沒勢力，拿什麼與人較勁？

當法王對領主束手無策的時候，英國已經演進出強勢的王權。在無數場王位爭奪戰中，一位強勢國王，征服者威廉（William the Conqueror）以武力統一了全國。

但英國很不幸（或者說幸運），很快又出現一位草包國王。

十二世紀，英國的對外貿易發展很快，羊毛、糧食大量輸出，白銀大量流入。用現代經濟學語言

41 路徑依賴（Path Dependence），類似物理學中的「慣性」，即一旦進入某一路徑（無論好壞），就可能對該路徑產生依賴，其既定的方向會在以後的發展裡得到自我強化。換句話說，過去所做的選擇決定了現在及未來可能的選擇。

42 金雀花王朝（House of Plantagenet），源於法國安茹（Anjou）的貴族，十二世紀開始統治英格蘭，首任國王為亨利二世，因此除了英格蘭外，還保有原本在法國世襲的領地。

描述，此時英國有巨大的貿易順差，賺取了很多外匯。遺憾的是，英國王室壟斷了羊毛出口貿易，以致白銀並未回到生產者手中，而是歸於王室。

貿易順差並非一個國家必然強盛的表現，更不一定有利於國家發展。比如，此時的英國。熱中於外貿順差，是經濟學家最鄙視的重商主義思想。用經濟學的語言來解釋：國家財富不能以貨幣占有量來衡量，而是以國家貨幣消費量來衡量。

通貨膨脹使國王手頭緊，轉而覬覦教會財產

使用外匯盈餘有如下幾種境界：

第一個境界，公平分配這筆錢。把錢真正按貢獻分配給生產者，沒有任何特權可以從中牟利。當然，在任何時點，對任何人，這件事都無法做到。因為，公平分配是絕對不可能的。

第二個境界，將外匯集中於創新部門。任何一種行銷海外的商品都遲早會衰退，一成不變的產品不可能永遠占領市場，只有創新才能源源不斷地帶來新的財富，才能為國民帶來福利。當然，指望王室這麼做，那是相當不明智的。

第三個境界，如果不能用於創新，可以直接提高全體國民的福利。最簡單的方法是平均分配給全國老百姓，當然，也有其他的形式，比如用於國民教育。起碼，為未來創新積蓄了力量。但這點，也很難。

第四個境界，也是最差的結果，即貨幣被集中於特權階層。此時，財富分配便會越來越不平均，而且呈現一種制輪效果，最後不但貨幣流入無以為繼，諸多問題也會隨之而來。一個國家有再多的貨幣，如果只集中於少數人，結果也只能是通貨膨脹、資產價格暴漲。

很不幸，英國選擇了最差的處理方式，也成為證明上述理論的第一個犧牲品（在後文我們為您展現的大國興衰中，這個邏輯會不斷出現）。

隨著金錢的不斷增加，一一八八至一二二〇年，英國發生了歷史上第一次通貨膨脹。這段期間，小麥和牛肉的價格上漲了二至三倍，銀價下跌了三分之一，而在過去幾個世紀，英國的物價幾乎沒有任何改變。

當時英王約翰（John, King of England）的覺悟，僅停留在讓臣民把羊毛拉出去，給自己換銀子。結果是，他覺得自己手裡的錢變多了，但好像更不夠花。

約翰採取的方式，無論如何我也接受不了：身為國王，卻去偷竊，而且是本人親力親為。

丟人啊！

剛開始，不過是去教堂取（偷）銀盤。《劍橋歐洲經濟史》（The Cambridge Economic History of Europe）記載，他曾經於一一九八年在教堂「取」走六十一個銀盤。要是一般人，估計主教會把竊賊拉出去暴打一頓，甚至明目張膽地幹掉，可小偷是國王……

一二〇九年，教宗大概覺得這位國王實在沒品，於是開除了他的教籍。約翰的反應很強烈，賺錢的方式從沒品變為不使用技巧、毫不掩飾：明搶。

約翰開始沒收教會財產。一二〇九至一二一一年，他共沒收了教會兩萬八千英鎊。

這幾十年間，法國城鎮已經興起，手工專業化遠遠超越了英國。貿易方式、生產方式專業化，才是當時最大的創新。儘管產品與英國相差無幾，但專業化和統一市場帶來了豐厚的財富，王室也借此獲得了充足的稅源。

臣屬是否服從領主，關鍵還是看實力。此時，法王已經無須再忍了。

《大憲章》保障財產私有權

《大憲章》對王權形成了永久性限制，以法律形式肯定了財產私有權；不經法律審判，不得逮捕和任意囚禁任何人；平民人身安全應該得到保障，平民有權反抗君主；不經貴族同意，不得徵稅。王權，從此不再至高無上，至高無上的只有法律。從此，王在法下。

西元一二〇二年，法王腓力二世以領主的名義要求英王約翰來巴黎受審。當然，這個要求被拒絕了。結果腓力強行占領諾曼第出海口，接著攻占了安茹、屠嶺等城市，致使約翰在法國境內的領地，不足原來的五分之一。

英王約翰怎麼可能把一個「法蘭西島」放在眼裡？一二一四年，約翰進攻法國，試圖搶回自己在歐洲大陸的封地，不過，他錯了。決定戰爭最終勝負的是經濟。誰擁有更強的經濟實力，誰就有更強的戰鬥力。結果，約翰大敗而歸，英國國王、貴族在歐洲大陸的封地都被沒收了，約翰也被譏為「無地王」（the Lackland）。

約翰接下來的做法更加離譜：加倍收稅，在國內。約翰要求：任何英國人都有義務服役，兵役免除稅提高十六倍；貴族的封號、領地繼承稅提高一百倍。這幾乎等於直接剝奪貴族的領地。

直接對所有臣民徵稅，意味著所有臣民都要效忠於他。法國之所以能這麼做，是因為國王賜予城鎮合法的地位，但約翰這麼蠻幹，卻幾乎等於明搶。況且，他是一位內戰內行、外戰外行的國王，陪他這麼玩下去，沒準連大不列顛群島上的封地都會被沒收。

英國貴族忍無可忍了，約翰的敵人從法王變成自己的臣民。西元一二一五年初春，貴族開始討伐國王，並很快兵臨倫敦。

讓我驚訝的是，決戰時刻，堂堂英王身邊竟然只有七個騎士，因為全國的騎士都站到對方陣營裡去了。

也就是說，對方是千軍萬馬，國王卻只帶七個人應戰。

每次看到這裡，我還真佩服這位草包國王的勇氣，只有七個人，居然還敢進行軍事對抗。此時貴族已經無須跟國王談判，直接把他砍了也行。

但這是東方思維。

在西歐歷史上，王室可以更替，但不能脫離血緣體系，如同日本天皇「千年一系」，除非異族征服（比如北歐海盜），否則極少有人幹掉國王自己取而代之。殺掉國王，不過就是大革命那麼幾次，而且國王掉腦袋，王子照樣可以繼承王位。

英國貴族不能要約翰的命，他們的辦法是讓國王簽訂契約。一二一五年六月五日，談判桌前，貴族們得到了他們所要的契約，即《大憲章》（The Great Charter）。

如果這事放在中國任何一位帝王身上，必定是知恥而後勇，先簽憲章，等老子有了實力，再翻臉不認帳。比如「臥薪嘗膽」，其實是違約的行為。

在英國乃至歐洲的歷史上，契約是約束領主、農奴乃至國王的根本制度，整個歐洲之所以還存在，靠的就是契約；誓言是不能違背的。

> 英國教會應享有自由，英國臣民及其子孫將如前述，自余等及余等之後嗣在任何時間與任何時期中，永遠守分而和平，自由而安靜，充分而全然享受上述各項自由、權利與讓與，余等與諸男爵據以宣誓，將以忠誠與善意遵守上述各條款。
>
> ——英國《大憲章》

《大憲章》對王權形成了永久性限制，以法律形式肯定了財產私有權；不經法律審判，不得逮捕和任意囚禁任何人；平民人身安全應該得到保障，平民有權反抗君主；不經貴族同意，不得徵稅。王權，從此不再至高無上，至高無上的只有法律。

從此，王在法下。

不過，《大憲章》只是一些死條文，還不是社會生活習慣，只要當權者不想遵守這個契約，隨時都可能撕毀它。

法王為限制領主殘存的勢力，開始召開三級會議

戰爭，在法國卻產生了截然不同的結果：王權得到了空前加強。

參照本節開始提出的理論：法國失去了英國的地緣競爭，城鎮和領主已經無法制約在戰爭中成長起來的王權。

路易九世（Louis IX）當政時期（西元一二二六至一二七〇年），王權開始蠶食領主的司法、貨幣和軍事權，王室開始向各地派遣官吏，直接統治臣民。領主喪失了徵稅權、鑄幣權和名義上的司法權，國王享有最終裁判權，商業稅收統一收歸王室，領主之間不得私自開戰，全國統一使用王室鑄造的貨幣。最可怕的是，法國王室在十三世紀後期已經擁有一支常備軍，這是中央集權的必要條件。

顯然，王室不是好惹的對象，未推行君主專制，只因時機未到。

此時，法國還沒有產生王權社會意識，在人們的日常生活中，領主仍舊有很大的權力。領主權力在很大程度上是一種自然延續的狀態，並未完全被國王剝奪。

為了在國內獲得廣泛支持，也為了給統治正名，當然，更多的還是為了限制領主殘存的勢力，法王開始召開包括教士、貴族和市民參與的「三級會議」（Estates General）。在議會中，領主的席位少之又少——國王不可能給反對者留太多席位。

說到底，議會代表自身利益，一旦條件發生變化，很快也就變為集權的敵人。儘管王權可以直接消滅議會（後來的歷史中，法國王室不是沒做過這樣的事），但這樣做的條件是，王權已建立帝國統治的架構，可以直接控制整個國家。

接踵而來的英法百年戰爭，打破了法國王室中央集權的夢想。法王沒時間建立可自己統治整個帝國的官僚體系。而在後來的歷史中，法國戰爭不斷，王室始終沒有機會踢開議會，即使在最專制的波旁王朝（Maison de Bourbon），法國議會始終存在……

此時此地，無論《大憲章》還是議會，對國王來說都是工具，用途是打擊對手。但是，《大憲章》和議會為西歐播下了強大的種子，開始孕育西方文明。有了這粒種子，西歐注定會走出黑暗的中世紀，步入近代文明。

英法百年金融戰開打

當勝利者歡呼的時候，不知是否意識到，千百年後鉛華洗盡，最偉大的勝利，落到史籍上不過也就那麼一兩頁紙。透過字裡行間，我看到一將功成萬骨枯，看到毀掉的不僅僅是一個個鮮活的生命，還有一個個家庭，「可憐無定河邊骨，猶是春閨夢裡人」。

世界歷史上發生過無數次的戰爭，無論史書如何描寫，都只在說一件事：無非是若干人打敗了若干人，若干人又殺掉了若干人。人們謳歌戰爭，反抗侵略者，實現民族獨立……似乎隨著戰旗飄揚，正義得到伸張，邪惡最終滅亡。

實際上，所有的戰爭都是悲慘的，真正在戰場上作戰的，不是你知道的將軍，而是你不知道的士兵。這些人素未謀面，更談不上仇恨，對他們而言，這種殊死搏鬥有何意義？

當勝利者歡呼的時候，不知是否意識到，千百年後鉛華洗盡，最偉大的勝利，落到史籍上不過也就那麼一兩頁紙。透過字裡行間，我看到一將功成萬骨枯，看到毀掉的不僅僅是一個個鮮活的生命，還有一個個家庭，「可憐無定河邊骨，猶是春閨夢裡人」。

何況戰爭邪惡與否，很多時候全看勝利者能否真正成為強者。印第安人被屠殺，殖民者肯定是邪惡的，但現在究竟有幾人敢謳歌印第安人的殊死反抗？

戰爭，從來就不能改變世界的內涵，正義的戰爭也擺脫不了背後的陰影——利益，所以才有如下臺詞：

陳近南：「我們反清復明。」

韋小寶：「反清復明關我鳥事？」

陳近南：「只有這樣才能搶回我們的錢跟女人。」

韋小寶：「你這樣說，情況就不同了，反清復明確實很有道理。」

法國騎士不敵長弓利箭，因為法王不如英王有錢

對歷史來說，英法百年戰爭並非特例，只是結果非常出乎意料之外：交戰雙方沒有一個在戰爭中獲利，兩國王權竟在戰爭中同時衰敗，只有支撐戰爭的金融體系得到空前發展。這恐怕連始作俑者自己都沒有想到。

一三二八年，法國國王查理四世（Charles IV le Bel）去世之前，留下了很離譜的遺囑：他沒有子嗣，因此希望英國國王，也就是他的外甥愛德華三世（Edward III），繼承法蘭西王位。

對法蘭西貴族來說，讓一個外國人空降為王，這當然是不能接受的。於是，他們公推查理四世的侄子腓力六世（Philippe VI）繼位。據說為爭奪法蘭西王位，英法之間從此爆發了一場歷時百年的戰

爭，史稱「英法百年戰爭」。

以上說法，只是藉口。

當時，法國王室正不斷加強王權，到處橫徵暴斂，順便把英國也搶了。法蘭德斯是法國的一個城鎮，也是英國羊毛的集散地，法國王室正搶到興頭上，他們逮捕了法蘭德斯的英國商人，將行會特權收歸王室。

法國王室確實賺到了錢，卻也斷了英國全國的財路。因為，法蘭德斯是當時最大的羊毛集散地。您不讓英國人來賣羊毛，英國這日子，可真的沒法過了。

一三三七年十一月，英王愛德華三世率軍進攻法蘭西。只是誰也沒想到，這場戰爭會持續一個世紀，雙方最終都筋疲力竭。

雙方第一次大會戰是一三四六年八月二十六日的克雷西戰役（Battle of Crécy），這次戰役對雙方來說生死攸關，然而，戰局早已注定。

克雷西是一片開闊的平緩坡地，右側是河流，左側是森林。八月二十六日這天，一萬兩千英軍僅占領著一個小山丘的一側，絕大部分士兵是長弓手。

腓力六世指揮著多英軍三倍的騎士衝進了山丘下的開闊地；他帶來的是重裝騎士和來自熱那亞[43]的十字弓手傭兵，而且，經過一天的長途跋涉，還被一場雷雨澆了個透。

迎接他們的不是騎士對決，而是長弓利箭。

據恩格斯考證，英軍當時使用的這種長弓，最大射程為三百六十公尺，兩百五十公尺內可以洞穿鎖甲，一百五十公尺內可以洞穿鋼甲，是當時西歐最犀利的遠端武器。長弓確實厲害，CS遊戲[44]裡

43 熱那亞（Genoa），位於今義大利北部，是歷史悠久的古城，在中世紀時，因為十字軍東征而繁榮，並建立一個獨立而強壯的海洋共和國。

44 CS遊戲，第一人稱射擊遊戲（Counter-Strike）的簡稱，內容多以恐怖分子與反恐小組對決為主題。

恐怖分子慣用AK47，這種著名的土匪兵器有效射程不過也就三百公尺。

法國人不可謂不英勇；王子被圍時，手下騎士向國王求援，腓力六世回答：「如果我的兒子還活著，就不要回來。」

英勇的騎士沒有挽救敗局，石弓對付長弓，類似於義和團拿著大刀片子對付滑膛槍砲。法軍一千名騎士傷亡，而英軍損失不過百人，在馳騁的戰場上，騎士已被徹底淘汰。

戰敗，倒不是法王不爭氣，不想雇用長弓手，而是跟英王比，他實在沒錢。當時英吉利的王室信貸體系已經非常成熟，反觀法蘭西的信貸體系，隨著「聖殿騎士團」的滅亡，已然煙消雲散。

非但如此，繼聖殿騎士團之後，史料裡還多次記載了法國王室逮捕貸款人，罪行從巫術變為高利貸罪，處罰倒都是一樣：處死、沒收財產。

一三二二年，財政大臣傑勞德被控對王室不忠，被捕死於獄中。

一三二八年，財政大臣皮埃爾被處死。

一三三一年，財政大臣弗蘭西斯被處死。

與這些財政大臣一起煙消雲散的，還有香檳貨幣信貸市場。英法戰爭爆發前，法國王室已經找不到固定的借貸者。

法國王室的行為，基本上可以直接定性為搶劫殺人罪；王室以殺人越貨的方式，毀滅了剛剛興起的法國金融業，同時也毀滅了他們自己。

不過，懲罰法國王室的是長弓手。

戰前，法蘭西王室就開始向民眾借款。與富商相比，向民眾借款簡單多了：不用付利息，省得討價還價。

其實，王室很少還款。

王室承諾如果不歸還借款，借款可以抵扣稅款。這個法子跟提前徵稅並無任何區別，不過是把

「徵稅」的名義換成「借款」。一三八五年，法國國王查理六世（Charles VI le Insense）歸還了借款，當時的《法蘭西編年史》竟然這樣評論：「這種破天荒的償還似乎使普通人難以置信。」

愛德華三世以海上羊毛貿易權做為抵押來貸款

與法蘭西相比，大不列顛群島的信貸系統非常有效率。

隨著香檳信貸市場的衰落，歐洲大陸領主和富商開始借款給英國。與法蘭西的殺人越貨相反，英國王室很守信用，一三二八至一三三一年，英國王室共向巴迪公司（Compagnia dei Bardi）借款四萬兩千英鎊，一三三一年英王室歸還了這筆借款，並支付一萬一千英鎊作為「贈品」，也就是說，年利息率高達一三％。雖然比高利貸低了些，但英王室是大主顧，信譽又好，對貸款人來說，也不是不能接受。

為籌得戰爭借款，英王室大概是第一個在金融市場中講故事的人。

百年戰爭爆發後，英王室同樣需要大量借款，既然是借款，就要給貸款者說明還款來源，於是英王開始編織美夢。內容是：英國王室可以控制海上的羊毛貿易，為保證還款，英國王室以羊毛貿易權作為抵押，所以借款給英國王室絕對沒有風險。

當時，英國確實壟斷著低地國家的羊毛供應，尤其是義大利地區手工工廠的羊毛，全部出自大不列顛群島。這是美夢的起源。

說能控制整個海上的羊毛貿易，未免太過誇大。

即使所有羊毛全部出自英國，王室也不可能透過特許權，讓貸款者壟斷羊毛貿易。因為，貸款者很多，他們之間會產生競爭，也就不存在壟斷了，而且，設立壟斷權必須經國會批准，王室沒有這個權力。

鑑於英王說唱功夫一流，佛羅倫斯、米蘭以及英國本地商行，開始將英國王室視為重要的貸款對象，而英國王室以前從來沒取得這種地位。一三三七至一三四〇年，愛德華三世在商行取得了三十萬英鎊貸款，這個數字是戰前王室貸款的七倍多。

沒有巨大財力的支撐，英國不可能憑藉長弓兵取勝，因為雙方力量差別實在太大了。法蘭西人口在一千萬以上，英國只有兩百五十萬，而且愛德華三世無法控制蘇格蘭，愛爾蘭還是獨立的。

借款，給了長弓兵勇氣。

說到底，**戰爭不過是利益之爭**，搶錢、搶糧、搶地盤。百年戰爭裡，只要有足夠的錢，法王完全可以把那些長弓手變成自己的傭兵，反正英國長弓手本來就是傭兵。士兵還是以前的士兵，但立場會因為錢的變化而完全改變，這同樣是一個以錢換錢的遊戲。

然而當時實際的情況是，法國王室真的沒有錢，根本打不起這場戰爭。

結果，喪權辱國。

一三六〇年，英法締結《布雷蒂尼和約》（Treaty of Brétigny），愛德華三世放棄對王位的要求，但法國須割讓加萊港（Calais）和南部大片領土。一三六四年，法王被囚死於倫敦。

百年戰爭第一回合，英吉利完勝。

今朝，騎士斷纓。

雅克·柯爾籌錢拯救了法國

伏爾泰說：貞德是法蘭西的靈魂。

我說：雅克·柯爾是法蘭西的肉體。

之後，英王也沒消停。

一四一五年，英王亨利五世（Henry V）率兵六千再次進犯法國領土。當時的法王是查理六世（Charles VI le Insense），他有充足的信心認為自己會贏得勝利，因為，他有三萬兵力。

不長記性啊！

雙方會戰於阿贊庫爾（Azincourt），三萬法軍再次栽在長弓兵手中，七千至一萬人陣亡，還被俘了一個元帥、一個王室總管。

一四二〇年，雙方簽訂《特魯瓦和約》（Treaty of Troyes），查理六世被迫承認太子並非親生，王位繼承權轉歸英王亨利五世。一四二二年，亨利五世和查理六世先後去世，英王亨利六世（Henry VI）繼承了法國王位，小查理王子被趕到法國南部的布日地區。

對小查理來說，重登王位太難了，幾乎不可能。

幾乎不可能，也就是說還有可能。

商人出身的財政大臣為國王籌集鉅額貸款，扭轉戰爭劣勢

此時，上帝的使者——貞德（Jeanne la Pucelle）橫空出世。「少女出，國運昌」，很多治史者都這麼說。少女貞德，危急關頭率領援軍衝入奧爾良（Orléans），擁戴王子查理七世（Charles VII le Victorieux）即位。對法國人來說，貞德是真正的聖徒。

實際上，從貞德從軍起計算，一直到她被俘，總共不過一年多時間。一年挽回頹敗七十多年的法國軍隊，這個活兒就算上帝自己來幹，恐怕也有難度。

無論東方西方，我們看到的很多英雄其實都是被神話或誇大的，他們的故事多來自作家的虛構，而非來自史實。治史者出於民族情感，明明知道，就是不吭聲，久而久之，故事就變成史實了。

貞德的形象幾經反覆，剛開始只是一個女巫，文藝復興時期成為軍人，大革命時期法國資產階級

停止歌頌貞德，倒是拿破崙對宣傳貞德不遺餘力。

一八〇二年席勒[45]創作《奧爾良姑娘》（The Maid of Orleans），一錘定音勾勒了貞德的英雄形象，女巫終於變成放棄個人幸福、為祖國榮譽戰死沙場的女英雄。

最終，在當代教科書裡，這個從未讀過書的鄉村女孩，成了法國的民族英雄。

一個歷史人物是否是英雄，要看什麼時候、什麼地點、誰來說。貞德維護王權，自然不會獲得資產階級青睞，但拿破崙卻需要貞德喚起人們對帝國英雄主義的懷念。**貞德和全世界的貞德們，只是歷史上的一個名字，只是某些人的希望和象徵，與真實的貞德毫無關係。**

幸運的是，我找到了他，他的名字叫雅克·柯爾（Jacques Coeur）。雅克·柯爾是一個商人，確切地說，是一個多元化集團的董事長，主營業務是從佛羅倫斯、亞拉岡（Aragon）、米蘭等地中海城市生產、販運商品到瑞士地區的布列塔尼（Brittany）。

雅克·柯爾其實只做了一件事——為查理七世籌錢。

一四三八年，雅克·柯爾出任法蘭西財政大臣，主要工作是為查理七世籌集貸款。

身為商人，雅克·柯爾有良好的信譽。

不過，他說服對方貸款的辦法也是編織美夢。

他以法國王室即將收復的土地作為抵押，向地中海城市借款。地中海城市的商人不是傻瓜，當然不相信雅克·柯爾的一番說詞，他們相信的是雅克·柯爾本人的實力。這些借款讓查理七世重整了軍備，一四五〇年，諾曼第再征服前期，雅克·柯爾共為法國王室籌集了十萬埃索幣。

同一時期，英國人的「羊毛壟斷」美夢破滅了。

英王許諾讓貸款人壟斷羊毛貿易，實際上只是把關稅交給貸款人。當時，貸款給英王的畢竟不是銀行，是商人，提高關稅最終受損的是他們自己，因此到十四世紀末期，這種方式就不被認可了。

英王信用破產，借不到錢來打仗，終至戰敗

當雅克・柯爾四處幫法國拉貸款的時候，英王亨利五世正忙著在國內召集士兵，讓他們去商人門口鬧事；個別士兵出於義憤，幹掉商人也在所難免。亨利五世本著穩定軍心的態度，只是小小懲戒一番。百年戰爭後期，由於士兵鬧事，英王幾乎無法獲得任何貸款。

一四一二年，亨利五世出兵的資金來自當年法國的賠款和贖金。一四三三年，戰爭進行到最緊要關頭時，亨利五世手上只有兩萬英鎊的貸款，另有八萬八千英鎊貸款需要歸還。而這點錢，還是向大不列顛群島居民借的。指望英王還款，如同當年的法國王室，是不太可能的。

結果再次證明：任何時候搶劫自己的子民，都是不可行的，以民族大義為幌子的搶劫也不行！在法國占領地，亨利五世更是採取竭澤而漁的辦法：殺掉商戶、剝奪財富，占領地的商業遭到毀滅性的打擊，城鎮、大商人、官員，甚至是大領主，都被亨利五世洗劫了。

百年戰爭持續了一百一十六年，正是亨利五世自己，將法國從衰亡的邊緣挽救了回來。而雅克・柯爾的借款，讓法國重新統一在王室旗下。此後，法國歷史雖然曲折，但再不能泯滅法蘭西的自尊、自信，法蘭西民族就此形成。

不過，雅克・柯爾的結局是悲慘的，查理七世的繼承者路易十一（Louis XI）囚禁了雅克・柯爾，並沒收他所有的財產。此時百年戰爭已經結束。

《劍橋歐洲史》（The Cambridge History of Europe）這樣評論這段歷史：

「他不再被認為是不可或缺的了，路易十一當然不能容忍對王侯有過度干預能力的任何一位銀行家。」

45 席勒（Johann Christoph Friedrich von Schiller，1759~1805），十八世紀德國著名的歷史學家、詩人、劇作家。

伏爾泰（Voltaire）說：貞德是法蘭西的靈魂。

我說：雅克．柯爾是法蘭西的肉體。

第四章

地理大發現時代

掌握海路就控制財路

一旦原本應屬於民間的資金被王室擠占，金融制度就可能成為權力掠奪財富的利器。當人們認為自己正在儲蓄未來的時候，財富早就被強權揮霍一空。為何富可敵國的富格家族（Fugger）最終成為西班牙稱霸世界的絆腳石？是鬱金香危機打垮了世界上第一個日不落帝國荷蘭共和國嗎？

哥倫布為商業利益開發新航路

無論怎樣評價哥倫布，他畢竟是第一個為了商業利益到達新大陸的人，是他將移民者帶給美洲大陸，也為當地原住民送去幾乎滅絕的災難。

很多治史者認為，真正意義上的世界史是從西元一五〇〇年才開始的。這一年，西班牙改變了世界，成為第一代西歐強國。別看錯，我是說西歐強國，沒說世界強國。與東方文明相比，包括西班牙在內的西歐，最多算是個鄉巴佬。

弱者長於征服，是從被征服開始的。

西班牙人找通往東方的航線，擺脫威尼斯商人剝削

八世紀時，西班牙被異族勢力控制，在長達幾個世紀的鬥爭中，西班牙人不知流了多少鮮血，終於在十字軍潰不成軍的時候取得勝利。然而，香料貿易始終壟斷在地中海沿岸的城鎮手中，西班牙只能買到最貴的香料，價格至少要比印度、中國貴五十倍。西班牙人很心痛，錢都被別人賺走了……

十五世紀，歐洲大陸和大不列顛群島都在忙著打仗：百年戰爭（Hundred Years' War，1337~1453）、紅白玫瑰之戰（又稱「薔薇戰爭」，Wars of the Roses，1455~1485）……西班牙這個被遺忘的國度卻默默繼續著自己的航行：昂貴的香料和成書於十三世紀的《馬可．波羅遊記》（Livres des Merveilles du Monde）不斷刺激著探險家——只要能找到通往東方的新航線，就不必再受威尼斯商人剝削，能擁有千百倍的利潤。

在無數的航海家裡，有一個人，名叫克里斯多福・哥倫布（Christopher Columbus）。現在，人們這樣評論他：無論在西班牙還是世界歷史上，哥倫布都是英雄。

但哥倫布更類似於一個在戰國時代遊說王室的大騙子，他信奉的「地圓說」（Spherical Earth）在當時類似於今天的征服火星，那是相當不確定的。而且，在哥倫布的海圖裡，從葡萄牙到日本只有兩千四百海里，整個世界只有六分之一是海洋。真實情況是兩地的空中直線距離，已經超過一萬海里。靠這樣的海圖揚帆，基本上可以肯定你無法回家。從科學角度上說哥倫布是個騙子，一點都不過分。哥倫布的航海日誌明確記載，在發現新大陸之前，船隊的補給品已經難以為繼，航行時間遠超過計畫，水手處於崩潰狀態……哥倫布反覆哄騙水手，要他們再航行三天，然後，繼續哄騙，再航行三天……

連哥倫布自己也不知道三天後究竟會看到什麼；最有可能的情況是，這艘艦隊用盡補給，最後無聲無息地消失在浩瀚的海洋中。騙子最後能成為英雄，除了膽子大，更重要的是運氣好。

儘管哥倫布將來有好運氣，但現在還得去自吹自擂。因為，他沒錢。

出海探險，尤其是遠航探險，需要一大筆錢，哥倫布至少需要兩百萬馬拉維第[46]才能出海——這還不包括船員的工資；當時一個西班牙普通人的收入，每月至少也要六百一十馬拉維第（根據小說《堂吉訶德》裡僕人的工資估算）。

為了這點錢，哥倫布糊弄了八年，幾乎騙遍稍微有點錢的王室，包括法國、葡萄牙、西班牙……

第一個被哥倫布看中的王室是葡萄牙王室。

哥倫布航海的主要依據是當時一本非常流行的小冊子《托勒密地理指南》[47]。葡萄牙王室將哥倫布的提議轉給學術委員會，委員會當然否決了這個天馬行空的提議。

46 馬拉維第（Spanish maravedí），西班牙當時流通的一種金幣，十一世紀開始鑄造。

哥倫布轉而誘騙西班牙女王，很不幸，又被西班牙學術委員會否決了。就在哥倫布準備去法國王室信口雌黃的時候，他接到口信：西班牙女王要他回去，準備出海。

女王很夠意思，以王冠上的明珠做抵押，為哥倫布籌到了一百四十萬馬拉維第，哥倫布自己再接再厲，在商人手裡又騙到了二十五萬。

顯然，夠意思的決定並不是一個明智的決定，而是一次不折不扣的冒險。

一四九二年八月三日，大騙子帶著三艘戰艦出發了。歷史記住了這三艘首航船的名字：尼尼亞號（Niña）、平塔號（Pinta）和聖瑪麗亞號（Santa María）。

歷經無數艱險（航行三週後，船員們認為這是一次愚蠢的航行，幾次差點把哥倫布扔到海裡餵魚，以便自行返航）和哄騙，哥倫布終於找到了一個小島——巴哈馬群島（Commonwealth of the Bahamas）上的一個島嶼。他馬上宣布這座小島歸西班牙王室所有。

國際貿易轉到大西洋岸，美洲白銀大量輸往歐洲

傳說，哥倫布此行的目的是去中國，而且帶著女王給中國皇帝的親筆信。幸虧哥倫布到的地方是美洲，因為他的報酬是擔任發現地區的總督。如果哥倫布真到達中國，不知道跟明朝皇帝怎麼談判。封他當總督，基本上是不可能的。

當不上中國官員或許有些可惜，但是，航海歷險可以探索航路，可以開啟貿易路線，甚至可以樹立霸權。雖然結果偶然，但無數人中一定會有勝出者，百萬分之一就可以激勵一代人。

一四九三至一五〇二年，哥倫布又進行了三次航行，探明了到北美的路徑。後來，佛羅倫斯人亞美利哥．韋斯普奇（Amerigo Vespucci）認為這是一塊新大陸，世人即將之稱為「亞美利加洲」（Americas），即「美洲」。

據說，哥倫布始終認為自己去的是印度。

哥倫布不可能不知道自己沒有到達印度，但他不能承認。前兩次遠航並未給王室帶來真金白銀，也沒見到香料的影子。承認到了一個比西歐還窮的地方，讓大騙子情何以堪？

有現代航海家說，哥倫布的航線確實是最佳航線。不過也有人說，哥倫布弄到了一份當年北歐海盜的航海圖，只是北歐海盜覺得新大陸實在沒什麼可搶的，就放棄了。

現在更有人爭論，在哥倫布航行前，中國人甚至早在南北朝，就到達過新大陸，明代鄭和也去了新大陸。

不管如何，**哥倫布畢竟是第一個為了商業利益到達新大陸的人**，是他帶給美洲大陸移民者，也給當地原住民帶來幾乎滅絕的災難。

西班牙人、葡萄牙人被稱為強盜，每到一處，都要攻城掠地。

發現新航線後，歐洲商線從地中海轉移到大西洋沿岸，從此，義大利城市失去了近東貿易的壟斷權，西班牙城市成為新的商業中心。

西班牙是海上至尊，也是第一代雄起的霸主。

國際貿易從此興盛，中國的茶葉和美洲的菸草、可可開始成為國際貿易市場上的大宗商品，香料、咖啡、白糖等傳統產品也逐漸豐富。

更重要的是，美洲白銀開始充斥歐洲，終於引發了「價格革命」。白銀和全球市場為資產階級興起創造了條件，在殖民者殘酷的掠奪中，人類終於即將走出蒙昧時代，迎來現代文明的曙光。

哥倫布，是一個必然出現的人，在一個合適的時間、合適的地點改變了世界。

47 即古羅馬時期的天文、地理與數學家托勒密所著的《地理學指南》。

西歐的價格革命

所謂價格革命，平均到每年也就是百分之幾的漲幅，放到今天根本不是問題。金銀為幣的時代，物價超級穩定。要知道當時西歐還沒有紙幣，從羅馬帝國衰亡直到十五世紀，這是近千年來西歐第一次的物價上揚。

十五世紀末的歐洲，就缺一樣東西：錢。

歐洲以貴金屬作為貨幣，黃金和白銀獨立於經濟體之外，全仰賴大自然的供應。十三世紀發現的銀礦已經接近枯竭，西歐幾乎都靠穿越撒哈拉沙漠的商隊來轉運金銀。另一方面，歐洲不斷地從東方購買商品，造成大量金銀外流。

城鎮興起以來，西歐地區最大的創新就是海外貿易，整個歐洲也是靠著海外貿易起家。貿易，需要錢作為仲介，可是沒錢……

十五世紀，貨幣供給不足終於造成了「銀荒」，甚至實物交易又開始在一些地區擴大（儘管仍是貿易順差，但中國明朝也正面臨「銀荒」，全世界都缺銀子）。

海外貿易逐步擴大，錢卻越來越少；沒錢，貿易只能萎縮。

所幸，有了地理大發現。

新大陸的金銀湧入歐洲，貨幣增加，引發「價格革命」

地理大發現的第一個直接後果就是美洲原住民被奴役和殘殺。十六世紀初期，西班牙殖民史上寫滿了臭名昭著的名字：科爾特斯（Hernán Cortés）、皮薩羅（Francisco Pizarro）……對美洲原住民來說，這些人不是上帝的使者，是帶來戰爭和瘟疫的魔鬼。印第安人、阿茲特克人（Aztec）被成批屠殺，活著的原住民則淪為奴隸。一五七〇年，墨西哥地區人口從兩千五百萬下降到兩百六十五萬，祕魯地區則從九百萬下降到一百三十萬。

地理大發現的第二個直接後果就是新大陸的金銀湧入西歐。西班牙人靠著殘酷的殺戮和掠奪，獲得大量的金銀。一五四五至一五六〇年，西班牙平均每年從新大陸運回二十四萬六千公斤的白銀、五千五百公斤的黃金，至十六世紀末期，西班牙的金銀數量已占全世界的八三％。

金銀湧入使得西班牙貨幣猛增。透過與西班牙貿易，西歐的貨幣也得以猛增。儘管不再有「銀荒」，後果卻是全歐物價飛漲。

今天，人們將這段歷史稱之為「價格革命」。

「價格革命」是一個好聽的詞彙，其實說白了就是「通貨膨脹」。十六世紀，西班牙一般生活用品價格上漲了四倍多，糧食則上漲了五倍多（歐洲其他地區的糧食也上漲了兩倍左右）。

看清楚，物價上漲幾倍，但時間範圍是一個世紀。

所謂價格革命，平均到每年也就是百分之幾的漲幅，放到今天根本不是問題。**金銀為幣的時代，物價超級穩定**。要知道當時西歐還沒有紙幣，從羅馬帝國衰亡直到十五世紀，這是近千年來西歐第一次的物價上揚。

通貨膨脹使領主與工匠荷包縮水，貿易商是社會新興階層

任何時代的通貨膨脹都是一場財富再分配的遊戲，一般情況下是貧者越貧，富者越富；不過，當時西歐的情況是貧者越貧，富者未必越富。

第一批因為價格革命遭殃的，也是最倒楣的人，是領主。

拜千年不變的物價所賜，領主跟農奴的契約經常一訂就是幾十年，甚至上百年。通常情況下，物

價上漲最受影響的，是固定收入群體。

既然最穩定的收入來源是地租，遇上通貨膨脹時，當然遭殃的就會是領主。領主想違約也不是不可以，通常情況下要付出一些代價，而領主也付得起這些代價。但可恨的是，每一年物價都會上升百分之幾，比違約金多出許多。因此多數情況下，領主不會付這筆錢，而是維持原有的租約；隨著時間的延長，違約成本也越來越高。每年都如此，領主的錢包縮水的速度就可想而知了。

第二批因為價格革命遭殃的，是工廠手藝人。

工廠手藝人最多，狀況也最慘。當時西歐手藝人可沒有勞動合同，卻比合同更缺德——學徒制：學徒可以離開師傅，卻很難找到工作。他們一幹就是十幾年，工資也不怎麼調漲。由此，生活水準直線下降也就在意料之中了。

受益於價格革命的，莫過於新興商人階層。

新大陸的金銀使得西班牙購買力直線上升，商人們獲得了巨大的利潤。這種情況從一五一〇年一直持續到該世紀末。城鎮興起時，誘使騎士下嫁女兒的農奴，不過是兩千英鎊財產。此時，批發商、貿易商、金融商可謂真正的富裕階層，兩千英鎊只是個起步價。

無論金銀如何增加，總要有管道消化這些貨幣。當時的世界，這個管道就是貿易。無論西方還是東方，都沒怎麼見過海外商品，不用創新，能貿易來就是最大的創新！在經濟起飛的階段，也唯有貿易夠發達，才可能刺激出更精細、更有效的專業分工，經濟也才能持續增長。

綜上所述，價格革命的最終結果是：價格上漲刺激了人們的交易需求，貿易也變成了最賺錢的行業，勞動者流向貿易，成為風潮。

無敵艦隊敗於英國擠兌匯票

如果常年把目標定為出門搶劫，那是肯定不行的。畢竟，這個世界不可能靠搶劫存在。在國內，地租和工資減少使得西班牙人更熱中於海外探險，這部分人又是西班牙最有進取心的一部分人，也是支撐經濟的中堅，他們都到海外當了強盜，本土經濟只會徹底衰落。搶劫成了為人作嫁，這才是衰落的真正根源。

價格革命、貿易興盛，並不必然導致國富民強。否則，最有錢的西班牙也不會迅速被最窮的荷蘭取代。貿易發達只是國富民強的必要條件，充分條件是：**必須有人能保護你的財產，這個人是國家**。否則，無論賺多少錢都會被人占便宜、分一杯羹，誰還會有那股拚命賺錢的勁頭與熱忱？

然而，西班牙並沒有做到這一點。

價格革命的過程中，西班牙商人介入政治的程度，在世界史上極為罕見；西班牙王室哈布斯堡王朝（Habsburg）的背後，始終有一個難以擺脫的影子——富格家族（Fugger）。

正是有這個家族，西班牙從王室壟斷走向商人壟斷，財富集中於極少數人手中。也正因如此，西班牙才在後來的大國爭霸中敗北。

富格家族向全歐洲放款，西班牙錢財大量流失

富格家族最初經營麻紗、銅礦，在西班牙對外征服的過程中，開始對王室借貸。國王勝利了要繼續勝利，失敗了也要翻本，總之，富格對王室的貸款，是子子孫孫無窮匱乏。款當然不能白貸。

作為對價[48]，富格家族獲得哈布斯堡王朝所有的礦山、農業地產和莊園。究竟是富格家族控制著哈布斯堡王朝，還是哈布斯堡王朝控制著富格家族，已經很難說清楚了。

王權的信貸索求過多，擠占了本應屬於民間的信貸資金，之後，王室又不負責任地六次宣布破產，最終使得富可敵國的富格家族衰敗。**一旦本應屬於民間資本的資金被王室擠占，金融制度就可能成為權力掠奪財富的利器。當人們認為自己正在儲蓄未來時，財富早就被權力揮霍一空。**貨幣增加、王室信用增強、國內商人富可敵全歐……這是好事嗎？

你可能還記得，我們說過，一國貨幣暴增未必是好事。現在，西班牙成為驗證此一理論的第二個犧牲品。

富格家族的勢力實在是太強了，強到可以左右王室更迭。最終的結果只能是：搶劫來的金銀集中於王室和大商人。真正為搶劫流汗出血的士兵，最終並沒有搶到多少財富。

經濟學其實很簡單，錢的去處只有兩個：第一，花掉；第二，投資。

搶來的錢也是錢，出路也一樣。

西班牙人確實把錢花掉了，不過，由於財富過於集中，商品需求集中於奢侈品，財富並未被本國工農商業所吸收。

也就是說，這種搶劫來的財富，未能普惠於國民。西班牙人投資的方式是借款給別人——十六世紀開始，富格家族熱中於借款給其他王室和教廷。儘管富格家族成為整個歐洲的債主，也在全歐獲得了顯赫的聲譽，但是，西班牙人辛辛苦苦搶來的銀子，都被弄到國外去了。

最後，無數西班牙人用鮮血換來的財富輾轉流入英法等國，為別人的資本積累提供了豐足的貨幣。而且在對外投資中，西班牙也未獲得收益。

這也就罷了。更可怕的是，世界史當中，大概只有西班牙曾經把劫掠作為國家唯一的主導產業，而且是全民皆強盜。對一個稱霸世界的國家來說，這是個致命傷。既然搶劫能帶來巨額財富，又何必勞心費神去創造？

發現新大陸、溝通東西半球貿易、開闢新航線，這些都是好的。在原始資本積累時期，偶爾搶幾把，雖然不對，別人也不能把你怎麼樣。

但是如果常年把目標定為出門搶劫，那肯定是不行的。畢竟，這個世界不可能靠搶劫存在。在國內，地租和工資減少，使得西班牙人更熱中於海外探險，而這部分人又是西班牙最有進取心的一群，同時也是支撐經濟的中堅；他們都到海外當了強盜，本土經濟只會徹底衰落。

搶劫成了為人作嫁，這才是衰落的真正根源。

由此，**最後一個價格革命的受害者，也是最大的受害者，是西班牙。**

在大國爭霸的初級階段，國家實力很快會體現在戰爭上。貌似強大的帝國，一旦從體制內腐朽，原本強大的戰爭機器，會在一連串偶然事件中敗北，從而失去逐鹿中原的資格。

使巨人倒下，只需要最後一根稻草。何況，西班牙遇到的不是稻草，而是大力金剛。

英國海軍劫持西班牙商船，使富格家族無力兌付匯票

十六世紀中期，海上已經不太平了，當時的英國女皇伊莉莎白一世（Elizabeth I）號稱「海盜女王」，英國皇家海軍即職業海盜，西班牙商船經常血本無歸。一五八〇年，他們直接搶劫西班牙王室「金母鹿號」，搶走了八十磅黃金、二十六噸白銀。

更可恨的是，英國編造謠言，說西班牙王室手頭拮据。要想出來混，好名聲是很重要的，名聲壞了，誰還敢借給你錢？於是義大利的銀行停止貸款給西班牙王室，弄得富格家族幾乎破產。

48 對價，是普通法系契約法中的重要概念，即甲方為換取乙方做某事的承諾，而向乙方支付的金錢或其他可為乙方所接受的物品（土地、房產、寶物等等）。

對西班牙來說，這些事情是無須忍讓的。在西班牙海軍「無敵艦隊」（Spanish Armada）看來，英國戰船根本不值得打，用撞得就可以了。西元一五八八年，西班牙出動「無敵艦隊」，準備好好教訓伊莉莎白一世。

英國雖然也是海盜，但跟大哥比，未免太過寒酸。因為經常打不贏，所以船很小，這樣逃跑的時候比較方便。

伊莉莎白一世壓根就沒打算和無敵艦隊正面對決。

備戰期間，伊莉莎白一世的做法不是集結海軍，而是要求英國商人把西班牙王室的匯票收集起來，然後在同一時間兌付。這麼做是有道理的，因為英國海軍實在無須集結——總共只有三十四艘戰艦，集結起來只能給「無敵艦隊」當靶子。

不過，匯票的威力絲毫不遜於軍艦，西班牙王室立刻銀根緊縮，能夠出戰的戰艦數量下降到三分之一。三分之一，也足以讓英國海軍吃不消，而且，哈布斯堡王朝為了表達自己的憤怒，為每艘戰艦配備了重五十磅的加農炮——雖然事後看來，這絕對是一個錯誤的決定。當時的文獻這樣記載：「無敵艦隊行進得非常緩慢，雖然所有的船都張滿了帆，但風好像吹得很疲倦了，海洋也在難以忍受的負荷下呻吟著。」

即便如此，無敵艦隊也並非全無機會：第一次遇到英艦主力的時候，英軍還在港口裡曬太陽（當靶子）。不過，愚蠢的西班牙將領謹守國王的諭令：「在與陸軍取得聯繫之前，不得有任何戰鬥。」結果讓英艦從眼皮底下一艘接一艘地跑掉了。

後來的戰爭，就更加奇異：西班牙 vs. 英國＝異國版「赤壁之戰」。

雙方對陣時，西班牙戰艦為增加船隻的撞擊能力，竟用鐵鎖把戰艦都連在一起。這個時候《三國演義》大概還沒有西班牙文版本，否則西班牙人一定不會那樣做。英國人雖然沒看過《三國演義》，但卻在不同的地點、不同的時間，用諸葛亮的方法打贏一場異國版的赤壁之戰。

英國人沒有戰艦，卻製造了一批小型獨帆船；這些船都裝載引火材料。「無敵艦隊」戰艦龐大，加上吃水過深、行動遲緩，戰爭結果於是翻轉。英國在一艦未損的情況下，居然把「無敵艦隊」給燒掉了。

經此一役，英國控制了多佛海峽（Strait of Dover），對西班牙船隻的搶劫更是肆無忌憚。西班牙王室就指望從新大陸運來的金銀過日子，偏偏經常被劫走。漸漸地，富格家族開始無力兌付地中海城市的本土銀行匯票，本土銀行也開始大量破產。

富格家族衰落，標誌著屬於西班牙的時代已經結束。

十六世紀末，新大陸的白銀逐漸枯竭，到十七世紀，荷蘭聯省（De Republiek der Zeven Verenigde Nederlanden）又擺脫了西班牙的統治。最終，西班牙在世界級大國的對決中敗陣下來。

阿姆斯特丹成為世界金融中心

隨著國際貿易的發展，借據在整個歐洲流通，終於發展成匯票。十六世紀末期，聯省城市集中了匯票交易，讓借貸雙方的資訊能夠很快集中，降低了信貸搜尋的成本，促使地中海區域的銀行，迅速遷移到聯省去。

在十六世紀初期西班牙統治的時候，荷蘭只是幾個行省——這是一片資源匱乏、地域狹小的地區，曾經歸屬過很多國家，誰也沒把它當回事。

然而，世界上第一個日不落帝國，恰恰是荷蘭。

一個國家要領導世界，不可能靠豐富的資源。石油輸出國組織資源豐富，卻從來沒有人認為成員國是世界強國。窮兵黷武也不能帶來國富民強；一個國家即使全民皆兵，也未必能領導世界。強國的祕密是什麼呢？

地理大發現之後，世界貿易中心從地中海轉向了浩瀚的大西洋。西歐主要河流大多在聯省[49]附近出海，那裡是通向北海、波羅的海、地中海的必經要道；荷蘭的城市尼德蘭（Nederland）、安特衛普（Antwerp）、根特（Ghent）、布魯日（Bruges）成為無可替代的貿易中心。

獨立前夕，聯省已經控制了波羅的海七五％的運輸業，商業水手總和超過西班牙（不含聯省）、英國和法國的總和。

自成一國的北方聯省，發展出一套標準化的交易模式

儘管北方聯省是西班牙的領土，但這些成績絕不值得哈布斯堡王朝驕傲。

由於統治者多次更迭，北方行省的居民對王權從來不屑一顧。而且西班牙以天主教為國教，北方聯省卻信奉新教，庇護教宗的通緝犯。要北方幾個行省聽從西班牙王室的命令，等於緣木求魚。

荷蘭沒有法國城鎮、西班牙航道之類的創新，貿易方式還是原來地中海的那套把戲，不過，北方聯省卻是一個史無前例的大市場，幾乎全歐的商船都要從此經過。

這本身就是一種創新，用經濟學的術語來說，叫節省「交易成本」。

打個比方來說明此一狀況。

如果您是一位年輕的未婚男性朋友，可能會選擇某相親節目，這樣可以一次見到二十四位美麗的單身女性。她們的性格、容貌、品行都已公之於眾，您很可能會在裡頭發現令您心儀的女孩，光上一次這樣的節目，就可省掉二十三次相親的時間、精力和金錢，而這二十三次相親的時間、精力和金錢，就是所謂的「交易成本」。

況且，在北方聯省做生意，可以節省的不僅僅是費用。

出於對王室的抗爭，聯省從來就不接受哈布斯堡王朝的命令。不服從哈布斯堡王朝的統治，當然也就與富格家族的財富無緣了；為獲得稅收，聯省必須培植小商人。

也就是說，在北方聯省有一種相對公平的行政體制，可以保障社會各階層的財富。

在這裡，最多見的不是大家族或者行會，而是來自全歐洲的小商人。正因為有這些小商人的存在，才使得交易形式、交易品種多元化，生意人才能節省所謂的「交易成本」。

由於小商人實在太多，聯省的五位公爵發明了一種新的交易方式——標準化的交易所。交易所裡陳列著很多商品的樣品，並提供商品淨價、交易時間、交易地點、付款方式等資訊。一旦達成協議，小商人可以按照交易所提供的貿易清單，在指定地點向主顧提供商品，當然，您的商品要遵守交易所訂下的規矩。

一六〇二年，阿姆斯特丹證券交易所（Amsterdamse effectenbeurs）成立；這是全球第一家證券交易所，也是第一個世界金融中心。在交易所演進的過程中，聯省終於孕育出經濟史上的里程碑。自此，金融業才真正在西歐發軔。

匯票、紙幣、銀行……阿姆斯特丹成為世界金融中心

聯省沒什麼銀礦，又跟國王作對，所以別指望這裡有什麼貨幣。

結果是，聯省極其缺錢。

解決的方式同樣有賴貿易發展。城市擠滿了全歐的富商，而當時的國際貿易不可能貨到付款，所以富商經常寫借據。這些借據往往有聯省的財政做擔保，所以，信譽還是滿高的。

49 即荷蘭七省聯合共和國，或簡稱七省聯盟、聯省共和國、荷蘭共和國（Dutch Republic）。是一五八一至一七九五年間，在現在的荷蘭及比利時北部弗蘭德地區所存在的一個國家，原為西班牙哈布斯堡家族所統治。

鑑於以上原因，借據可以當做貨幣流通，歐洲第一個借據市場就此形成。

隨著國際貿易的發展，借據在整個歐洲流通，終於發展成匯票。十六世紀末期，聯省城市集中了匯票交易，讓借貸雙方的資訊能夠很快集中，降低了信貸搜尋的成本，促使地中海區域的銀行，迅速遷移到聯省去。

一六〇九年，阿姆斯特丹銀行（Amsterdamsche Bank）在聯省共和國誕生；阿姆斯特丹銀行的銀行券成為全歐通用的貨幣，並在國際貿易中成為最受商人歡迎的支付方式，歐洲第一次出現紙幣。

一六四〇年，阿姆斯特丹成為世界貴金屬的貿易中心，此後，阿姆斯特丹銀行成為國際匯率中心，進一步鞏固了它在國際貿易中的地位。

強大的金融實力，支持了十七世紀聯省共和國的對外擴張，資金優勢也迅速轉化成控制力；整個十七世紀，**荷蘭商人可以透過銀行改變貿易政策**。在原始商業鏈條中，英、法、西班牙都被壓制在聯省的倉儲位置，最大的利潤環節幾乎全部被聯省商人控制。

鑑於國際貿易需要一個寬鬆自由的環境。

鑑於西班牙王室經常對聯省橫加指責。

鑑於自己已經很富裕。

十六世紀末期，聯省開始試圖擺脫西班牙王室的控制。

王室的回應是，戰爭。

只是哈布斯堡王朝似乎忘記了，「無敵艦隊」已經被伊莉莎白一世一把火燒光，剩下的海軍主力在聯省手中。

戰爭結果，聯省中的北方七省獨立。西元一五八八年，荷蘭聯省共和國誕生。

緊跟著，共和國封鎖了南方聯省的對外貿易，南方貿易重鎮從此一蹶不振。自此，阿姆斯特丹一枝獨秀，取得了世界金融中心的地位。

荷屬東、西印度公司的興起

七年戰爭，總有國家會失敗。何況，七年幾乎拖垮了參戰的所有王室，最後倒楣的肯定是荷蘭銀行業。

不看重權力，聯省共和國還是很看重錢的，有錢才能到海外探險，才能做生意。

問題是，北方聯省的人還是沒錢，貴族也沒有。個人投資不能滿足貿易規模，一旦商船沉沒，又可能搞得家破人亡。

但沒錢，也不能錯過生意。

以下是故事，並非史實，僅供參考。

信託、法人、公司出現，金融概念逐漸完備

一五九六年，一艘滿載貨物的荷蘭商船從阿姆斯特丹揚帆遠行，這是一次不折不扣的探險。船長名叫巴倫支（William Barents），受哥倫布的鼓舞，決定尋找一條從北冰洋（Arctic Ocean）向東到亞洲的新航線。

想法很好，但做法很差。

很快地，巴倫支被冰封在北冰洋的三文雅島附近。巴倫支的船不是破冰船，只有等待堅冰自己融化，於是他和十七名荷蘭水手開始了與嚴寒的生死較量。他們首先拆掉船上的甲板充當燃料，甲板拆光後，總不能連船也拆掉，那就等吧。足足等了七個月，冰面才融化。

故事的結局告訴我們，即使面臨生命威脅，他們也沒有動用船上可以挽救其生命的補給。最後，

八個人被凍死，貨物卻都完好無損地運回了荷蘭。

上述只是一個故事，跟要講的「公司制」沒有任何關係。但是，很多經濟學教材都把這個故事定義為「信託責任」（fiduciary duty）的開端；有了信託責任，才有現代企業的制度。

因為，船員的行為體現了一種精神：即使面臨生存危險，被委託人也一定要忠於委託人，沒有這種責任制度，公司制就不可能產生。**無論時光如何推演，「信託責任」始終是現代市場的靈魂**，沒有「信託責任」就不可能有當代的證券市場存在。

公司是探險的海船，船長是總經理，船員是職員，船主則是股東。船長背負著股東的希望，在任何情況下都不能背叛股東的利益。

奧林匹斯山諸神見證了昔日雅典城邦的商業輝煌，日耳曼民族把赤裸裸的野蠻換成了坦然相見的利益，教會對上帝的忠誠，在這一刻被融會貫通，一個證券交易所融匯了三千年的商業文明。

有人說「無商不奸」，如果商業是為了欺詐而存在，那市場又有什麼意義？畢竟誠信才是人類生存的基礎。

不過，以上概念仍屬於經濟學傳說，世界絕不可能這麼美好。信託責任，即使今天最發達的美國證券市場也不能做到。人類如果能克制自己對金錢的渴望，如果能完全按照規制經營，那經濟學早就消失了。

所有的信託責任，所有對股東的忠誠，所有的市場誠信，都是在達到了一定的程度後才得以促進經濟發展；反之，未達到一定程度，社會就很難演進出現代經濟。

荷蘭人，只是在一定程度上做到了。

西元一六〇二年，聯省議會在原有的十四家貿易商的基礎上，批准成立荷屬東印度公司（Vereenigde Oost-Indische Compagnie，簡稱VOC），一六二一年再成立荷屬西印度公司（De Geoctroyeerde West-Indische Compagnie of West-Indische Compagnie，簡稱WIC），負責對美洲的商品和奴隸貿易。自此，個人資產不再是商業風險承擔者，風險承擔者有了一個新的概念——法人（corporation），貿易商身為股東，只擔負投資風險。

公司制第一次正式出現在人類文明史冊。

你猜對了，荷屬東印度公司和西印度公司都不是好東西，它們是不折不扣的強盜。一六一九年，荷屬東印度公司占領雅加達，迫使其他歐洲勢力（也包括亞洲國家）退出東方香料貿易：非荷蘭控制的香料園會被武裝戰艦砍掉，非荷蘭商船一旦被發現販運香料，則會被鑿沉……

走私、官僚體系、超貸，荷蘭金融霸業告終

這個時代，法人、公司更類似於一個領主，他們甚至有組建軍隊、對外宣戰的權力。聯省議會授予荷屬東印度公司貿易專營權，東起好望角（Cape of Good Hope）、西至麥哲倫海峽（Estrecho de Magallanes）的國際貿易，全部由荷屬東印度公司承擔。這是那個時代的工商執照，公司業務相當霸道，說白了就是由荷屬東印度公司出面去海外替聯省搶地盤。

儘管聯省共和國在國內保護小商人，卻在國外當強盜，搶奪別人的產權。剝奪者，終將被剝奪。

西班牙曾經擁有世界八三%以上的黃金白銀，但是，終究沒能實現繼續稱霸世界的夢想。聯省共和國，同樣落入了前輩西班牙的陷阱。聯省共和國最主要的財富來源是國際貿易；財富吸引了無數的荷蘭人，於是一代代的荷蘭人始終在重複著一個動作。

然而，世界產業鏈不是一成不變的，任何一種創新都不可能永遠延續。

十六世紀中期，荷蘭的糧食、木材、鐵等原材料均來自於其他國家。儘管本土也有精湛的造船業、紡織業，甚至能生產出精密的顯微鏡，但是，這一切都依靠海上霸權獲得的廉價原料。離開貿易，聯省根本無法生存。

而且，與英法直接向外殖民不同，荷蘭全憑武功控制當地的原住民。十六世紀後期，為控制全球殖民地，荷蘭終於形成了一個龐大複雜的官僚體系。

就算聯省軍隊再厲害，能杜絕其他國家染指國際貿易，但卻永遠無法控制來自內部的走私。更可怕的是，荷屬東、西印度公司實際上是官方機構，官僚體系一旦形成，就有著自我擴張的趨勢，而且，國內財富也是官僚體系必然的目標。

如果只是以上原因，估計荷蘭衰敗的速度會很慢，畢竟這樣一個控制全歐的金融帝國，基本上已經「西方不敗」。後來者即使想在世界利潤鏈中翻身，也要經歷相當艱難的一段時間。

遺憾的是，還有另外兩個理由：

第一個理由是，聯省共和國執政官在很長一段時間兼任英國國王。威廉三世（William III&II），是荷蘭執政官，也是英國國王，他會犧牲荷蘭的利益彌補英國，畢竟在荷蘭，他不是國王。

第二個理由，也是更重要的理由，即荷蘭銀行業正重蹈富格家族的覆轍。隨著財富的積聚，荷蘭銀行業也將信貸重點轉向各國王室，畢竟長期信貸帶來的利益實在是太誘人了：可以一勞永逸地解決資金去處、獲得各國政府的保護……真可謂一舉多得。

十七世紀，阿姆斯特丹的金融產業幾乎專司對王室貸款。終於，一七五六至一七六三年，歐洲七年大戰後，荷蘭發生了無可挽回的危機。

七年之戰幾乎涉及歐洲所有的王室，戰場更是遍及歐洲大陸、地中海、北美、古巴、印度甚至菲律賓。阿姆斯特丹的貨幣發行地位，賦予了它創造貨幣的功能，以致七年內，荷蘭國內的金融業撥給各國的貸款已經超過了國內現金（金銀）的十五倍。

對擁有國際貨幣地位的國家來說，如此大規模的信用創造，絕對是災難性的：一旦某家銀行不能兌現實體貨幣，厄運就會降臨銀行業，甚至整個世界。

七年戰爭，總有國家會失敗。何況，七年幾乎拖垮了參戰的所有王室，最後倒楣的肯定是荷蘭銀行業。

西元一七六三年，戰爭結束的時候，阿姆斯特丹的銀行業非但沒有獲得豐厚的利息回報，反而出現一批銀行被擠兌；當年，四十三家銀行破產。從此，阿姆斯特丹的金融地位拱手讓予倫敦，荷蘭也失去了爭霸世界的最後資本。

當荷屬東、西印度公司正為壟斷貿易興高采烈時，英國已經經歷了光榮革命[50]、英國內戰[51]，查理一世（Charles I）的人頭也滾下了斷頭臺。

最終，與西班牙一樣，荷蘭以自身的衰敗，為對手的強盛獻上了一束嬌豔的玫瑰。

下一代霸主成長起來的時候，人類即將步入現代文明。

鬱金香投資泡沫化

「投機」，如果按字面意思拆解，也可以理解為「投資於機會」。決定投機方向的是人類追求利潤的本性，只要人們沒有失去理性，獲利就是最大的理性。在投機的過程中，價格高速上漲本身就是機會，沒有理由不衝上去。

歐洲有一個古老的傳說：三位勇士同時愛上一位美麗的少女。為博得美人青睞，他們分別送給少

50 光榮革命（Glorious Revolution），西元一六八八到八九年間，信奉新教的輝格黨與托利黨人聯手推翻信奉舊教詹姆士二世，改由詹姆士之女瑪麗二世與其夫婿威廉三世共治英國。

51 英國內戰（English Civil War），又稱「清教徒革命」（Puritan Revolution），是英國議會派與保皇派之間的政爭所引發的內戰。

女一件禮物：皇冠、寶劍和金塊。少女對三人都不鍾情，於是向花神禱告，花神只好把皇冠變成枝幹，寶劍變成綠葉，金塊變成球莖。

這個球莖就是鬱金香。

傳說中的少女究竟嫁給了誰，我忘記了。我只能告訴大家西方正史中關於鬱金香的記載：鬱金香在十六世紀從中東傳入歐洲；一五七〇年，一位荷蘭花匠從奧地利宮廷偷出了球莖，此後，鬱金香一經綻放，「舉國稱奇」。

在花語的世界裡，鬱金香代表「未必美好的愛情」，但在金融世界裡，鬱金香代表「真正可怕的危機」。

全民狂炒鬱金香價格，催生「期貨選擇權」

十七世紀，鬱金香在荷蘭仍屬稀有植物，被貴婦佩戴在晚禮服上。一六三五年，一枝上好的鬱金香花莖，可以換到一輛上好的馬車和幾匹馬。那個時代的荷蘭乃至歐洲其他國家，佩戴鬱金香絕對是身分與地位的象徵。

荷蘭人向來以商業頭腦著稱，鬱金香的巨大利潤很快就吸引了眾人的目光，人們開始將鬱金香球莖當「奢侈品」來販賣。最初（應該是一六三五年前後）只是在上層社會裡流通，畢竟鬱金香是炫耀品，普通人與之無緣。

與浪漫的法國人相比，荷蘭人以冒險著稱，證券交易所此時派上了用場。

一六三六年，鬱金香在阿姆斯特丹及鹿特丹證券交易所上市。為給普通人投資的機會，交易所甚至把單株鬱金香分割為細股，而且制定了一系列的交易規範。

在轟轟烈烈的全民鬱金香運動中，荷蘭人創造了「期貨選擇權」：一六三六年可以賣出一六三七年才會長成的鬱金香球莖，且交割前不需付款，交割時只需交割證券市場的差價，甚至還推出槓桿交易[52]，允許買空[53]。現在，我們耳熟能詳的「看漲」、「看跌」、「期權」[54]、「期貨」[55]等證券市場名詞，基本上都是那個時候由荷蘭人創造出來的。

荷蘭政府也不甘寂寞，頒布了《鬱金香交易法》，為鬱金香交易設立特別公證人，指定具有資質的交易所……

鬱金香，實在是一種不平凡的花，對金融產業來說，她是一個蓋世英雄：雖然沒有金甲聖衣，亭亭玉立的身姿卻締造了迷幻多姿的證券市場。

由此，荷蘭開始全民炒鬱金香運動：貴族、市民、農夫、工人、船員、馬車夫、清潔工甚至是女僕，大家搖身一變，都成了種植鬱金香的行家達人。

故事的開端非常離譜：一六三五至一六三六年，荷蘭鬱金香合同價格的上漲幅度是五九〇〇%。

很多時候，故事的開頭，不一定等同於故事的結尾。

不是每個購買鬱金香的人都驚艷於花的美麗，他們醉心的其實是背後閃閃放光的金銀。投機者們並不想真的去購買鬱金香，只是希望能以理想的價格轉手賣給後面的收購者，其中的差價，才真正驚艷世人。

「大傻瓜」理論告訴我們：在泡沫中，人們相信最後一個傻瓜才是真的傻瓜，自己不是。無論如何，最後一個大傻瓜肯定會出現，可能是你，也可能是我，更可能是我們中的任何一個人。

一六三七年很快就要到來了，也就是說，一六三六年賣出的期貨面臨實物交割。此時，鬱金香的

52 槓桿交易，即利用小額的資金來進行數倍於原始金額的投資，以期獲得更大收益的機會。
53 買空，亦稱「多頭交易」，即交易者利用借來的資金，在市場上買入期貨，以期待將來價格上漲時，再高價拋出，從中獲利。
54 期權，一種能在未來某個特定時間，以特定價格買入或賣出一定數量的某種特定商品的權利。
55 期貨，一種跨越時間的交易方式。買賣雙方透過簽訂標準化合約（期貨合約），同意按指定的時間、價格與其他交易條件，交收指定數量的現貨。分商品期貨和金融期貨兩大類。

價格已經漲到了駭人聽聞的程度。比如，一種名叫「永遠的皇帝」[56]的名貴品種，此時每株價格足以換取阿姆斯特丹運河邊上的一棟豪宅。

一些傳聞開始流行，有人說從君士坦丁堡運來大量的鬱金香（不可能，要能運來早就運了）。

有人說一個破產的貴族只留下兩個球莖，卻賣不出高價（不可能，有兩個球莖，就可以算是貴族了，怎麼能說是破產）。

甚至有人說一個異國水手把船長的球莖當鯡魚來料理，並且吃下肚（不可能，水手不可能拿到如此貴重的東西，如同大部分人不可能見到上億的古董，贗品除外）。

一六三七年二月四日不期而至，在此之前的交易都非常順利。

當天，突然有經紀人喊低報價，導致當天的球莖價格暴跌。接著一週之內，鬱金香跌落到農貿市場上洋蔥的價格；幾天內鬱金香的價格跌至最高位的〇．〇〇五%。

此時，荷蘭政府站了出來，聲明鬱金香球莖的價格下跌毫無理由，勸告市民停止拋售。

鬱金香暴漲，沒有理由；同樣，暴跌也不會有理由。沒有理性的市場，政府說話同樣沒效果。

在勸告無效的情況下，荷蘭政府開始耍無賴。西元一六三七年四月二十七日，政府宣布：終止所有鬱金香合同。

鬱金香泡沫（Tulip Bubble），在第一次政府救市行動中破滅了。

一旦投資者信心崩盤，鬱金香行情即泡沫化

儘管泡沫崩潰的日期被記錄得非常清楚，但誰也說不清到底為什麼有人開始喊低報價，或許這是所有泡沫的最終宿命。

既然是宿命，就一定會發生。

金融市場上，任何時點、任何人都不可能對抗市場，政府也不行。

既然是救市，就證明市場已經下行[57]，沒有人能改變市場的選擇。因為，市場下行並不可怕，可怕的是投資者信心崩潰。

信心崩潰，無法挽救。

於是，每個荷蘭人都覺得自己中招了，整個民族的巨額財富瞬間蒸發。如同二〇〇八年的中國股市，走出證券交易所，連中國最著名的金融學教授，都覺得自己是個白癡。

危機結束，我們回看歷史，似乎覺得非常好笑：即使鬱金香名貴，不過是一朵花，花開自有花謝，一株鬱金香怎麼可能換一萬噸乳酪？

一八四一年，蘇格蘭記者查爾斯．麥凱（Charles Mackay）在《異常流行幻象與群眾瘋狂》（Extraordinary Popular Delusions and the Madness of Crowds）一書中如此描述這次的鬱金香狂熱：「無論是貴族、市民、農夫，還是工匠、船夫、隨從、夥計，甚至是掃煙囪的工人和二手服飾店裡的老婦，都加入了鬱金香的投機事業。無論處在哪個階層，人們都將財產變換成現金，投資這種花卉。」

事後來看，每次金融泡沫都很離譜。現在人們覺得好笑，只是因為沒有身臨其境。

「投機」，如果按字面意思拆解，也可以理解為「投資於機會」。決定投機方向的是人類追求利潤的本性，只要人們沒有失去理性，獲利就是最大的理性。在投機過程中，價格高速上漲本身就是機會，沒有理由不衝上去。

這種情況下，誰不去投機，才是真正的沒有理性。

而且，與你想像的不一樣，鬱金香的故事並非完全源自一朵花。

---

56 永遠的皇帝（Semper Augustus），此一品種的鬱金香，因為球莖病變而開出紫、白條紋的花朵，相當罕見而美麗。

57 所謂「下行」，是指由於市場環境變化，該物件的未來價格走勢，有可能低於分析師或投資者所預期的目標價位。下行風險是投資可能出現的最壞的情況，也是投資者可能需要承擔的損失。

鬱金香的生長過程有點特殊，這涉及很多園藝知識，有點複雜。我們只能告訴大家，當時荷蘭交易的不是普通的鬱金香球莖，而是感染植物病毒的球莖[58]。即使普通的鬱金香，從種子到開花也需要三至七年左右，在沒有園藝技術的年代，要在短時間內生產出變異病毒的球莖[59]，根本不可能。

剛才說過，一六三七年，一株「永遠的皇帝」價值等同於一棟首都的豪宅，這個價格太離譜了。實際上，「永遠的皇帝」在全荷蘭只有兩株，而運河邊上的豪宅，肯定不只一兩棟。

用世界上「獨二無三」的花朵換一棟豪宅，你還覺得貴嗎？

用經濟學語言描述，鬱金香的球莖供給曲線垂直，彈性等於〇。理論上，沒有任何替代品可以置換這些嬌豔的花朵。

變異的鬱金香球莖，在沒有基因技術的年代，還不夠有吸引力嗎？誰能在柯林頓時代斷言「那斯達克網路神話必將破滅」？網路，難道不是二十一世紀前景無量的行業嗎？

可是，與鬱金香一樣，那些都是故事。

金融市場的危機重複出現，因貪婪是人性弱點

金融市場裡有句名言：「歷史在不斷重複。」人們幻想熟知歷史、總結經驗、展望未來，就一定可以掌握金融煉金術。

鬱金香泡沫，是金融市場出現以來的第一次危機，之後，人類又經歷了無數次金融市場狂瀉，也有了無數次的經濟危機。

有人能真正吸取教訓嗎？有人能真正逃脫宿命嗎？

金融市場確實在重複歷史，不過，被重複的只有危機。每次經濟繁榮，我們都有著不同的理由；每次危機，過程又都如此的相似。

那麼，我們了解這些歷史還有什麼用處？

史學家告訴我們：以史為鑑。

很可惜，不用看後面，現在我就可以告訴你，以史為鑑，永遠不可能。

我們是人，是人，就必然遵從人類的規律。

能違反的，是紀律；不能違反的，才是規律。

是人，就有弱點：貪欲和恐懼。在金融市場上，這些無法克服。

能克服人類弱點的，是神，不是人。所以，人類數百年來才只有一個巴菲特（Warren Buffett），只有一個索羅斯（George Soros），而且，即使是他們，也並非無敵。

幾百年來，金融市場從嘈雜的聚會變為閃爍的電子看板，技術變了，規則變了，設備變了……只是這都是外殼，內涵什麼都沒變，永遠在淋漓盡致地體現著人類的弱點。

轉來轉去，該犯的錯誤還是會犯。市場高漲，就會有無數人展現貪婪，一窩蜂似的追漲；市場狂瀉，也會有無數人暴露恐懼，一窩蜂似的殺跌。

追漲、殺跌，是投資最大的忌諱，這條人盡皆知的法則，有幾個人能真正遵守？

儘管我們不能糾正自己的弱點，但是，**危機不是錯誤，是危險的機會。問詢如何面對危險，不如思考如何抓住機會。**

當交易脫離實物轉向虛擬時，必有暴漲暴跌，也就必有各種各樣的故事，只是故事主角不斷變換。資本逐利性最終會體現在實體經濟上，而實體經濟則需要更漫長的演化時間。

58 感染病毒的球莖，其開出的花朵會出現美麗的條紋圖樣，有別於一般單色的鬱金香，加上鬱金香難以在短時間內大量繁殖，開花不易，因此物以稀為貴，格外受到重視和喜愛。

59 鬱金香的栽培方式有兩種，一種是播種栽培，另一種是用母球莖分裂出兩到三顆的子球莖。種子栽培的時間較長，球莖分裂栽培的時間較短，但還是沒有想像的那麼快，而且不保證子球莖能發芽或開花。

虛擬與現實之間的這個時差，就是泡沫；泡沫破裂後，就是危機。

歷史的宿命是沒有結尾的。從這個角度來看，危機將必然存在，雖然我們不能預言危機將發生在何時、何地。泡沫破滅前，每一個泡沫都閃爍著耀眼的光環，正是在一個個耀眼的光環中，人類充分發揮了自己的想像力，最終改變了整個世界。沒錯，泡沫破滅將給投資人甚至實體經濟帶來災難，但在災難來臨前，沒有人強迫你去投資。

任何一個泡沫的本質都是追逐利益，故事背後交織著人類的恐懼與貪婪，只不過泡沫放大了貪婪，泯滅了理性。

願賭，就要服輸。

第五章

日不落帝國崛起

金融強國術

第一代債券「贖罪券」拉開了宗教改革的序幕。在西歐，第一個被資產階級剝削的，恰恰就是天主教廷。當領主開始將女兒下嫁給富裕的農奴時，領主城堡的末日也悄悄來臨。英王查理一世錯誤的融資手段使他喪失了戰爭先機，最終也為此命喪黃泉。

宗教改革使教會財產釋出

歷史上的任何一個重大事件，都有著極其深厚的根源。單單一個贖罪券，單單一個馬丁．路德，不可能掀起如此大的波瀾。

人性是漆黑的夜空，神性只是其中的閃爍星辰。面對漆黑的夜空，教士卻很少參悟到神旨，更多的情況是落入心靈的蠻荒。

因為，教士也是人，不是神。

教會占土地又發贖罪券斂財，引發信徒不滿

十五世紀，教會已經忘記上帝的教導，開始把上帝拿出來大玩金融遊戲，比如「贖罪券」（Indulgentia）：只要你掏出足夠的錢，「贖罪券」就可以替你在上帝面前贖清罪過。

在金融史裡，我實在不想將贖罪券視為一種債券，儘管兩者相當類似，比如，都有承銷商[60]、說明會[61]、分銷[62]……

教宗亞歷山大六世（Alexander VI）公開為贖罪券搖旗吶喊（說明會），「當投入錢箱的銀幣叮噹響的時候，煉獄中的靈魂便升入天堂」。

不知這位教宗為自己購買了多少贖罪券。據說他在任期間，羅馬教廷公開辦妓院，從業者居然占羅馬總人口的一〇％；他本人承認的兒子就有八個；我還看到大英博物館裡保存著一張類似超市促銷的宣傳單，上面標明了教會各種職位的價碼，仔細看了一下，最貴的職位是聖庫的理財法官和執事，約為一萬英鎊，很貴！

教宗如此，也別指望主教們能如何忠貞了。

主教們擅長高利貸和享受，據記載，一位樞機主教出入帶著一百多名隨從，都穿著用金絲銀線鑲邊的綾羅……

我讀過《聖經》，對基督教義有一點點淺薄的認識：人有原罪，不能向上帝索求任何賞賜，人生的意義在於救贖，方式只能是懺悔。要知道上帝是很有本事的，連世界都是他在七天內創造出來的，不可能喜歡您那點孝敬。

對金錢越渴望，就距離上帝越遠；如果上帝信錢，你又如何信他？

教會墮落對基督徒來說，是無法接受的：市民、國王和領主都很不滿。

市民不會允許教會墮落，因為在十五世紀，幾乎所有的西歐人都是基督徒，但教廷已經無法擔任基督的信眾規範。

國王也很不滿。比如在神聖羅馬帝國，教會獨占了全國三分之一的土地，每年能摟三十萬金幣，但國王卻僅有一．五萬金幣的收入。

領主自是不必多說，甭管教宗您有多神聖，總不能在我的地盤上摟得比我還多吧？

結局是：國王、領主和市民不允許教宗在自己的地盤上發行贖罪券。只有得到世俗權力的支持和加盟，反對教廷勢力才不會遭到教宗鎮壓，才可能打敗強大的教權。

---

60 承銷商，指經營有價證券之承銷及其他經主管機關核准之相關業務，如協助企業公開發行、上櫃、上市，以及上櫃、上市後的長期資金取得、資本規畫、承銷業務等。

61 說明會，即法人說明會，乃股票即將上市或已上市的公司，為增強投資者的投資意願所舉辦的說明會。在說明會上，該公司會向投資者詳細介紹其產品、業績與發展方向，充分闡述其投資價值，並回答相關問題，好增加投資者的信心，願意掏錢認股。

62 分銷，即產品從生產者或製造商到消費者手裡的傳遞過程中所涉及的一系列活動，包括批發、零售、直銷等。

信教不必以金錢為媒介，馬丁・路德撰文打擊教會

第一個站出來反對教宗融資的人叫馬丁・路德（Martin Luther），這絕對是一個傳奇人物。馬丁・路德一四八三年生於日耳曼，父親是小礦主，算得上家境殷實。父母對路德進行了嚴格的宗教教育，並讓他學習拉丁文。十四歲時家道中落，求學的路德淪為乞丐，卻被有錢人收養（僅此一條，機率就相當低）。

在家境變遷、生存環境艱難的情況下，路德歷盡風霜，培養了智力、膽量與見識，恰好，十六世紀初葉的神聖羅馬帝國為他提供了表演舞臺。

路德的專業本來是法學，一五〇五年他剛念兩個月，就不幸遭遇雷擊（沒死，這事機率更低），他覺得自己能活下來，全是上帝的恩典。為酬神恩，當年路德便進入奧斯丁會修道院（Augustinian friary）攻讀神學，以虔誠、堅韌著稱，且他最提倡的，叫做「自我鞭撻」，是一種自虐式的懺悔修行。這樣一個清修士，聽到贖罪券可以替代自我鞭撻，心情可想而知。

一五一七年十月，教宗利奧十世（Papa Leo X）派特使去神聖羅馬帝國兜售贖罪券，這與路德對神的認知很不一致。他逐漸感到「基督徒越接近羅馬，就容易變壞。誰第一次去羅馬，就是去找騙子；第二次，他就染上了騙子的習氣；第三次，他自己就成為騙子了」。

十月三十一日，路德撰寫了〈關於贖罪券的意義及效果的見解〉，即《九十五條論綱》（Disputatio pro declaratione virtutis indulgentiarum），也就是傳說中被貼到教堂門口的大字報。

可以肯定，大字報不是路德本人貼上去的。

當時，人們如果對神學問題出現理解上的偏差，通常的做法就是辯論，方式是書信來往。路德寫這篇文章的目的不是要攻擊教廷，而是希望透過辯論，使教廷收回成命，「找到一種更合適的方法拯救世人」。

只是，這封書信不斷被傳抄，最後到底是誰把它變成大字報，至今無人知曉。而且，我也看了路

德所謂的檄文：當中並沒有反對贖罪券，而是將罪過歸咎於直接販賣者。路德本人對教宗也相當尊敬，他堅信「教宗有赦免凡人罪行的權力，誰反對這個權力，就應該被詛咒」。

路德，並沒有太超過。

也許，連他自己都沒想到，未超越常規的舉動，竟導致出乎意料之外的結果：教會再次大分裂。《九十五條論綱》在一個月內傳遍了西歐，人們開始質疑贖罪券，最終結果是教宗的債券承銷體系遭到毀滅性打擊，各地主教紛紛不再購買贖罪券，教宗的銀子明顯減少。

教宗很憤怒，後果很嚴重。

教宗無法容忍路德破壞融資的行為，遂於一五二〇年六月發布破門律[63]，宣布任何人都有義務將路德扭送教廷處置。

對一個基督徒來說，破門律意味著生命的結束。路德的身分從神學學者變為教廷通緝犯，他已經退無可退。

一五二〇年八月，路德公開應戰，發表《致德意志貴族公開書》、《教會被囚於巴比倫》和《基督徒的自由》，後來被稱為「宗教改革三大論著」。

這三本小冊子的核心思想，用直白的語言說，就是信教可以很便宜，信徒沒必要向教會交錢。要知道，上帝是萬能的，懂幾十種語言也不成問題。透過儀式才能和上帝溝通？別太小看祂了！

一五八〇年，新教信徒集體破門自稱基督徒，不受教宗管轄。自此，受羅馬教廷領導的基督徒在史籍裡被稱為天主教徒，而路德的新教會在史籍中取得合法地位，稱基督新教，簡稱基督教。

63即絕罰（Excommunication），俗稱破門律。就是準備將馬丁．路德逐出教會，開除他的教籍。這是當時教會最嚴厲的一種懲罰，意味此人將無法獲得救贖。

打破宗教權威，建立自由的商業經營環境

歷史上的任何一個重大事件，都有著極其深厚的根源。單單一個贖罪券，單單一個馬丁．路德，不可能掀起如此大的波瀾。以上種種，都是表象。

羅馬帝國滅亡以來，教宗才是歐洲真正的精神統治者。市民需要寬鬆的經營環境，最重要的就是精神自由。若連精神都不自由，我又如何面對瞬息萬變的市場？

他們更需要奪取世俗的權力，而代表上帝的教宗，卻是神聖不可侵犯的。這樣，教宗很幸福，市民卻很不幸。

如果教宗始終控制著精神權力甚至世俗權力，人們都服從了教宗，如何自由地去賺錢？如何實現對金錢的博愛？

「因信稱義」，表面上是恢復對《聖經》的崇拜，實質上是否定羅馬教宗的最高權威。打破神聖的天國，上帝才能降臨塵世。

尊重神權的權威，也就難有塵世的人性。**如果不能對人性寬容，神性又有何意義？**

國王再婚衍生的經濟效應

英國宗教改革的原本目的只在讓國王的離婚與再婚合法化，沒想到當國王權力凌駕教會之上後，教會所擁有的財產、土地，如同美女一般，令亨利八世心動，於是，教廷成為國王積累原始資本的第一滴血。

第一代真正的世界級霸主，是英國。

西班牙、荷蘭在全球耀武揚威的時候，英國只是毛紡原料產地和產品市場，主要的出口商品是羊

毛和糧食，被稱為「農業附庸國」。

更不幸的是，一四五三年英國在百年戰爭中剛剛失敗，國內金雀花王朝的兩位繼承者就大打出手，引發了一場三十年的「紅白玫瑰之戰」（兩位繼承者的家族徽章分別是紅玫瑰和白玫瑰）。無論從哪個角度來看，這個資源匱乏、耕牧結合、戰爭不斷的農業附庸國，不可能成為下一個引領世界的霸主。

都鐸王朝富裕的關鍵因素：英國「宗教改革」

英國崛起之路，源自宗教改革。確切地說，撈取英國第一桶金的人，連上帝都沒放過。

補充一句，一個國家的崛起，僅有血腥和骯髒是遠遠不夠的。所以，不要以為每個農業國都有機會成為世界霸主。

事情還得從紅白玫瑰戰爭說起：紅白玫瑰戰爭，此戰不關風與月，幾十年來王冠在很多腦袋上輾轉，變成貴族斷頭的利劍。

戰爭對人民造成不小的災難，對領主造成很大的打擊。看清楚，我沒說人民的災難很大，也沒說貴族的打擊很小。

實際的情況是，即使是三十年來最大規模的戰役，雙方投入的兵力也沒超過十萬，如果將他們放到春秋戰國時代，出門都會不好意思跟人打招呼。

紅白玫瑰戰爭，三十年來各派貴族都有勝利。

這句話的另一個意思是，各派貴族都曾失敗過。也就是說，各派貴族為戰爭付出了無數的生命和金錢。

一四八五年，王冠終於落在都鐸家族的頭上。亨利七世（Henry VII）戴上王冠的時候，王冠的含金量早就不高了，貴族在戰爭中筋疲力竭，英國早就是一個上帝的世界。教會總收入已經占英國全國總收入的三分之一，而且擁有全國三分之一的土地。

長此以往，別說新興資產階級，連國王都快混不下去。

但機會很快就來了——歐洲大陸的宗教改革。

英國教會脫離羅馬教廷，因而全面掌控教會財產

路德在歐洲大陸和教宗辯論的時候，英國國王是亨利八世（Henry VIII），而且不是路德的粉絲。路德剛剛發表《九十五條論綱》，亨利八世就提議國會通過《取締分歧意見六條法案》，兩週後，僅倫敦就有五百人被處以火刑。

教宗很欣賞亨利八世，稱他為「信仰的守護者」（Defender of the Faith）。

教宗沒有想到的是，歐洲大陸的宗教改革還沒推開，英國就成為第一個新教國家。因為，「信仰的守護者」不但自己很快轉投新教，而且還親自操刀推動宗教改革。

守護者是如何變成叛徒的？這要從亨利八世不愉快的婚姻說起。

西元一五二七年，亨利八世向教宗申請離婚，以便迎娶王后凱瑟琳（Catherine of Aragon）的侍女安．博林（Anne Boleyn）。結果教宗一直讓亨利等了八年，等到侍女安．博林都懷孕了，還不見批准，亨利八世怒火中燒，宣布英國脫離教宗控制，開始宗教改革。

但無論是侍女變成王后，還是王后變成平民，兩人的結局都不是很好——一位被冠上叛國、亂倫的罪名，送上斷頭臺，一位則最後鬱鬱寡歡，含恨病逝。

凱瑟琳王后原本是亨利八世兄長亞瑟的妻子，亞瑟於婚後不久即病逝，其父為延續這段與西班牙王室的政治聯姻，一方面請求身為西班牙公主的長媳留在英國，一方面則安排次子亨利八世迎娶自己的兄嫂。亨利八世對這段半強迫的政治聯姻始終不滿，加上十分期盼有男性繼承者（王子的誕生），但王后僅有一女，讓他更加不滿。至於侍女之所以變成王后，則是一連串政治陰謀與權力角逐的結果。本身是虔誠天主教徒的王后，和為迎合國王而引進新教，並讓國王發現改信新教的「好處」的侍女，

因為各自的宗教立場，改變了自己的後半生。

英國宗教改革的原本目的只在讓國王的離婚與再婚合法化，沒想到當國王權力凌駕教會之上後，教會所擁有的財產、土地，如同美女一般，令亨利八世心動，於是，教廷成為國王積累原始資本的第一滴血。

王室變賣土地，使土地變成可自由交易的商品

一五三三年，亨利八世宣布國王才是教會在塵世的最高權威。

一五三四年，英國國會頒布《至尊法案》（Supremacy Act），「英格蘭為主權獨立的國家，國王擁有至高無上的權力，不受任何來自帝國之外勢力干涉」、「國王陛下，其後嗣和繼承者才是塵世中唯一的最高領導者」……

這位國王可比先人聰明多了。祖先偷幾個銀盤子，就被教宗指著鼻子罵，亨利八世則直接查封所有的教會財產：先用了四個月的時間登記教會財產，完成著名的《教產帳簿》，然後，按圖索驥，先易後難，先查封小修道院，後關閉大修道院，最後沒收教會財產，尤其是土地。圈地運動[64]，由此開始。英國圈地運動的始作俑者，不是資產階級，不是農場主，而是這位亨利八世。

因為，**「國王要靠自己生活」。這裡所謂的「生活」不是國王自己吃點、喝點、拿點，也不僅僅是多娶幾個侍女，還有王國的一切內外事務，當然，也包括戰爭。**

為了生活，國王不斷出售教會土地，到一五四七年，三分之二的修道院地產被亨利八世交換、饋

64 圈地運動（enclosure movement），十二到十九世紀，歐洲出現了所謂的圈地運動，起因於這段時期羊毛製品的銷售量大幅增加，商人們為了增加羊毛的數量以滿足市場，遂用籬笆、柵欄、壕溝等圈占、合併土地，而這些土地，有的是私有化後的公地、有的則是強迫小農售出土地，藉以增大牧場的面積，其中又以英國最為典型。

贈和出售，其中出售占八分之七，僅一五三六至一五四七年，王室法庭拍賣掉的土地價值就超過一百萬英鎊。最終，全國七〇%的王室土地和五〇%的領主土地都被賣掉。土地的購買者則是新興農場主和中產階級，他們當然不是城堡式的耕作，而是放牧收穫羊毛。

中古時代，領主的繼承、婚姻、分封是地產轉移的主要原因，結果是權勢、財富只在領主階層裡轉來轉去。**都鐸時代，地產買賣不再具有分封的因素，而是純粹的經濟現象。**地產已褪去了光環，不再是社會、政治的附加成分，而成為一種可以與貨幣進行自由交換的商品。因為王室只要錢。

自此，英國社會結構終於出現了變化——**土地不再是控制臣民的方式，而成為一種純粹的物質財富。**

紡織大國的崛起

任何時代，土地都是主要的社會財富，但是，社會財富的真正增加，歸根究柢還是要靠物質產出，也就是說，利用土地的方式必須有所改變。土地還是那片土地，只有採用不同的生產方式，才能帶來輝煌與繁榮。

傳說中的圈地運動，有人痛斥這是一場「羊吃人」的悲劇：農奴成了離開土地的農奴，並且失去謀生方式，成為資本主義發展必需的條件之一——自由勞動力。也有人讚頌它是「公地悲劇」的結束：自此，公用土地有了所有者，大家不能在土地上亂來了。

小時候，歷史老師告訴我：「圈地運動」就是一個戴著禮帽的英國人趕著一匹馬，馬跑到哪裡，這塊地方就算是棄農從牧了。每次看到這段歷史我都覺得很奇怪，為什麼有人可以隨便畫圈，有人卻只能離開土地？

連個幌子都沒有，就搶別人的土地，未免太厲害了吧！

「圈地」帶動人力結構與土地利用方式改變

現在我知道，領主土地分為兩種：一種由農奴耕種，一種是城堡公地，大家都可以在上面從事一些副業，比如養羊。

被圈的土地，就是公地。而且，在向工業化演進的歷程中，英國圈地運動始終沒有停止。不過，這裡還是要說，失地農奴與工業革命需要的勞動階級並非同一群人，因為工業革命至少還要再一個世紀才會發生，而圈地運動的高潮，是在十六至十七世紀。

那麼，失去土地的農奴到底去哪裡了？

答：沒有失地的農奴，即使到十八世紀末期，英國小農人數也還處於增加的趨勢。

耕地改為牧場了嗎？

答：公用土地，只能放牧、燒炭、打草，本來就不是耕地。

全國皆養羊就能變成強國，那是絕對不可能的。一個崛起的世界級大國，就算全國皆牧場、農奴皆流民，也不可能造就強勢產業。

任何時代，土地都是主要的社會財富，但是，社會財富的真正增加，歸根究柢還是要靠物質產出，也就是說，利用土地的方式必須有所改變。土地還是那片土地，只有採用不同的生產方式，才能帶來輝煌與繁榮。

工廠興起吸收部分農業人力，改良《濟貧法》提供窮人工作機會

真正支撐英國崛起的，是牧業背後工廠手工業的興起，這是一種嶄新的生產方式，可改變原先農業勞動力的生產方式。

既然是改變，當然會讓農業勞動者脫離土地。只有脫離繁重的體力勞動，才有可能繼續人類下一步的輝煌。

英國正是靠著這種資本積累的方式積蓄力量，讓國內的紡織產業一躍成為歐洲翹楚，號稱「衣被歐洲」。

因此可以這麼說，「**這場農業革命揭開了資產階級時代的曙光，開創了一個新時代**」。

圈地運動殘酷嗎？圈地者無良嗎？農奴悲慘嗎？

以上問題，答案皆為：是。

很多人被迫離開土地，轉入工廠做工，但資本家奴役勞工，讓很多人寧願流浪，也不願做工。

於是，經常有人援引一六〇一年的《濟貧法》（The Elizebeth Poor Law）；這部法律規定，健康流浪者被抓到三次，就要砍頭。

有人痛斥，這是王室和資產階級的無恥勾結，但其實大家常見的《濟貧法》，只是刪節版。

《濟貧法》確實是英國歷史上最嚴厲的濟貧法律，不過，這部法律提到的窮人分三類：一是沒有勞動能力的人；二是家庭規模過大，無力供養家庭的人；第三類人則是「有工作能力卻好逸惡勞的窮人」。嚴厲的條款是針對第三類人。

隨後，《濟貧法》又兩次被修正，「每個城市、自治鎮和集鎮的治安法官應為流民提供工作資訊，將窮人安排進紡織作坊工作」，死刑、監禁、烙耳等刑法被取消。

英國王室是最大的領主貴族，小領主也是王室存在的基礎。資產階級所嚮往的「平等、博愛、自

由」，等於是對抗英國王室所有的權威，在這種情況下，王室才不想和他們有所勾結呢。

歷史在很多時候充滿了偶然。亨利八世如果知道自己給後代子孫帶來什麼樣的麻煩，一定會後悔到把棺材啃穿。

君權不再神授，亨利八世倚靠國會樹立權威

英國宗教改革的另一個結果是，國會勢力居然在王權的支持下空前加強。

中國古代的農民起事時，一般都要弄一套把戲，什麼「大楚興，陳勝王」、「石人一隻眼，挑動黃河天下反」、「金刀玉璽」等，雖然毫無新意，卻屢試不爽。

西方人也一樣。國王喜歡「君權神授」，法蘭克王國的矮子丕平再厲害，也得經過教宗加冕，才能成為國王。但亨利八世不可能再沿著前輩的足跡走下去了，因為他已經和羅馬教廷分道揚鑣。當時，「至少有五分之四的教士反對國王」，更可怕的是，宗教改革初期，英國還有八〇%的臣民信仰天主教，大部分居民無法理解國王的做法。

沒有君權神授，亨利八世想到了國會。

既然上帝不讓我統治王國，但如果臣民願意，這事情也能湊合。就算國會不能代表廣大的英國人民，代表個把新興資產階級，問題還是不大的，「只要我的政令能到達富人，剩下的事情，讓富人去做吧！」

亨利八世在位期間，國會先後頒布三百多部法律，涵蓋社會生活的方方面面。**自此，國王依靠國會立法成為習慣，**加之貴族衰敗，國王、法官和國民開始服從法律、執行法律，**「服從法律」成為十六世紀英國政治生活的一個顯著特徵。**

「亨利八世需要國會，他只能小心翼翼地培植它」，因此，「這個王權強大的王朝，並沒有超過人民的限制」。

徵稅問題引發英國內戰

我曾經認為，國王要多少錢有多少錢，是一個國家最富有的人。實際情況是，查理一世沒有固定的稅賦收入，只能靠出租土地和貴族的捐贈維持生計。非但如此，英國王室在地方沒有派駐官吏，也沒有常備軍，每遇戰爭，就需要臨時召集傭兵。

亨利八世有一個女兒，叫做伊莉莎白一世，是一位不世出的女王，也是侍女王后安・博林留給英國最大的財富。可以說，伊莉莎白一世為英國崛起奉獻了整個人生：終生未婚，卻以婚姻作為籌碼，在列強中捭闔縱橫；以弱小國力對抗西班牙，終於擊潰了無敵艦隊……

總之，這位女王很偉大。但也因為這樣，讓王室欠下了一屁股債。

沒錢沒兵的國王，下令關閉限制他徵稅的國會

一六二五年，王位傳到都鐸家族的旁支斯圖亞特王朝（The House of Stuart）的查理一世（Charles I）手裡，彼時英國王室的財政已經千瘡百孔（請注意，不是國家財政）。

我曾經認為，國王要多少錢有多少錢，是一個國家最富有的人。實際情況是，查理一世沒有固定的稅賦收入，只能靠出租土地和貴族的捐贈維持生計。非但如此，英國王室在地方沒有派駐官吏，也沒有常備軍，每遇戰爭，就需要臨時召集傭兵。

剛才說過，英國王室始終要靠自己生存，要為國家戰爭及一切公共事務埋單。國王，可謂大公無私。

一般情況下，國王即位後就能得到終生徵收噸稅（Tonnage：進口酒類關稅）和磅稅（Poundage：羊毛

出口關稅）的權力，輪到查理一世時，國會卻僅給了他一年的徵稅權。

經過宗教改革，英國已經是一個徹底的新教國家，與法國等天主教國家之間始終有著錯綜複雜的戰爭，查理一世得獨立支付龐大的軍費。當國王不久，很窮的查理一世由此變得更窮，只得強行徵收噸稅和磅稅。

在此之前，國會對此往往睜一隻眼閉一隻眼，畢竟這種稅收已成定規，誰也不會太認真。但不知何故，一六二九年，國會突然宣布，繳納這兩種稅賦的人，尤其是商人，是叛徒。

國會，可謂很不厚道。

我為國家掏自己腰包，你在背後捅我一刀！

查理一世十分憤怒，下令關閉國會。

沒有國會的時候，雖然個把刁民控訴查理一世收稅不合法，查理倒也平安無事，能湊合著混下去。

但一六三九年，蘇格蘭因為英國主教強力干涉其宗教事務，爆發第一次主教戰爭（First Bishops' War），查理一世動用自己的私人部隊前往對抗，但雙方根本沒有交手，就協議簽約停戰，讓查理一世覺得顏面無光。為再次湊足召集軍隊的錢，查理一世不得不於一六四〇年重新召開國會，商討如何籌措軍費。

向來反對對外征戰、勞民傷財的國會，這回也不意外地拒絕了查理一世的提議，甚至通過兩百〇四款《大抗議書》（Grand Remonstrance），譴責他的濫用王權與任意妄為。

面對《大抗議書》，查理一世暴跳如雷。只是，後果一點也不嚴重。當國王帶著衛隊進入國會試圖逮捕《大抗議書》的起草者時，不但發現國會大廳早已空無一人，而且，國王一路上還被無數市民謾罵。

我為這個國家耗盡家財，現在強敵壓境，收點錢幫你們抵禦外侮，這樣做有什麼不對？

由於國王帶領衛隊衝入國會逮人的舉動聞所未聞，查理一世此舉引發了軒然大波，就連他的支持者都對他感到失望。於是國會迅速封鎖倫敦，查理一世在無計可施的情況下，於一六四二年一月十日被迫離開，前往北方的約克郡（Yorkshire）。八月，他在諾丁漢（Nottingham）升起王旗，聲稱要討伐叛國的國會。

查理一世不願與議會和平談判，最後兵敗被俘

對一位相信君權神授的國王來說，這些都在情理之中。不在情理之中的，是這位國王的融資方式。查理一世居然以兩百五十萬畝的蘇格蘭土地作為抵押，向全國人民借錢。要知道，此時的蘇格蘭和英格蘭根本就不是同個國家，更不是王室的私產，拿他國土地做抵押，您沒喝醉吧？

從此，國王走上了不歸路。

在查理一世徹底結束表演之前，他還會遇到兩個人。

我要說的第一個人，或許大家並不熟知。因為，很多時候，歷史只記得最後的成功者。

最初，查理一世要討伐的，並非人們熟知的奧利弗．克倫威爾（Oliver Cromwell），而是約翰．皮姆（John Pym）——《大抗議書》的起草者、國會下議院領袖。皮姆只是一位改革者，他只要求限制王權，希望用溫和的手段來制約國王。至於砍掉國王的腦袋，估計這位仁兄連想都不敢想。

> **君主之位可以加冕於人，但王位不是權力。**
>
> ——約翰．皮姆

查理一世＝無錢＝無人支持＝士兵甚至將領經常逃跑＝沒有固定的軍隊。

皮姆＝消費稅＋土地稅＝兩萬步兵＋四千騎兵。

後期即使在軍事上占優勢的條件下，皮姆仍舊希望查理一世重回談判桌，在和平的原則下解決問

題。直到一六四四年馬斯頓荒原會戰（Battle of Marston Moor）後，皮姆領導的下議院仍舊呼籲雙方解除武裝力量，「以便無偏無倚、無顧慮地談判」。

但是，查理一世拒絕了。他想到一個絕妙的法子：既然不能以蘇格蘭的土地做抵押，向本國百姓融資，那麼就以英格蘭的土地向蘇格蘭求援！

查理一世堅信，在蘇格蘭軍隊的支持下，他很快就能擊潰國會軍。

您還真敢想！英格蘭土地又不是王室的，還不是一張空頭支票。

反觀查理一世的對手皮姆卻很實在，每年支付蘇格蘭三萬英鎊，以此換得蘇格蘭不支持國王。看在錢的份上，雙方簽訂《神聖盟約》（Solemn League and Covenant），不僅切斷了查理一世的外援，也保證了決戰中國會軍不至於腹背受敵。

歷史證明，無論什麼時候，都是錢最好使。

如果皮姆能堅持到內戰結束，查理一世即使戰敗，也不可能人頭落地，英國也可能少走幾十年的彎路。遺憾的是，一六四三年十二月八日，皮姆逝世於倫敦。此時，查理一世第二位真正的敵人出現了，他就是克倫威爾。

從古至今、從東到西，曾經有無數人爭論：克倫威爾究竟代表誰？無產階級、資產階級、國會、農民？答：克倫威爾誰也不代表。

軍事強人的眼中，沒有規則。對他們來說，實力才是規則。自此，英國內戰徹底失去了控制，也失去了理性。

一六四七年，王軍徹底潰敗，查理一世亡命蘇格蘭。蘇格蘭人非常不夠意思，以四十萬英鎊的價格，把他賣給了克倫威爾所統帥的新模範軍（New Model Army）。

事後，查理一世戲謔自己：「我是被買進和賣出的。」

護國政府造成財政浩劫

無論怎麼審判，克倫威爾都知道，查理一世始終是英國國王。他只需逃離倫敦，隨便到一個鄉村，振臂一呼就能糾集一批效忠於王室的騎士。到那時，他才是一個真正的叛國者。國王，必須死。

國王與國會內戰，倒楣的不只是國王。

倒楣的還有國會。軍方力量不僅要消滅國王，而且要控制國會，因為暴力從來就不崇尚平等。戰爭勝利後，國會下議院要求軍隊分駐在全國各地，然後遣散。開什麼玩笑，老子拚命打下來的江山，想鳥盡弓藏？

軍事力量一旦長成，就很難在體制內約束，直至消滅。他們從暴力中成長，也只相信暴力。克倫威爾的回應是：率軍進入倫敦，驅逐了三分之二的議員，然後建立一個服從於軍隊的國會。

即使如此，這三分之一的剩餘議員仍舊和克倫威爾發生了激烈的衝突。在審判查理一世的問題上，終於擦槍走火了。

議會審判國王，查理一世終究走上斷頭臺

英國國會分為上議院和下議院，上議院代表貴族，下議院代表新興工商業者。上議院、下議院無論誰代表誰，無論哪個被視為保守派、哪個被視為主流，都只是政治圈裡的博弈者。

政治的運作，一定會有支持者與反對者。一個人的博弈注定是獨角戲，結果才是真的任意妄為、塗炭生靈。永遠不可能有一個人的正義。

此時，上議院是下議院唯一的反對者，也是克倫威爾最大的敵人。

反對我，就取締你的發言權。克倫威爾宣布：「人民是一切公正權力的源泉，人民選舉的代表擁有國家的最高權力，下議院宣布或制定的任何法案都具有法律效力，所有人都不得違背，即使這些法案沒有得到國王或上議院的批准。」

這段話，在另外一個場合是這麼說的：「我就可以代表人民了，只有我，才擁有最高的國家權力。我的話就是法律，所有人不得違背。至於國王和反對者，下地獄吧！」

克倫威爾又失算了，即使關閉上議院，審判國王的提案仍舊沒有通過。

一六四八年十二月六日，軍隊再次將下議院反對審判國王的議員趕出了議院，最後終於得到了他們想要的結果。

接下來的事情，不再是革命，而是鬧劇：在半數法官缺席的法庭上，得出了一個處死國王的判決，罪名是國王投靠蘇格蘭（雖然這事新模範軍自己也常做，而且更離譜）。

如果不讓我說話，別人還指望能有什麼公道？

——查理一世

這場審判最根本的理由是：克倫威爾需要國王的腦袋。

無論怎麼審判，克倫威爾都知道，查理一世始終是英國國王。他只需逃離倫敦，隨便到一個鄉村，振臂一呼就能召集一批效忠於王室的騎士。

到那時，他才是一個真正的叛國者。

國王，必須死。

一六四九年一月三十日，查理一世在白廳斷頭臺上留下了自己的遺言：「我希望在不久的將來，你們能夠寬恕將我送至此的那些人，因為他們的聲音並不屬於他們自己。同時，我也希望你們能夠繼續享受作為一個英國國民所能享受到的自由，但願這不是奢求。寬恕是君王的特權，現在——我將它留給了你們。」

護國政府貪汙腐敗，造成國家財政赤字

歷史上永遠沒有絕對的激進，也沒有絕對的保守，所有的對或錯都是某種程度上的對或錯。如果靠鮮血解決江湖紛爭，甚至動用暴力戰爭，民族將為之付出停滯甚至倒退的代價。魚死網破對大家都沒有好處，雙方都必須讓步；政治的精髓恰恰就是一種利益對另一種利益的妥協。

占盡一塊蛋糕的人，只能是中央專制；鮮血，只能澆灌暴君專制的渴望。查理一世的人頭換來的，就是這個結果：克倫威爾被軍方擁戴為護國主（Lord Protector），終生職，而且還世襲；國會則被軍官會議替代。

這位天才的草根梟雄絕非善男信女：血腥鎮壓劍橋等郡的群眾運動，屠殺平民派士兵；遠征愛爾蘭時在德羅赫達（Drogheda）屠城；殘存的下議院也被解散。當下議院議員高呼「自由」時，克倫威爾回答：「你們有呼吸的自由。」為什麼議會的首領克倫威爾比專制的代表查理一世還蠻橫？

因為，克倫威爾有的是錢，想怎麼對國民收稅，就怎麼收稅。查理一世絕對沒這個本事。**失去了最大的反對者，國會再也不能制約自己養大的這頭怪獸。**

長期征戰的負面影響無疑是財源短缺，因此必須展開橫徵暴斂的手段，加上護國政府實實在在是一個腐敗成風的政權——克倫威爾的親友幾乎把持所有重要部門。克倫威爾當政後期，國家財政再次瀕臨崩潰，一六五六年財政赤字為八十萬鎊，一六五七年達到一百五十萬鎊，一六五八年他臨死前，則成為兩百萬鎊。

這位天才的軍事領袖應對財政赤字的方法是貨幣減重。當時英國可是以金銀為貨幣，唯一的結果就是通貨膨脹：一六五八年小麥價格至少比一六五四年上漲一倍。

強人政治有一個致命的弱點：失去強人後必然變成一盤散沙，因為，強人不允許另一個強人存

在，所以不會有人可以瞬間去填補權力的真空。

一六五八年克倫威爾去世，他兒子根本駕馭不了老爹手下的軍隊；軍官組成了「安全委員會」，驅逐這位護國主二世，準備實行軍政統治。

如果順著這個路徑走下去，英國軍隊會互相ＰＫ，勝者將重新統治英國，英國將走入一個歷史循環的迴圈。

所幸，不是。英國議會的軍隊不是常備軍，而是傭兵。使傭兵服從命令的前提是，給錢。在英國走到十字路口的時候，數百年來積蓄的商人力量終於爆發了。手段很簡單，拒絕貸款給軍官。不給錢，士兵就會走人。高級軍官走投無路後，走上了查理一世的老路：重開國會討論徵稅。國會不可能允許軍人獲得穩定的收入。沒有金錢的軍隊，如同沒有血液的怪獸，終於拜倒於商人腳下。

一六六〇年，議會討論的結果是：斯圖亞特王朝復辟。

南海公司的興起與泡沫化

這是一場徹頭徹尾的騙局！但南海公司的這種做法並不違法。他們的資產居然是合法的！只要有證券市場存在，就會有各種各樣的故事，只是故事的主角不斷變換。故事本身沒有錯誤，那何嘗不是人類的夢想？

南海公司（South Sea Company），誕生在一個充滿創新的時代，這個時代天翻地覆、英雄輩出，今天，我們稱呼它為「工業革命」。

現在，我列出一個簡短的名單，他們全部屬於那個年代的英國人：

物理學奠基者、高等數學奠基者牛頓（Isaac Newton）。

經濟學奠基者、《國富論》（The Wealth of Nations）作者亞當・斯密（Adam Smith）。

蒸汽機改良者瓦特（James Watt）。

正是有了他們，人類才會有高等數學、理論物理、化學、西醫和近代工業，才會有現代文明。

南海公司以美好的願景吸引大批投資者認購股票

南海公司則與眾不同；它是創新的，更是謠言。

西元一七一一年，國會在時任英國財務大臣的羅伯特・哈利（Robert Harley）的倡議下，立法成立南海公司[65]。南海就是今天的祕魯和墨西哥灣。南海公司以承擔王室六十萬英鎊的債務作為報答，藉以獲得南海貿易的壟斷權，英國政府則賦予該公司酒、醋、印度貨、繅絲、菸草、鯨鰭的永久免稅權。而且，成立之初，南海公司已經取得了西班牙王室在南大西洋領域的貿易專營權。

南海，人盡皆知，蘊藏著數不盡的金銀（假的），而且西班牙也已承諾放棄當地四個港口的徵稅權（這也是假的）。

經理英國國庫，具有英國、西班牙兩個國家的貿易專營權！

這些概念絲毫不遜於今天的大盤藍籌[66]、國營事業壟斷。在某種程度上，南海公司可說是當時英國的中央銀行——它可是接手王室債務的公司，相當於中央銀行上市了！

投資者沒信心，腦袋秀逗了嗎？

實際情況是，英國商船要向西班牙繳納二五%的利潤，其餘七五%加徵五%的稅。唯一免稅的商品是奴隸，但只能運往墨西哥、祕魯或智利。

西元一七二〇年一月，英國國會開始討論如何償還國債，共涉及三千萬英鎊。此時，南海公司為了獨自承攬國債，提出了非常優惠的條件：國債利率降為四%。當最強大的對手英格蘭銀行放棄國債競標時，倫敦亢奮了：僅一天時間，南海公司股價就從一百三十鎊上升到三百鎊。

讓一個公司承擔所有的國債，弄不好可是會出事的。議院用了兩個月的時間討論是否接受南海公司的提案。這兩個月向大家說明了一個道理：證券市場的故事，只有更離譜，沒有最離譜。

羅伯特對南海公司的董事們說：

西班牙將允許南海公司在其所有的殖民地裡自由貿易；南海的豐富礦藏將使英國的金銀與土同價；墨西哥準備把全部的金礦用來購買英國的棉花和羊毛，而南海公司將承攬所有相關貿易；南海公司可以不向任何外國政府繳納關稅……

以上種種，都是假的。

四月七日，議會通過法案，確定南海公司為政府國債的唯一承銷商。五天後，也就是十二號，南海公司董事會按照三倍的溢價，增發一百萬股，並允許投資者以分期付款的方式購買。

當日，認購價在黑市就翻了一倍。

接著，董事會又以四倍溢價發行了第二個一百萬股，幾小時之內被認購一空。

一七二〇年一月一日，倫敦的股價指數只有一百九十點，到七月份突破七百五十點，半年之內翻了三番。

65成立「南海公司」（South Sea Company）這個發想，據說始於英國作家丹尼爾．笛福（Daniel Defoe）與愛德華．哈利（Edward Harley）的構想，即讓政府向某些企業授予權力壟斷某地區的貿易，然後再從中獲取部分利潤，好償還因參與西班牙王位繼承戰爭而欠下的大筆債務。後來這個構思引起愛德華．哈利的兄長、財務大臣羅伯特．哈利的興趣，最後付諸實行。它表面上是一間專營英國與南美洲等地貿易的特許公司，但實際上是一所協助政府融資的私人機構，分擔政府因戰爭而欠下的債務。

66藍籌，指的是「藍籌股」（blue chip），也就是所謂的「績優股」。大盤藍籌是指該上市公司在市場中有一定壟斷性的市場潛力，有較好的盈利能力，且有一定的市場前景，甚至能左右該所屬行業在股市中的波動。

股市狂飆之下，出現許多空殼公司，《泡沫法案》應運而生

推動倫敦市場指數狂飆的，除了南海公司之外，還有許多肖想藉這股熱潮，從中海撈一筆的空殼公司。它們有的說能改變孩子的命運，有的說能從水銀中提取銀……有一家居然叫做「經營和承攬巨大好處，但沒人知道它是什麼的公司」！

驚訝嗎？**連雷電都能從天上弄到地下，還有什麼做不成的？**

有意思的是，南海公司想打破這些泡沫。跟那些空殼公司相比，畢竟南海公司還算有理想，儘管是大騙子的理想。

南海公司將這些空殼公司送上了法庭，罪名是「未經許可，擅自發行股票」。法院判決南海公司勝訴，並由此炮製了《泡沫法案》（Bubble Act）。

一七二〇年七月十二日，英國政府宣布禁止一百〇四家公司的股票交易，任何敢於交易這些公司股票的經紀人，都將被處以五百英鎊的罰款。

很多人說：在市場狂瀉中，南海公司倒閉了。

這事，沒有。市場狂瀉的過程中，南海公司依然健在，而且股價堅挺。

只是，在低迷的市場裡，別說神話，真實的願景都未必能激起投資者的投資意願與熱忱。此時，覆巢之下，安有完卵？南海公司這些玫瑰般的財富神話是真的嗎？儘管股票市值沒有下跌，卻一反高速飆升的勢頭，開始高位震盪。

人們會懷疑一切！

久盤必跌。

九月份剛剛開始的第一週，南海公司的股價始終在七百英鎊徘徊，距離高位八百九十英鎊已經跌了二二%。儘管南海公司的董事會出面回購，但仍舊沒有止住跌勢。

一週過去了……

九月八日，南海公司召集公司全體會議，董事會宣稱南海公司是國家的英雄，是他們讓官員、教士、農民乃至全體國民獲得巨大的財富，投資者永遠不會忘記他們！

最後，會議決定不惜一切代價，把股價穩定在七百英鎊！

沒有人會聽你的。

當日，股價跌至六百四十鎊，次日又跌到五百四十鎊，此後連續下跌到四百鎊。

確實不會忘記他們。你是投資者心中永遠的痛！

市場信心的角力戰，英格蘭銀行讓南海公司徹底崩盤

九月十二日，南海公司走了一著錯棋——向英格蘭銀行（Bank of England）求助。南海公司董事們的原意是借助英格蘭銀行的聲譽，挽回市場跌勢，至於英格蘭銀行是否注資，完全是另外一個問題。只要投資者不再潮水般地拋售手中的股票，他們就有能力穩定股價（最後，你才會發現，他們是如何獲得這種能力的）。

江湖上開始流傳一則小道消息：英格蘭銀行決定注資六百萬英鎊予南海公司。

當日，南海公司的股價應聲而起，反彈至六百七十鎊。不過，董事們僅高興了幾個小時。

南海公司是英格蘭銀行在國債承銷中最大的競爭對手，英格蘭銀行正虎視眈眈盯著南海公司的國債承銷權呢。救助你，別鬧了。

當天下午，英格蘭銀行發表聲明，明白表示自己不會救助南海公司。南海公司的股價馬上又回落到五百八十鎊，次日再落至五百七十鎊，隨後一路滑向四百鎊。

英格蘭銀行認為，僅有聲明是不夠的：必須以其人之道，還治其人之身。於是他們做了一件更陰險的事情。

九月二十二日，英格蘭銀行聲稱自己將以市場價的一五%回收南海公司發行的債券；接著，九月二十八日，英格蘭銀行聲稱自己已經無法按協議價格收購。

按一五%收購，連英格蘭銀行都支付不起，南海公司還有什麼希望？

九月二十九日，南海公司崩潰了，股價災難性地跌破一百二十英鎊。

其實，**英格蘭銀行的糊弄與南海公司的董事們異曲同工，一個在呼喚市場信心，一個在擊潰市場信心**。如今英格蘭銀行勝利了，包括政府在內的所有人都認為，南海公司破產已是遲早的事。

最精采的事情終於發生了！

英國政府擔心泡沫會引發經濟崩潰，開始調查南海公司真實的經營狀況。實際情況震驚了所有人：南海公司對泡沫崩潰早有預見，所以從一開始就要求分期付款購買公司股票的人，必須提供一定價值的其他證券或不動產做抵押。

一七二〇年底，當泡沫徹底破滅時，公司總淨值仍為三千七百八十萬英鎊，董事會成員的總資產更高達兩千四百〇一萬英鎊！

太離譜了，這是一場徹頭徹尾的騙局！

更可恨的是，理論上，南海公司的這種做法並不違法。他們的資產居然是合法的！

只要有證券市場存在，就會有各種各樣的故事，只是故事的主角不斷變換。故事本身沒有錯誤，那何嘗不是人類的夢想？

比講故事來吸引投資更可怕的是不公平的競爭，以及有人利用權力牟利。《泡沫法案》執行之前，一些政府高官參與了股票交易。他們清楚即將執行的法案，因此在法案執行前，賣光了股票。

南海泡沫後，英國政府嚴懲了這些人。

證券市場的靈魂是「公開、公平、公正」，股份制是在人類文明基礎上誕生的現代經濟制度，至今沒有任何一種組織的架構能比它顯現出更強的生命力。如果失去了「公開、公平、公正」，非但證券市場，連股份制公司都不可能存在。既然有內幕消息，投資者就永遠無法戰勝內線交易者，因為內線交易者會站在一個不公平的起點，與一般投資者競爭。所以從那個時候起，禁止內部人員交易，就成為證券市場的慣例，因為，這會毀掉股份制的靈魂。

> 我能計算出天體的運行軌跡，卻難以預料到人們如此瘋狂。
>
> ——牛頓（非著名金融學家、偉大的牛頓先生賠了五萬英鎊）

王室的救兵：英格蘭銀行

在一系列政治經濟事件中，英格蘭銀行始終起著穩定金融市場的作用，雖然這些工作讓它著實賠了很多錢。倒不是英格蘭銀行有大無畏的精神，主要是每次王室都要求它出面，並許以豐厚的報酬。

南海泡沫中最拉風的當屬英格蘭銀行。這家銀行成立於一六九四年，後來成為世界上第一家股份制銀行。不過，始建時期英格蘭銀行遠沒有這樣舉足輕重的地位，它始創期間，英國正跟法國對打，而且已經打了六年，什麼時候打完，大概只有上帝才知道。

英格蘭銀行剛成立，就貸款二十萬英鎊給王室以支持其軍事行動，並期望戰勝後的回報。此後的日子，英格蘭銀行致力於重整王室債務。

然而，它並不是當時王室唯一的借款銀行，英屬東印度公司、劍刃銀行（Sword Blade Bank）等，都可以承擔此一職能。

雖然它們同時支撐英國的軍費，但彼此之間也是有競爭的——這句話不全對，因為英格蘭銀行此時根本無法與英屬東印度公司競爭。

英屬東印度公司的擠兌與王室貸款特許權的競爭，讓英格蘭銀行幾乎被擊潰

英屬東印度公司率先出招。

西元一七〇七年，英屬東印度公司集中了一批貨物，在大不列顛群島本土大量換取英國鑄幣和英格蘭銀行所發行的銀行券，很快地，他們集中了三分之一的英國鑄幣。

英格蘭銀行對此一無所知。

一七〇七年八月的某一天，英屬東印度公司的人員突然持三十萬英鎊的銀行券，向英格蘭銀行提取鑄幣。英格蘭銀行當時就被打糊塗了，擠兌由此發生。

所幸，英格蘭銀行運氣好，因為它有三位股東，分別是英國女王安妮（Anne of Great Britain）、薩默賽特公爵（Duke of Somerset）和紐卡斯爾公爵（Duke of Newcastle）。三位股東明白，這件事，是英屬東印度公司在背後搞鬼；都是為自己服務，總不能最後就剩英屬東印度公司吧。三位王室成員於是向英格蘭銀行提供了自己手頭上的所有鑄幣（包括四處收集來的），同時，嚴令英屬東印度公司不得提取這三十萬英鎊的鑄幣。

英格蘭銀行僥倖過關。

下一個問題，是王室貸款特許權的期限。

王室貸款特許權是有期限的，每一個期限結束前，王室會重新拍賣，而競拍銀行付出的代價，往往是以低於市場利率的價格，向王室提供大量且長期的貸款。

在特許權市場中，英格蘭銀行遇到了另一個重量級選手——劍刃銀行。打個比方，若英格蘭銀行是現在的美國州立銀行，那劍刃銀行就是當時的花旗集團。

劍刃銀行是一家以經營貸款、公眾存款、發行銀行券為主要業務的銀行，集中了當時所有最賺錢的金融業務。它的所有者約翰·布倫特後來熱中於一個金融遊戲：投資南海公司的股票，直至成為南海公司的大股東。

一七一一年，劍刃銀行在特許權競爭中擊敗了英格蘭銀行，很多人都認為，英格蘭銀行將從此淪落為二流銀行，其股價也在倫敦證券市場一落千丈。

英格蘭銀行壟斷鄉村銀行的業務，成為英國真正的銀行龍頭

如果沒有南海泡沫的話，英格蘭銀行遲早會被劍刃銀行併吞，或者在歷史長河中自生自滅，沒有人會記得它曾經存在。

一七二〇年發生南海泡沫，身為大股東，劍刃銀行受到了極大的影響。更不厚道的是，英格蘭銀行不僅收購南海公司的債券，同時還收集劍刃銀行發行的銀行券，然後找人去擠兌劍刃銀行。當王室要求挽救劍刃銀行時，英格蘭銀行宣稱，自己已經為南海公司的債券，支付了四百萬英鎊。

一七二〇年九月，在南海泡沫的高潮中，劍刃銀行倒閉了。事後，英格蘭銀行收購南海公司，奪回了國債承銷權，確立其在倫敦銀行業的霸主地位。

是的，只是倫敦銀行業的霸主，不是英國銀行業。

英格蘭銀行所發行的銀行券只能在倫敦市區裡流通，至於廣袤的鄉村，大家還不太清楚它是什麼。鄉村有自己的草根金融體系，史籍稱呼這些機構為「鄉村銀行」。

鄉村銀行由金銀匠轉換而來；很多人找金銀匠做首飾，從他們手中拿到取貨單。後來，人們把金銀存放在金銀匠那裡，金銀匠則開立存款證明，於是金銀匠鋪變成鄉村銀行，主要業務是替本地人匯款，以及向倫敦繳稅。

無疑地，他們需要簽發匯票，雖然數額不大。

英格蘭銀行的目的很明確，即希望自己能在全國拓展營業據點，鄉村銀行進城提供了一個良機。一七二五年，英格蘭銀行壟斷了鄉村銀行的票據清算。此時，全國的鄉村銀行經營已經完全受制於英格蘭銀行。而後，鄉村銀行的儲備也被明令儲存於英格蘭銀行。

十八世紀下半葉，英國金融史上有很多壞事發生，比如與北美殖民地ＰＫ，比如七〇年代的鄉村銀行破產……

在一連串政治經濟事件中，英格蘭銀行始終具有穩定金融市場的作用，雖然這些工作讓它著實賠了很多錢。倒不是英格蘭銀行有大無畏的精神，主要是每次王室都要求它出面，並許以豐厚的報酬。

此時，有人把英格蘭銀行譽為「王室手中的最後一張王牌」。

第六章

太陽王的國度

金融淪為皇室斂財工具

宗教改革為法國帶來強勢的王權，然而，強勢王權卻扶持了一個金融怪才——約翰·勞，一位毀譽參半的偉人，一位真正的當代經濟學大廈奠基者。在約翰·勞這位賭王、殺人犯、越獄犯和詐欺犯的悉心指導下，法國金融乃至經濟體系終於崩潰，於是，迎來了轟轟烈烈的大革命。但貧窮的法國革命黨沒有任何收入來源。是窮困毀掉了法國大革命嗎？

太陽王斂財建立絕對君主制

路易十四的失敗之處，並不在於攢了多少錢，甚至不在於發動了多少戰爭。路易十四最失敗的地方，恰恰是他自認為最成功的地方：王室成為國內一枝獨秀的政治勢力。

有時候，同一個歷史事件會給兩個國家帶來截然不同的後果。宗教改革給英國帶來了君主立憲，卻給法國帶來了無窮的災難。

法國宗教改革演化為一場內亂——「胡格諾戰爭」（Guerres de religion，又稱「法國宗教戰爭」）。當時，法國路德教派（Lutheranism）、喀爾文教派（Calivinisme）、胡格諾教派（Huguenot）、天主教都不具備壓倒性的優勢，各派之間道袍變鎧甲、文鬥變武鬥，社會秩序已蕩然無存。鑑於臣民經常鬧事，也因為臣民經常鬧事，法國王室建立了歐洲大陸獨一無二的專制體系。這句話，肯定有人覺得重複，「鑑於」和「因為」有區別嗎？

答：有。

臣民經常鬧事，國王覺得很煩，遂決定建立專制政權，所以用「鑑於」二字；臣民經常鬧事，大家都希望混亂快點結束，於是呼喚強權出來幫他們達成此一願望，所以用「因為」二字。這個專制體系是歐洲當時獨一無二的官僚體系——王室派駐監察官至全國各地，統管各省司法和財政大權。

鎖國、大興工業、搶奪殖民地，以斂取財富

西元一六四三年，當王位傳到路易十四（Louis XIV）的手中時，法國已經形成了絕對君權，路易十四即赫赫有名的「太陽王」（le Roi Soleil）。

這位「太陽王」在位七十二年，至今歐洲各國王室無人能打破此紀錄。前期「太陽王」興辦工商，後期則窮兵黷武，是一位毀譽參半的君主。

前期，之所以能勵精圖治，是因為絕對專制的「太陽王」不能為所欲為。**地緣競爭實在是太激烈了，除了荷蘭、西班牙，就連後起之秀英國也儼然站在這個歐洲民族國家始祖的頭上**。太陽王要想讓陽光照耀不衰，必須比這些國家更有錢。

路易十四的思路是，只要金銀多，國家就會富強，只要有錢，就什麼都有。因此他的賺錢方法有三個：

先說第一個，閉關鎖國。

這個方法毫無新意。從古至今，閉關鎖國不過就那麼幾條：提高關稅、設置貿易壁壘。中國的清朝政府就執行閉關鎖國政策，而且被罵了一百多年。

其實，閉關鎖國並非一無是處，究竟是對是錯，要看誰來說、怎麼說。

經濟學，確切地說是西方經濟學告訴我們，國際貿易中各國要發揮自己的比較優勢[67]，唯有這樣，才能提高全世界人民的福祉。比如，當時的法國應該進口紡織品，現在的中國應該進口電腦晶片。

所以，不能閉關鎖國。

成本比你高，是因為起步比你晚，只有不斷嘗試，落後國家才可能產生質變。按照現有的國際貿易邏輯，你是主角，我是配角，落後國家在高科技產業上將永遠沒有比較優勢。

67比較優勢（Comparative advantage），稱「比較利益」或「相對優勢」，是經濟學的概念，源於亞當·斯密的絕對優勢理論。它解釋了為何在一方擁有較另一方低的機會成本的優勢下生產，貿易對雙方都有利。「比較優勢」又可分為靜態比較優勢和動態比較優勢。當一方（可以是一個人、一間公司或一個國家）進行一項生產時所付出的機會成本比另一方低，就擁有進行該項生產的比較優勢。

那我就永遠是配角了。

我沒當過主角，你怎麼知道我當不了主角？

還有一句也很適用：廢話，誰不想當主角啊。

要想成為主角，第一件事，就是要把國外商品拒之門外，發展自己的生產體系。所以，閉關鎖國，很多情況下並沒有錯，關鍵是閉關鎖國之後的事情。如果閉關鎖國之後，沒有「一心一意謀發展」，而是大家關起門來過日子，那是絕對不行的。

第二個方法：模仿其他國家的工業體系。

一六六二至一六六三年間，路易十四建立了大批「王家工廠」，仿製威尼斯鏡子、英國紡織品、荷蘭呢絨，甚至神聖羅馬帝國的銅器。為降低「王家工廠」的成本，路易十四又取消了國內關卡，並興修運河。

當時的法國，南部城鎮剛剛併入版圖，地方經濟甚至貴族受王權的影響很小，而且，這裡本來就是傳統的歐洲大陸商路。非但如此，他們還挖走國王底下那些熟練的工人，哄騙國王提供財政支援：十幾年裡，王室共補助紡織業花邊生產五百五十萬里弗爾（Livre）[68]、尼織兩百萬里弗爾……

結果：一六六三年王室赤字高達三千五百萬里弗爾，不得不靠發行國債度日。

第三個方法：搶奪殖民地。

英國、荷蘭甚至西班牙殖民者都是個體戶，最多打著國王的名義招募個把人。法國一出手就是正規軍。十七世紀中葉以後，法軍先後占領了西印度群島和加拿大的大片土地，之後又相繼侵占非洲阿爾及利亞和突尼斯。

遺憾的是，法國的海外殖民地地盤雖大，卻只重貿易，不重生產。也就是說，法國對殖民地完全是一種掠奪式的開發，尤其是非洲殖民地，基本上並未建立完整的生產體系，由此，給本土帶來的利益，或多或少低於其他國家。

如此三個方法，也為法國城市創造一個較好的發展空間：國內商路關卡減少、引進新技術、獲得財政支持、殖民地帶來了大量的金銀和奴隸……這些，無一不昭示著法國可能沿著一條與英國截然不同的路徑走向強國。

王權凌駕議會，中央的黑手深入各地

歷史雖然是無數偶然事件的堆積，但每一個偶然事件又絕非偶然，或早、或遲，該發生的，一定會發生。

惡花，是絕對不可能結出善果來，專制王權就是如此。

一旦國家實力增強，地緣競爭就會減弱，王權的限制便會跟著鬆動。況且專制政體下，王權的強弱並不完全決定於國家的經濟實力，因為，專制王權可以集中國內的一切力量。

路易十四在各地派駐督辦官，專職收稅，例如「富人稅」、「入市稅」、「核准金」，等等。總之，就一條，要錢；想徵多少，就徵多少。

法國議會不能制約王權嗎？英國國會不是很有權力嗎？

英國國會之所以有權力，是因為國會必須有權力；法國議會之所以無權，是因為它必須無權。在英國，有國會，國王處處掣肘；沒國會，國王連一天都混不下去。英國沒有官僚體系，國王要想統治全國，必須依靠議會的貴族和富人召集鄉眾、徵集稅收、貫徹政令。

路易十四不同。法國有當時歐洲最龐大的官僚體系：委員會、地方總督、包稅人[69]……這些人有

68 里弗爾（Livre），法國古代貨幣單位名稱之一，又譯作「鋰」、「法鎊」。一七九五年前，法國都是使用此貨幣單位。

69 所謂的「包稅人」（publicanus），是指中央並不出面向百姓收取各類賦稅，而是委由某些特定人士代辦，這些代表政府向百姓收稅的人，統稱「包稅人」。「包稅人」在收稅前，會先與中央協議一個金額，並繳交該金額予中央，然後再去收稅，從中賺取價差。至於他們實際收多少稅，國家是不管的。

一個共同的特徵，即權力源自王權。

權力只對來源負責。

這是一個與英國截然不同的統治體系，所以，路易十四可以在歐洲很自豪地說，只有法國國王有權直接向全國徵稅。

路易十四之前，各城鎮都有城市憲章，城市獨立享有財政收入，監督權在市議會手中。為抵抗王權侵蝕，各市一般都使用傭兵或者民兵對抗暴力，一旦國王對城市的稅收要求過高，就會激起市民反叛。

路易十四終於把城市全都收服了，就連貴族領導的規模浩大的「投石黨亂」[70]也被鎮壓。城市領導權被代表王權的督辦官篡奪，敢於抗稅者將被處以流放、苦役、絞刑、斬首甚至是車裂。

賣官歪風毀壞官僚體系，扼殺人民的創造力

集權給路易十四帶來大量的財富，他迅速建立了一支可以抗衡歐洲強國的軍隊。**有了錢，路易十四就不把自己當人，覺得自己是神了。**

有錢後的路易十四成為一個戰爭狂人，弄得法國邊境無一處不起戰火。最終，幾乎所有的歐洲國家都成為法國的敵人：英國、荷蘭、西班牙、北歐國家，甚至羅馬教廷。

當然，結果是不斷敗北，國內稅收很快就不能支撐王室巨額的開支。約從一六九〇年開始，法國王室的財政幾乎年年有巨額虧損，路易十四必須另謀其他資金來源。

他拿出賺錢的絕招：賣官。

賣官這事兒，不是路易十四發明的，無論中國還是西歐，大家都曾做過，只是要做到路易十四這個地步，還確實古今少見。

路易十四當政後期，幾乎無官不賣，估計每年從賣官生意中弄到七千萬里弗爾，約占王室收入的

五〇%。自此，直到一七八九年法國大革命爆發，賣官制在法國始終暢行不衰，成為歐洲乃至世界上的一大奇觀。

路易十四的失敗之處，並不在於收了多少錢，甚至不在於發動了多少戰爭。路易十四最失敗的地方，恰恰是他自認為最成功的地方：王室成為國內一枝獨秀的政治勢力。

這樣的王室，等於始終宣揚這樣一種邏輯：**只有官員，在這個國家才是最神聖的，才是真正的社會主人**。官僚體制中，國王的喜怒哀樂可以決定大臣的榮辱升遷，大臣又決定下級……以此類推，可以延伸到整個社會。

所以，只有、也只要進入官僚體制，就能獲得資源，何必勞神創造新的財富？只有無權無勢、無根無由的人才含辛茹苦，即使如此，也永遠不可能融入所謂的「主流」。除了國王之外的所有人，都只能以幻想超脫現實，最後人們變得懶散、空想，幻想一夜成名。

對一個成長期的大國，這是致命的傷痕。當所有人都把命運寄託在一個人身上時，國民的命運也就必然得失急驟、生死無常。

沒有人喜歡風險，西方人也一樣。

此時的法國人，寧可投資於穩定的農業、政府債券甚至買官，也不願在商海中沉浮。在國內，部分先富起來的人總是去農村購買一片土地；小農破產後，不像英國人一樣賣掉土地進城，而是以土地做抵押，借高利貸維持農業經營。

70「投石黨亂」（Fronde），於一六四八至一六五三年爆發的法國內戰，主因在於法國貴族和巴黎的群眾反對攝政王馬薩林樞機主教的一連串高壓政策（路易十四五歲登基，但實際掌權的是馬薩林樞機主教，一直到路易十四二十四歲，馬薩林病逝後，才親掌政權）。之所以稱「投石黨」，是因為當時馬薩林及其支持者遭巴黎暴民以投石器發射石塊破壞窗戶，因此命名。投石黨亂共可粗分成兩次戰役，兩次都導致尚未成年的路易十四倉皇逃離巴黎避難，也因此讓他對巴黎有了負面印象，日後產生遷居凡爾賽宮的計畫，並暗自下定決心，將來絕不允許這類暴亂事件發生（促使絕對君主制的產生）。

以上種種，下至個人，上自國家，也就只能以借貸進行資本輸出。

路易十四執政後期，這種趨勢已無法遏止，當英國內戰引發的資產階級革命如火如荼地進行時，法國卻不斷對外輸出資本，刺激歐洲其他國家的工業發展；反觀國內生產體系，卻幾十年如一日。一七一五年路易十四去世，戰爭停止，法國要賠償其他國家二十五億里弗爾的巨債：才是這位鐵腕法王的真實面目。

王權如同幾何學上的原點，永遠不可分割，朕即國家。

——路易十四

約翰．勞的獨家煉金術

很多人認為，約翰．勞是一個徹頭徹尾的騙子。實際上，他的確是一個騙子。只是，這個騙子有點特殊：欺騙了法國，造福了人類。

西元一七一六年，法國王室的年收入約是〇．七億里弗爾，支出是二．三億里弗爾，大部分的錢都用來替「太陽王」擦屁股了。繼承王位的路易十五（Louis XV）年僅五歲，真正的統治者是攝政王奧爾良公爵腓力二世（Philippe II, Duke of Orléans）。

攝政王酷愛經濟學、數學和哲學，多才多藝，風流倜儻……補充一點，此人在治國方面是純粹的廢物。他提出的方法無非是追查失職的財政官、廢除一些行政職務——貌似激進，其實無非是一套看似暴風驟雨的王八拳。

不過，奧爾良公爵腓力二世對法國王室還是有貢獻的，因為，他有一個賭友，叫做約翰·勞（John Law）。公爵起用約翰·勞為法國的財政大臣，終結了法國王室的爛帳，卻也給法國帶來了無窮的災難。

他使法蘭西破產。

——約翰·勞的墓誌銘

被熊彼德、凱因斯推崇的傳奇經濟學家

很多人認為，約翰·勞是一個徹頭徹尾的騙子。實際上，他的確是一個騙子。只是，這個騙子有點特殊：欺騙了法國，貢獻了人類。

在世界史、法國史、經濟學史和金融史上，約翰·勞都是濃墨重彩的人物，絕對不可忽略。可以這樣印約翰·勞的人生名片：**偉大的經濟學家、法國財政大臣、法蘭西銀行創始人；賭王、殺人犯、越獄犯和詐騙犯。**

約翰·勞出身於蘇格蘭愛丁堡一個銀行世家，青年時代接受過良好的政治、經濟學教育。關於他的生平，有資料說明，他年輕時具有超強的數學天賦，不過，這種天賦被他用到了賭桌上。

雖然他曾貴為法國財政大臣，學術思想獨樹一幟，但絕對不是年輕人的楷模。

西元一六九四年，約翰·勞不但去調戲別人的女朋友，事後還殺掉了人家的男朋友，因此被判終生監禁。

美國影集「越獄風雲」（Prison Break）中的主人公麥可·史考菲（Michael Scofield）很厲害，約翰·勞則是真實版的麥可·史考菲。他很有辦法，雖然具體辦法不清楚，反正最後成功越獄。此後，在英國、荷蘭、德國、匈牙利、義大利和法國流竄了十四年。

流竄的過程很幸福。賭場是他賺錢的最佳途徑，所以，絕無阮囊羞澀之虞。如果僅此而已，約翰．勞大概最多是歷史長河中的一個泡沫，沒有人會記得這位賭王。與其他賭徒不一樣的是，賭博之餘，這位賭王還經常思考貨幣金融問題。更可貴（可悲）的是，成名之後，他在賭場上結交了很多達官貴人，然後不斷向各國王室灌輸自己的金融理想。

沒人搭理他。

一七〇五年，約翰．勞動極思靜，流竄回蘇格蘭，專職寫作，出版《論貨幣和貿易——兼向國家供應貨幣的建議》（Money and Trade Consider’d with a Proposal for Supplying the Nation with Money）——一部劃時代的經濟學巨著。

這本書的主要觀點如下：**當經濟蕭條時，增加貨幣供給不會提高物價，反而會增加產出；沒有金銀，可以發行紙幣；政府應當設立擁有貨幣發行權的銀行，提供足夠的信貸和通貨來保證經濟繁榮。**

一九一九年，經濟學家熊彼德（Joseph Schumpeter）看完《論貨幣和貿易》之後掩卷長歎：「約翰．勞的金融理論，足以使他在任何時候都躋身於一流貨幣經濟學家之列。」

此書出版之後三百多年，不斷有人複述他的學術思想，有個最著名的粉絲，叫做約翰．凱因斯（John Keynes），被譽為「當代經濟學之父」。凱因斯寫了本複述約翰．勞思想的書，叫做《就業、利息與貨幣的一般理論》（The General Theory of Employment, Interest, and Money），可說是當代經濟學大廈的奠基之作。兩本「理論」的命運不同，不過是因為約翰．勞和凱因斯遇到了不同的時代背景。

凱因斯，比較幸運而已。

法國攝政王奧爾良公爵腓力二世也看到了這本書，看完之後也是拍案叫絕。路易十四死後，公爵正為一堆爛帳愁得要死——既然自己可以創造錢幣，又何必為缺少金銀發愁？順便想到自己還是約翰．勞的賭友，於是，對約翰．勞伸出了橄欖枝。

約翰・勞終於得到了機會。

成立銀行發行全國通行的紙幣，開公司獨占海外貿易

一七一六年五月五日，法國政府特許約翰・勞在巴黎成立通用銀行（Banque Genarale）——法國第一家私人銀行。王室授予通用銀行特許貨幣的發行權，紙幣可以兌換硬幣，也可以用來繳納賦稅。在此之前，為因應財政危機，攝政王經常擅自削減金幣的含金量，弄得金幣幾乎變成了銅幣。但通用銀行的紙幣，卻可以足額兌換金銀。

由此，紙幣獲得了良好的信譽，也刺激了流通率，法國商業開始復甦。人們對賭王的信任甚至超越攝政王。一七一六年底，一單位的通用銀行紙幣可兌換一・二單位的國債。

當年，約翰・勞同意每年向法國王室支付五千三百萬里弗爾，交換條件是，法國的稅收由他來包辦。如果法國稅收少於五千三百萬里弗爾，由約翰・勞補齊，反之，則歸他本人所有。由此他成為全法國真正的包稅人。

約翰・勞並不想透過稅收賺錢——從印刷紙幣中獲得的收益，當然要遠遠超過稅收。所以，這位包稅人與以往不同，他沒有提高稅收額度，而且裁撤了大量稅官，取消了皇室貴族的免稅待遇。

公平地說，約翰・勞的方法在最初幾年確實為法國帶來了好處；通用銀行經營良好，緩解了王室的財政困境，也為工商業發展創造了一個相對平穩的稅收環境。

然而，紙幣需要黃金作為儲備，通用銀行不能無限制地發行紙幣。約翰・勞還是不能完全貫徹自己的金融理想：在無儲備的情況下增發紙幣，而紙幣又刺激經濟增長，那才是他理想中的天國。

但，黃金在哪裡？

一七一七年，約翰・勞雄心勃勃地向攝政王提出「密西西比計畫」，要開發密西西比[71]。據說，那是一片遍地是黃金的土地；據說，那裡用小刀和鏡子就能從原住民手裡換來寶石……

八月，密西西比公司（Mississippi Company）成立，公司獲得密西西比河流域的法國貿易特許權、加拿大皮貨貿易的壟斷權，公司每股售價五百里弗爾，可以用國債購買（國債的實際價格不足面值的三分之二）。

一七一八年十二月，通用銀行被國有化，更名為皇家銀行（Banque Royale），約翰．勞為銀行總裁。

一七一九年，約翰．勞買下法國皇家造幣廠，皇家銀行所發行的紙幣成為法國法定貨幣。同年，密西西比公司和原法屬東印度公司（Compagnie des Indes Orientales）、中國公司（Compagnie de Chine）合併成為「印度公司」（Compagnie des Indes），壟斷了法國所有歐洲以外的海外貿易。

這家公司的控股者，是約翰．勞，終於可以大展身手了！

印度公司發行五萬股股票，每股面值五百里弗爾，仍舊可以用國債購買。約翰．勞承諾，每股一年可以獲得兩百里弗爾的分紅，加上股票升值預期，這絕對是一筆價值不菲的投資！

提醒一下，約翰．勞的股票可是相當於國家信譽！

為了買到印度公司的股票，達官貴人圍住約翰．勞的家；為等候約翰．勞，許多人開始在他家附近租房。據說，約翰．勞家附近的房租都因此上漲了十倍。

各種消息不脛而走。

有人說，約翰．勞家附近的一個鞋匠，每天為前來購買股票的人提供紙筆，每天能賺兩百里弗爾。

有人說，一個駝子把後背出租給投機客當書桌，收益不菲。

甚至有人說，攝政王找不到人來陪伴自己的公主，因為貴婦都跑到約翰．勞家去買股票了。

實際情況是，印度公司開盤價格從不足一千里弗爾，一路飆升到超過兩萬里弗爾，看情況，還會繼續飆升……

法國，瘋狂了！

密西西比黃金成泡影

每當看到這段歷史，我都驚訝於約翰．勞的金融天分。作為一個經濟學者，我羡慕他的成就和經歷：不但是當代經濟學先知，在學術上開山立派，而且，得到實踐自己學術思想的機會。其實，約翰．勞設計的金融體系並沒有過多的錯誤。如果非要說有錯，那麼他確實不應該選擇股票作為回購手段，更不應該炒作密西西比泡沫。

暴富的人們開始揮霍金錢，平時遙不可及的珠寶已經成為平價商品，唯有印度公司的股票，千金難求。大家都知道，拿到印度公司的股票，就等於獲得了印鈔機。即使對普通人而言，這也是一個難得的新時代：一年內工匠的工資翻了四倍；失業現象消失了，新的住房拔地而起——每一個人都將變成富翁。

股票不斷升值，也給了約翰．勞充分的資金來源和信心。

在約翰．勞的主導下，印度公司在一七一九年九至十二月增發三十萬股，每股面值五千里弗爾，資金用途是償還三十億里弗爾的法國國債。募股的原因，是印度公司在密西西比購買了很多土地，那裡有著豐富的金礦資源；獲得募股資金後，印度公司的收益將成倍上升。

以上內容，純屬虛構。

71 這裡指的是當時隸屬於法國的北美地區密西西比河（Mississippi River）流域。

得罪權貴，引發紙幣擠兌黃金危機

可以這樣猜測，約翰·勞的想法是透過皇家銀行發行紙幣來解決財政危機，再透過賣出印度公司的股票回購貨幣，這樣流通的貨幣就不會增多，也就不會有通貨膨脹。這跟現今的中央銀行並無二致，差只差在一個是回購國債，一個是回購股票。

但問題是，國債和股票不一樣。

無論如何炒作國債，都不會偏離本金太高；股票就不行了。印度公司的股票被炒作得實在太高了，最後已經完全是投機。如果泡沫破滅，皇家銀行將無法透過發行股票來回購貨幣。

剛才說過，密西西比的那些美好願景都是騙人的，印度公司根本沒有約翰·勞所吹噓的收益。雖然國債也沒什麼實體經濟支撐，但國債利率很低，中央銀行可以承受。反觀股票，本身就是投機性的金融產品，交易市場上的人多為資本利得而非紅利，當股票價格不能維持收益時，泡沫會破滅，屆時將失去回購貨幣的手段，而流通中的貨幣，足以擊垮皇家銀行。

約翰·勞注定是這場遊戲的輸家。

一七二〇年，約翰·勞的事業如日中天，王室宣布由他出任法國財政大臣。這位當年的殺人犯、越獄犯的聲譽在法國也達到了巔峰。據說一位貴婦為了見他，故意製造馬車交通事故，頗類似今天為了追女孩，在大街上用自行車撞人。

物極，必反。

儘管人們對所謂的密西西比黃金充滿信心，但糊弄畢竟是糊弄，股價不可能無限上升，泡沫總有破滅的一天。

一七二〇年一月，政壇當紅人物孔蒂親王（prince de Conti）希望以低價買入一批印度公司的股票，同時，希望自己介入印度公司的經營。

此一無理的要求，當然被約翰．勞拒絕了。親王一怒之下，弄來三車（四輪馬車）紙幣，要求約翰．勞兌付黃金。

儘管皇家銀行兌換了這幾車紙幣，而這件事也還不至於衝垮皇家銀行與印度公司。但這件事提醒人們，紙幣和股票畢竟不是金銀，它們真有這麼值錢嗎？

精明的先知先覺者開始兌換黃金，並逐步將之轉移為窖藏。更不幸的是，一些謠言（似乎不是謠言）也開始流傳：密西西比流域並沒有發現金礦，約翰．勞所謂的黃金神話，不過是一些騙人的故事。

股價的崩潰，往往從謠言開始。

光一月份一個月，印度公司的股價就從兩萬里弗爾跌到了一萬里弗爾，而且是在約翰．勞開始回購股票的情況下才穩住的。

如果約翰．勞能沉住氣，密西西比泡沫可能還能維持一段時間。即使按最保守的估計，皇家銀行的資本充足率也是五〇％，比巴塞爾協議[72]的規定整整高出六倍，一般情況下，能夠保證兌付。

但約翰．勞沒有沉住氣。

在他的建議下，王室宣布：徹底禁絕金銀流通，只有紙幣才是法定貨幣；任何人擁有超過五百里弗爾的金銀，都將被處以高額罰款；誰散播印度公司的「謠言」，就要被抓起來送到紐奧良[73]。

不打自招，以前關於密西西比，人們只是傳言，只是猜測。這種行為，只能證明約翰．勞心虛；

72 巴塞爾協議（Basel Accords），乃巴塞爾銀行監理委員會（於一九七四年由全球十大工業國的央行所共同設立）成員，為維持金融市場穩定、減少國際銀行間的不公平競爭、降低銀行系統的信用風險和市場風險，所推出的資本充足比率要求。這項協議於一九八八年確立，當時巴塞爾銀行監管委員會規定，銀行的資本充足比率，至少要維持在八%的水準，並且列出了計算銀行資本充足比率的公式。此一協議推出後，成為西方主要金融體系所採納的標準。

73 紐奧良（New Orleans），美國南方的歷史古城，當時是法國的殖民地，始建於一七一八年，為紀念法國的奧爾良公爵腓力二世而命名。

傳言是真的。

印度公司的股價崩盤，造成紙幣貶值、國家財富瞬間蒸發

一七二〇年五月，法國國務會議估算全法流通的紙幣為二十六億里弗爾，而皇家銀行只有一半的儲備。會議得出一個非常荒謬的結論：只要將紙幣貶值一半，就可以足額兌付黃金。這個相當離譜的法令，直接導致了印度公司股價的崩盤。七天後，王室不得不宣布法令作廢，此時，印度公司的股票已經掉到一千里弗爾以下。

約翰．勞的家門口再次門庭若市起來，不過，這次來的是暴徒——襲擊約翰．勞的暴徒。憤怒的投資者把約翰．勞的馬車砸得粉碎，消息傳到王室那裡時，正在開會的貴族，居然爆出一陣歡呼聲。其實，印度公司股價後期的跌幅遠沒有傳說中的離譜。一七二一年九月，也不過跌回至一七一九年五月的水準，約翰．勞設計的這個體系，還是有可能支撐下去的。

關鍵時刻，王室背叛了約翰．勞。

王室免去約翰．勞財政大臣的職務，他被一腳踢出內閣。十月，攝政王宣布廢止紙幣流通，剝奪了印度公司的所有特權。

擠兌，已經不可避免了，曾經顯赫一時的法蘭西皇家銀行，在一片喧囂中關門大吉。密西西比泡沫（The Mississippi Bubble）給法國留下的傷痛是無法彌補的，泡沫破滅時，紙幣面值連續下降，整個國家的財富在瞬間蒸發。

因為，此時的國民，對未來已經徹底失去了信心。

此後八十年，法國都沒敢再重建銀行體系，始終使用鑄幣。

約翰．勞不只曾為財政大臣，還是越獄的逃犯。面對個人危機，他又使用了同樣的處理方式：出逃。此後，這位金融天才以賭為生，在威尼斯過著還算不錯的日子。

儘管如此，他仍舊做到了「處江湖之遠則憂其君」——不斷給攝政王寫信，希望重回法國，扭轉乾坤。然而一七二三年，攝政王暴斃，徹底斷送了約翰．勞的金融夢想。

每當看到這段歷史，我都驚訝於約翰．勞的金融天分。作為一個經濟學者，我羨慕他的成就和經歷：不但是當代經濟學先知，在學術上開山立派，而且，得到實踐自己學術思想的機會。其實，約翰．勞設計的金融體系並沒有過多的錯誤。如果非要說有錯，那麼他確實不應該選擇股票作為回購手段，更不應該炒作密西西比泡沫。

約翰．勞既不是騙子，也不是瘋子……他沒有料到整個國家貪婪的狂潮；他也不知道，自信，像懷疑一樣，可以無限制地增長，並且，希望也可以像恐懼一樣四處氾濫。

——查爾斯．麥凱（Charles Mackay）

金融改革失敗法國爆發大革命

民兵走向巴士底監獄——據說它象徵著法國的王權。其實，巴黎最大的彈藥庫就是一座監獄——巴士底監獄。

約翰．勞時代，法國居民分為三個等級，依次是教士、貴族，以及包括資產階級、農民在內的下層民眾，統稱「第三等級」。約翰．勞倒臺之後，前兩者成為特權階層，可以免稅，第三等級則成了賦稅的唯一承擔者。

此時的法王是路易十六（Louis XVI），也就是另一位被砍頭的歐洲國王。與查理一世不同，路易十六其實是個有作為的君主，否則，他完全可以蕭規曹隨，把越來越難纏的問題留給子孫。

他很清楚，要想稱雄歐洲，必須推進改革，讓特權階層對王室和社會承擔應有的義務。於是，來自日內瓦銀行界的雅克·內克爾（Jacques Necker）成為財政大臣。

應該說，雅克是一個很圓融的人。

權貴階級抗拒金融改革，底層人民召開「國民大會」爭取權益

到任之後，他沒有馬上力主向特權階層徵稅，而是藉由自己在銀行界的人脈與聲譽，幫法王貸到了四億里弗爾。在此之前，法國王室在歐洲早已借不到錢了，所以大家都認為雅克將是一位稱職的財政大臣——在四億貸款花完之前。

在貴族階層有了一定的人脈後，雅克才著手改革：削減貴族收入、緊縮宮廷開支。而且，國王甚至大貴族，對改革是支持的，畢竟，王國是國王的王國，弄得破破爛爛，就算是國王，也沒什麼面子。

但接下來的事情，卻讓雅克乃至國王始料未及。

雅克只是削減了中小貴族、僧侶的收入，尤其是限制內廷人員揮霍。這也導致他們無法忍受。於是，慣於揮霍的小官僚赤膊上陣。儘管他們的所作所為並不比自己的上級過分，但他們剝奪的對象是赤貧者，因而表演更令人咋舌。一個國家，如果有一點權力的人都要把權力發揮到極致，那才真是國將不國。

這就是當時法國的現況，這些人也是雅克想改革的對象。

問題是，底層貴族是大貴族的手臂和觸角，喊喊口號是可以的，真去斷手斷腳，那是絕對不可能的。

五年之後，改革仍舊毫無進展。

萬般無奈之下，一七八一年二月，雅克公布了著名的《財政報告書》（Compte rendu），公開了王室的收支。這是雅克無奈的吶喊，希望《財政報告書》能喚醒貴族們的良知，減少揮霍，穩定財政。據他估計，正常情況下，政府每年有一千萬里弗爾的盈餘，卻不承認有四千六百萬的赤字。此舉無疑與虎謀皮！

每個人都有良知，但僅限於個人事務。

國家利益是全體國民的，不是我的。我的良知甦醒了，收入卻沒了；我有良知，誰又會對我有良知？

《財政報告書》公布後兩個月，雅克黯然下臺。

路易十六用盡各種方法，但是特權階層仍舊不肯屈服。最後國王失去了耐心，一七八九年五月五日，他發飆了：宣布召開三級會議，然後向會議提案，強行對特權階層徵稅。

路易十六並不知道，地獄之門已經打開。

在路易十六的偏袒下，第三等級代表宣布：第三等級的國民將單獨召開「國民大會」，完全拋開前兩個等級。

接著，國民大會馬上就脫離了路易十六的掌控，不但通過議案，對全體國民徵稅，還同時要求通過《憲法》。

內心熱情澎湃的三級會議代表，在宮殿之外更是人聲鼎沸，而且，這些人似乎想控制君權；路易十六感覺到局勢已經失控。七月十一日，路易十六調整了巴黎防衛，調來一些久經戰陣的軍隊拱衛首都。

儘管路易十六沒有動武，三級會議卻把軍隊將領的調整看做是對會議權威的挑釁。本著先下手為強的理念，七月十三日，三級會議代表自行召集了四萬五千名市民，組成民兵對抗國王。

民兵的第一個任務，就是搶劫糧倉和軍械庫。

其實在軍械庫幾百步之外，就有荷槍實彈的士兵，而且是幾個團的力量。但由於未接到命令，軍方未對民兵動武。

民兵兵不血刃地搶到了軍械。

革命派以土地為儲備，發行指券來籌措軍費

剛才說過，民兵搶劫的是軍械庫，軍械庫，只有軍械，沒有彈藥。

七月十四日，民兵走向巴士底監獄——據說它象徵著法國的王權。其實，巴黎最大的彈藥庫就是一座監獄——巴士底監獄。

八千名革命者去攻打的巴士底監獄，只有三十二名看守和七個犯人，其中還包括一個因性行為太超過而被關押的伯爵，和兩名精神病患。為了這七位囚犯，民兵付出了九十八條生命，順便打死了一名士兵。

這，便是法國大革命的開端。

七月十五日，國王仍舊在沒出動軍隊的情況下，承認國民大會為制憲會議，會議開始著手制定憲法。

八月二十六日，制憲會議公布《人權宣言》（Déclaration des Droits de l'Homme et du Citoyen，人權與公民宣言，簡稱「人權宣言」）人權與公民宣言，：「**就權力而言，人人生而自由、平等，且始終如此……**」

與《人權宣言》相比，巴士底監獄的鮮血沒有白流。如果到此為止，法國大革命仍舊是一場相對溫和的改革：雖然剝奪了領主的特權，領主的財產權卻得到了保證，這對法國各階層來說，基本上是都能接受的結果。

後面的，就有點離譜了。

革命者面臨著一個相當現實的問題：**革命也是要花錢的**。

在巴黎，革命者廢除了什一稅[74]、鹽稅等許多重要的稅項，但與各省的談判卻沒有取得任何實質性的進展，很多省分仍舊支持國王。一七九〇年，革命政府的稅收占支出的比例是四八%。實際情況是，各省不向巴黎的革命政府繳納賦稅，他們仍認為國王是這個國家的最高統治者——革命政府收不到各省的賦稅，又廢除了主要稅項，根本沒有任何正常的財政來源。

沒錢，誰跟你革命？

革命也要吃飯，於是革命者再次想到了已經被唾罵了幾十年的約翰·勞。約翰·勞曾在他的不朽大作《論貨幣和貿易——兼向國家供應貨幣的建議》裡指出：「以土地為儲備發行貨幣，無虞。」約翰·勞只是以金銀做為儲備來發行紙幣，但是失敗了。現在，革命者為約翰·勞實踐了土地貨幣儲備理論。紙幣也改了名字，叫做「指券」（Assignat）。

指券是個好法子，如果沒有超額增發的話。

由於廢除什一稅，革命者沒收了很多教會的土地；既然約翰·勞曾經這麼指出，問題應該不大。於是革命者開始以沒收的教會土地為儲備，出售指券，賣出一批土地，就回收銷毀一批指券。

《人權宣言》宣示的理念在當時是驚世駭俗的，包括法國王室在內的歐洲各國王室，根本就不接受這個理念。經過兩年多的容忍，路易十六已經有了動手的可能性：準備捍衛法國王室的國內外聯軍已經枕戈以待，對巴黎形成了合圍之勢，他本人也在一七九一年六月出逃，試圖逃往勤王軍隊那裡（可惜不幸被抓回來了）。

為因應嚴峻的軍事形勢，革命者不得不籌組軍隊對抗。**籌集資金的辦法，恰恰就是超量發行指**

74 什一稅（tithe），這是法國境內的天主教會對其教徒（由於當時大家都信奉天主教，因此這裡的「教徒」，其實就是全體國民）徵收的一種賦稅，即將所得的十分之一貢獻給教會，通常是以穀物的形式徵收。

券：一七九一年末，指券的發行量從八億里弗爾，上升到七十億里弗爾。

約翰．勞還發行股票對沖[75]貨幣，革命者卻沒有任何對沖手段。其實，革命者的指券政策真的很蠢，發行超量貨幣，受損失的並非領主，而是他們賴以依靠的資產階級。只有資產階級的貨幣存量最多，至於領主的土地，正常情況下是不怕通貨膨脹的。

更可怕的是，革命者臨時拼湊起來的平民軍隊，根本就不是勤王勢力的對手。雖然我們歌頌法國大革命，但實際上以「烏合之眾」來形容當時的革命者，一點都不過分。

有人憑藉革命的熱忱參加軍隊，更多的人，是為了指券。這樣的軍隊，在正規軍面前，一觸即潰。

革命者沒錢的後果

法國大革命雖然以光輝的形象被載入人類史冊，可是並沒有給法國人帶來真正的民主、富強和文明，它對金融業的打擊甚至是致命的。諷刺的是，法國的資產階級是在專制王朝的庇護下成長起來的。

面對軍事危局，革命者召集了大批的「無套褲漢」[76]，準備解決問題。遺憾的是，「無套褲漢」沒有率先衝向戰場，他們的第一項工作，是解散「三級會議」、囚禁國王。

取代「三級會議」的，是全民普選出來的國民公會（Convention nationale）。國民公會確實很拉風，也自稱代表全體人民，代表的方法是比嗓門。選舉的時候連投票都省了，如果一方呼喊的聲音高過另一方，就算勝出。至於全民公會的經濟政策，更蠢：直接限制價格，拒絕接受指券的人將被處死。

縱使囚禁國王，照樣沒有人交稅給革命政府——復辟軍隊不是被嚇大的，他們維護的也不是路易十六，而是整個法國的王權制度。有沒有路易十六，實在不重要。

限制價格，也嚇不倒商人。

此時，不是商人投機，而是根本沒有這麼多麵包。一七九二年七至九月，每袋麵粉由三十八里弗爾上漲到五十四里弗爾，牛肉、雞蛋、奶油上漲的幅度甚至遠高於麵粉。

外有軍事威脅，內有通貨膨脹，法國革命失去了理智。

路易十六被送上斷頭臺，革命變調為「處死反對者」

一七九二年九月二十二日，國民公會廢黜了路易十六，宣布成立法蘭西共和國（République française），統治法國近千年的君主政體，從此煙消雲散。

與君主政體一起消失的還有路易十六本人。

隨著國民公會從凡爾賽宮搜出國王通敵的書信，人們開始確信這位《憲法》規定為「神聖不可侵犯的國王」不贊成君主立憲體制。一七九二年十二月，國民公會僅以一票之差，判決國王死刑。

耐人尋味的是，贊成國王死刑的投票並非來自平民代表，甚至很少有革命黨。最希望國王死去的是教士和大貴族，甚至包括國王的親弟弟腓力公爵。

75 所謂「對沖」（Hedge），又稱「避險」，以外匯市場為例，投資者為避免因變動產生的損失，當同一時間買入A外幣做買空時，另外還要沽出B貨幣做沽空。理論上，買空一種貨幣和沽空一種貨幣，銀碼要一樣，才能發揮最大效益。這樣的做法用意在避開單線買賣的風險。如果判斷正確，所獲利潤自然多；但如果判斷錯誤，損失亦不會較沒有進行對沖來得大。

76 所謂「無套褲漢」（sans-culotte），又稱「長褲漢」，是法國大革命時期對廣大革命群眾的一種流行稱呼。其名稱來自於他們多穿著長至足部的長褲（pantaloon）——這是一般農民、手工業者、小商店主、企業家等的裝扮，而非長至膝蓋的褲子（culotte）——這是一般貴族、王室的裝扮。狹義的「無套褲漢」指的則是當時參加雅各賓俱樂部的激進分子。

他們知道激進的革命不一定能長久，而路易十六的溫和式改革，卻早晚會把火燒到他們頭上；唯有國王死掉，才能徹底熄滅火種。

無論怎麼爭論路易十六的是是非非，最終批准《人權宣言》的正是這位國王，也正是在他的手上，《人權宣言》獲得了法律地位。

而他，被革命處決了，當然，處決他的未必是革命者。一七九三年一月二十一日，路易十六被推上斷頭臺。他未能像查理一世一樣有尊嚴地死去。

我雖死而無辜，但我寬恕一切，我饒恕我的敵人，祈求我的鮮血將造福於法蘭西，祈禱我的鮮血可以平息上帝的憤怒。

——路易十六臨刑未盡遺言

路易十六統治期間，王權專制已經被大大地削弱了，三級會議指望在太陽王時代就能隨便抓國王、鬧革命，那是絕無可能的。本來，法國有一個絕好的機會進行和平變革，甚至比「光榮革命」更輝煌。

失去理性的法國大革命，斷送了這一切。

大革命後，法國政局動盪百年，英國稱霸世界，美國興起

殺掉國王的同時，無套褲漢還殺了很多人。

據說，為了防止王室勢力反撲，他們殺掉了監獄裡的反對者（這些人，反抗的可能性是最小的）。當時，巴黎各監獄裡約有兩千五百至兩千八百個犯人，當中只有四分之一是「政治犯」，絕大部分都是菜園竊賊、娼妓，甚至流浪漢。廢黜國王的那個月，「無套褲漢」們衝進監獄，共處決了一千四百人。

無數革命者終於成為國王的殉葬者。

一七九三年，法國大革命的元勳丹東（Georges Jacques Danton）開始反對限價，要求釋放政治犯。這位元勳已經意識到，人們不可能有無止境的自由，「無止境的自由是世界上最無情意的東西，跟妓女一樣，跟誰都可以胡搞」。

然而，丹東被他的革命戰友羅伯斯比爾（Maximilien Robespierre）處決了，後來，羅伯斯比爾也被國民公會處決了。因為「退讓」、「革命不夠徹底」或者「革命太徹底」，革命者紛紛被新銳送上斷頭臺，而後繼者又被更後繼者處決。

當年，巴黎共有三萬五千人被處決，理由都是反對革命！

莫非，只有斷頭才是革命的宿命？

革命打破了浪漫，法國從此陷入無休止的內戰。之後一百年中，英國已經稱雄世界，後起之秀美國遙遙仰望世界之巔。而法國，在這一百年的時差裡，出現了兩個王朝、兩個帝國、三個共和國，雖然其中也包括曇花一現的拿破崙。

法國大革命雖然以光輝的形象被載入人類史冊，可是並沒有給法國人帶來真正的民主、富強和文明，它對金融業的打擊甚至是致命的。諷刺的是，法國的資產階級是在專制王朝的庇護下成長起來的。

真實的歷史，不是教科書，永遠不可能黑白相間、涇渭分明。革命者，未必全部神聖；被革命者，未必永遠是罪人。

思想家為法國找出路，大革命的初衷依然值得肯定

強大的地緣競爭壓力下，相信很多法國人都在思考如何走出困境。因此，這個時代法國也出現了盧梭、魁奈[77]、杜爾哥[78]……包括國王在內的法國貴族，都是在這種思潮中成長的，甚至路易十六本

人就是大革命最主要的推動者；沒有他前期的讓步，根本就沒有三級會議。很多貴族也在初期就投身制憲會議，但是這些人，連同他們的家屬，最後都被處決了。

在歐洲，法蘭西幾乎是公認的法蘭克王國正統，王室的勢力也最為強大，可以說在法蘭西歷史上是有專制傳統的。在專制政體下驟然割斷了原有的利益鏈條，各種利益集團必定都想取而代之；貧民的聲音可能很強，卻無法形成理性的團結，也就不可能填補這個空間。貧民窟的聲音只有攻擊性，缺乏理性，這個聲音可能演化為殺戮，也可能演化為軍事專政。

無論從哪個方向走，都會減緩社會演進的速度，甚至使社會制度退化。

有人說，國王和貴族畢竟是統治者，參與改革是為謀求更多的自身利益，不可能顧及民間疾苦。可哪個革命者不為謀求自身利益？

國王確實代表某種利益，貧民本身也代表一種利益。國王的團體不代表社會前進的方向，平民就必然代表社會前進的方向？終日在貧民窟裡的人，會比一個開明的國王，對國家的未來，做出更正確的判斷？

陳腐的舊文化積澱，恰恰是底層最為深厚，因為，他們長期被欺騙，也不容易接觸到新事物。騙人的人，無疑更接近真相。

儘管如此，法國大革命的光輝仍舊不可磨滅，因為自由、平等、博愛無疑是正確的。

工業革命為何出現在西方？

西方人和東方人都必須選擇屬於自己的方式來對抗自然，這是兩種截然不同的生存方式：東方，皇權；西方，分權。此後，東西方也就產生了兩種完全不同的社會，甚至兩種完全不同的價值觀。

英、法、美、德、義、日、八國集團、金磚四國……當時光洗盡鉛華，千百年後這些稱謂能有幾個仍為人所知？

誰才是真正的世界強國？

回答這個問題，必須先知道什麼樣的國家才算世界強國；評論強國，如同評論美女，雖然沒有一定的標準，但一眼望去你就知道。美女無須詮釋，自有無數男兒拜倒；強國不用標榜，世界自會追隨。

經濟學史上的「李約瑟之謎」：為何中國沒有發生工業革命？

工業革命前後，西歐列強格局基本形成：法國占據著廣袤的陸地稱雄歐洲大陸，西班牙攜先發優勢控制著殖民地，英國依靠工業革命一躍成為歐洲新貴，荷蘭則在貿易上有著無可比擬的優勢。

這些國家確實都很拉風，不過，還要分跟誰比。這個時代，真正的龍頭老大仍舊是中國。路易十四是與康熙皇帝同時代的帝王，西歐城市不過幾十萬人，北京、南京、杭州，可都是百萬人口的大城市。

中國的祖宗很闊！但為何如此發達的市場，沒有孕育出工業革命來？

在經濟學史上，這個問題被稱做「李約瑟之謎」（Needham Thesis），據說誰能給出答案，就能獲得諾貝爾經濟學獎。

77 魁奈（François Quesnay），十八世紀法國的經濟學家，重農主義的領袖、政治經濟學體系的先驅，被稱為「歐洲的孔夫子」。

78 杜爾哥（Anne Robert Jacques Turgot），十八世紀中後期法國的古典經濟學家，同時也是經濟學上重農學派的代表人物之一，被視為經濟自由主義的早期倡導者之一。

我看過一些經濟學典籍，什麼凱因斯主義[79]、新制度經濟學[80]、奧地利學派[81]、貨幣學派[82]……無數人，曾經用無數方式解讀過這個問題。這些人的論證很複雜，複雜到偷偷看一眼，就有想睡覺的衝動。

「李約瑟之謎」說到底是文明爭霸，歷經千百年，有成千上萬個因素影響答案。諾貝爾經濟學獎得主連次貸危機都搞不定了，相信使用數學方法，也不可能徹底解釋這個問題。經濟學永遠不可能真的成為自然科學，很多問題也永遠不會有標準答案。

關於這個問題，第一，我們確實不可能建立包含成千上萬因素的模型；第二，就算我能編，估計您也沒興趣看。所以，我們只能順著這本書的理路指手畫腳一番。

首先，重申一個經濟學的公理性假設：這個世界上資源是稀缺的；然後，強調一下，這不是假設，是現實。

這句話很學究，如果用直白的語言，大家就好理解了：錢不好賺。

所以要賺錢。

人類所有的卑劣和高尚、血腥和陰謀，都是為了這個目標。

今天，大家覺得生活壓力大。生活壓力大，好歹大家還有生活。這個世界的資源曾經更加稀缺，稀缺到不能維持大部分人的生存，絕大部分的人沒有自己的生活。

工業革命之前，生命對普通人而言只有辛勞。活下去，才是最大的理想。對每個人來說，必須吃飯，必須活下去，不吃飯會死人。遺憾的是，就是這個理想，也不易滿足。所以，英國一個機器動力紡織技術，就被稱為「工業革命」，實在是因為，「穿」在當時還是一個很奢侈的目標。

擺脫這種生存困境，是人類當時的最高理想。

在西方，人們幻想王子鍾情於灰姑娘，灰姑娘從此過著幸福快樂的生活；在中國，人們希望年輕人狀元及第，十年寒窗無人問，一朝成名天下知。

無論是幻想還是希望，都不是什麼好點子，機率基本上相當於彗星撞地球。既然絕大部分的人都成不了公主或狀元，那還是睜開眼睛面對現實吧。

皇權社會與鼓勵個體發財的「工業革命」抵觸

西方人和東方人都必須選擇屬於自己的方式來對抗自然，這是兩種截然不同的生存方式：東方，皇權；西方，分權。此後，東西方也就產生了兩種完全不同的社會，甚至兩種完全不同的價值觀。

現在，很多人認為皇權和分權，形同水火、勢如冰炭！不是這樣的。

歷史，經歷了幾千年，皇權和分權，孰優孰劣，在不同時代會有不同的答案。今天，更不是歷史的大結局，所以，關於這個問題，誰也不能說自己知道標準答案。

分權有時候確實優於皇權，但只限於「工業革命」之後。

民族和國家之間有仇殺和血腥，很殘酷。看完電影「２０１２」後，我明白，大自然更殘酷。

---

79 凱因斯主義（Keynesian economics），根據英國經濟學家約翰．梅納德．凱因斯於一九三六年發表的《就業、利息和貨幣通論》的思想基礎上得來的經濟理論，主張國家應採用擴張性的經濟政策，透過增加總需求來促進經濟增長。

80 新制度經濟學（New Institutional Economics），經濟學的分支之一，將更早的制度經濟學與新古典主義經濟學的架構，應用於構成經濟活動底層基礎的社會與法律規範分析之上。它側重於交易成本的分析，較少使用價值判斷，在分析諸如某一宗壟斷、行政、法律案件時，往往能給予比較好的建議。

81 奧地利學派（Austrian School），是一種堅持方法論的個人主義經濟學派，源自十九世紀末的奧地利，延續至二十世紀的美國等地。奧地利經濟學派認為，只有在邏輯上出自於人類行為原則的經濟理論，才是真實的。

82 貨幣學派（Monetarism），為一九六〇年代形成的經濟學流派，以挑戰凱因斯主義的面貌出現。他們認為貨幣的供應量在短期內對國家的產出、在較長期上的價格水準，有巨大的影響。這種貨幣政策的目標透過增加貨幣的供應量來實現。其核心命題是：在經濟活動中，貨幣扮演著最重要的角色。

戰爭好歹還得排兵布陣，就算是殺人，也得費一番手腳。地震、海嘯，哪怕是土石流……隨便拿出一個來都能殺人於無形，甚至讓人類滅族。

面對外部的挑戰，皇權的優勢很明顯。

徵召全國人民修築萬里長城，雖然疊滿了屍骨，卻修築了一道抵抗異族的屏障，即使到明末清兵入關，山海關仍舊是最大的屏障。

水火無情，一場洪水足以毀掉肥沃的農田、幾代人的積累。要想挖河修堤，起碼人得先夠多。誰也不知道放棄皇權後還能不能活下來，即使你選擇分權，也會很快被鄰居消滅，此時，選擇皇權本身就是理性的。

皇權有皇權的缺點，最大的缺點就是缺乏競爭。

皇權社會如同一個金字塔，塔尖的人就是這個社會的上帝，沒有任何競爭對手，可以用任何手段攫取資源。隨著金字塔層級遞減，權力逐步減弱，資源控制的能力也逐步下降。

這種模式一定會使得皇權毫無制約，既然沒有制約，那掠奪就必然毫無止境，於是他們的目標便會從增量轉向存量。

一旦掠奪超出了金字塔底層的生存極限，便會爆發不可逆轉的暴力——反抗皇權，目標不是為了維護自身利益，而是為了成為另一個皇權。

由此，東方社會開始周而復始的長循環：統治者從對抗挑戰，逐步到掠奪資源，當然也就損害了產權、壓制了個性，從而也就不可能發生基於個體發財夢想的「工業革命」。

民族多、土地割據、國家多，西歐社會維持平權狀態

西歐，不是不想皇權，實在是皇權不起。

凱薩、戴克里先、克洛維，這些西歐統治者無一不想形成東方式的專制，都想集中權力，但是，

西歐民族的變遷並無延續性。羅馬征服雅典城邦、日耳曼入侵羅馬、北歐海盜騷擾日耳曼人……幾乎每次的民族征服都是毀滅性的。一場異族入侵，會讓幾代、幾十代人積蓄的物質財富蕩然無存。

在不斷毀滅、世俗權勢不再具有連續性的情況下，西歐只能在一定程度上保持原始社會的平權狀態，即一個人不太可能超出其他人太多。

在平權的條件下，西歐各地實力均衡。利益受損的一方很容易選擇逃避，強勢的一方，特別是微弱優勢的一方，必須讓步。如果跟對方拚命，必然是自損實力，最終被人吞噬。所以，西歐整個古代歷史，上十萬人的戰爭，不過就是雅典、羅馬帝國那麼幾次。

無情的生存鐵則，讓西歐一直到十一世紀都不敢以家庭對抗自然。唐宋時期小農圍爐夜話的時候，歐洲還在海盜的侵擾下膽戰心驚。城堡、領主成為小勢力對抗外敵和自然的主要角色，落後的農業生產根本維持不了一支常備軍，**即使到文藝復興，歐洲文明也始終沒有恢復到雅典城邦時代的水準**。

塞翁失馬，焉知非福？

正是由於歐洲的落後，才使得它走上了一條試錯路徑。每一個城堡都必須攫取更多的資源，新制度、新體系的嘗試是性命攸關的，再按老路走下去就滅族了。

分封領主恰好提供了試錯途徑，領主乃至王國之間不存在統一的王權，因此各地區可以獨立進行經濟試驗。海運條件使得西北歐市場早熟，騎士思想隨商業的擴張深入人心，公平、有償交易、談判等模式逐漸被反覆嘗試。

不公平、不談判、不妥協，最終大家都得不到什麼好處。於是，我們在西歐歷史上看到了各種景象：民主的英國、專制的法國、自治的荷蘭……

最終，西歐選擇了分權。

與東方堅持集權路徑一樣，歐洲的制度變遷同樣也是理性的，也是在無數次試錯之後換來的，犧牲了無數的生命，耗費了無數的財富。基督教使得整個西歐在民族文化上具備統一性，每一次的成功，都有可能在整個歐洲傳播。

最後的結果是，英國出現了議會和普通法系[83]，也因此率先出現了工業革命。此後，歐洲一躍跳過家庭生產的界限，開始了工業組織與市場制度的變革，市場交易在多次試錯中勝出，成為現代經濟活動的基礎，也成為人類擺脫生存經濟惡性循環的關鍵。

一旦工業革命站穩腳跟，世俗權力就不可能再與其抗衡。人類文明持續數千年後，西歐終於即將率先走出維持生存的宿命。

83 普通法系（Common Law），起源於中世紀的英格蘭，受羅馬法與盎格魯．撒克遜的習慣法所影響，多採不成文法，尤其是判例法，強調「遵循先例」的原則。審判中採取當事人進行主義和陪審團制度，對於司法程序比較重視。英國與美國是該法的主要代表國家。

第七章

北美殖民地獨立

華爾街、紐約金融市場誕生

對西歐人來說，美洲是一片新大陸，北美獨立戰爭造就一個嶄新的美利堅合眾國。建國初期，美國中央銀行兩度被撤銷，然而就是在一興一廢之間，美利堅合眾國孕育出金融之都——華爾街，紐約證券市場。從誕生之日起就左右著美國經濟的脈動，金融市場一半是海水，一半是火焰。獨立戰爭、南北戰爭，真實的成因有這麼偉大嗎？美國為什麼兩度興廢央行？

殖民地的成員與貨幣

新大陸初期的歷史，是歐洲各國移民史，前期以西班牙為主，後期以英法為主。美國歷史是在歐洲移民史上建立起來的：「這裡是窮人最好的土地。」（當然，僅對歐洲移民而言；對原住民印第安人來說，仍舊很殘酷。）

一六二〇年九月十六日，一百〇二名英國清教徒登上「五月花」號——除了許諾，他們沒有獲得英國王室的任何支持。

殖民者進入美洲大陸，彷彿被送回兩千年前。最先進的印第安人不過剛有個把奴隸，即使如此，殖民者也遠非傳說中的戰無不勝。他們不過就幾桿破滑膛槍，還經常不響。殖民者對印第安人殘暴，印第安人對殖民者下手也狠，基本上都是挖心活祭那一套。

經歷了很多次失敗，移民不斷總結經驗，想出了一個餿主意：用印第安人打擊印第安人。當時，印第安人不是一個統一的民族，三百多個部落本來就互相往死裡打，加上移民者的挑唆，確實死了不少人。

真正毀滅印第安人的，不是武力，而是歐洲人帶來的天花。印第安人對此沒有免疫能力，因此大批死亡。

隨著印第安人的衰微，新大陸成了歐洲人的天下。

新大陸初期的歷史，是歐洲各國移民史，前期以西班牙為主，後期以英法為主。來到新大陸的歐洲人，無論是西班牙人、英國人還是法國人，在國內通常是很有進取心的（當然其中也包括一些逃犯）。流竄幾個月，路費就花光了，誰也不會抱著參觀原始社會風貌的閒情逸致來新大陸。

大家來自五湖四海，你原來做什麼我實在不清楚，在一個新環境裡，社會層級變遷的可能性更大；大家出生地不一，風俗難免有差異，所以，異端（另一個解釋叫「創新」）也是可以接受的。

美國沒有歷史嗎？

美國歷史是在歐洲移民史上建立起來的：「這裡是窮人最好的土地。」（當然，僅對歐洲移民而言；對印第安原住民來說，仍舊很殘酷。）

新大陸第一批錢是海盜帶來的。

海盜搶錢，有難度；花錢，就更有難度。無論歐洲大陸還是東方中國，任何一個國度都不歡迎海盜，用搶來的錢，風險都很高。殖民地是個好地方，既沒有政府，也沒有人指責他們走私，當地人自己就殺人越貨（尤其是大商人）。

海盜的工作是搶劫，既然是搶劫，就不能只搶一種貨幣。新大陸出現了各種各樣的貨幣，西班牙、葡萄牙、荷蘭、瑞典，甚至阿拉伯的貨幣，在美洲大陸都見得到。各種貨幣以西班牙為最，當時的海盜頭子是英國女皇伊莉莎白一世，她最喜歡搶西班牙人。至於匯率，只能由海盜之間大約計算。隨著海盜洗錢數量的增加，鑄幣開始成為殖民地的交換媒介。

殖民地的稅收與稅制

英國最大的稅收進項恰恰就是貿易稅。指望這幫商人聽話交錢，那是相當不明智的，由商人組成的議會很快想到一個匪夷所思的方法對付總督：以紙幣，繳稅收。

在殖民地，英國王室派出的管理者叫做「總督」。

總督，聽起來很拉風，實際上是一個很窮的行業，不但沒有軍隊，而且沒錢。收錢的話，要依靠地方自治組織——議會——協調地方各項事務。

議會本來是服務總督的民間組織，協調移民者服從宗主國的管理。十七世紀末期，隨著移民商人新貴的成長，他們逐步掌控了議會。說到底，新大陸和英國的關係是一個利益分配方式和份額的關係，商人新貴肯定要維護自身利益，於是英王和總督所發布的命令最後大多會走樣。

身為宗主國，英國當然希望能在新大陸殖民地攫取利益。所以，稅，還是要收的。

英國最大的稅收進項恰恰就是貿易稅。指望這幫商人聽話交錢，那是相當不明智的，由商人組成的議會很快想到了一個匪夷所思的方法對付總督：**以紙幣，繳稅收**。

紙幣用來繳稅，導致迅速貶值

一六九〇年麻薩諸塞州設立銀行，發行四萬英鎊的紙幣，議會透過稅收回收紙幣。這樣，可以不用鑄幣就能繳納稅收。十八世紀二〇年代後，各州陸續仿照麻州發行紙幣。

問題是，銀行幾乎都由商人控制，沒有任何金銀儲備，純屬糊弄。

紙幣流通情況並不好；海盜不要紙幣，一般居民又很少使用大面額紙幣交易。實際情況是，繳納稅收幾乎是紙幣的最大用途。

於是，紙幣很快貶值：一七二六年一塊西班牙銀元大概兌換二十先令紙幣，到了一七五〇年，這個數字是一百五十先令。

英國王室不是白癡，從一七二〇年開始，就試圖關閉這些銀行；一七五一年，禁止在新英格蘭地區以銀行券作為貨幣。

鑑於自己從未對移民者提供實質性的支援，英王對殖民地的管理始終很鬆散。儘管殖民地議會立法需要宗主國的國會批准，但每次被否決後，殖民地總會找到各種理由弄一個新法案出來，當然，內容是糊弄宗主國的。而且，英國國會在很大程度上也不希望王權獲得一個穩定的稅收來源，殖民地議會居然就這麼一直混了下去。

走私盛行易逃稅，宗主國開始強制課稅

十八世紀中期，新大陸造船業成本已經比英國本土低三〇%至四〇%，一七六〇年懸掛英國國旗的船隻，至少有三分之一在殖民地建造；六〇年代開始，釀酒、冶鐵、紡織業的水準也絲毫不弱於宗主國；廣袤的土地更使之成為西方世界菸草、藍靛、木材等農產品的產地。

十八世紀七〇年代，北美英國之間的貿易已比世紀初增長了十二倍，與這個數字並行的是北美出現一批超級商人——走私商。一七七二年，英國和北美貿易額，據官方統計，有五十萬英鎊，而當年僅紐約一地查獲的走私貿易罰款，就高達十萬英鎊，按上述數字推斷，走私貿易額肯定遠遠超過官方資料。

在很大程度上，西方世界已經離不開新大陸了。儘管如此，北美說到底也只是英國在全球的一個棋子，英國隨時有可能為本國利益而犧牲北美。當新大陸貿易熱火朝天的時候，英國卻忙著和法國爭奪加拿大殖民地的宗主權。為支付戰爭費用，亨利三世對殖民地提出了一連串要求：

一七五一年，航海法令，對北美商船課重稅。

一七六一年，食糖法令，禁止殖民地與法國有食糖貿易。

一七六三年，禁止北美殖民地西進。

一七六五年，印花稅法案，執照、契約、遺囑、報紙書刊都要課重稅。

一七六七年，湯森法令，各州要為當地軍警支付費用。

都是餿主意。

為禁絕殖民地糊弄自己，亨利三世命令關閉所有殖民地銀行；更離譜的是，為支持本土產業，亨

利三世開始出絕招了：「殖民地不得製造一顆紐扣、一個馬蹄鐵或者一枚釘子。」您還是先洗洗睡吧。

商人引導的獨立戰爭

這是世界戰爭史上的一個奇蹟，戰爭促進了經濟發展，而且不是靠賣軍火。戰爭消除了世俗權力對經濟運行的制約與壓榨，全世界的商船都往這裡湧，不強盛，那才真是怪事。其實，強國之路有時真的就這麼簡單。

作為宗主國，英國在新大陸本來就沒有強力統治，脆弱的政治臍帶不能調和兩者矛盾，殖民者自行建立了通訊委員會、大陸議會等機構對抗英國。

北美獨立已經是遲早的事情，此時，英屬東印度公司（British East India Company）提供了火種。

英屬東印度公司壟斷貿易是北美獨立戰爭的導火線

十七世紀以來，英屬東印度公司掠奪了大量財富，也積累了官僚習氣。沒有競爭的時候，英屬東印度公司靠著很骯髒的手段、很暴力的活動也能湊合著過；現在，新大陸的貿易結構與英屬東印度公司非常相似，對英屬東印度公司形成了致命威脅。

對英國而言，全球最大的貿易對手法國已經戰敗，西半球應該是自己的天下了。就在此時，他們突然發現後院起火：新大陸的殖民地已經羽翼豐滿，要做掉自己的王牌——英屬東印度公司了。十八世紀七〇年代開始，英屬東印度公司已經無法抗衡新大陸的貿易商，一七七三年，大約有一千七百多萬磅茶葉滯銷，眼看就要成為肥料了。

拯救公司的唯一方法就是特權：亨利三世希望把這些茶葉直接賣到美洲，於是授予英屬東印度公司茶葉在北美的壟斷權。

既然可以用一紙命令壟斷北美茶葉的銷售，其他商品當然也能如法炮製。長此以往，北美大陸的商人，真的不用混了。

新大陸的商人是自己混出來的，他們可沒拿過國王、貴族或者英國資產階級的一分錢。不但我行我素，走私船換上海盜旗也不是不可能。

禁絕殖民地的生產體系，沒錢就來要錢，即使您是我爹都不行。**北美商人對英屬東印度公司的回應是：耍無賴。**

他們經常偽裝或唆使印第安人襲擊英國商船，把英屬東印度公司的茶葉倒進大海。

也真是欠揍！

英軍封鎖了各個港口，禁止美洲航船出海，除非付清茶葉款；同時宣布凡是發生倒茶事件的城市，一律視為叛變；所有美洲商船只能和英國、蘇格蘭以及英屬西印度有貿易往來。

此舉等於斷了北美商人的財路，更重要的是，北美商人已經羽翼豐滿。一七七五年，有人在萊辛頓[84]打響了反對宗主國的第一槍，獨立戰爭由此開始。

北美獨立戰爭歷來被視為世界近代史上最偉大的革命：美利堅合眾國由此誕生，殖民地代表起草了至今讓人盪氣迴腸的《獨立宣言》（United States Declaration of Independence）。

「我們認為下述真理是不言而喻的：人人生而平等，造物主賦予他們若干不可讓與的權利，其中包括生存權、自由權和追求幸福的權利。」

84 萊辛頓（Lexington），美國麻薩諸塞州的一個小鎮，因美國獨立戰爭在此打響而著名。

偉大的結果，並不必然對應偉大的戰爭，更不必然有一個偉大的動機。

自由港沒有關稅吸引全球商船，促進美國經濟發展

這場商人領導的獨立戰爭壓根就不是全民皆兵。大陸軍鼎盛時期不過兩萬人，一般情況下，華盛頓地區只能維持五千多人的常備軍。當時文獻記載：「對生活在那個時代的北美居民來說，似乎從未目睹這場戰爭。」

所謂殖民地利益，說到底還是要落實到個人。所謂參戰的「大陸軍」和「民兵」，都是商人的私人武裝。要知道，獨立戰爭的領導機構「大陸議會」連徵稅權都沒有，哪有錢維持一支常備軍？

商人領導的戰爭，也得籌款。

以往戰爭籌款往往有三種途徑：一是徵稅，二是借款，三是發行紙幣。

對殖民地來說，徵稅不太現實，議會大概找不到什麼繳稅的人；借款，美國連個像樣的政府都沒有（英國和歐洲大陸國家不承認美國政府），憑什麼向外借款；剩下的，就只有發行紙幣（大陸券）了。

一七七五至一七八〇年，美國通貨總額二·四一億美元，一七七九年一年竟然發行了一億元的大陸券（Continental Dollars）。如果按照歐洲國家的經驗，美國貨幣體系即將崩潰。

問題是，這裡不是歐洲，是新大陸。

美國既然自己選了政府，也就破除了貿易中最大的障礙，生意越做越大，商船開始在全球巡航；一七八四年，「中國皇后」號（Empress of China）抵達廣州。此時，歐洲大陸還流行重商主義保護政策；美國則更類似於一個自由港，消除了特權，沒有關稅。生意人就是生意人，哪裡賺錢就往哪裡走。無論歐洲還是美洲，包括海盜在內的人，都到這裡來做生意。

一七七〇年，費城每年最多有四·五萬噸貨物離港，一七八〇年，這個數字達到了七·二萬噸；維吉尼亞、馬里蘭等地的貿易量也比戰前翻了一番。貿易量的增加，降低了通貨膨脹的危險。這是世

界戰爭史上的一個奇蹟，戰爭促進了經濟發展，而且不是靠賣軍火。戰爭消除了世俗權力對經濟運行的制約與壓榨，全世界的商船都往這裡湧，不強盛，那才真是怪事。

其實，強國之路有時真的就這麼簡單。

美國金融之父：漢米爾頓

漢米爾頓——戰時的英雄，卸甲後的理財家，既是美國的開國元勳，也是美國金融史上里程碑式的人物，人稱「美國金融之父」。

按照童話的邏輯，獨立戰爭結束，美國人民從此過著幸福的生活……可現實不是童話，歷史也永遠不會終結。

對聯邦政府來說，獨立後的日子簡直是一場噩夢。

獨立後籌措財源：設立中央銀行、統一貨幣、發行國債

聯邦欠下了一屁股債，更離譜的是，大陸議會壓根就沒有徵稅權，只有建議權，批准權在各州議會。一七八三至一七八九年，聯邦從各州僅弄到兩百萬美元，加上搶來的英國財產，不過七百五十萬美元，卻須支付九百五十萬美元左右的費用。

當時的北美，民眾普遍把徵稅視為暴政，聯邦要說服各州納稅，廣大的美國人民是不會答應的。瀕臨破產的財政成為聯邦體制的致命缺陷，由於缺錢，甚至引發重大兵變。與此同時，大陸券、

金銀、各個國家的貨幣在美國都有流通，大陸券與金銀比價的波動幅度，一日之內可達二〇%。聯邦政府危矣！如果沒有亞歷山大．漢米爾頓（Alexander Hamilton）的話。

漢米爾頓——戰時的英雄，卸甲後的理財家，既是美國的開國元勳，也是美國金融史上里程碑式的人物，人稱「美國金融之父」。

一七八九年，漢米爾頓臨危受命，成為華盛頓的第一任財政部長。他的施政方針可以用兩種語言來描述。

說複雜點，就是以聯邦信譽建立中央銀行應對財政危機；說簡單點，就是發行紙幣。

漢米爾頓是約翰．勞的信徒，但他認為法國金融大廈建立在沙灘上，只有仿效英國建立英格蘭銀行，才能維持銀行體系的穩定。新大陸應該有一個強大的中央銀行統一貨幣；身為一個落後國家，必須優先發展金融業。

在所有試圖發展商業和工業的地方都要以銀行信貸作為重要支持……荷蘭、英國等工商業強國都是銀行業興盛的國家，便充分說明了這一點，而美國是基本不產金銀的國家，因此，建立銀行殊為重要。

——漢米爾頓

一七九〇年，漢米爾頓向國會提交議案《關於公共信用的報告》，要求模仿英格蘭銀行，成立美國銀行，並授予該行二十年特許證發行美元，同時由聯邦統一美國的國債市場。

議案的批准過程並不順利。

漢米爾頓一生中最重要的對手是國務卿湯瑪斯．傑弗遜（Thomas Jefferson）。傑弗遜一生都欠銀行債務，而美國銀行業沒什麼政治感，對國務卿進行強力追討，以致傑弗遜臨終時，甚至害怕自己買不起墓地。

可以說，傑弗遜一生都為銀行債務而鬱悶。

更重要的是，傑弗遜的支持者來自南部諸州，南部諸州的農場屬於貸款戶，是強勢銀行的受害者。紙幣雖然有利於流通，卻必然會損害農場主的利益。要傑弗遜支持設立中央銀行，基本上是不太可能的。

傑弗遜從一開始就反對成立中央銀行，他認為「銀行法的目的不過是為了使一夥騙子發財，使國家中誠實和勤勞的人受損」。

所幸，傑弗遜還不是總統，國會在北部大商人手中。最終，國會以三十九票對二十票的戰績，通過了漢米爾頓的銀行法案。

即使如此，漢米爾頓還是做出了重大的讓步：為換取南部諸州的支持，他甚至放棄要求將紐約作為首都。很難評價這個選擇是對是錯，紐約如果成為首都，紐約肯定不是今天的紐約，甚至美國也不再是今天的美國。經濟中心同為政治中心，可能美利堅合眾國會走向一條完完全全不同的發展路徑。

中央銀行股票搶手，美國第一家交易所在華爾街成立

令漢米爾頓沒想到的是，他建立的中央銀行，催生了美國證券市場。

一七九一年總統批准成立美利堅合眾國銀行（後來，人們將這家銀行稱為「美國第一銀行」），第一銀行執行中央銀行職責，股本一千萬美元，其中聯邦政府股份兩百萬美元。

也就是說，八〇%的第一銀行股本要靠市場發行股票，要從市場投資中募集。

一七九一年七月四日，美國第一銀行股票開始上市交易。所有股票在幾個小時內被認購一空，當時的報紙這樣描述這個獨立日：「一些為拯救公眾自由甘願在戰爭中犧牲、拋棄家財的人驚奇地站在一旁，注視著這令人詫異和意想不到的場面。」

僅僅一個月，美國第一銀行股價就從二十美元（發行價）飆升到三百二十五美元。跟南海泡沫和

密西西比泡沫一樣，所有人——商人、店員、技工、學徒……大家紛紛傾囊而出，推動著股價飆升。

跟著，市場開始流傳各種傳言：第一銀行即將收購紐約銀行，紐約百萬銀行即將和紐約銀行合併。幾乎所有的銀行股都在狂飆。

一批經紀人開始租用固定交易場所交易股票。一七九二年三月二十一日，二十四個經紀人在華爾街六十八號的一棵梧桐樹下簽訂協定，史稱《梧桐樹協議》（Buttonwood Agreement），這些經紀人組成了一個有價證券交易聯盟，此即紐約交易所的前身。

自此，金融，一顰一笑都在影響著新大陸的命運。

安穩度過建國後的第一次金融風暴，第一銀行卻關門大吉

一七九二年，美利堅合眾國銀行開業，這家銀行發行的紙幣就是美元。不過，美元此時還不是國際貨幣，誕生時甚至要以西班牙銀元為基準，兩者官方的比價是一比十五。

聯邦政府給美國第一銀行的任務，是防止貨幣混亂；**美國第一銀行的主要工作，是製造混亂**。

第一銀行經常收集州立銀行的銀行券，當到達一定數量時，突然要求銀行兌付黃金、製造擠兌。這種做法很快在貨幣市場形成了一種恐怖氣氛，各銀行紛紛收縮信貸，回收貸款，利率很快飆升到一天一%。

紐約證券市場剛剛興起第一波多頭市場，大家投資興致正濃，也就難免貸點款、融點資。貨幣市場利率飆升，對股市從來都是重大利空，剛剛興起的多頭市場馬上經歷了一場下跌，整整五百萬美元的資產，就此蒸發。

面對突如其來的貨幣收縮，漢米爾頓果斷出手，命令財政部收購第一銀行股票，支持市場，同時勸告普通銀行不要收縮貸款。商人可以用短期票據繳納關稅，在此之前，關稅只能用黃金或者聯邦票據支付。

無論如何評論漢米爾頓的救市，最終結果是金融市場在財政部的支持下，平穩度過了建國後的第一次波動，沒有發生南海泡沫或密西西比泡沫一樣的悲劇。

在傑弗遜眼中，第一銀行帶來的只有瘋狂、貪婪、混亂，漢米爾頓不過是在為一群賭徒撐腰。後來，財政部長漢米爾頓沒有變成美國總統，國務卿傑弗遜卻在一八〇〇年成為美國的最高領導人。

儘管第一銀行也知道新總統討厭銀行，但是，它並未把總統放在眼裡：第一銀行的特許權到期日在一八一一年，恰好度過傑弗遜的執政期限（華盛頓連任兩屆之後退任，總統只能連任兩屆已成為潛規則，但當時尚未寫入憲法）。

在這種形勢下，第一銀行的銀行券始終處於擴張地位，其他銀行則不斷處於守勢。對此，州立銀行早就心懷不滿。

令第一銀行沮喪的是，傑弗遜之後的總統麥迪遜（James Madison）也是典型的傑弗遜主義者，州立銀行終於等來了機會。

一八一一年，第一銀行特許權到期，州立銀行聯合向國會提出議案，認為第一銀行涉嫌不公平競爭，要求撤銷對第一銀行的特許權。當年，美國第一銀行特許權沒有獲得延展，關門收攤。

美國政府的政策可能錯了，因為歐洲投資者持有美國第一銀行八〇%的股份，美國第一銀行關門，意味著八百萬美元的金銀鑄幣流出美國，這在當時簡直是一個天文數字。

漢米爾頓管理金融市場的方式或許確實過於行政化，但是，總好過大家想做什麼就做什麼。傑弗遜主義者摧毀了中央銀行，讓華爾街成了脫韁野馬，自此，這裡成為一個沒人監管的市場，一直到一九二九年的經濟大蕭條。

更不幸的是，次年，美英再次開戰。一八一四年英軍攻占華盛頓，白宮，被燒了。政治動盪下，金銀開始向歐洲本土回流。當年，各州銀行普遍宣布停止兌付金銀鑄幣，美元隨即劇烈貶值。在這場災難中，聯邦政府被迫接受了大量沒有實際價值的銀行券，蒙受了大約五百萬美元的損失，成了最大的輸家。

曇花一現的中央銀行

第二銀行恰好於一八三六年關門大吉。失去了第二銀行，市場上的貨幣一下子好像消失了。通貨緊縮如期而至。

美國人很快學乖了，一八一六年，麥迪遜尚未做滿任期，國會就要求總統重建美利堅合眾國銀行，即美國第二銀行（Second Bank of the United States）。

美國第二銀行的興衰同樣與華爾街息息相關。

運河股帶動第二波多頭市場，證券市場迅速發展

第二銀行建立的時候，恰逢美國「運河熱」。一八二〇年，伊利運河（Erie Canal）通航，運河的總花費是七百萬美元。要知道，五〇年後美國購買阿拉斯加州才花了七百二十萬美元，即使這七百二十萬美元，還被廣大的美國人民罵了幾十年。

當時，美國建國不足一甲子，六十年，自由競爭中根本就不可能形成超級財團。如此巨大的運河投資不太可能靠個人，只有對公眾募股。

伊利運河通航後，西部農產品可以直接透過運河運到東部，以前只能繞道密西西比河。運河的通航使得運輸成本下降了約四倍，時間則縮短了三倍，當年，約有一萬三千艘船航行在伊利運河之上。

巨大的成功激勵了後來者，各種各樣的運河公司應運而生。這就是所謂的「運河熱」。

運河熱，確實很熱；熱的，不是運河。

運河修建的過程中，不確定性實在太大，經常會碰到許多難以解決的地質問題，投資根本就是一個無底洞。更多的人只是以修運河的名義籌資，至於是否真去開鑿運河，大概只有上帝才知道。所謂的「運河公司」，很多壓根就是騙子。運河有沒有無所謂，有概念就行，紐約證券市場由此再次興盛。

第二銀行最擅長的業務，跟第一銀行一模一樣：除了威脅州立銀行，就是貸款給股票炒家，甚至直接參與股票炒作。由此，紐約證券市場迎來了第二波多頭市場，各種運河公司的股票被吹成玄色玫瑰，在貨幣擴張的支撐下，證券市場迅速發展。

一八三二年，儘管漢米爾頓已經在決鬥中被敵人槍殺，但他的繼承者已在政壇形成勢力，被稱為聯邦主義者。

傑弗遜早就在銀行的討債聲中與世長辭，而且當政的總統安德魯．傑克森（Andrew Jackson）與傑弗遜素來不睦。

鑑於以上原因，第二銀行總裁尼古拉斯．畢多（Nicholas Biddle）信心十足，在特許到期前四年，提前向國會申請延長美元特許權期限。

畢多一定沒研究過傑克森的個人歷史。

傑克森確實與傑弗遜素來不睦，但卻與傑弗遜有一段相似的歷史：因為個人早年為人擔保，也被銀行追債，一追就是十多年。

可以說，傑克森對銀行的痛恨，不在傑弗遜之下。

總統斷然否決了國會提議，理由是：第二銀行將國家財力集中於一個機構，將貸款集中於東部工商業，涉嫌違憲。

結果一：聯邦資金立刻撤出第二銀行，總統對市場發出了明確信號，第二銀行命不久矣。

結果二：個人信譽欠佳的總統創造了美國歷史上信譽最好的財政部，居然搞得美國既無外債又無內債（由此，我們也可以知道，這位總統如何痛恨銀行）。

幸虧後來無人繼續這個政策，否則個人信譽欠佳的總統極有可能讓我們見不到今天關係美國命運的很多名詞：全球最大的債務國、貨幣失衡、美元霸權……

貨幣政策錯誤、關閉中央銀行，導致通貨緊縮

有了第一、第二銀行交替的例證，畢多並未被傑克森嚇到。只要收縮貨幣，市場就會下滑，聯邦只能遷就第二銀行。於是，第二銀行立刻收縮貨幣信貸，希望藉此減縮銀行信用，製造金融市場的緊張氣氛，繼續第一銀行起死回生的奇蹟。

得到明確信號的州立銀行並不配合，何況第二銀行始終就是它們的眼中釘。沒有第二銀行搞清洗，他們可以放心地擴大信貸；市場並沒有像第二銀行預期的那樣出現緊縮。

反擊也沒有嚇倒國會。四年後，特許命令到期，聯邦政府堅決關閉了第二銀行。一八三六年三月，美國第二銀行關門大吉。此後幾十年，美國都沒有成立中央銀行。

這麼做，肯定是不對的。

在某種程度上，第二銀行制度設計存在合理性，雖然第二銀行也定期搞清洗，但正是這種威懾力，使州立銀行在放貸時有所顧忌，貸款不會無節制地擴張。傑克森向市場發出信號，第二銀行快完蛋了，威脅也就不存在了。

銀行過度擴張的結果，讓實體經濟無法再支撐如此數量龐大的銀行券，可是貨幣總要尋找歸宿。第二個結果的消極效應於是顯露無遺：傑克森把國債市場也取消了，貨幣失去了最重要的對沖手段。

貨幣自己找到的歸宿，是證券市場：除了運河公司，一八三六年，紐約證券市場還在交易三十八家銀行股票、三十二家保險公司股票。

傑克森的處理方法，簡單而粗暴。

為收縮銀行貨幣，一八三六年他規定所有土地交易必須使用金幣或者銀幣；當年七月十一日更簽署《鑄幣流通令》（Specie Circular），強制推行金銀幣作為貨幣。

自此，銀行券不好使了。

提醒一下，第二銀行恰好於一八三六年關門大吉。失去了第二銀行，市場上的貨幣一下子好像消失了。

通貨緊縮如期而至。

一八三六年十一月，棉花價格是每千克十五美元，到一八四二年，只剩六美分。更可怕的是，貨幣收縮一旦發生，就會產生慣性，到一八三七年三月，利率上升到一個月二％至三％。

高額利率對證券市場的打擊幾乎是毀滅性的：一八三七年三月，紐約市場開始迅速下跌；五月，美國各州立銀行再次停止兌付鑄幣。

美國經歷了歷史上的第一次大蕭條，情形直追一九二九年的經濟危機。

傑克森逝世於一八四五年，他傳世的墓誌銘只有一句話：「I killed the bank!」（我殺死了銀行！）

改變華爾街的發明與創新

創新，是一個企業、一個民族乃至一個國家興衰的根本。在後面部分，我們會看到，每一個關鍵時刻，都是創新決定了世界走向，而這些創新恰好大多發生在保護創新的國度——美國。

一八三六年的蕭條一直持續到十九世紀五〇年代。值得慶幸的是，此前，繁榮的種子已經種下。

事件還要回溯到獨立戰爭後制定的《美利堅合眾國憲法》，《憲法》規定：「為促進科學和使用技藝的普及，應給予發明家和作家的著作一定期限的專利保障。」

《專利法》激勵創新，保障發明者的權益

根據此條，一七九〇年國會頒布《專利法》；一八〇二年，國會批准成立專利管理局。

這些政策的目的只有一個：保證發明人對發明成果享有獨占收益。專利制度激發了美國人發財的夢想；只要能創造出比別人更先進的技術，就能發財。

很諷刺，專利本來的含義是歐洲王室對某個領域的特許權，有無《專利法》本身並不重要，任何一個國家都可以制定《專利法》。一八九八年中國就頒布了《專利法》，但似乎太監仍舊是清朝獨領世界風騷的創新……

創新，是一個企業、一個民族乃至一個國家興衰的根本。在後面部分，我們會看到，**每一個關鍵時刻，都是創新決定了世界走向**，而這些創新恰好大多發生在保護創新的國度——美國。

因為，美國是一個真正依靠法律保護創新的國家，專利保護甚至被寫入憲法。私有財產神聖不可侵犯，智慧財產權照樣神聖不可侵犯。美國專利商標局（USPTO）的大門上，至今仍刻著林肯總統的名言：「專利制度就是將利益的燃料添加到天才之火上。」

當然，任何一個創新都有很大的偶然性；但是，有了制度激勵，無數次偶然中，肯定有必然。電的發明可能是偶然的，但率先出現在美國則是必然，否則，不可能每一次都是偶然：原子能、生物製藥、網際網路……

也正是因為偶然太多，制度保證才顯得尤為重要，它激勵著無數追求利益的人奔跑；有了利益，人類的創造力就是無窮的。

如同戰爭，將官總是許諾：「先登城者，賞萬戶侯。」

中國人不聰明嗎？然而，我們的激勵卻是「學而優則仕」。

（天才是一%的靈感加上九九%的汗水。但是，這一%的靈感卻是至關重要的！有時要比那九九%的汗水更為關鍵。
——愛迪生）

電報發明後，串連各地證券市場，華爾街更加興盛

華爾街一飛沖天，靠的就是創新！十九世紀五〇年代，此時華爾街還很原始：通訊基本靠吼，交通基本靠走。

第一項改變華爾街的創新，叫做電報。地球人都知道，那玩意兒是傳遞資訊的，比吼快多了。華爾街的命脈，是信息：早一刻得到資訊，你就是市場先知，就是市場的神。

電報的改良者，叫做摩斯（Samuel Morse）。說好聽點，他是一個畫師；說難聽點，他靠在街邊給人畫像為生，而且極不敬業。

沒事（有事也不耽誤）的時候，摩斯喜歡擺弄電流、做實驗。由於過於業餘，他並沒有多少技術性原創，電報硬體早就有，只是不實用。摩斯創造了一個發報代碼體系，讓發報成為可能。

一八四〇年，摩斯為此申請了專利。

此後四年，無人問津。

一八四四年，終於有人在華盛頓和巴爾的摩之間架設了一條四十英里的電線，摩斯開始了較長距離的電報實驗。

五月二十四日，摩斯在華盛頓的國會大廈發出世界上第一條完整意義的電報密碼，內容是「上帝創造了何等奇蹟」，一瞬間，巴爾的摩成功地接收到了資訊。

成功了！

無人問津的代碼，創造了一個嶄新的華爾街。

對比當時美國的其他城市，紐約在經濟總量上遠遠沒有達到壓倒性優勢，費城、波士頓，甚至華盛頓都是區域經濟中心，而且都有獨立的證券市場。這些證券市場之間雖然有資訊往來，但更多是靠本地炒家自生自滅。

電報改變了這一切。

資訊將各地市場連成一片，紐約市場畢竟更加成熟，也更有魅力。憑藉先發優勢，紐約一舉吸納了來自各地的資金和炒家，成為和倫敦並肩的國際金融中心。

鐵路公司的股票為證券市場帶來利多

第二項刺激證券市場的創新，是鐵路。

一八三〇年五月二十四日，美國第一條鐵路建成通車，全長二十一公里。與運河相比，此時的鐵路技術還不成熟，也尚未獲得重視。截至一八四〇年，全國建路里程僅為九百九十八公里。

一八五三年「紐約中央鐵路公司」整合了各家鐵路公司的資源，統一了鐵軌和機車標準。鐵路相對運河的優勢展露無遺：不受天氣制約，無須溝通天然河流（美國本土河流多為從南到北），可以鋪設到任何一個角落。此時，中國國門已經被列強打開，中國勞工也為美國鐵路熱付出了血汗和生命。

一八四八至一八五八年，美國鐵路總長度達到三萬三千英里，超過了其他國家鐵路長度的總和。自此，鐵路成為貫穿美國大陸中西部的運輸動脈。至今，還沒有其他方式可以撼動它陸地貨運的霸主位置。

對華爾街來說，鐵路並不重要，重要的是，組建鐵路的公司為他們提供了新的故事素材和投機工具——鐵路公司股票。

最後，華爾街需要的只是一個時機。

多頭市場前期，一兩個負面消息未必能遏制市場上揚，但在空頭市場前期，市場已羸弱不堪，平時可以承受的消息，也足以成為重大利空。

全球經濟危機首次登場

一八四六年美國vs.墨西哥，戰爭爆發，結果：墨西哥喪失一半領土，包括加利福尼亞等州在內的一百二十萬平方公里的土地併入美國。併入美國的，不僅僅是土地，還有加利福尼亞地下的金礦。

實際上，一八四一至一八四二年，加利福尼亞地區先後兩次發現金礦，當時加州還是印第安人的天下。第一，大家不認識黃金；第二，消息閉塞，沒有外傳。

加州淘金潮起，熱錢湧進證券市場

美國人來了，不一樣了。

一八四八年一月二十四日，西部移民詹姆斯．馬歇爾（James W. Marshall）在水溝內發現金塊。馬歇爾的居住地位於沙加緬度河（Sacramento River）、美國河（American River）匯合點，是天然的人口集散地，也是當時最大的移民中心。

儘管馬歇爾想嚴守發現黃金的祕密，消息還是不脛而走。三月，當地報紙《加利福尼亞人報》首發此消息。

八月，紐約《先驅報》進行大篇幅報導。

六月，加州總督向總統波爾克（James Polk）報告，稱金礦的價值「足以支付幾百倍以上的墨西哥戰爭的費用」。

十二月，總統致函國會，公開加州總督的報告，證實加州金礦並非空穴來風。

拜電報所賜，包括中國在內的世界人民奔相走告，舉球歡慶。最終，包括中國人在內的移民湧入加州，淘金熱由此開始：一八四九年，約三萬人湧入加州；次年，又有三萬人加入。

淘金的收入確實令人咋舌：在富礦區，人均收入是一天兩千美元，這個數字足夠一個家庭過幾年好日子；即使在貧礦區，勞動者的收入也是人均一天二十美元，相當於東部一個月的收入。

千淘萬漉雖辛苦，吹盡黃沙始見金！

一八四七年，美國黃金產量只有四萬三千盎司，一八四九年變為一百九十三萬盎司；一八五三年，淘金熱達到頂點，加州黃金產值達到六千五百萬美元，一八五一至一八五五年，加州黃金產量幾乎占世界的四五％，美國一躍成為世界上最大的產金國。

《加利福尼亞人報》這樣報導：「從舊金山到洛杉磯，從沿海到內華達山麓，整個地區都響徹著呼喊聲：黃金！黃金！」

鐵路公司破產引爆的金融危機，蔓延世界各地

淘金熱的另一個結果是：貨幣供給增加，錢多了！

貨幣擴張一旦開始，錢的數量就會螺旋式上升，把黃金產量遠遠拋在後面：一八五五年美國銀行業總體鑄幣儲備只剩下十四％，而一八三七年以前這個數字是五〇％。有人甚至出版銀行券手冊，指導人們哪個銀行券儲備比例太低，告訴人們哪家銀行很不可靠。

上萬種銀行券在貨幣市場流通，證券市場則充斥著鐵路股票，各種消息透過電波在全美甚至全球

傳送。

時機成熟了！

多頭市場的故事總是相似的：華爾街一片歡樂，如同之前之後的每一次多頭市場。獲得財富如此容易，各種奢侈品開始充斥紐約市場，《先驅報》報導甚至有女富豪真的穿上「水晶鞋」——用鑽石裝飾的鞋子（這個場景在鬱金香危機中依稀可見，後人哀之而不鑑之，復使後人哀後人也）。

一八五六年，紐約共有三百六十家鐵路公司、九百八十五家銀行股票，還有無數的聯邦債券、市政債券在市場交易。

之所以有多頭市場，是因為有空頭市場，空頭市場遲早會出現，空頭市場的故事卻各有悲歡。交易資金量擴大，後果是災難性的。

這些資金是典型的「倒金字塔」：多頭市場前期並沒有進入，看到收益後才攤資而入，此時往往是多頭市場中後期，投資額先小後大，故曰「倒金字塔」。**倒金字塔投資是證券投資的兵家大忌，儘管您可能從無數資料中看到過這個法則，但是，我向燈泡保證，絕大多數人沒有記性的。**

加州淘金者多是新移民，對空頭市場的徵兆沒有基本判斷，對一八三七年的空頭市場也沒有任何記憶。他們的投資，恰恰就是倒金字塔。

實際情況是，隨著鐵路逐步飽和，冶鐵、採礦、製造等一批行業已經開始不景氣。華爾街，災難就在旦夕之間。

一八五七年八月十九日，密西根中央鐵路公司（Michigan Central Railroad）總裁辭職，儘管總裁辭職的理由是「個人事務」。任何時代，非正常狀態更換高階主管，對上市公司肯定不是什麼好兆頭，有理由認為公司內部可能出現問題，甚至面臨困境。

八月初，密西根鐵路公司的股價是八十五美元，月底下跌到六十七美元了；九月，公司被聯邦政府接管。密西根鐵路公司的股價下跌，終於引爆了鐵路公司股價集體下跌。九月底，很多鐵路公司的股價較八月初跌去了八〇%。

多頭市場前期，一兩個負面消息未必能遏制市場上揚，但在空頭市場前期，市場已羸弱不堪，平時可以承受的消息，也足以成為重大利空。

所以，禍，從來都不是單行的。

八月二十四日，俄亥俄人壽保險和信託公司宣布停止兌付鑄幣。

九月十二日，美國商船「中美洲號」沉沒於好望角，隨之沉沒的還有四百名乘客和一百六十萬美元的黃金。

十月，一半以上的經紀人破產。

十二月，全美共破產五千多家企業。

第一次全球經濟危機在紐約閃亮登場。電報迅速把消息傳遍全球，紐約的悲劇蔓延到西歐，甚至中國。

受美國經濟衰退所累，七〇%的曼徹斯特人處於失業狀態，有工作的人工資下降七〇%；一八五六年，英國消費總量為兩千一百萬英鎊，一八五七年底，這個數字變為一千七百萬英鎊……

表面上，是紐約證券市場的股災引爆了這場危機；實際上，華爾街此時還遠沒有如此大的魔力。

有衰才有盛，有盛必有衰。危機，是必然的。

十九世紀四〇至五〇年代，西進運動、美墨戰爭帶來了廣袤的領土，鐵路、運河成為商業運輸的血脈。運輸成本從未如此之低，速度從未如此之快，恰在此時，豐富的黃金又提供了充足的貨幣。

這些，都為工業革命後的美國企業提供了一個廣闊的市場。

然而，廣闊的市場也是有限度的，當鐵路連接了廣袤的國土、每個美國人都有了足夠的紡織品時，產品銷量也就只能維持在日常消耗之上。市場消失，市場爆發時積累的生產能力必然過剩，這個邏輯一日循環下去，就是危機。

一八六一年，美國爆發南北戰爭，毀滅了舊市場，也創造了新的市場，繁榮將再度蒞臨。

華爾街取代倫敦，絕非南北戰爭一役之功，而是新大陸移民文化力量的總爆發。在這片信仰新教的土地上，人們把發財致富看成最有效的救贖方式。

南北戰爭，為銀行而戰

時至今日，人們往往將美國分為南部和北部：北部以工商業為主，南部則以農業為主。剛剛建國的美利堅合眾國，南部多是大型農場——奴隸農場。

產業形態差異、銀行借貸爭議，種下南北戰爭因

南方諸州的資金來源是北方銀行：農場以收成做抵押向銀行貸款，每季收成之後和銀行分成。借了錢，南部諸州反而對銀行制度更深惡痛絕，因為利息實在太高。也是在南方諸州議員的支持下，第一銀行、第二銀行才先後解體。在銀行制度上，南北雙方的矛盾很難調和。

更難調和的，是關稅。

南方諸州以農業生產為主，說白了就是英國紡織業的原材料產地；奴隸主依靠種植利潤享受上流生活。北部諸州則以工商業為主，當然希望透過閉關鎖國保護國內產業，方法是提高關稅。不過，提高關稅也就提高了南部諸州奴隸主生活的成本。

一八九七年開始美國連續提高關稅，十九世紀九〇年代，美國關稅平均達到五七%，比同時期的中國清朝還高。

這才是經濟學的真實嘴臉：沒有對錯，只有成敗！

儘管南北爭端由來已久，北方諸州從政治家到士兵，並沒有下定決心開戰，銀行家更關心貸款能否安全收回，更沒有議員敢於承擔分裂聯邦的罪名。

北方示好，南方諸州並不買帳，而且它們已經為叛亂準備多時了。因為，北方是經濟增長結構下的長期受益者，南方則是受害者。林肯還沒當上總統時，南方就有四個州宣布脫離聯邦，一八六一年林肯當選總統，南方十一個州宣布脫離聯邦、另選總統，南北戰爭由此爆發。

一八六一至一八六四年，美國南北戰爭解放了新大陸的黑奴，再造美國經濟。

戰爭使得北部經濟突然衰退，一八六一年北部破產的銀行比一八五七年（金融危機）還多。主要是南部各州欠北部銀行三億美元款項，兵鋒一起，錢就甭指望要了，銀行只有破產。一八五七年的危機本就使得證券市場有氣無力，戰端起時，紐約市場更是全部暴跌，華爾街股價被打壓得一錢不值。

戰爭促成：產業轉型、美國貨幣統一

林肯很鬱悶：「國家的根基已經動搖，我該怎麼辦？」

他想出來的辦法簡單而愚蠢：啟動印鈔機，以財政部的名義發行鈔票。這些鈔票史稱「綠背紙鈔」。綠背紙鈔使得黃金在流通中消失了，面對通貨膨脹的威脅，人們選擇把金幣藏在櫃子裡。

一八六三年國會通過《國家銀行法》（National Banking Acts），規定國家有權發行三美元的「綠背紙鈔」，商業銀行發行必須以「綠背紙鈔」作為儲備，必須將「綠背紙鈔」（greenback）一半留存於紐約的中央儲備部。也就是說，在某種程度上，林肯統一了全國貨幣，重建了中央銀行，最終改變了戰時北方混亂的貨幣局面。

不怕沒貨幣，就怕貨幣太亂。貨幣，其實是一種很奇妙的東西。說到底貨幣不過是一種憑證，說它代表黃金也好，說它是價值尺度也好，如果大家都認為它是錢，那麼，它就是錢了。

事情的結果相當戲劇化。戰爭需要生產物資，戰前九〇%的製造業都在北方，如此工業基礎根本不需要建設，改造一下就可以了：水管改成來福槍管、服裝改成軍裝、收割機改成戰車；美國歷史上新一輪的工業大投資開始了。

北方農業同樣迎來了機遇：戰爭使得勞動力驟然減少，收割機、播種機、割草機，大型農業機械設施幾乎與軍工產品同步增長，在戰爭的條件下，一八六一至一八六二年，北部小麥出口英國的數量，居然增加了三倍。

經濟擴張，「綠背紙鈔」被北方諸州視為理所當然的官方貨幣！

任何時代，貨幣增發都會刺激證券市場，因為，貨幣是證券市場的子彈。但是，只有在經濟體健康的情況下，才有可能與實體經濟互為動力。

華爾街發現，鈔票和股票同時多了起來。此時，有了充足的子彈，工業體系又欣欣向榮，華爾街，爆發吧。

那個時代，還沒有道瓊指數，我們只能以事件、交易量和新聞來描述這個瘋狂的市場。

一八六三年，紐約證券交易所（New York Stock Exchange）掛牌（以前被稱為「常規交易所」）。當年，場內交易量達到四十八億美元，場外交易量達到一百萬股，僅次於倫敦證券交易所；一八六三年，發明連續競價；一八六四年，J．P．摩根公司（J.P. Morgan & Company）涉足股票交易（這點在後來很重要）；一八六五年，紐約交易所成交量為倫敦交易所的十倍。

華爾街金融帝國誕生了！

林肯很興奮，「現在，我們正從事一場偉大的內戰」。

這確實是一場偉大的內戰，從此，倫敦只能遙遙看著這個高高在上的「新約克」（New York）。

華爾街取代倫敦，絕非南北戰爭一役之功，而是新大陸移民文化力量的總爆發。在這片信仰新教的土地上，人們把發財致富看成最有效的救贖方式。

第八章

美國崛起

黃金開始左右世界金融

黃金在發現萬有引力的牛頓手中變成貨幣，自此，英鎊成為第一代國際貨幣。黃金本應為幣，但是，在美國，黃金成為貨幣卻頗費周折，就為這事差點使美國財政部破產，同時還催生了聯準會。這個時代，美國成為托拉斯的世界。是什麼原因使得白銀退出西方貨幣舞臺？美國人民如何能擊潰摩根、洛克菲勒這樣富可敵國的家族？

英國成為第一個金本位國家

經濟學理論告訴我們，金本位條件下可以靠黃金多寡自動調節國際匯率，永遠不會存在匯率失衡。比如，您要是進口過多，國內黃金就會減少，貨幣含金量下降，匯率就會貶值，外貿趨於均衡。反之，也成立。

以上理論，正確；條件：僅對弱者。

黃金、白銀曾經都是貨幣：金銀天生非貨幣，貨幣天生是金銀。

十八世紀二〇年代之後，由於某人不懈努力，白銀終於變為非主流，黃金成為貨幣世界永恆的主題。某人，叫做以撒．牛頓，而且，與你認知的牛頓是同一個人。

牛頓，是偉大的數學家、物理學家，是經典力學、微積分的奠基人。對物理和數學來說，牛頓是奠基人；對牛頓來說，物理和數學只是業餘愛好。**牛頓的本職，只是英國王室造幣大臣**。在這個職位上他一幹就是三十多年。

牛頓當政之前「造幣大臣」只是一個閒職，沒有任何實權。各家銀行自己發行銀行券，自行鑄造鑄幣，日子過得相當愜意，關造幣大臣何事。

黃金為幣，始於牛頓。

沒有白銀鑄幣，就用黃金造錢

十八世紀初，金銀同為英國貨幣，但牛頓發現黃金越來越多，白銀越來越少。因為，在歐洲大陸使用黃金時的購買力低於英國，而白銀的情況則恰恰相反。

也就是說，在英國本土金賤銀貴，在海外金貴銀賤。

牛頓不但掏空了國庫的白銀存底，而且收購英國人民的銀器，就是為了增加白銀鑄幣。費了九牛二虎之力才拿出約七百萬英鎊白銀，依然不能扭轉金賤銀貴的局面，新鑄的銀幣也在流通中消失得無影無蹤。

牛頓很傷心，傷心之後就明白了：黃金在本土便宜，而無論鑄多少銀幣都會被人藏起來，即所謂「劣幣驅逐良幣」。

明白了之後，牛頓就開始動歪腦筋。既然白銀是良幣，那麼就只用劣幣：黃金。

一七一七年牛頓規定，只有黃金才是貨幣，純度為九〇%的黃金每金衡盎司價值三英鎊十七先令又十便士。牛頓大概也沒有想到，他規定的這個掛鉤比例一直持續到一九三一年。

這是餿主意，因為，只有在英國諸島才金賤銀貴，人們可以不斷從海外弄來白銀兌換黃金。這樣，可以賺很多錢。重賞之下必有勇夫……

長此以往，牛頓這個造幣大臣乾脆不要幹了！

為了恐嚇「勇夫」，牛頓不知砍了多少人的腦袋，把膽敢以身試法的人送上斷頭臺，有時牛頓甚至親自監斬。有人說，牛頓發現萬有引力定律是因為蘋果砸到自己頭上，在我看來，卻是因為觀刑臺上看到頭顱落下才有感而發。

英格蘭銀行、劍刃銀行等機構為獲取王室債務代理權，嚴格執行了牛頓的命令，英國實際上已經確立了金本位。

一八〇九年，英國下院通過《錠金報告》，作者是大名鼎鼎的大衛・李嘉圖[85]，《錠金報告》強調英格蘭銀行要保證黃金兌換，並規定了英格蘭銀行對其他銀行的兌換義務。

一八一六年，英國議會通過《金本位》法案，黃金第一次成為一個國家的法定貨幣。

第一經濟大國的英鎊是強勢貨幣，其他國家跟進金本位

十九世紀中期，儘管美國已經初露崢嶸，但西方第一經濟強國仍舊是率先完成第一次工業革命的英國。

工業革命是人類歷史上第一次開天闢地的大創新，自此人類擺脫了自然生存狀態，不再以體力對抗自然。恩格斯對一八五〇至一八七〇年英國經濟的評價是：所有過去應用蒸汽和機器獲得的驚人成果與這二十年的巨大產量比起來，與輸出輸入的巨大數字和積聚的財富比起來，都微不足道了。

恩格斯的話還有一個含義：全世界都要從英國購買製成品，也要向英國輸入原材料。那實在是沒有法子的事情：身為創新的締造者，英國獲得了無與倫比的先發優勢，全球的市場都是它的，因為只有它能用機器來創造。

一個國家要稱霸武林，產業優勢和貨幣可以比做武俠小說裡的內功和招式：產業是內功，貨幣只是招式。有了內功，招式旦夕可得。金融必須配合產業，而不是決定產業。

你可以不承認高科技產業國的優勢貨幣，但不得不承認它締造的產業鏈。世界都是人家的，何況貨幣？只有服從這個產業鏈才能創造更多財富，才能享受到世界最先進的文明。接受它的貨幣，遵守人家的法則，實在是沒有法子的事情。

何況，法國發生大革命之後，歐洲大陸的動亂從來就沒停過，從大革命到波旁王朝復辟，再到拿破崙，法國一直在折騰。為了避險，大陸富豪習慣於把錢存到英格蘭，也就是兌換為代表黃金的英鎊。

普魯士在普法戰爭（Franco-Prussian War）中獲得巨額黃金賠款，於一八七一年確立金本位。十八世紀中期，歐洲發現大量銀礦，銀價猛跌；法國、挪威、荷蘭、義大利、比利時、瑞士先後在十八世紀七〇年代實行金本位（公認的世界金本位體系形成於一八八〇年）。

自此，英鎊成為第一代國際貨幣體系的核心，**黃金主宰了貨幣的世界。**

操縱匯率提供穩定的國際貨幣環境，有助經濟發展

經濟學理論告訴我們，金本位條件下可以靠黃金多寡自動調節國際匯率，永遠不會存在匯率失衡。比如，您要是進口過多，國內黃金就會減少，貨幣含金量下降，匯率就會貶值，外貿趨於均衡。反之，也成立。

以上理論正確，條件是僅對弱者。對金本位體系締造者——英國來說，上述理論純屬虛構。整個國際金本位體系，確實是一個黃金自動調節機制，而在這個體系的中心，人為控制痕跡卻頗為明晰，這在國際貨幣體系堪稱奇觀。

恩格斯曾經提到，英國是最大的製成品出口國，又是最大的原材料進口國。對國際貿易來說，進口製成品的需求是剛性的，而原材料是可以替代的。落實到匯率上，原材料遠比製成品敏感：甲方可以換人，乙方沒有選擇，必須進口。

這個優勢，使英國在國際金融市場中遊刃有餘，以小博大、四兩撥千斤。中國武功的最高境界是：手中無劍，心中也無劍。此時的英國，沒有管理匯率，匯率隨心而動。

十八世紀後期，英格蘭銀行黃金儲備僅占銀行券的二％至三％，最多不超過五萬英鎊，很多時候甚至不足一萬英鎊，從絕對數字來看英鎊根本就岌岌可危。

但是，英國總是操縱利率，從容應對任何個人、集團甚至國家的擠兌。

倫敦作為第一代國際金融中心，尤其是在票據交換方面具有不可替代的優勢，英國可以在銀行市場借入鉅款，又在貼現方面借出鉅款，一入一出足以熨平匯率波動。一旦市面黃金流通收緊，英格蘭

---

85 大衛．李嘉圖（David Ricardo，1772~1823），英國十九世紀著名的政治經濟學家，被認為是最有影響力的古典經濟學家。

銀行就放手貼現，憑空創造英鎊；同時，同信貸市場左右黃金流入倫敦。

當時，報紙這樣評價英格蘭銀行的政策：「七%的利息足以吸引北美的黃金。」憑著倫敦信貸市場，英國金本位硬是撐過了近一個世紀。

儘管金本位也是一種強者邏輯，但在當時國際貿易體系下，正是這種金本位體系使得各國不能以鄰為壑。即使英國，也必須透過貨幣市場控制匯率，不能任由自己的經濟形勢亂發貨幣。穩定的匯率給了西方諸國一個穩定的國際貨幣環境，可以說，當時的金本位制度為西方飛速發展提供了必要條件。

白銀鑄幣運動的白熱化

七〇年代後期，英國已經確立金本位，其他國家確立金本位的趨勢也日趨明朗。結果造成美國白銀在國內過於便宜，在國際市場又無處出口。人都是趨利避害的，而且喜歡向陰謀論聯想。銀礦主們立刻想到了建國時刻的法令，為何《鑄幣條例》未將白銀納入其中？

歐洲諸國實行金本位的時候，美國人還在用綠背紙鈔。金本位體系下，歐洲諸國相當於固定了匯率，美國毫無準備地獨自執行紙鈔制度，其尷尬可想而知。非不想也，實不能也。

南北戰爭結束後，大家都認為聯邦政府會調整貨幣。包括民主黨、共和黨兩黨在內，大家都認為戰時通過的《國家銀行法》是應急手段，以聯邦名義發行紙幣，只能是權宜之計，仗打完了，就該調整了。

南北戰爭後，聯邦果然開始調整貨幣，一八七三年二月十二日，國會通過《鑄幣法案》，恢復自由鑄幣。問題是，南北戰爭結束後，美國物價就開始下降，而且一降就是三十年。此時減少貨幣供給，日子真的是不要過了。

關於此事，還要從美國剛建國談起。

金本位成為世界趨勢，美國白銀國內外都無法流通

美國建國後不久，一七九二年財政部規定，任何人只要攜帶金銀就可以到鑄幣廠自行鑄幣。兩百四十七・五格令（十六克）黃金可以換得十美元金幣，三百七十一・二五格令（二十四・一克）白銀可以換得一美元銀幣，黃金白銀比價是一比十五（即一盎司銀的官價為一・一七八美元，一盎司黃金官價為十七・六七美元）。

傑克森政府時期金幣貶值，十美元金幣含金量減少到兩百三十二・二格令，銀幣含銀不變，也就是說官方金銀比價變為一比十六（即一盎司銀的官價為一・二九二美元，一盎司黃金官價為二十・六七美元）。然而，當時金屬市場上白銀價格要遠遠超過一盎司一・二九二美元。既然可以在商品市場賣高價，何必費心鑄成貨幣？

南北戰爭前夕，銀幣就已經在市場上消失了。

鑑於市場上根本沒有銀幣，《鑄幣法案》壓根就沒提白銀可以鑄造貨幣。從這個意義上說，忽略白銀鑄幣並非是陰謀，更沒有想剝奪哪個集團，應該說《鑄幣法案》還是公平的，所以當時銀礦主也沒反對。

世界一直運轉著，所以，白銀的情況也會變化。

一八五九年，北美發現了內華達州大銀礦，一八七三年產出白銀價值六十四・五萬美元，兩年後產量居然翻了二十五倍。

這，還不是全部。

七〇年代後期，英國已經確立金本位，其他國家確立金本位的趨勢也日趨明朗。結果造成美國白銀在國內過於便宜，在國際市場又無處出口。

人都是趨利避害的，而且喜歡向陰謀論聯想。銀礦主們立刻想到了建國時刻的法令，為何《鑄幣條例》未將白銀納入其中？

人們紛紛指責一八七三年初的《鑄幣條例》是東部銀行家的一場陰謀，並將《鑄幣條例》稱為「七十三罪惡」，要求聯邦政府恢復自由鑄造銀幣，承認金銀固定比價為一比十六。

開玩笑。白銀貶值由市場供需決定，趨勢已經不可逆轉。

民主、共和黨為了選戰，要求恢復白銀鑄幣

要求聯邦恢復白銀鑄幣的，卻不僅僅是銀礦主，還有華爾街、農場主和工業資本家。他們的動機似乎就不那麼單純了。

西進運動中，農場面積越來越大，農場主不但必須雇工，也要和銀行、商店、掮客打交道，貨幣已經成為一種農場主與外界聯繫不可或缺的工具。舉債是農場主最主要的貨幣來源，欠債就要還錢；還錢就要利息；還利息，農場主不願意。

所以，農場主痛恨銀行。

在新興資本家階層來看，以黃金鑄造硬幣，最大的贏家是銀行。貨幣會越來越少，工業製品的價格會越來越低，把貨幣發行權交給銀行，等於賦予了銀行盤剝工商企業的權力。

所以，新興資本家痛恨銀行。

華爾街當然不希望銀行業獲得貨幣發行權，更不希望禁絕綠背紙鈔，市場一顰一笑全靠貨幣支撐，一旦恢復《鑄幣條例》，自己無疑會受制於銀行業。以華爾街為首的綠背紙鈔黨甚至為一八七六

年總統大選準備了自己的人選，準備拚死一搏。

所以，華爾街就更痛恨銀行。

一八七五年，是共和黨任期的最後一年，而且，一個很明顯的情況是，共和黨支持者乃至經費多來自於東部銀行勢力。

頂著壓力，共和黨主導國會又通過了《恢復硬幣支付法》：允許州立銀行自行發鈔，每增加一百美元銀行券，財政部收回八十美元綠背紙鈔。

然而，繼任的民主黨卻沒有如此魄力，畢竟他們還要面對後面四年的任期，而且傳統上人們都認為民主黨代表西部農場主勢力。

一八七八年民主黨當政後，機會來了，白銀運動終於取得了階段性成果。

當年，國會通過《白蘭德．艾利森法》，規定財政部每月鑄造兩百萬至四百萬美元銀幣，當然，財政部只用最低限額收購白銀。

次年，通過《謝爾曼購銀法》（The Sherman Silver Purchase Act），強令財政部每月鑄造四百五十萬美元銀幣。

很多時候，雖然勢力集團呼聲很高、勢力很強，但未必代表正確方向。說到底，利益集團的呼聲也是為了利益，而且是短期利益，未必符合民生長期利益。

民主黨的媚民政策立即引起了貨幣市場混亂。

聯邦政府力求流通中綠背紙鈔、黃金、白銀等值；《鑄幣條例》又規定美元可以自由兌換黃金；財政部必須滿足任何以紙幣、銀幣兌換黃金的要求。

這顯然是不可能完成的任務。

一八九三年，財政部幾乎沒有收到黃金，全部是綠背紙鈔；歐洲主要國家都已經確立金本位制度，進口又必須以黃金支付……

結果，財政部很快就不是財政部了，一八九三年十月堂堂美利堅合眾國國庫只有九千萬美元黃金儲備，財政部即將關門大吉。情勢已經岌岌可危！

黃金和白銀，遲早還有一戰。勝者將成為貨幣，敗者將永遠退出貨幣舞臺。一八九六年大選，最終成為黃金和白銀的決鬥場。

一九〇七年經濟大恐慌

這些負債（綠背紙鈔）在接收和黃金贖回後沒有撤銷而是再次發行，可以反覆從國庫中兌換黃金，因此，這是一個無法終止的鏈條，直到金庫被掏空。

——克里夫蘭國情咨文

一八九三年，總統是克里夫蘭（Stephen Cleveland），他堅定地認為購銀法案是貨幣危機的根源，並在國會陳詞：《謝爾曼購銀法》三年內使得聯邦財政損失了一．三二億黃金儲備，政府必須立即無條件停止購買白銀，要不惜一切代價拯救金本位。

面對國會反對勢力，總統很憤怒，扔出一句狠話：誰不肯廢除《謝爾曼購銀法》，誰就為將來貨幣崩潰負責——為財政部籌資。

國會歷來是政黨勢力角鬥場：有了功勞，大家搶；有了黑鍋，你來背。一八九三年十一月一日，沒有經過過多辯論，國會就宣布正式廢除《謝爾曼購銀法》。

太晚了。

美國國債在歐洲被搶購一空，國庫黃金儲備終於足夠

一八九四年二月的第一週，克里夫蘭總統焦急萬分，此時，國庫黃金儲備只剩下不足一千萬美元，一張稍微大點的貼現票據就可以為財政部畫上句號了，而這種面額的匯票真的是很平常。無奈，克里夫蘭總統向摩根財團發出請求，希望約翰．摩根（John Morgan）支持國庫。這一次，華爾街向總統伸出了援助之手，自此，華爾街才真正開始主宰美國。

約翰．摩根很清楚，耗盡國庫黃金儲備的是國內貨幣制度，即使在國內籌集到這些黃金，也很快會在循環兌換中耗盡。在國內壓根就不可能籌集到這筆黃金，唯一的黃金來源只能是歐洲。出於這種判斷，摩根財團承銷了當時最大的一筆美國政府國債，銷售地點為歐洲大陸。鑑於美國自身經濟實力，也鑑於承銷商約翰．摩根的聲譽，美元債券暫態被歐洲投資者搶購一空。

為確保黃金不流出美國，以摩根財團為首的華爾街機構同時從倫敦市場拆借[86]了英鎊，不斷在紐約市場拋售，美元匯率逐步走強。

約翰．摩根成功了，當年六月底，國庫黃金終於穩定在一億美元左右。

國庫穩定，不是每個人都高興。

金本位對債權人有利，因為金本位下很難出現通貨膨脹，幣值相當穩定。

而農場主，他們是當時最大的債務人。被銀行債務壓榨的農場主認為，讓他們自由鑄造銀幣才是解決貨幣問題的良方。

克里夫蘭總統求助華爾街的行為更激怒了農場主，在他們眼裡黃金是富人的貨幣，總統是華爾街

86 拆借是一種按天計算的借款，又稱拆放、拆款，通常以一兩天為限，最多不超過一個月。它有兩種情況：一是商業銀行間的相互拆借（同業拆借）；另一種則是商業銀行對證券市場經紀人的拆借（通知放款）。由於拆借按日計息（拆息），利率每天不同，甚至一天之內也有變化，因此拆息率的高低，反映了資金市場的供求狀況。

的傀儡！

黃金和白銀，遲早還有一戰。勝者將成為貨幣，敗者將永遠退出貨幣舞臺。一八九六年大選，最終成為黃金和白銀的決鬥場。

選總統，也選金本位或銀本位

雙方代言人——

黃金戰士：共和黨候選人威廉．麥金利（William McKinley）。

麥金利本職律師，一八九一年出任俄亥俄州州長，支持他進入政壇的不乏華爾街巨擘，其岳父也是當地一家金融機構的創始人。著名語錄：「神聖的貨幣絕不能成為賭局，每一個美元都應該和黃金一樣神聖。」

白銀戰士：民主黨候選人威廉．布萊恩（William Bryan）。

布萊恩本職律師，一八九〇年成為眾議院議員，一生都在為提高農產品價格奔走，自行組織人民黨（後來併入民主黨）。著名語錄：「我們不應當把帶刺的王冠壓在勞動者的眼眉上，更不能將人類釘死在黃金十字架上。」

其實，黃金戰士和白銀戰士是共和黨還是民主黨並不重要，重要的是兩黨都既有白銀戰士又有黃金戰士，關於如何締造美國貨幣體系，看法則相當混亂。

這個時候的美國已經經歷了近三十年的通貨緊縮，最大的問題在於如何解決通貨緊縮、增加貨幣供給。

從情勢上看，黃金戰士的勝率並不大，畢竟禁絕白銀貨幣，最直接的後果就是貨幣收縮。大選開始，布萊恩開始巡迴演講，拉選票。他反覆告訴選民，農民（其實是農業資本家）在債務壓榨下如何痛苦，銀幣將解放這個國度，人們再也不會有缺錢的感覺。

麥金利居然一反競選常態，只是坐在家裡，什麼也不做。即使如此，每天到他家中的選民也有近十萬之巨。他只提到一個問題：如果今天白銀可以成為貨幣，那麼，明天您手中的美元又會是什麼？白銀成為貨幣確實可以解決當時貨幣供給問題，然後呢？然後，就是更大的混亂。全世界都以黃金為幣，唯獨美元黃金、白銀互換，一旦世界來擠兌黃金，日子還過不過了？何況，所有人手中都有貨幣，包括白銀戰士在內都希望貨幣價值穩定。令黃金戰士興奮的是，選舉日的前幾週，美國經濟形勢發生了奇蹟般變化，小麥價格三十年來首次上漲，衰退的經濟有了起色。

人們普遍認為，這是摩根財團穩定美元黃金含量的結果。選票，不僅是為了國家，也是為了自己的財富。兩害相權取其輕，對美國而言，建立一個長治久安的貨幣體系無疑更為重要。

一八九六年大選：黃金：白銀=兩百七十張總統選票：一百六十三張總統選票，黃金完勝。麥金利當選穩定了美元幣值，綠背紙鈔也獲得了法定地位。同時，阿拉斯加、澳洲和南非都發現了新的金礦，提高了美國貨幣的供應量，南北戰爭後的經濟衰退基本結束。

美國聯合銅業公司的破產，讓恐慌蔓延整個紐約

一九〇七年十月，一個叫海因澤（F. Augustus Heinze）的投機客企圖炒作美國聯合銅業公司（United Copper Company），這在華爾街已經很平常。

十月十六日，在沒有任何先兆的情況下，聯合銅業公司股價表演高臺跳水，從六十美元跌至十美元。然後，聯合銅業公司破產，海因澤損失慘重。

公司破產、投資者受損，在華爾街早就司空見慣。如果是在平常的話。

金本位後美國經歷了近十年的繁榮，此時已是強弩之末。況且，跟海因澤一起投資的，還有一批

道上的兄弟，其中包括紐約第三大信託公司尼克伯克信託投資公司（Knickerbocker Trust）。消息一經傳開，市場信心頓失。

十月十八日，儲戶開始擠兌尼克伯克信託投資公司，儘管公司盡一切可能滿足了前兩天的儲戶，但是，恐慌還是在整個紐約蔓延：道瓊指數一瀉千里，許多經紀行和投機者破產。

二十二日，尼克伯克的所有存款就已經告罄，當日下午宣布破產。

如果危機得不到控制？如果擠兌蔓延到銀行體系？如果危機向全國擴散？華爾街將如何應對？

十月二十三日，約翰．摩根決定出手救市。第一國民銀行、國民城市銀行和摩根財團站到了一起，財政部也動用兩千五百萬美金轉交摩根使用。

約翰．摩根的第一個動作：糊弄。

當日紐約所有報紙的頭條都是「摩根準備出手援助美洲金融機構」，約翰．摩根以為自己連國庫都能挽救，這樣戰無不勝的聲譽足以穩定市場局勢。

約翰．摩根失算了，公眾沒有買帳。全美洲都這德行了，您也別糊弄了。

當日，紐約國民商業銀行被迫停業；美洲信託公司、威斯汀豪斯公司、林肯信託公司擠兌者紛紛上門，匹茲堡證券交易所已經停止營業；銀行短期拆借利率竟然已經高達六〇％。

國家信用體系已經岌岌可危。

當晚，約翰．摩根拿出了真金白銀，籌資約兩千萬美元應對第二天的危機（其中一千萬美元由洛克菲勒集團提供）。事後證明，正是這兩千萬美元為紐約贏得了寶貴的時間。

三百多家銀行破產，摩根財團再次出手相救

十月二十四日，紐約證券交易所告急，證交所主席湯瑪斯向摩根財團求援：股票抵押貸款短期拆

借利率已經上漲至九〇％，這簡直是天方夜譚，經紀人已經沒有任何子彈。湯瑪斯提到，若沒有兩千五百萬美元救市，當日至少會有五十家經紀商破產，紐約證券交易所也得提前關門上板。

下午兩點，摩根又從紐約各商業銀行籌集到五百萬美元，將共計兩千五百萬美元交給了紐約證交所。湯瑪斯立刻在交易所宣布這個消息，興奮的交易員撕破了自己的紅馬甲，「摩根萬歲」響徹了整個交易大廳。市場當天借給經紀人一千八百萬美元，紐約證交所躲過了一劫。

情勢並未好轉。

十月二十五日晨，短期拆借利率飆升至一五〇％，儘管摩根又籌集了一千萬美元，但根本緩解不了整個紐約貨幣市場的緊張。此後，一週之內有八家銀行倒閉。

再這樣下去，摩根財團不但回天無力，自己怕是也會被拖垮。

約翰．摩根想到的法子是：耍無賴。

當日中午，摩根財團、第一國民銀行、國民城市銀行決定聯合發行一億元債券，財政部特准這一億元債券可以當做現金。也就是說，摩根財團此時已回天無力，自己弄了一堆紙張，然後告訴大家：**這就是錢，您用吧**。

如果市場不承認債券，摩根財團怕是立刻就得破產。

剛才我們提到，如果市場認為一張破紙是錢，那麼，破紙就是錢。約翰．摩根相信，市場一定會接受債券，如果不接受，那就集體死光光。

為了保證自己兌付，當然，也實在是沒有現金了，各銀行果然表示同意接受摩根的債券，銀行間清算市場也聲明支持債券作為支付手段。

當然，約翰．摩根也玩了點陰的，他先騙不肯接受債券的信託公司老總來談判，然後將其鎖進空房間，等待外界普遍接受債券才將其放出。據說，這幾家信託公司的老總在紐約公立圖書館待了整整一夜，到凌晨四點才被放出來。

之後，約翰・摩根推出了組合拳。

——幾乎所有紐約媒體都反覆報導摩根籌集了約兩千萬美金黃金運往美洲（假的）。

——成立宗教委員會，由牧師出面撫慰公眾情緒，讓大家從銀行門口回到教堂（精神安慰）。

——成立公共關係委員會，專門封殺不利於市場的消息傳播（涉嫌封殺新聞自由）。

——對官方儲備水準過低的質疑，摩根的回答是咆哮：「資金儲備要是沒低於法定水準以下才羞恥，你的儲備金現在不用還等到什麼時候呢！」（違法，且理直氣壯）

此後，美國鋼鐵公司（United States Steel Corporation）入市，收購經紀商手中股票，為市場提供流動性支援。

健在的信託公司表示將自行籌款維持市場穩定。

羅斯福總統表示，為避免市場災難，此時的市場收購不適用《反托拉斯法》（Antitrust Law）。

十一月六日，倫敦向紐約發出明確信號，支援紐約七百萬美元黃金。

十一月十五日，道瓊指數開盤飄紅，危機陰影逐漸淡去。

儘管美國經濟很快恢復了元氣，但當年道瓊指數仍舊下跌三八%，最紅火的鐵路概念股也下跌三〇%，大批企業倒閉，無數人失業。《美國商業金融大事記》將之稱為「工業癱瘓和蕭條的時期」。

到了這個時候，問題的原因已經很清楚，**銀行體系在繁榮時會過度擴張，在蕭條時期會過分收縮，呼吸之間撼動金融市場和整個國民經濟**。一九〇七年危機只持續了不到一年，卻造成三百多家銀行破產。

這一次，約翰・摩根能力挽狂瀾。下一次呢？難道國家非要借助私人信譽才能避免蕭條？

聯邦準備銀行的誕生

合眾國必須建立一個由公眾、政府、國家三方共同控制的聯邦準備銀行，中央聯邦準備必須控制在聯邦手中，銀行必須根據商業資產和黃金儲備的五〇%發行通貨。

提到世界著名的白色建築，人們自然就會想到白宮。美國還有一個著名的白色建築，那就是聯準會。聯準會，即「美國聯邦儲備體系」——美利堅合眾國的中央銀行。這是一個美國政府體系內的獨立王國，透過制定貨幣政策支持美國經濟，主要職責是「爭取充分就業、穩定物價、監督金融機構、確保國家金融體系安全」。

如果有機會到華盛頓的話，您可以像遊覽白宮、國會山莊一樣在那裡流連（「忘返」是不可能的）。在免費講解中您也許能體會到，這座古建築曾經代表著一場美元生死之戰。

曾經有本非常流行的暢銷書告訴我們，聯準會是一個私人機構，甚至第一次世界大戰都是聯準會搞出來的。某種意義上，聯準會確實有私有股份，但又非一般意義的股份制，私有股權並無任何發言權。現在，讓我們回顧一下那段歷史。

威爾遜總統提出「拱頂石計畫」，為建立中央銀行鋪路

經歷了一九〇七年危機，美國公眾終於意識到，中央銀行雖有集權嫌疑，危急時刻卻是救命稻草。它可以存在嗎？

一九〇八年，國會通過《奧德利奇—瑞蘭法案》，就兩條：第一，授權財政部在流動性不足的緊急時刻提供貨幣；第二，成立美國貨幣委員會，委員會由九名參眾兩院議員組成，專職討論金融體制

改革問題。

委員會主席是來自羅德島州的參議員納爾遜．W．奧德瑞茲，一個參議院重量級人物，也代表東部銀行勢力。奧德瑞茲是保守勢力最堅定的代表。

隨後三年，奧德瑞茲和國家貨幣委員會對美國金融現狀和需求進行了廣泛的研究，也走訪了很多國外機構。一九一一年一月，委員會向華盛頓遞交了一份國家銀行和金融機構改革報告，即「奧德瑞茲計畫」：成立中央機構發行通貨，並在各州設分支機構執行商業銀行再貼現（您也可以理解為向銀行貸款），中央機構的控制權屬於董事會，而董事則來自於各個大銀行。

奧德瑞茲計畫一經公布立刻引起軒然大波，西部農場主本來就對集中貨幣發行權耿耿於懷，奧德瑞茲計畫居然將控制權交給了銀行家。

提案幾乎沒有獲得什麼支持，除了銀行界，所有人都希望將銀行置於公法機構和公眾視野之內。國會只經過些許辯論就否決了這個歷時三年的提案。

一九一二年，民主黨人湯瑪斯．伍德羅．威爾遜（Thomas Woodrow Wilson）當選為美國總統。威爾遜的競選班底領導者之一是白銀戰士布萊恩，競選時布萊恩就不停鼓噪「國內最大的壟斷就是貨幣壟斷，國家不能接受任何使銀行握有更大控制權的計畫」。

由此看來，建立一個權威中央銀行在美國已經幾無可能了。

其實，政客的立場，很多時候都是表象，表象之下是利益。布萊恩是一個在宦海中沉浮的政客，不是憤青，不可能以熱情替代行動。他知道什麼可行，什麼實用。

貨幣總要運行，聯邦也可能遇到新的危機，按照布萊恩的方法莫非要等死？而且，威爾遜是十六年來第一位民主黨總統，白銀戰士布萊恩作為最重要的民主黨元老，當然不希望總統折戟沉沙。

為了黨的聲譽和執政計畫，布萊恩選擇了實用。

布萊恩放棄了自己的貨幣理想，轉而為總統搖旗吶喊。一九一三年六月二十三日，威爾遜總統出席參眾兩院聯席會，呼籲各方放棄成見為合眾國締造一個良好的貨幣環境。威爾遜要求建立一個既能提供彈性貨幣，又要置於聯邦管轄之內的銀行系統；銀行只是一種工具，絕不能成為商業、個人乃至聯邦的主人。

威爾遜總統提出了「拱頂石計畫」，意指中央銀行是國家經濟的拱頂。計畫認為，必須建立中央銀行來重整毫無章法的貨幣運行，中央銀行是公法機構，不受私人銀行家控制，但是，可以建立私人控制的地區性儲備銀行，以減輕中央銀行籌資壓力。

文雅地說，這是一個調和性方案；刻薄地說，這是和稀泥。和稀泥的結果，就是農場主和銀行家都不滿意。

農場主要求地區儲備銀行必須同樣在公法機構控制之下，銀行家要求地區儲備銀行有對聯邦儲備機構的控制權。雙方都提出了自己的修正案，要求國會修正「拱頂石計畫」。

《聯邦準備法》通過，美利堅合眾國聯邦準備銀行正式開張

為獲得農場主支持，布萊恩再次粉墨登場，向農場主承諾他將在反壟斷法中解決銀行互兼董事問題，以免銀行勢力過強。

布萊恩在鄉村地區的聲望特別高，八月末，民主黨議員形成共識，將聯合黨內所有議員強制性通過總統提案。

九月十八日，眾議院以兩百八十七票對八十五票的絕對優勢通過《聯邦準備法》（Federal Reserve Act）提案。

事情還沒結束，國會還有參議院。大銀行家是參議院中一股強大的勢力，十月初，美國銀行家年會公開宣稱《聯邦準備法》是「社會主義性、沒收性、不公正的和卑鄙的」。

看起來，威爾遜總統起碼要費一番手腳。

可是，參議院不是銀行家的天下，銀行家也不是鐵板一塊，比如小銀行和超級銀行都希望有一個強有力的中央銀行：小銀行怕競爭，超級銀行則怕過強的勢力會導致聯邦勢力反噬。

銀行家年會提出反對意見的同時，紐約國家城市銀行總裁范德普利就跑到參議院陳詞：合眾國必須建立一個由公眾、政府、國家三方共同控制的聯邦準備銀行，中央聯邦準備必須控制在聯邦手中，銀行必須根據商業資產和黃金儲備的五〇％發行通貨。

十二月十九日，參議院以五十四票對三十四票通過了議案。幾個小時後，威爾遜總統簽署《聯邦準備法》，美國中央銀行已經呼之欲出。

最後，也就是人們最關心的問題，到底聯準會是不是一個公法機構？聯邦儲備資金又從何而來？按《聯邦準備法》，聯準機構股份來自於十二個區域準備行，區域準備行股份來自地區內的國民銀行和州立銀行，也就是說，**在根子上，聯準會的股份來自私有銀行**。

不是每一個股東都能發揮作用，在市場經濟最發達的美國也是如此，聯準會就是典型代表。區域準備行的真正控制者是聯邦儲備委員會，所有董事都需要經聯準核准。

也就是說，美國的商業銀行用錢養大了一個孫子，可是，作為爺爺的商行必須得聽孫子的。

至於聯準會高階主管全部由行政任命，商業銀行不能透過股份權力插手：財政部長和通貨審計長是聯邦準備委員會委員，另外五名則由總統任命並經參議院審批，任期十年，以保證中央銀行獨立性（一九三五年修改為每位委員均須經參議院審批，財政部長和審計長不再擔任董事）。

從一開始，聯準會就是一個從上到下進行管理的公法機構，政治勢力完全控制了這家即將誕生的中央銀行。美國政壇歷來是各方勢力的角鬥場，所以，歷屆聯準主席都是政黨鬥爭的產物，至於私有股權只是看客。

一九一四年十一月十六日，美利堅合眾國聯邦準備銀行（Federal Reserve Bank）正式開張。

摩根與洛克菲勒集團

兩大家族的經歷，記錄了美國那個一去不返的時代，詮釋了一百五十年美國歷史，就是這個時代造就了今天美國的霸主地位。

當紅色薔薇含苞待放時，唯有剪去四周的枝葉，才能在日後一枝獨秀，綻放成豔麗的花朵。美國有本書叫做《托拉斯真相》，洛克菲勒家族和摩根財團都是其中的主角。

洛克菲勒與摩根的創業史

一八五五年，洛克菲勒（John Rockefeller）還是一個標準的打工仔，這一年他十五歲。

一八六三年，洛克菲勒投資石油產業，這一年他二十三歲。

一八七〇年，洛克菲勒成立標準石油公司（Standard Oil），煉油產量占美國的九五％，這一年他三十歲。

一八八二年，洛克菲勒開創了史無前例的事業——托拉斯（Trust），標準石油成為全世界最大的石油企業。

一九一一年五月十五日，美國最高法院依據一八九〇年《反托拉斯法》判決如下：美孚石油公司是一個壟斷機構，洛克菲勒的石油帝國被拆解為三十七家地區性石油公司。

一九三七年洛克菲勒去世時，個人財富折合成現值至少有兩千億美金，是目前世界首富比爾・蓋茲財富的四倍，按不精確的字面價值算，相當於中國二〇〇九年末外匯存底的一〇％，是當之無愧的富可敵國。

洛克菲勒曾經說過，「如果把我剝得一文不名丟在沙漠的中央，只要一列駝隊經過——我就可以重建整個王朝。」

與洛克菲勒不同，約翰．摩根出生於一個富豪家庭，雖然沒有創業經歷，卻把摩根家族從小富即安變為富可敵國。

一八九二年，約翰．摩根主導併購奇異公司（General Electric Company）。

一八九四年，約翰．摩根成功化解美國政府黃金儲備危機。

一八九五年，約翰．摩根的「德雷克希爾—摩根公司」（Drexel, Morgan & Co.）更名為J．P．摩根公司。

一九〇一年，約翰．摩根成立美國鋼鐵公司（United States Steel Corporation），公司資本占全美製造業資本一五％強。

一九一二年，約翰．摩根一手創立的摩根財團在美國排名前一百二十名公司中占三百四十一個董事席位，總資產合計兩百二十億美元，是密西西比河以西二十二個州全部不動產的總和。

一九三三年，根據《格拉斯—斯蒂格爾法案》（Glass-Steagall Act），J．P．摩根公司被肢解為J．P．摩根公司和摩根史坦利（Morgan Stanley），但摩根帝國依舊輝煌。

併購公司再交給專業經理人管理，源於水手對雇主的「信託責任」

兩個家族的經歷，記錄了美國那個一去不返的時代，詮釋了一百五十年美國歷史，就是這個時代造就了今天美國的霸主地位。

洛克菲勒和約翰．摩根不是神，也不可能在短短幾十年人生中憑空創造一個財富帝國，他們採用的方式叫做「併購」。併購完整詮釋了資本主義世界的企業運營方式：企業管理人員，既不是科學家，也不是出資人，而是專業經理人。

把資產交給別人，能放心嗎？正確的提問應該是：自己幹，能放心嗎？

回答這個問題的關鍵，就是中國股市傳說中的「信託責任」。不過，還要從新大陸移民之前談起。

工業革命前，歐洲也不富裕，全歐最牛的金融貿易中心不過也就十多萬人，只能出去跑船、做生意，順便幹海盜。購船的人當然是王室、領主或大商人，波濤洶湧的大海，遠非多情的水域，海上風高浪急，經常有海盜，鬼才知道能不能回來。就算你有這個膽量，也沒航行的技術。人們經常把經商稱為「下海」，商場風雲變幻，風險不亞於海洋風暴，後者往往更加殘酷。普通人不能承受海洋風暴洗禮，又怎麼能相信他能蔑視商海？

只有職業水手才有能力出海，他們知道如何應對各種情況，哪裡有礁石，什麼時候有季風。艦隊漂入海洋，雇主就沒有選擇，只能依靠雇用的水手，依靠他們的忠誠，其中的維繫就是上帝。這並不是說水手怕上帝責罰，他們壞事一點都沒少幹，商船藏著海盜旗，到非洲弄幾船奴隸回來，也不是沒幹過。

唯獨雇主的錢，不動手。不是不想動手，是不能動手。跑船是職業，幹一票，也就打破了社會慣例。如同一個離經叛道者，不可能再被原來的社會接受。

美國，把自己的歷史建立在「五月花」號之上，以大不列顛清教徒為主的移民秉承了「盎格魯－撒克遜」（Anglo-Saxon）法律傳統，不過，雅利安人（Aryan race）絕非傳說中的英國紳士，而是一群徹頭徹尾的強盜。他們進入大不列顛群島的時候還處在原始社會，沒有文字，所以沒有成文法，攻占大不列顛群島後短短幾年，雅利安人接觸到人類古代文明，卻仍舊遵循自己的習慣，原來怎麼做，現在就怎麼做，於是判例法出現了，最終演化成現在的普通法系。西方法學界吹捧的普通法系也是一種徹頭徹尾的野蠻制度，因為普通法特徵是追溯判決，這顯然是沿襲原始社會的一種習慣。

相對於源自軍規的羅馬法系（大陸法系），普通法當然要靈活得多，沒有判例的時候，法官可以創造法律。海洋、市場都瞬息萬變，作為市場裁判的法律，也必須有恰當的靈活性，普通法恰恰符合這個條件，而且在很大意義上普通法強化了這種源自水手出海的「信託責任」：對雇主的忠誠並非源於硬性的懲罰約束，而是沿襲生活習慣而來的前輩事蹟。

隨著時間的流逝，這種制度在競爭中獲得了龐大的收益，在演化中逐步得到自我強化。這種信託責任發展到極致，在政治制度上就是今天西方的代議制：選民委託國家，帶領大家走向並不風平浪靜的未來。

於是，美國有了華盛頓，人類有了《獨立宣言》、第二次工業革命……

有人說，他們是強盜；不過，也有人說，他們是天使。

托拉斯與反托拉斯

如果沒有移民文化，托拉斯始於此，也將終於此，美國會繼續西班牙、荷蘭、英國的故事，衰敗在自己的繁榮中。顯然，二十世紀初的美國人意識到了，托拉斯終於遇到了自己的死敵——反壟斷。正因為如此，美國才沒有重演強國衰落的戲碼。

一八九四年中日甲午戰爭時，美國已經成為世界第一經濟大國，工業品產量相當於英、法、德三國的總和。此時，美國已經是道道地地的江湖霸主，一個霸權主義國家，混到這個地步已經完全可以想滅誰就滅誰，東西方不敗。

美國當然希望繼續這種輝煌，但是與所有曾經輝煌過的帝國一樣，美國終於遇到了發展的死結：

托拉斯。

對一個企業來說，壟斷並不是壞事。

對一個國家來說，有在世界稱霸的企業，更不是一件壞事。

此時，美國鋼鐵公司、J．P．摩根公司，都能俯仰之間撼動世界。但是，壟斷必然帶來高額利潤，處於壟斷階段的資本，創新激勵自然就比自由競爭階段小。

強調人人平等的移民社會反托拉斯

托拉斯給美國經濟帶來的，不僅僅是收益，還有社會的痛苦。

第一個問題，托拉斯賺的錢實在是太多了。一九一三年僅僅洛克菲勒和摩根合起來就占了美國財富的三分之一，或者說這兩個人占了世界財富的十分之一，確實有點恐怖。

第二個問題，托拉斯已經開始影響聯邦政府決策。利用經濟實力左右議員，進而決定美國政府內政外交。

第三個問題，工人實在太窮困了。財富集中於少數人手中，絕大多數人混成什麼樣子，大概顯而易見。

如果沒有移民文化，托拉斯始於此，也將終於此，美國會繼續西班牙、荷蘭、英國的故事，衰敗在自己的繁榮中。顯然，二十世紀初的美國人意識到了，托拉斯終於遇到了自己的死敵——反壟斷。正因為如此，美國才沒有重演強國衰落的戲碼。

美國人憤怒了，人人生而平等，起碼要給個發財的機會，托拉斯把錢都賺走了，別人也就沒法混了。移民文化不允許政治集權，托拉斯壟斷照樣也不行，連中央銀行都能搞掉兩次半，托拉斯就更不在話下。

率先發難的，又是南方諸州的農民兄弟，他們譴責壟斷組織合謀提高農產品成品價格，壓低農民出售價格，並送給了托拉斯一個響亮的綽號：「Evil」（邪惡）。

工會和州政府緊隨其後。工人痛斥托拉斯降低了他們的收入；州政府則指責托拉斯在自己地盤上不納稅，說到底還是降低了州政府收入。美國農民兄弟也就是喊喊，無產階級具有革命性，而州政府畢竟也是一級政府。工會號召立刻得到了各州政府的支持，一八八〇年，全美已經有七個州立法宣布壟斷托拉斯在他們境內是違法組織。

官商勾結嚴重，反托拉斯法案形同具文

鑑於托拉斯已經引起公憤，一八八八年總統大選中，誰反對托拉斯，誰就能贏得選民。當選後的共和黨終於對托拉斯動手了，一八九〇年向國會提交《反托拉斯法》。整個批准過程非常耐人尋味，如此重大的法案沒有任何爭吵，參議院根本沒有進行辯論就進行了投票，眾議院雖然進行了一次辯論，但結果對法案草稿隻字未改，整個國會甚至沒有舉行一場聽證會。

結果不言而喻：五十二票贊成，一票反對，通過《反托拉斯法》。

反托拉斯已經成為共識，誰反對，可能就會面臨下臺的危險，美國國會沒有爭吵就通過如此重大的法律，歷史上就這一次。《反托拉斯法》作了如下規定：

第一條：本法特此宣布，凡組織托拉斯等聯合企業或二人以上共同策畫均屬違法。第二條：凡壟斷或企圖壟斷或組織或企圖組織聯合企業，或與他人共謀洲際貿易或國外貿易者均屬不法行為。

利益之爭的路程從來就不是平坦的，通過的法律也未必執行。總之，唱高調是可以的，幹掉托拉斯，是不行的。

歷任總統雖然調子很高，卻沒有設立一個實際部門去執行反托拉斯的法令。直到一九〇三年，國會才批准成立反托拉斯執法部門：反托拉斯局，但是，這個堂堂部級單位居然不足十人。指望這樣的執法機構對付托拉斯，如果不是天真，就是根本不想執行法律。

《克萊頓反托拉斯法》的通過，終於讓大財團解體

然而，托拉斯實在是太厲害了，美國人民實在是太窮困了。

二十世紀初，美國新聞界開始出現了關於托拉斯黑幕的報導：官員跟托拉斯的黑色交易，工人生活如何困苦，食品公司如何把汙染甚至含有毒素的食品賣給顧客，醫藥公司如何把垃圾弄成藥品……這些報導的結果是震撼性的，人們開始反思和討論：**個人財富追求能否損害社會公共福利？**

答：不行。

保護個人財產必須以保護社會福利為先決條件，如果以損害社會福利為手段謀得利益，就必然是非法的。**至於托拉斯，它損害人類起跑的公平性，若在出生之前就沒有競爭機會，談何公平。**

這場聲勢浩大的輿論討論後來被稱為「覺醒運動」，人們終於明白，如果限制某一個人、一個企業的貪婪，卻能換來社會整體福利的提高，無疑很划算。後來，這些報導被集結成書，就是著名的《托拉斯真相》和《城市之羞》。

覺醒之後，缺少的，只是一個終結者。猛人狄奧多．羅斯福（Theodore Roosevelt，人稱「老羅斯福」）終於出場了。出場身分：美國總統；綽號：「轟炸托拉斯的巨型炸彈」。

> **我們正面臨著財產對人類福利的新看法。有人錯誤地認為，一切人權與利潤相比都是次要的。現在，這樣的人必須給那些維護人類福利的人民讓步了。每個人擁有的財產都要服從社會的整體權利，按公共福利的要求來規定使用到什麼程度。**
>
> **——狄奧多．羅斯福**

老羅斯福的手段很激進，他拿出的第一個辦法是支持托拉斯工人罷工，建議托拉斯接受工人的談判條件。

第二個辦法更狠，成立了一個「公司事務調查局」，專門收集黑材料。不過老羅斯福還算清醒，這個部門只能收集黑材料，無權裁定托拉斯是否違法。

第三個辦法，如果沒有人對托拉斯訴訟，司法部可以直接提起訴訟，將公司事務調查局的黑材料呈報最高法院，裁定是否形成壟斷。

但是，《反托拉斯法》的條文實在是過於含糊，受制於此，老羅斯福的很多起訴都以失敗而告終。托拉斯，在美國依舊存在。

與老羅斯福相比，威爾遜比較溫文爾雅。溫文爾雅的人，可能下手更黑。威爾遜手段比羅斯福文明了很多，沒再叫人搞黑材料。不過，他的方法卻具備最致命的殺傷性，因為威爾遜修改了法律。

一九一四年，在威爾遜授意下，一批議員向國會提交了《克萊頓反托拉斯法》（Clayton Antitrust Act），而且獲得了通過。該法規定：「凡能導致削弱競爭的價格上的差別對待均屬非法。」

以上法律條文，翻譯起來比較拗口，通俗地說，即使一個公司能夠壟斷市場，也不能自己定價；如果自己定價，就要被解體！

根據《克萊頓反托拉斯法》，J．P．摩根公司、洛克菲勒財團、美國製糖公司等一系列托拉斯紛紛解體。

雖然托拉斯的輝煌一去不復返，不過，也正是托拉斯的解體才保證整個美國能在世界上不斷輝煌。

第九章

第一次世界大戰

德國如何以賠款牽制列強

第一次世界大戰，協約國在美國貸款支持下擊潰了德意志聯盟。然而，巴黎和會後美國又反過來幫助德國擺脫《凡爾賽和約》的束縛。一戰後的貨幣世界混亂不堪，美國、英國、法國各行其是，終於為二戰埋下了火種。一戰前後，美國對德態度為何判若兩人？德國能在戰後扭轉經濟頹勢嗎？

催生德意志帝國的工商業措施

如果說美國經濟成功源於新大陸居民追求財富的夢想，德意志經濟成功則更多歸功於普魯士的地緣競爭，這是歐洲大陸試錯過程中另一個成功的典範。

大家可能注意到了，我們始終沒有提到德國。

當法蘭克卡洛林王朝（The Carolingian dynasty）跟北歐海盜拚死拚活的時候，東部五個大領主趁機解雇了國王，十一至十八世紀，現在的德國、義大利、奧地利等歐洲腹地被稱為「神聖羅馬帝國」。直到十八世紀末期，神聖羅馬帝國境內還只有一百多個小邦，壓根就不是一個統一的國家。

這些小邦中有一個普魯士公國（Duchy of Prussia），拿破崙讓普魯士丟失了一半以上的領地和人口。在超強外部壓力下，普魯士出現了憂患意識，人們開始思考，怎樣才能拯救民族的命運？

關稅同盟、修築鐵路、統一貨幣，催生德意志帝國

一八二〇年普魯士通過《教育法草案》，從此，上學跟當兵一樣，是必須履行的義務。一八七〇年普魯士的小學教育普及率達到九七％，這絕對是一個史無前例的數字。

> **必須以精神的力量彌補軀體的損失，正是因為窮才要辦教育，我沒聽說哪個國家因為辦教育亡國。**
>
> ——普魯士國王威廉三世（Friedrich Wilhelm III）

憑藉優秀的人力資本，普魯士很快就讓世界刮目相看：普魯士誕生了人類第一個科學實驗室、第

一本科技刊物和第一個研究所；弱小的領主為社會科學提供了寬鬆的研究環境，也孕育了包括馬克思、黑格爾和費希特（Johann Fichte）在內的社會科學領域的頂級大師。

一八三四年，以普魯士為核心的北部小邦取消了彼此關稅（以奧地利為首的南部小邦拒絕加入）。一八三五年德意志北部第一條鐵路開通，一八三九年關稅同盟境內鐵路總長度已經超過法國，統一的德意志即將出現在歐洲大陸。

如果說鐵路是德意志的血脈，血管裡流淌的則是德國銀行的資金。

關稅同盟成立之前聯邦境內大概有七十多種貨幣，貿易發展急切需要統一貨幣。修築鐵路增強了這種需要，一八三七年七月關稅聯盟達成協議，以現有普魯士塔勒（Thaler）為基礎建立「科隆馬克制」，一馬克等於十四普魯士塔勒。

一八六八年，普魯士關稅同盟在第四屆聯合會上廢除了科隆馬克，決定逐步取代銀幣制度，一八七一年開始實行馬克制度，銀行以金錠作為發行準備。一八七一年一月十八日包括普魯士在內的二十二個邦和三個自由城市宣布成立德意志帝國，由普魯士國王出任帝國國王。

一八七三年，在普魯士國王操縱下，德國聯邦議會通過法案，組建帝國銀行（Reichsbank），統一馬克幣值，由三十二家銀行在各邦發行馬克紙幣。

馬克誕生，標誌著在經濟上德國也最終實現了統一。一八九三至一九一三年間，德國電氣工業總產值增加了二十八倍；一九一三年，德國成為僅次於美國的全球第二大經濟主體，奠定了新一代歐洲大陸霸主地位。

引進染料工業，並保持與鄰國的競爭優勢

此時，英國正在享受全世界的殖民地帶來的豐厚利潤，原有的工業體系足以支撐國內政治、經濟和軍事需要，自然也就放棄了試錯過程，終於形成了路徑依賴，走入荷蘭、西班牙等第一代世界強國

的宿命。

最離譜的，英國是化學學科發源地，卻把化學工業拱手讓給了德國。英國皇家研究員珀金（William Perkin）一八五六年發明合成染料，英國企業家對此卻沒有什麼興趣，因為他們可以從殖民地弄來天然染料。

珀金的老師霍夫曼（August Hofmann）把這個發明帶到德國，形成了德國染料化工行業，到一九○○年，全世界八○％的染料都產自德國。

如果說美國經濟成功源於新大陸居民追求財富的夢想，德意志經濟成功則更多歸功於普魯士的地緣競爭，這是歐洲大陸試錯過程中另一個成功的典範。

面對強大的法國、虎視眈眈的奧地利，即使普魯士國王再專制，也得考慮自己的經濟實力是否可以抗衡兩個身邊宿敵。只有經濟實力超越對方，起碼不能弱於對方，才能生存下去。

普魯士人確實不能制約專制，但是周邊的敵人可以，無數小邦又給德國留出了巨大的試錯空間。所以，在普魯士我們看到了新聞自由、教育發展、修建鐵路，乃至實行社會醫療保險、養老保險……這些未必是專制者的初衷，但他們沒有選擇。

國家命運向來是條單行線：強盛或亡國，只能二選一。

可怕的是，自古以來，神聖羅馬帝國始終以羅馬帝國正統自居，普魯士人則始終自認為是羅馬帝國的繼承者，容克貴族無時無刻不夢想著恢復古羅馬的光榮。

偉大的勝利往往蘊藏著巨大的危險。

戰爭背後的資金流向

威爾遜總統表態：「政府債券與商品購銷借貸之間有明確的區別，前者是在公開市場上出售給投資者，後者是一國政府與美國商人之間的貿易債務……與交戰國貿易是正確的。」總統表態等於承認協約國借貸合法：金融機構可以對交戰國融資，但不准以國家名義。掩耳盜鈴而已！

前幾年有本暢銷書說，是歐洲金融大鱷挑起了第一次世界大戰。

這麼說，也沒錯。

第一次世界大戰是英德兩國的金融實力之戰，耗盡了歐洲的經濟資源，卻成就了唯一的勝利者——美國。

還沒有調兵遣將，參戰國就在金融上出招，試圖摧毀對方經濟。

編預算、徵稅、發行公債，德國政府向人民籌軍費

一九一四年七月底，英格蘭銀行先下手為強，將貼現率從三%提高到一〇%，吸引資金回流英倫諸島。柏林當時還沒有統一的貼現中心，資金立刻出現了恐慌，德國帝國銀行出現擠兌現象，一個月存款減少了二〇%。

德國銀行的處理方式簡單而粗暴：馬克與黃金脫鉤，停止兌付黃金；三個月國債納入貨幣體系。這基本相當於增發貨幣，是一個極不明智的選擇。金本位時代宣布與黃金脫鉤，就等於斷送了自己的貸款途徑。

德國可沒有考慮這麼多，老子就是要打。

塞拉耶佛事件[87]後，機會終於來了！八月二日德國出兵盧森堡，第一次世界大戰爆發。戰爭，要錢的！

理論上，一個國家支付戰爭費用的方式是徵稅；實際上，最好的戰爭籌資方式是貸款（外債）。

第一，徵稅或內債會降低國民支援度，而且速度太慢。

第二，勝利後，債務完全可以轉嫁給戰敗國。

比如，一八九四至一八九五年中日甲午戰爭，中國就賠了日本許多錢，其中絕大部分都是日本欠中國的債務，等於日本用中國的錢在打中國。

先打了再說，管他背後大浪滔天。

德國的選擇，是對內借款。

因為，德國人很實在（嚴謹），戰端肇始，不指望找倫敦融資；而最大的中立國美國卻一直糊弄大家說自己要中立。

一九一四年八月四日，威爾遜總統要求美國在戰爭中嚴守中立地位，「美國必須保持中立，名副其實；必須抑制我們的私人感情，以及一切可能被視為偏袒交戰一方的交往；必須公正不阿，言行一致」。

況且，德國人有自己的打算，他們覺得自己一定會贏得勝利，只要每年稅收足以償付內債利息，將來戰勝，賠款就是淨利潤。

他們在戰爭前竟然做了預算，估計戰爭的費用約為七百億馬克。當時，德國財政部長對此充滿信心，只是，德國人恐怕不會想到，一九二〇年戰爭結束後，德國公債總額為兩千兩百億馬克。

根據以上判斷，德國制訂了自己的作戰方案「史里芬計畫」[88]。這個作戰方案與二戰中的「閃電戰」如出一轍：利用高速機械化部隊在六個星期內擊潰法國，然後移軍東進，進攻俄國。

英法向美借錢購買其穀物，以獲得美財團的金援

從資本運作的角度講，這麼做也不是不可以。

問題是，協約國不這麼認為。

英法美本是同種同源，算是老鄉。有時候，老鄉騙老鄉還是比較方便的。

老鄉認為，從美國財政部取得支持暫時不太可能了，變通的方法是向財團借貸，比如摩根財團。

第一個衝向摩根財團的，是法國。

一九一四年八月，法國向摩根財團求助，要求貸款一億美元，而且交給摩根財團價值六百萬美元的黃金。

白銀戰士布萊恩第一個跳了出來：反對！

八月十日，布萊恩主導國會立法禁止私有機構向交戰國貸款，「籌集對外貸款的美國銀行家會十分願意透過報紙運用他們的影響力來支持獲得貸款的國家的利益，而這些影響將會使我們維持中立變得更加艱難」。

堅持就是勝利，法國又轉向花旗銀行，而且玩起了花樣。

法國駐美大使會晤了白銀戰士布萊恩，除了表達對白銀戰士的敬意，法國大使還說明：法國貸款只是普通意義的銀行信貸（credit），不是國家借債（loan）。

很多人說，這是法國人在玩文字遊戲，依靠credit和loan的字面差異獲得了貸款，並糊弄布萊恩放棄自己的立場。

這麼說的人，大概還沒睡醒。

---

87 塞拉耶佛事件（Sarajevo Incident），西元一九一四年六月二十八日，奧匈帝國王儲斐迪南大公夫婦前往巴爾幹半島的塞拉耶佛，參加塞爾維亞的國慶日慶典，結果被隸屬於塞爾維亞的恐怖組織「黑手社」成員槍殺。這次事件後，由於塞爾維亞拒絕合作，同年七月，奧匈帝國向塞爾維亞宣戰，成為第一次世界大戰的導火線。

88 「史里芬計畫」（Schlieffen Plan），為第一次世界大戰前，阿佛列·史里芬（Alfred von Schlieffen，1833~1913）擔任總參謀長期間，由德國總參謀部所制定的一套作戰方法。

文字遊戲天天有人玩，想讓一個政客放棄大是大非的政治立場，絕無可能。最終逼迫布萊恩放棄的，還是利益。

一九一四年，美國出口還要靠農產品支撐，七月德國還從新大陸進口了兩百六十萬蒲式耳小麥，八月份卻一個麥粒也沒進口。威爾遜總統也被棉農逼得無路可走，不得不號召全國人民每人買一包棉花，據說威爾遜總統就帶頭買了一包。

一九一四年，英軍控制著北大西洋，我不買，您也別想賣給同盟國。白銀戰士向來代表農場主利益，協約國購買農產品是要脅布萊恩最好的藉口。不賣給同盟國，那您就賣給我吧，法國承諾白銀戰士，這筆借款的用途將全部用於購買美國商品，比如糧食（農產品）。

白銀戰士：理想！又是我出賣你啊！

財團期望融資給交戰國，促使美政府中立態度有所轉變

十月二十三日，花旗銀行副總裁公開表態：「國際關係中，今後三、四個月是美國金融業的關鍵時刻，如果我們允許協約國到其他國家購買，我們將在我們最需要和最佳的時機忽視了我們的貿易。」

言下之意，這生意我們不做，有人會做，最後吃虧的還是美利堅合眾國。

接下來威爾遜總統表態：「政府債券與商品購銷借貸之間有明確的區別，前者是在公開市場上出售給投資者，後者是一國政府與美國商人之間的貿易債務……與交戰國貿易是正確的。」

總統表態等於承認協約國借貸合法：金融機構可以對交戰國融資，但不准以國家名義。掩耳盜鈴而已！

繼獲得花旗銀行一千萬美元信貸後，法國政府在一九一五年三月獲得了摩根財團五千萬信貸額

度。

一九一五年七月，摩根財團同時為俄國提供了四．七五億美元貸款，用於採購美國軍需物資。

一九一五年十月，摩根財團又為英法兩國提供了五億美元貸款，但規定這些資金只能用於採購美國物資。

一九一七年，美國授信給協約國的信貸總額已達二十三億美元，《泰晤士報》估計，協約國幾乎一半的戰爭費用來自借貸，最大的債主是紐約金融市場。

若借錢的交戰國無力償債，美國的經濟將被拖垮

與之相比，德國僅僅獲得了兩千七百萬美元。

英國在不斷向美國貸款的同時，在德國海外貿易航線上設置了很多水雷，就連從美國運往歐洲中立國的非禁品，特別是運往義大利和荷蘭的糧食亦遭截獲。

英國的解釋是，這些物品有可能運往德國。

美國與德奧的直接貿易從一九一四年的一．七億美元下降到一九一六年的一百一十五萬美元，看著大批美國物資，德國只能望洋興嘆。

更為缺德的是，美國不但向協約國貸款，而且禁止德國搞潛艇戰，一九一五年美國國務院照會德國大使：「德國政府若非立即宣布放棄其現時對客輪及商船所採取之襲擊手段，則美國政府除斷絕與德國政府之外交關係外，別無他途。」

此時的德國，兵力已經捉襟見肘，當然不願意與美國決裂。

結果是，德國作出「沙塞克斯保證」，宣布停止潛艇戰，當然，也斷掉了自己最後的勝利希望。

德國的示好，並未換來美國的回心轉意。

摩根財團更加肆無忌憚，一九一六年開始在美國本土承銷協約國國債。一年時間，摩根財團為英

國在本土發行四筆價值總計九．五億美元債券。

然而，一九一六年後協約國支付能力越來越弱，整個歐洲黃金已經不足三十五億美元。如果協約國找不到一種方法支付對美國人的欠款，那麼只能停止購買。

如果是這樣，那美國只能是貿易縮減，生產則按級數大幅萎縮，接下來就是市場低迷、公司倒閉、金融衰敗、資本過剩、失業率高……

德國慫恿墨西哥攻打美國，美國加入戰局迅速擊敗德國

為了借款，美國政府的態度有了實質性的轉變。

代表和平勢力的白銀戰士布萊恩被排除出威爾遜政府，國務卿蘭辛（Robert Lansing）公開提出：「『借款不符合真正的中立精神』的原則，目前已不再適應形勢的需要了，政府現在要做的就是想出一種兩全其美的做法，事實上鼓勵對交戰國的商業信貸。」

從一九一四年夏天到美國參戰的一九一七年四月以前，美國共向交戰雙方貸款二十一．六億美元，其中二十一．二四億美元是流向協約國的，英國獲得十二．五億美元，法國獲六．四億美元，俄國是一．〇七億美元，日本是一．〇二億美元，義大利也得到兩千五百萬美元。同時，美國金融界還從交戰國回購了超過三十億美元的證券。

不管是為了錢，為了經濟，還是為了國人生命，美國都不可能站錯邊。

況且，德國對美政策也實在有點過火，明的不行就玩陰的，糊弄墨西哥對抗美國。一九一七年三月一日，德國拍發給墨西哥的一封密電被公開：若美墨之間爆發戰爭，德國將協助墨西哥取得美國南部領土。

當日，美國對德宣戰，歐洲局部戰爭升級為第一次世界大戰。

德國最後敢挑釁美國，是有充分根據的：美國參戰的時候，陸軍只有十三萬四千五百四十四人，

國民衛隊也只有十二萬三千六百〇五人，所以，德國才叫囂「倘若威爾遜要打仗，就讓他打吧！讓他領教領教吧」。

沒有想到，威爾遜帶來的，不僅僅是士兵、戰艦，還有對協約國無條件的一百億美元貸款。戰爭中，無論勝利者還是失敗者，在決戰前夕其實都是強弩之末了，資金、戰士都耗費得差不多了。

誰能拿出最後一個美元，誰就是最後的勝利者。

憑藉世界第一的生產能力，美國迅速成立了一支海空軍，戰爭結束時美國共有三百八十三艘艦艇在海軍服役，到一九一八年底共生產三千兩百二十七架飛機。

這些力量投入到本已廝殺三年的歐洲戰場，同盟國軍事力量遭到了空前挑戰。美軍參戰僅半年，德國的潛艇優勢就被打破，當年十一月協約國僅損失了二十八萬噸排水量軍艦，而四月這個數字是八百八十萬噸（不含美國）。

一九一九年六月二十八日，協約國和同盟國在巴黎凡爾賽宮簽署和約，第一次世界大戰正式結束。

戰後賠款令英美法各懷鬼胎

第一次世界大戰，戰敗未必意味著真輸，同樣，戰勝也未必真贏。誰才是真正的大贏家？

一九一九年六月巴黎和會，「讓德國賠償一切」。

巴黎和會戰勝國有很多，比如中國。北洋政府在巴黎和會遭受的恥辱自是不必多提，就連巴黎和會本身也非傳說中列強的盛宴。第一次世界大戰，**戰敗未必意味著真輸，同樣，戰勝也未必真贏。**

誰才是真正的大贏家？

一九二〇年一月二十日，《凡爾賽和約》（Traité de Versailles）生效：德國必須割讓八分之一領土、十分之一居民，最重要的還要賠償協約國兩百億金馬克（首付）。

法國想趁機消滅德國工業基礎，美國則自認是全球的老大

中國有句俗話：「朋友可共患難，不可共富貴。」一戰後，西方列強也是如此。

法國在一戰中喪失大片領土，本土產業在戰火中損失殆盡。

現在，勝利了。

法國不但希望透過戰爭賠款恢復經濟，還想藉機一舉摧毀德國工業基礎，消滅這個歐洲大陸宿敵，絕對不能給德國翻盤機會。

美、英可不這麼想。

一戰後，不可一世的日不落帝國精銳耗盡，還欠了美國一屁股債。對英國來說，法國歷來就是歐洲大陸最強大的敵人。

百年戰爭殷鑑不遠，法國與德國，前門拒狼，絕不能後門進虎，絕不能讓法國在歐洲大陸一枝獨秀！

美國人認為，絕不能讓英法繼續領導世界，戰後全球格局將是美國的世界。由於法國堅持主導和談，美國憤然拒絕出席會議。

不但如此，威爾遜總統還義正辭嚴地說：「公正對待所有人民和一切民族，確認他們不論強弱，均有權在彼此平等的條件之上，享受自由和安全的生活。」

你不讓我做主，就別想拿到一分錢！

為表示自己的誠意，威爾遜公開承諾放棄對德戰爭賠款。

不要賠款，並不意味著什麼都不要，美國建議：自己在一戰中被德國潛艇擊沉了很多艦船，為保證新大陸運輸能力，美國要求沒收德國所有艦船。當然，最後美國沒收艦船的價值要比自身戰爭費用高出兩倍。

鑑於美國退出和談，一九二〇年六月，英、法、比、義達成協議，要求德國賠款兩千六百九十億金馬克（折合五百六十億美元），結果：兩千六百九十億金馬克中，法國獨得五二%，英、義、比、日和希臘等國瓜分剩餘份額。

討價還價後，德國依舊無力支付賠款，要求無限期延期

法國取得了精神上的勝利——也僅是精神上的勝利。

用今天的話來說，就是把德國全境都「招標拍賣」，都開發成「宜居社區」、「親水社區」，也賣不了這麼多錢。

鑑於德國確實賠不出這麼多錢，賠款委員會一九二一年一月在巴黎繼續集會，將戰債降低為兩千兩百六十億金馬克。

兩千六百九十億還是兩千兩百六十億，區別實在不是很大，反正都賠不起。

德國代表提出，自己只能賠五百億金馬克（包括兩百億金馬克首付）。另外，還得把西里西亞還給德國作為先決條件。

儘管德國砍價非常狠，但與最後德國的賠償金額相比，這是一個非常有誠意的價格，大概也是德國能賠償的極限。

法國不這麼認為，一刀砍掉四分之三還多？在地攤殺價也不能這樣。

德國的要求遭到了賠款委員會拒絕。

既然不同意，乾脆就不賠了，無論協約國如何威逼，德國就連兩百億金馬克的首付也只賠了四○%，其餘的就是不給！

大概賠款委員會自己也覺得兩千兩百六十億金馬克確實不太現實。委員會重新核定賠款總額為一千三百二十億金馬克，要求德國分三十年付清。

鑑於德國前期的賴皮行為，委員會發出最後通牒，要求德國五月份前必須交付十億金馬克，否則將出兵德國魯爾區。

最後通牒依然沒有任何作用，唯一的後果就是親法社民黨內閣倒臺，取而代之的是中央黨維爾特（Karl Wirth）內閣。

維爾特內閣依舊採取拖延政策，直到八月才斷斷續續付清十億金馬克。即使如此，一九二二年起德國依然出現了天文數字通貨膨脹，全國人民都力主修改《凡爾賽和約》，國內局勢已經動盪不堪。六月二十四日，德國外交部長在街頭遭人槍殺。德國終於找到了藉口，一週後以此為由要求延期支付一九二二年賠款。

關鍵時刻，英美的態度卻變得非常曖昧。

八月份，英國外交大臣向美法發出照會，號稱響應美國和平號召，條件是，只要美國勾銷英國戰爭賠款四十四億美元，英國就永久放棄德國及同盟國賠款。因為，英國只占德國戰爭賠款的一○%，讓法國獲得巨額戰爭賠款，那是肯定不能容忍的。

當代經濟學之父、大名鼎鼎的凱因斯也開始搖旗吶喊，同年出版專著《和平的經濟後果》（The economic consequences of the peace）。凱因斯指出：德國是歐洲大陸經濟中心，只有恢復德國購買力才能恢復英國經濟，因此復興德國「比收入一批賠款重要得多」。

由此，凱因斯建議英國政府重新評價對德賠款政策。

美國共和黨也向國會提出了相同議案：跟戰勝國相比，德國在戰爭中的損失更多，更需要重建資金，所以，戰債必須減少。

經濟學理論說到底要為政治服務，所以，凱因斯的理論此時開始流傳。

英美支持，德國吃了定心丸，十一月庫諾（Wilhelm Cuno）政府上臺，要求無限期延期全部債務。

「聯美、挾法、助德」，就是不能讓法國得手！

法國很憤怒，憤怒之後就開始頭腦發熱。

一九二三年一月十一日，法國以「監督煤業辛迪加[89]活動，確保賠款支付」為由，出動共計十個師十萬名士兵占領了德國魯爾區（Ruhrgebiet）。魯爾地區是德國工業重鎮，人口占德國總人口一〇%，鋼鐵、煤炭產量占全國八〇%。

不能不佩服德國人的勇氣，戰敗了，骨頭依然很硬。

法軍占領魯爾區後，當地官員拒絕遵守一切命令，企業一律停工，居民拒絕納稅，政府開足馬力印紙鈔給停工企業發補貼……

魯爾危機公開化了美法、英法間的明爭暗鬥，「意味著協約國戰時同盟徹底終結」。當月，英國首相訪美，雙方進行了親切友好的交談，並就國際形勢達成一致意見——「聯美、挾法、助德」，就是不能讓法國得手！

為了打擊法國，美國開始在倫敦市場拋售法郎，法郎迅速貶值，財政信用下降。隨後，英美聯合照會法國政府，指出魯爾事件並非在《凡爾賽和約》授權下，英美將不遺餘力地支持德國。

只有共同的利益，沒有永遠的朋友，這是國際政治舞臺亙古不變的真理。戰士屍骨未寒，國家就

89 辛迪加（Syndicat），經營同種產業的公司所組成，在採購原料與販賣產品時，由辛迪加總部統一處理，加入的公司可節省成本。

與敵人聯盟，共同對付另一個盟友。
這些人地下有知，不知作何感想？
在英美支持下，德國宣布：「只要這一針對德國的暴力侵犯沒有消除，德國就不向造成今日局面的國家支付任何賠款。」
結果，法國不僅沒在魯爾區拿到一個馬克，還為此倒賠了十億法郎軍費。無奈，法國只得同意重開國際委員會。

後一戰時代的各國角力

法國，冤大頭。
細細判斷，接著的反應是法國不只是虧了，而且是虧大了。
第一次世界大戰持續四年，戰場有三年擺在法國，德國本土卻保留了工業體系；法國不可能毀滅整個德意志民族，義務教育催生的人力資源也就得以延續。

一九二三年，戰後談判重開，此一談判非彼一談判。最重要的區別是美國重返談判，委員會主席由法國人換為美國人，摩根財團芝加哥銀行總經理道威斯（Charles Dawes）。
談判主導權，到了美國手中。

英美金援德國，使德工業產值、貿易總額超越戰前

一九二四年八月，協約國正式批准「道威斯計畫」（Dawes Plan）——一份非常離譜的「賠款」計畫。

表面上，「道威斯計畫」仍舊督促德國盡力歸還戰爭賠款；實際上，「道威斯計畫」意在扶持德國走出危機，對抗歐洲大陸驕橫的法國。

「道威斯計畫」的理論很充分，為保證德國有能力賠款，必須振興德國國內經濟。「道威斯計畫」規定：英美每年為德國提供八億金馬克貸款，暫時不再討論德國賠款總額和支付年限；設立德國中央銀行，在四十年內發行紙鈔，專職管理賠款；德國可以在歐洲、美國市場同時發債融資，**法國必須帶頭購買這筆債券**。

我第一次讀這段歷史時，覺得啼笑皆非：法國虧了，打贏了還得借錢給對手，目的是賠自己錢（才怪）。

法國，冤大頭。

細細判斷，接著的反應是法國不只是虧了，而且是虧大了。

第一次世界大戰持續四年，戰場有三年擺在法國，德國本土卻保留了工業體系；法國不可能毀滅整個德意志民族，義務教育催生的人力資源也就得以延續。

這樣一個資源、生產格局，法國銀行業卻在八億貸款的引領下，紛紛向德國貸款，因為，這可比國內工商業信貸省事多了。

一九二四至一九二九年，德國從英美獲得三百二十六億金馬克，其中一百〇八億屬於長期貸款。同一時期，德國卻僅支付了一百一十億金馬克賠款。

正反一算，流入德國的資金不但沒因貸款減少，還賺了。

一九二五年，德國工業產值重新超過英國，高出法國一倍以上。

一九二六年，德國對外貿易額超過戰前水準。

一九二八年，簽署《非戰公約》，開始重新參與歐洲軍事事務。

事情還沒有完結，法國依然在吵著它的賠款，德國依舊是賴帳不還。

德國賠款問題，是一戰後英美法俄的政治角力

一九二八年，按「道威斯計畫」，德國應該償付二十五億金馬克，德國卻以經濟困難為由拒絕支付，同時要求修改「道威斯計畫」，核定賠款總額和年限，力圖一口氣解決賠款問題。

還是老樣子，英美表示支持，法國表示反對。

反對無效。

國際政治舞臺，只是強者的舞臺，你看到的、歷史記錄的、我們這個時代將被記錄的，永遠只有強者。

在這部書的寫作過程中，我不但很想，而且也確實非常非常努力地尋找過北非諸國金融史資料。可惜，肯亞和剛果的故事，我可能永遠不知道。

歷史，唯強者居之。

在新任賠款委員會主席、美國金融專家（是不是專家無所謂，是美國人就行）楊格（Owen Young）主導下，賠款委員會提出了更加離譜的「楊格計畫」（Young Plan），並於一九三〇年在海牙國際會議通過。

楊格計畫進一步削弱了《凡爾賽和約》對德國的制約，最主要有兩條：第一，核定了債務總額和期限，債務總額從一千三百二十億減少為一千一百三十九億元，分五十九年還清，在任何條件下德國都需要每年支付定額的三分之一（**言下之意，德國債務總額可以賴到四百億金馬克**）；第二，取消對德國財政的國際監督；撤銷賠款委員會。

接下來，天助德意志！

一九二九年十月，紐約股市暴跌引發了全球第一次大危機，楊格計畫被完全打亂。當時，全球資本主義世界陷入了嚴重的經濟危機，各國無暇分身，德國也確實無力付款。

況且，美國總統胡佛（Herbert Hoover）認為，歐洲需要一個強盛的德國制約新興社會主義國家——蘇俄，戰債直接關係歐洲政治穩定，賠款必須重新核定。

一九三一年六月二十日，胡佛總統發表《延債宣言》（Hoover Moratorium），宣布當年七月起，延遲支付一切政府間債務、賠款和救濟借款本息；七月二十三日，倫敦國際會議一致通過各國債務延期一年的決定。

這些事件，導致一個非常惡劣的結果：一九三二年一月，德國公開宣布今後將無力也不會再支付賠款。此時，距離希特勒（Adolf Hitler）登上政治舞臺已經不足一年。

既然大筆賠款拿不到了，那就有多少算多少吧。

一九三二年六月七日，協約國各方批准《洛桑協定》（Treaty of Lausanne），規定德國支付三十億金馬克了結所有賠償事宜。

一戰債務，最終成了一筆糊塗帳。

德國戰爭賠款，英法、英美、美法、美德之間連橫合縱，幾乎匯合了二十世紀二〇年代西歐強國所有的恩怨。最終，德國雖敗猶勝，擺脫了《凡爾賽和約》。但是，在名義上的戰債壓迫下，民族復仇情緒在水下瘋長，給世界埋下了不幸的種子。

自此，世界不再安寧。

英美的計畫經濟

第一次世界大戰最重要的結果之一並不是誰戰勝了誰，而是世界上第一次出現了計畫經濟。看清楚，我是說「計畫經濟」出現在以自由經濟著稱的英美，不是世界上第一個社會主義國家蘇聯。

第一次世界大戰共捲入了三十多個國家、十五億人口，約占世界人口的四分之三；時間更是長達四年三個月；各國累計支出軍費兩千〇八十億美元，是戰前英、德、法三個國家國民財富的總和。第一次世界大戰最重要的結果之一並不是誰戰勝了誰，而是世界上第一次出現了計畫經濟。看清楚，**我是說「計畫經濟」出現在以自由經濟著稱的英美，不是世界上第一個社會主義國家蘇聯。**

龐大戰費使英國執行計畫經濟，代表勞工的工黨崛起

一九一四年開戰前夕，英國每天軍費已高達兩百萬英鎊；一九一六年，每天居然高達六百萬英鎊。

自由經濟體，不可能在短期內提供如此巨大的戰爭經費。為獲得資源、維持戰爭，行政管理開始滲入英國各個經濟領域，英國政府開始對國民經濟實行全面控制。

但是，英國沒能依靠計畫治癒戰爭沉痾。第一次世界大戰中，英國有七十五萬士兵陣亡，兩百萬士兵終生殘疾，工資也較之一九〇〇年下降三〇%以上。

惡劣的勞動環境、微薄的工資、戰爭的陰影……英國工人就像墮入地獄。這些事情，最直接的後果就是導致代表工人利益（名義上）的工黨（Labour Party）徹底與自由黨（The Liberal Party）決裂。一九一八年，參加罷工的人數已達六百萬人次，罷工者提出實行生產資料公有制，由工人接管工業部

門。

自由黨的對策是，對抗。

一群工人還能翻天？

一九一七年八月一日，英國聯合政府將工黨領導人韓德森（Arthur Henderson）拒之門外，讓他在會議室門口站了一個多小時。工黨開始意識到，僅有罷工是不夠的，還要有自己的政治綱領，有自己的利益代言人，才能保證「代表」工人利益。

一九一八年大選，工黨提出三百六十名候選人，贏得一百四十二個下議院席位，自此，工黨取代自由黨成為至今左右英國政壇的兩大政黨之一。

自由黨提倡的自由經濟不再熠熠生輝，內閣被戰時委員會替代，委員會甚至不考慮職位高低和黨派平衡，完全以委員辦事能力做標準，要求委員「必須有遠見，有想像力和主動性，必須勤勤懇懇不知疲倦」。委員會不是內閣，卻以內閣的名義協調各部門、發布命令，而且不經國會辯論，政策直接滲入國民經濟運行。

以上種種，千言萬語匯成一句話：**誰能弄來錢，誰就當官**。

英國人認為「自從克倫威爾以來，不列顛的領導者第一次享有這樣大的權力」。儘管英國人也不情願，但是，這是應對戰時危機的唯一有效方式。

美國成立戰時工業管理局，壟斷物資供應

好歹英國戰時委員會還以內閣名義發出命令，師出還有名；更離譜的，是美國。

一九一七年四月，美國對德宣戰。

一九一七年八月，國會通過《利弗法》，授予總統廣泛的管制權力，威爾遜總統立刻成立戰時工業管理局，直接對總統負責，而且沒經過立法。這在美國歷史不僅空前，迄今為止仍然絕後。

燃料委員會管理全國煤炭、石油供應生產，嚴格控制能源流向（確保能源流向軍工企業），著名的美國夏令時就是這個委員會為節約能源發明的。

戰時貿易委員會制訂對外貿易計畫，接受訂單分配給國內企業，出口在國家計畫指導下完成。

鐵路委員會操控國家鐵路體系，制訂運輸計畫，客運為貨運讓路，貨運優先滿足軍工品運輸。

國家戰爭勞工局接管了自由工會，呼籲工人組織戰爭期間不罷工、不抗議、不遊行，全心全意搞好資本主義建設。

聯邦和州政府直接接管通訊體系，包括電話和電報，聯邦機構經議會授權監控可疑電話和電報。

糧食管理委員會、食糖管理局……

這些委員會壓根不是國家機構，也不公開招考公務員，工作人員清一色是工業巨頭，每年只在聯邦政府拿一美元工資，號稱「一年拿一美元的人物」。實際上，委員會更類似於一個大佬委員會，幾乎壟斷了美國所有的重要物資供應，如果企業違反規定，基本上就等於斷絕了原材料和市場。鑑於此，全國企業只能對委員會俯首聽命。

鑑於此，我們可以認為這才是計畫經濟肇始。

美國政壇歷來是各種勢力的角鬥場，任何涉及利益的法令都要經過各方博弈，一個金本位還要辯論幾十年。但是，面對外敵，美利堅民族沒有在國會進行過多的爭吵，而是把集中資源的權力讓渡給聯邦政府，美國工會甚至表態，戰爭期間不組織罷工，支援戰爭。

正是一戰期間聯邦對經濟的管理才激發了後來的羅斯福新政，人們才開始對凱因斯的經濟學理論感興趣。如果沒有當權者認可，就是凱因斯巧舌如簧、口吐蓮花，他的理論也永遠不可能在美國剛建國的時候被採納。所以，我們很久以前把經濟學稱為「政治經濟學」，很有道理。

所以，只有符合強者利益的經濟理論才是所謂「主流經濟學」；所以，經濟學將永遠是強勢權力的語言。

美元與英鎊的較勁

英鎊、美元甚至法郎都想做國際貨幣，那是絕對會出事情的。

有人信任美元，有人信任英鎊，無論信任什麼，本質都是想撈一把（有利於自己經濟發展）。

從此，世界變得一團糟。

戰爭結束，悲劇未謝幕。

第一次世界大戰最重要的結果並不是歐洲損失了多少財富，而是從根本上改變了歐洲的性質，戰後這個世界再也不能建立一種可以長期維持的國際關係體系。

英國，曾經是世界上最強大的帝國主義國家。

was！

國民收入多、黃金儲備增加、貿易順差，美元強勢中

一九一九年英國批發物價指數是一九一三年的二四二·四%，一九二〇年達到二九五·三%，英鎊購買力不足戰前三分之一；戰爭結束時，英國黃金儲備僅剩餘一·一七億英鎊（約為六億美元）。

美國，成為世界上最強盛的國家。

ing！

一戰期間，美國物價增幅始終控制在五%左右，國民收入較之戰前增加一倍，黃金儲備占全球四四%；出口產品也從英國工業原材料擴大到鋼鐵、汽車、造船、冶金等與軍工相關的產業，一九一六年美國出口額達到四十三億美元，貿易順差二十億美元，增加了接近四倍。

曾經，英鎊是世界上最硬的硬通貨，倫敦銀行系統也是全球資金運轉中心；現在，美國是全世界的債主。國際貨幣體系，美元已不再僅僅是問鼎之勢。

不過，英國還沒有匍匐在新秀腳下：英國仍舊掌控著國際貿易，支付慣性的作用，三〇%以上的國際貿易結算仍舊用英鎊。

黑社會，老大只能有一個。平時，不是老大的人，連想當老大都不行，否則，就是「窺探神器、欲圖大位、圖謀不軌」！

不讓想，不代表不能想，更不代表不能當。

一九一九年三月，英鎊匯率下跌七八．二%，正式放棄金本位；法國、義大利相繼表示正式脫離金本位，法郎、里拉調低匯率；整個世界，只有美國能維持金本位。

孰勝孰敗，早就一目了然。

問題是，英法不能放棄金本位，否則各國匯率將無從談起。

國際通用的貨幣未定，導致匯率變動大，國際貿易混亂

一九二二年，國際聯盟在熱那亞召開國際金融會議，要求與會國實行以金本位為基礎的金匯兌本位制，只有大額支票才能提取黃金。為支持這個體系，英國、美國向奧地利、匈牙利、波蘭、捷克斯洛伐克提供貸款，使這些國家有能力改組貨幣體系。

一九二五年、一九二八年，英法先後宣布實行金匯兌本位制度（只有到達一定數量才可以使用英鎊兌換黃金）。

這仍舊是一個有著嚴重缺陷的國際貨幣體系。

第一個問題：英鎊作為最主要的國際支付手段，卻只有九%的世界黃金儲備，世界黃金儲備的一半被美國控制，根本無力維持金本位。

第二個問題是：美國經濟實力增長，紐約成為第二個世界級金融中心，各國之間也必須清算往來資金，而倫敦和紐約之間的利息往往不一致，資金清算很難執行。

第三個問題是：協約國償還美國戰債的前提是德國賠款，而德國賠款又來自於美國貸款，美國無疑在相當程度上控制了歐洲經濟，而英鎊卻是世界通用的貨幣。

一個黑幫，如果有一個超強的猛人，猛人必定可以統領群雄、千秋萬代、一統江湖。受氣也好，頤指氣使也罷，大家都會比較聽話，因為，還要靠他混飯吃。

一個黑幫，如果有兩個超級猛人，事情就比較麻煩了。小弟們靠誰都行，沒必要聽一個的，反正就是冒犯了老大還有另一個老大收留，怕你作甚？

英鎊、美元甚至法郎都想做國際貨幣，那是絕對會出事情的。

有人信任美元，有人信任英鎊，無論信任什麼，本質都是想撈一把（有利於自己經濟發展）。

從此，世界變得一團糟。

一九二五至一九二九年這四年間，二十六個西方國家匯率變動了一百〇六次，只有二十六次方向相同，卻有七十三次方向相反（另外，微小變動七次）。也就是說，國際貿易在一年內要重新定價十幾次。大家一旦開始亂來，就完全變為一種以鄰為壑的匯率制度，怎麼對我有利，我就怎麼來。

一九二八年，歐洲各國發生了嚴重的通貨膨脹：英國批發物價指數一百四十、法國一百二十六、德國一百四十、西班牙一百四十四、瑞典一百四十八、荷蘭一百四十九……

任何國家的貨幣都是不可靠的，國際貿易是以鄰為壑的，世界經濟是混亂和萎縮的，這樣下去亂子會更大的。

全世界人民都在想，咱這生意還做不做了？

英國不想這樣，美國不想這樣，法國不想這樣，全世界人民都不想這樣。

第一屆G10金融高峰會

呼籲＝糊弄。

羅斯福真正關心的是如何緩解國內經濟危機。

為解決這個問題，一九三二年德國總理布魯寧（Heinrich Brüning）、英國首相麥克唐納（James MacDonald）、法國總理賴伐爾（Pierre Laval）、美國總統胡佛等世界巨頭透過各種管道會晤或者磋商，基本達成了一種共識：必須穩定國際貨幣，否則誰也甭想好受。

一九三二年，巨頭們達成協議，希望國際聯盟[90]召開一次國際經濟會議。

根據協定，會議地點在倫敦。

請注意會議地點，這點很重要。

重整國際金融體系，美英爭奪主導權

當時，羅斯福（Franklin Roosevelt，人稱小羅斯福）剛剛就任，便立即邀請法國、德國、義大利、日本、中國、阿根廷、巴西、智利、加拿大和墨西哥十國首腦赴華盛頓，希望就經濟問題達成「某種根本性的諒解」。

請注意，羅斯福建議會晤地點設在美國本土，這點也很重要。

在哪裡開會本來不是問題，但會議主場卻反映出國家力量此消彼長，這一點如同足球：邀請你去異國旅遊當然是好事，到別的國家踢球就不必了。

無論是英法訪美還是美國在倫敦參加會議，其實也是一個道理。到倫敦，美國客場作戰，美國不

想去；到美國，英國當然也不想去。

一戰後，美國已經成為世界上最大的債權國，約有歐洲債券一百三十多億美元；德國則變為債務國；英、法均無力重整國際金融體系，全世界的目光都聚焦在美國身上。

所以，就算英國再不想參加，還是得出席。

會晤期間羅斯福呼籲：取消戰債利息，並重新核定本金，對即將到期的戰債提出一些通融辦法。最終，羅斯福與麥克唐納、法國總理赫里歐（Edouard Herriot）一起呼籲「最終要重新建立國際匯兌中的平衡」、「恢復金融貨幣的穩定」、「我們想做的事之一，就是要使世界恢復某種形式的金本位制」。

呼籲＝糊弄。

羅斯福真正關心的是如何緩解國內經濟危機，「我們的國際貿易關係雖然非常重要，但在迫切性和必要性上必須從屬於健全國民經濟的任務。我一定要竭盡一切努力透過國際經濟調整來恢復與世界各地的貿易，但是國內的緊急狀況是等不得貿易上的成就。」

美國意思很直白：大家得先讓我強大。

英國：讓您強大起來，別做夢了。

歐洲希望以商品抵債，美國希望歐洲降低關稅、美元貶值

麥克唐納率先在開幕詞中提出：「為使經濟普遍恢復，必須清除任何障礙，首先須解決戰債問題。」

直白點說，就是希望美國降低關稅，讓歐洲各國用商品償還戰債。

90國際聯盟（League of Nations），是《凡爾賽和約》簽訂後組成的國際組織，二戰結束後，為聯合國所取代。

針鋒相對，美國國會會議期間通過《赫爾法案》，要求各國自一九三三年六月十二日起將現行關稅普遍降低一〇%，美元貶值一五%至二〇%。

您別逗了！關稅降低一〇%對美國稅率優勢基本沒有影響，歐洲國家再降一〇%，全世界就剩下美國貨了。

就《赫爾法案》，歐洲各國也提出了自己的建議：希望美國著重落實麥克唐納的第二點要求——穩定美元匯率。比如，法國提出「只要美元繼續波動並有進一步貶值的危險，巴黎就絕不會同意約束法國限制美國商品進口的權利」。

英法諸國的意思，直白點說：美國還是要穩定匯率，保證黃金兌付。

即使如此，初期結果看起來還不錯。

六月十五日，三國中央銀行就市場匯價達成了協定：英鎊對美元，匯率為一比〇．二五，美元對法郎，匯率為〇．〇四六六二比一；允許上下浮動三%。三國中央銀行將黃金銷售限額為〇．八億至一億美元。當天，美元與英鎊的市場匯價已經跌至四．一五比一，穩定幣值協定的消息透露給報界後，美元匯價立即回升至四．〇二。

如果這個匯率體系真的執行下去，美元鐵定升值，而這肯定是羅斯福不願意看到的。不想看到，乾脆就不看，美國已經再不用看誰的臉色行事。關係本國經濟利益，什麼承諾都不好使。

六月十七日，羅斯福電告代表團，不能在協定上簽字，美國不能做出避免美元上下浮動的任何承諾。

六月二十二日，美國代表宣布：「華盛頓當局認為，暫時穩定貨幣的措施在目前是不適宜的。」七月三日，羅斯福給會議再次發來電報，「暫時的固定匯率不是正確的答案，我們必須做到的是緩和現存的禁運以方便產品交換、互通有無」，美國希望打開歐洲市場擴大進口的目標在此一覽無餘。

英鎊、黃金、美元三大集團互相競逐

這封電報被形容為「炸彈資訊」，使三國銀行家的努力付諸東流，倫敦國際經濟會議陷於非常尷尬的境地。

這個玩笑開大了。

七月四日的會議上，麥克唐納提議休會，並起草了一份決定休會的文告，公開了羅斯福五月十六日贊同穩定金融、七月三日又變卦的電文。英國首相公開表示，由於「一個國家」的某種貨幣政策，世界經濟會議已經不可能繼續進行。

現在，總結一下倫敦國際經濟會議：就是黑老大江湖談判，**英國與美國，誰才是世界老大！**舊老大不服，新老大也不甘，所以，會議毫無結果。補充一點，倫敦經濟會議並非全無結果，最直接的後果就是人們對英鎊體系徹底喪失信心。

沒錯，美國自身也在經濟衰退，國內也有很多問題亟待解決。

在一體化的世界經濟中，任何國家都不能對經濟危機置身事外，老大不能只顧自己，小弟都完蛋了，對老大一點好處都沒有。

當然，沒有人能要求老大完全置自身安危不顧，這不現實。

老大的責任是在資源有限的前提下扶助小弟，老大才有可能更快恢復戰鬥力。作為超級大國，在後發國家身上弄點油水，賺點錢，也不是不行。但把別人永遠壓制於自身產業鏈條之內，直至使其成為老大完全的附庸，就很不厚道了。

至於借助自身經濟實力強行向小弟灌輸價值觀，甚至干涉小弟家事就不是責任了，那是霸權。

七月，倫敦經濟會議剛散，當月倫敦銀行業就發生擠兌，世界人民都來擠兌黃金。為此，英國流失了兩億英鎊黃金，當年九月宣布脫離金匯兌本位制。

此後，各國紛紛放棄了金匯兌本位制。

既然不能靠美國繼續當老大，英國糾集英屬殖民地形成了「英鎊集團」，在自己地盤上當個老大還是沒有問題的。

法國從一九三一年開始連續從美國那裡兌換三·五億美元黃金，此時已經有實力繼續堅持金本位，於是，法國在法屬殖民地中形成了「黃金集團」。

新興的美國也顯示了很強的經濟實力，包括中國在內的一批國家將本國貨幣盯住美元，又形成了「美元集團」。美、英、法，金融三國志，世界終於真的亂了。

第十章

第二次世界大戰

英美金融實力消長關鍵期

一九二九年，紐約金融市場暴跌引發世界性經濟危機，美國、英國、德國經濟衰退、失業率攀高，儘管羅斯福新政在一定程度上刺激了美國經濟，但這絕非凱因斯政策的功勞。在一九二九年經濟危機下，出現了法西斯同盟，最大的法西斯投資，恰恰就是在銀行勢力扶持下登上歷史舞臺的。一九二九年的世界大危機，紐約金融市場是真正的始作俑者嗎？盟國何以能在二戰中反敗為勝，最終擊潰法西斯？

地產、股價飆升的一九二〇年代

市場永遠都沒有大人物，過去沒有，現在沒有，將來也不會有。如果真有大人物，市場就會永遠賺錢。任何大人物也只能控制一兩檔股票，不可能操縱整個市場，撬起道瓊指數的是千萬個投資者，任何「大人物」和市場相比都將微不足道。在金融市場，判斷對了大勢，你就是大人物。

對美國來說，一戰後的時光是幸福的。

二十世紀二〇年代[91]，財富似乎向美國人敞開了大門，整個國家都洋溢著一片喜慶。一九二八年十二月四日，柯立芝總統（John Coolidge, Jr.）在國會發表國情咨文：「美國從未遇到比現在更加令人鼓舞的繁榮。在國內，人民安居樂業，在國際方面，和平是主流」，總統認為「可以樂觀地展望未來」。

這是一個財富時代，「五月花」號的夢想在這一刻實現了。柯立芝總統把財富的來源歸因於「前所未有的繁榮主要有賴於美國人民的品質和團結」。

不過，對美國人來說，**財富還有另外一種來源：投機**。

佛羅里達州地產的投資泡沫化，美國經濟出現疲態

佛羅里達州的氣候總是比紐約好，甚至比芝加哥、明尼亞波利[92]都要好，一到冬季，富人如同候鳥一般到這裡消磨幸福時光。

不知從什麼時候起，人們開始真的相信，整個佛羅里達半島會住滿遊客，無論海灘、沼澤、濕地，甚至灌木叢，都是浪漫而又健康的居住地，這裡的房產一定會升值！

度假勝地，投機天堂！

一九二三至一九二五年，佛羅里達的地價出現了驚人的升幅，升幅在五至六倍左右，棕櫚海灘上的每一塊土地都成為資金爭奪對象。開始只是距離海灘五英里的地方，逐漸到十英里、十五英里……幾乎整個佛羅里達州的地產都被炒作起來。

今天，在北京任何一個社區周邊都有一堆地產仲介，與當年的佛羅里達比，還是小巫見大巫了。一個邁阿密市只有七．五萬人口，卻有二．五萬名地產經紀人、兩千多家地產公司，全市的口頭禪都是：「今天不買，明天就買不到了！」

佛羅里達州的房地產經紀人，還是房地產經紀人，不可能經紀月球環形山，還要靠當地地產過日子。

一個城市，每個社區周邊地產仲介公司林立，對經濟整體來說，這些房產經紀不但不能創造財富，不能節約資訊成本，就連居住功能都喪失了：**真要是有人住，這些經紀人早失業了**。如果房產經紀的最大用途是增加投資人成本，就成了一群騙子，相信每個與房產仲介打過交道的人都感同身受。如果一個行業整體以騙為生，那就是經濟的毒瘤；如果城市居民都以騙為榮，或早或晚一定會出事情的。

無論多麼絢麗的泡沫，總有破滅的一天。

一九二六年九月十八日，一場颱風捲走了邁阿密數千棟房子，海上遊弋的遊艇也被沖到市區大街上。最後，一個邁阿密市居然出現了一萬五千名難民，也就是說，這個城市被毀滅了。

91 北美地區（含美國和加拿大）在一九二〇年代的這十年間，出現多不勝數的激動人心的事件，有人稱它是「歷史上最為多彩的年代」，故有「咆哮的二〇年代」（Roaring Twenties）之稱。

92 明尼亞波利（Minneapolis），美國明尼蘇達州最大的城市。

對地產行業來說，這是一個很充分的利空，佛羅里達州房地產驟然跌價。

儘管我們沒有找到地產下跌的幅度，但是邁阿密銀行一九二八年的日結算資金量僅為一．四萬美元，這個數字在一九二五年曾經以百萬為單位。

貨幣政策寬鬆，過多資金流向股市，股價飆升

伴隨著地產泡沫破滅，一九二六年，美國經濟已經出現疲態。《紐約時報》工業指數一九二五年年底為一百八十一點，一九二六年一、二月連續下滑到一百七十二點。

如果這個時候美國祈求上帝保佑，也許不會折騰出一個世界經濟危機來。

上帝沒有保佑美國，反而送來了三位不速之客。一九二七年年初，英、法、德三國央行總裁訪美。

三位央行行長此行目的：遊說聯準會放鬆銀根、降低利率，**說穿了就是讓聯準會多印美鈔**。

黃鼠狼給雞拜年——沒安好心眼！

此時，英、法、德三國經濟很不景氣，它們需要阻止黃金流入美國，進而維持自己的經濟景氣。美國增發貨幣是最好的選擇，僅對英、法、德而言。

可能出於一種自大心理，當然更是為了攫取世界金融制高點，聯準會就範了。多年之後，聯準會將此次行動稱為「七十五年來聯邦儲備系統或其他銀行系統所犯的代價最為昂貴的錯誤」。

用經濟學術語來說，當時美國的貨幣政策屬於寬鬆的貨幣政策；用直白的話來說，就是：**錢，多了！**

寬鬆的貨幣政策給華爾街注射了強心針，道瓊指數一飛沖天，一九二七年全年都在暴漲，突破了兩百點，直到一九二九年，最高曾漲到三百八十點。

一九二六至一九二七年，美國汽車產量年增速仍然超過了一〇％，此時，美國實業增長還能支撐

華爾街的虛榮，投機者對經濟前景仍然充滿信心。

這，已經是幻滅前的最後一抹色彩。

「大人物」發表利多消息，股市隨之起舞

一九二八年，市場就不正常了，三月十二日大盤甚至因為一支無線電新股股價飆升上漲十八點，次日開盤又上攻二二點。儘管紐約交易所及時公布消息，準備調查這檔股票，但仍未徹底遏制市場飆升，整個三月，市場仍舊處於高位。

股民不是白癡，也知道憑營業收入不可能支撐一檔股票在一年內價值翻幾番，這比販毒都划算。人們不再談論公司價值，而是開始議論所謂的「大人物」。人們認為，市場之所以如此火爆，是有「大人物」聯手哄抬。

大人物有很多，比如，通用汽車公司（GM）董事約翰．J．拉斯科布（John J. Raskob）。

一九二八年三月二十三日，拉斯科布預測，該年度後三季的汽車銷售將飆升，並說通用的股價應該不低於十二倍市盈率（達到這個價格，通用股價至少要上升三〇%左右）。

接下來的一個星期通用股票真的上漲了三〇%。

市場盛傳，威廉．杜蘭特（William Durant，通用汽車公司的創始人之一）將挾鉅資進入股市。

加拿大穀物投資名人卡騰（Arthur W. Cutten）將在年內投資美國市場……

這些人，或許確實曾經在市場中搏殺，曾經毫無限制地做空，曾經聯手坐莊自買自賣高股價，甚至他們賣空數量早就超出股票實際數量，並把對手置於死地。

但是，我還是要說一句話，也希望大家理解：**市場永遠都沒有大人物，過去沒有，現在沒有，將來也不會有**。

如果真有大人物，市場就會永遠賺錢（鑑於美國市場有做空機制，所以不會只漲不跌）。

任何大人物也只能控制一兩檔股票，不可能操縱整個市場，撬起道瓊指數的是千萬個投資者，任何「大人物」和市場相比都將微不足道。

在金融市場，判斷對了大勢，你就是大人物。

實際情況是，拉斯科布身為通用董事，理所當然看好自己的公司，當然也會對銷售行情做出樂觀的預測。

杜蘭特確實是通用公司的創始人之一，但此時他已被通用開除了。

卡騰確實曾經笑傲全球穀物市場，此時，他已經是行將就木的老人，國會聽證會證實卡騰有著嚴重的失憶症和聽力障礙……

聯準會收緊銀根，銀行提前收回貸款，股價應聲大跌

投資者的市場認知在不斷自我強化，一九二八年的每一天都是好日子。

一九二八年也是美國總統大選之年，胡佛是忠實的多方。十一月七日，胡佛當選的第二天，紐約證券交易所創出了四百八十九萬股的天量。

一九二九年年初，人們不再談論自己有多少錢，而是琢磨能在經紀人那裡融資多少。華爾街，已經瘋了。

面對危局，聯準會終於拿出了勇氣。

一九二九年二月二日，聯準會函告銀行界：商業銀行可以向聯準融資，但如果被聯準發現這種融資用於市場投機，商業銀行必須「承擔嚴重的責任」。

二月七日，聯準會致函投資者：投機性信貸等於利用聯準貨幣政策透支國家的未來，建議公眾檢舉揭發此類行為，聯準將竭盡全力調查。

整個三月，聯邦準備委員會開始連續召開會議，卻不對外透露任何消息。人們明明知道這些會議

與市場有關，但記者卻無法從聯準會官員口中獲得隻言片語。

儘管沒有提高資金成本，聯準會的行為卻透露出嚴重的訊息：銀根即將收緊，貨幣市場不會再這麼寬鬆。

三月，貨幣市場終於開始緊縮銀根，銀行開始提前收回貸款，尤其是經紀人保證金貸款。更狠的是，銀行斷定聯邦儲備打壓行為會造成短期利率持續高位，這可是賺錢的好機會，於是，它們開始減少短期放款，證券經紀人貸款的利率上漲到了一四%。

華爾街聞聲而動。

三月二十五日聯準會議結束，道瓊指數單日最高跌幅甚至達到二〇%；三月二十六日，出現天量拋盤[93]，紐約證券交易所竟然有八百二十四・六七四萬股換手，遠遠高於以往任何一天的交易紀錄。當日，幾乎所有投資者都接到了經紀人措辭強硬的電報，要求他們追加保證金。

總統出手干預聯準會

勝利就在眼前，不過，真實的歷史跟美國開了一個玩笑。

關鍵時刻，聯準會服軟了。

聯準會之所以名震江湖，就是因為率意獨行，不受總統、議會甚至黨派左右。服軟的意思，就是說聯準會失去獨立性，關鍵時刻認輸，任人擺布了。

就在三月二十六日，聯準會以官方名義公開發表了一篇類似散文的文章，以春秋筆法暗示聯準會不能容忍如此高的拆借利率，現在市場頭寸[94]充足，拆借利率不應該如此高。

因為，總統胡佛對聯準會暗示：如此高的信貸利率，聯準會將為經濟衰退負責的！

93 拋盤，指賣出證券、期貨等。

另一個原因則是，聯準會已經有心無力。一九二九年年初，聯準會的聯邦債券僅剩兩億，每次在貨幣市場上僅能放出幾百萬美元；聯準會調控利息的方法不是直接指定利率，而是要貨幣市場上透過買賣債券調控市場利率。

三月二十七日，紐約城市銀行（City Bank of New York，花旗銀行的前身）宣布向短期拆借市場投放兩千五百萬美元（先以一六%的利率投放五百萬），然後，以持續低一個百分點的利率依次追加貸款，以確保利率保持在「合理」的水準。

貨幣市場拆借利率應聲大幅下滑，華爾街也已經心領神會。

一九二九年華爾街股災

這一天，沒有人再能挽救華爾街，當天股價指數已從最高點三百八十六點跌至兩百九十八點，跌幅達二二%。當天收市，股市創造了一千六百四十一萬股天量歷史紀錄，自動報價機打出的紙帶超過一點五萬英里，直到閉市後四個小時才打完。人們將這一天形容為「紐約交易所一百一十二年歷史以來『最糟糕的一天』」。

如果聯準會的連續反擊政策，在一定程度上可以阻止貨幣市場與華爾街的聯合投機，一九二九年的股災也不至於如此嚴重。此時，貨幣好像沒有任何阻擋，洪水般沖入華爾街的投機場子裡。

六月，美國布朗大學、哥倫比亞大學、康乃爾大學、哈佛大學、普林斯頓大學、賓夕法尼亞大學和耶魯大學等幾所大學聯名發表了一篇臭名昭著的聲明：「數百萬投資者的評價對紐約證券交易所這個令人讚歎的市場產生了作用，他們的一致判斷說明，現在的股票價格並沒有被高估……股價將達到並維持在一個永久高位。」

八月份，經紀人貸款已經達到了一百七十億，華爾街似乎還沒有看到盡頭。沒有盡頭的是風險，也正因為風險未知，所以才最可怕。

九月份的第一週，市場突然開始上躥下跳，雖然多方似乎守住了陣地，但陰影已經籠罩華爾街。

九月五日，美國非著名「統計學家」巴布森（Roger Babson）在全美商業聯合年會上發表演講：崩盤遲早會發生，而且難以遏制。猶如魔咒一般，當天下午兩點，紐約證券交易所放巨量下挫。

紐約證券市場出現恐慌性拋盤，經濟危機終於到來

巴布森根本不是什麼著名的股市分析師，他的職業很多：教育工作者、哲學愛好者、教徒、統計工作者、占星術愛好者、經濟學愛好者和萬有引力定律的支持者，歸結到一點，這人是個大騙子。現在看來，不是因為巴布森預測才使得股市下跌，而是股市下跌後，人們才發現巴布森曾經這樣大放厥詞。

十月，美國聯邦工業指數、鋼鐵指數全線下滑，很明顯美國經濟走入了下滑期。此時，幾乎已經是一邊倒地看空了，市場不停小幅下挫，而且沒有像樣的反彈。

西元一九二九年十月二十四日，星期四。

紐約市場經歷了有史以來最慘澹的一天，當天創出了一千兩百九十萬股天量交易紀錄，上午十一點後紐約證券市場終於出現恐慌性拋盤，顧盼之間已經銀河落九天。

94 頭寸（position），就是「款項」的意思，是金融界及商界的流行用語。例如假使銀行在當日的全部收付款中，收入大於支出，就稱為「多頭寸」，若付出的款項大於收入款項，就稱為「缺頭寸」。到處想方設法調進款項的行為，叫「調頭寸」。暫時未用的款項大於需用量時，叫「頭寸鬆」，資金需求量大於閒置量時，則叫「頭寸緊」。

中午十二點，記者們獲悉J．P．摩根公司的總部正在召開會議，與會者名單很長，全部都是紐約銀行家，他們在為拯救市場做最後一次掙扎。下午一點三十分，紐約證券交易所總裁惠特尼（Richard Whitney）出現在交易大廳，並在眾目睽睽之下，以上午的最低成交價兩百〇五美元買入一萬股美國鋼鐵公司股；整個下午，他在交易大廳用掉了兩千萬美元。

紐約銀行界英勇的救市行動還是給市場帶來一絲暖意，市場奇蹟般好轉了，下午很多股票翻紅報收。

「疾在骨髓，司命之所屬，無奈何也」，這個時候的市場，也就只有更慘，沒有最慘。

西元一九二九年十月二十九日，星期二。

這一天，沒有人再能挽救華爾街，股價指數從當年最高點三百八十六點跌至兩百九十八點，跌幅達二二％。當天收市，股市創造了一千六百四十一萬股天量歷史紀錄，自動報價機打出的紙帶超過一．五萬英里，直到閉市後四個小時才打完。人們將這一天形容為「紐約交易所一百一十二年歷史以來『最糟糕的一天』」。

這一天只是一個開端，曠日持久的經濟危機終於到來了：一九二九至一九三三年，美國累計破產工業企業十四萬家、銀行一萬家，失業率高達三二％。據說，飯店的櫃臺人員總要問顧客一個問題：「您是要一個房間睡覺，還是要一個房間自殺？」

造成股災的遠因：工業產能過剩，市場萎縮

很多人、很多故事甚至很多教材告訴我們，一九二九年西方世界經濟危機，華爾街是始作俑者，市場大鱷們無盡的貪婪擊潰了西方世界……

不是這樣的。

投資者，沒有人不貪婪；不貪婪的人，永遠成不了市場贏家。我可以負責任地告訴大家：

一九二九年經濟危機，華爾街不是真正的兇手。一九二九年，全美證券交易所不過一百五十四萬八千七百〇七個客戶，還不包括重複計算的投資者；在一百五十萬個帳戶裡，只有保證金帳戶才能做投機交易，這樣的投機帳戶不足五十萬個。

美國人口一．二億，就算把所有的「就算」加到一起，華爾街也不可能造成如此大的損失。該來的，有原因；不過，不是華爾街。

一戰後美國推動了第二次工業革命，電氣化在各個行業廣泛應用。汽車、收音機、吸塵器、電冰箱已經不再是奢侈品，人們突然發現，這個世界如此美好，普通人也可以享受這個美好的世界……美好，永遠是暫時的。

一個產業、一類產品如果能成為潮流，開始的時候是一定會有暴利的。回想一下，我們二十世紀八〇年代的電冰箱、九〇年代的空調……當時的價格折算到現在，簡直是天文數字。這個道理，在美國也一樣。

二十世紀二〇年代，汽車行業、化纖行業、電子行業……它們改變了世界，改變了人類生活，當然也帶來了暴利。資本聞到血腥時，一定會衝進去的，於是，整個產業就會擴張，產品的成本也在不斷降低。

一旦一種產品普及到每一個家庭，那麼，利潤也就無多，市場也就開始萎縮了。

但是，投資是不能收回的，前期的產能、廣大的員工都在，新產品出來了，市場卻沒有了，結果，只能滯銷。

這就是一個耳熟能詳的詞彙「產能過剩」。這是所有行業、所有產品的最後歸宿，所有曾經輝煌的產業都會歸於寂靜。**如果所有產業真的都長盛不衰，那停滯的就是人類進步。**

也不是每次產業衰退都必然造成危機，如果前期暴利均勻分布在全體國民手中，衰退雖然痛苦，卻遲早會催生新產業。如果社會財富分配極其不均，那麼衰退就是災難。

在上一章我們曾經提到，一九二〇至一九二九年，美國是托拉斯的世界，一九二九年，一%的美國人口占有九五%的美國財富，整個美國都在為廢除托拉斯而奮鬥。

何況，分配不均已經不限於美國國內：美國占有世界上接近一半的黃金，歐洲已經窮到家了，戰爭貸款尚且還不起，何來資金購買美國商品？

在這種狀況下，絕大部分的人，繁榮時尚能生存；沒有任何儲備，一旦衰退就會把普通人逼上絕路。

個把人很有錢，而且，他們不是白癡，所以，他們的錢不可能回歸到實體經濟，於是，泡沫也就成為必然，不僅包括股市、房地產，還包括古董、玉石，甚至出租駕照……所有有概念的東西都有可能成為泡沫。

羅斯福的新政救經濟

> 一九三三年，羅斯福受命於危難之際，說出了那句震古鑠今的名言：唯一不得不恐懼的，就是恐懼本身！

一九二九年大危機後，美國開始了自己艱難的救贖。

當時的美國總統是胡佛，很多人認為胡佛信奉自由主義，對經濟危機視而不見，所以危機日漸深重，終致救無可救。

不是這樣的。

胡佛也制定了復興大綱，成立了金融重建公司（Reconstruction Finance Corporation，簡稱RFC），最主要的內容也是增加聯邦公共開支。

電影「變形金剛」第二集裡幽禁狂派機器人首領密卡登的那個胡佛大壩，就是當時公共支出的典型代表。

然而，胡佛失敗了。

胡佛堅定地認為不能直接補貼公民個人，而應集中財力挽救大機構。儘管胡佛堅信美國經濟很快就會恢復，但對金融機構日復一日的救助卻耗空了人們對財富的企盼，也失去了全社會的信任。

這種現象，在經濟學上有個術語，叫做「預期」。「預期」是一個很神奇的東西，甚至可以指鹿為馬，如果人們普遍預期經濟衰退，那麼，經濟就會真的衰退。

大家誰都不敢花錢，經濟不衰退，才怪。

反之，也成立。

羅斯福拚經濟：印鈔票、放信貸、增加財政赤字

一九三三年，羅斯福受命於危難之際，說出了那句震古鑠今的名言：**唯一不得不恐懼的，就是恐懼本身！**

貨幣兌換商已從文明廟宇的高處落荒而逃。我們要以千古不變的真理來重建這座廟宇。衡量這重建的尺度，是我們體現比金錢利益更高尚的社會價值的程度。幸福並不在於單純地占有金錢；幸福還在於取得成就後的喜悅，在於創造努力時的激情。務必不能再忘記勞動帶來的喜悅和激勵，而去瘋狂地追逐那轉瞬即逝的利潤。——羅斯福

羅斯福的第一招：開足馬力印鈔票。

一九二九年開始美國始終處於一個通貨緊縮期，債務人負擔不斷加重，債權人也因為欠款難收而破產，這對雙方都不是什麼好事。只有恢復物價上漲，才有可能恢復債權債務平衡，才有可能阻止經濟繼續崩潰。

聯邦政府開始推行虛金本位，名義上三十五美元仍可兌換一盎司黃金，實際上黃金和美元之間的兌換機制已經被切斷。而且，羅斯福宣布，聯邦政府可以鑄造銀幣，銀幣和美元間的兌換比例，由聯邦政府指定（因為這個政策倒足大楣的是中國，後面提及）。

這就是憑空創造貨幣了！

羅斯福的第二招：擴大信貸投放。

胡佛曾經建立金融重建公司，負責對即將破產的銀行、鐵路和其他機構提供貸款，羅斯福擴大了金融重建公司權力，開始還只是收購銀行業股權，恢復銀行信譽，一九三四年六月後，金融重建公司開始對工業界直接貸款，刺激恢復生產。

一九三四年，美國國會同時通過《農業抵押再放款法》、《農業抵押品取消贖回法》和《農場破產法》，三個法律只有一個目的，向農戶貸款，《農場破產法》更是規定：即使破產的農場，也可以靠信貸資金贖回農場。

羅斯福的第三招：增加財政赤字。

一九三三至一九四〇年，美國聯邦預算支出為五百九十二億美元，其中兩百五十二億美元是赤字。自此，美國聯邦財政赤字日高一日，終於在今天達到了兩萬億。

今天，全世界人民都知道，相信美國平衡聯邦預算，那是連耶誕節都會過錯的。

銀行不得經營證券；通過《證券法》，成立證管會

絕招：國家管制，尤其是對金融業。

羅斯福不可能對銀行有好印象，一九三三年三月四日他就任第一天，銀行系統就給他上了生動的一課。二月十四日情人節，相當富裕的密歇根州宣布全體銀行業進入假期（停業），三月一日，聯邦已經有十五個州宣布「銀行假日」，三月四日羅斯福就任，這個數字已經達到二十五個州。

銀行休假對美國人是一個挑戰，這個以自由經濟著稱的國度，再次開始了印第安人式的生活：以貨易貨、開辦各種臨時票證……羅斯福總統寶座還沒坐熱，就得趕緊解決銀行問題！

就職五天後，三月九日，美國國會召開特別會議，眾議院僅用了三十八分鐘就通過了提案，參議院也在同一天以絕對優勢通過提案：授予羅斯福權力，他可以直接印紙鈔送往各銀行，並讓聯準會回收黃金以維持貨幣信譽。

當晚，聯邦政府所有的印鈔機全部開機，僅一個晚上就印了二十億美元，並在第二天用飛機運往紐約準備銀行，然後分送紐約各銀行。

同時，聯準宣布，凡是在二月一日後提取黃金的人，應該在一週內歸還聯準會，否則，聯準將採取溫和的告誡方式：公開他們的姓名、住址和提取金額（這是真的）；以後提取黃金，均按三月九日官方兌換價兌換（這是騙人的）！

那可是危機時代，社會治安那是相當不太平，告訴別人您家藏有黃金，比什麼勸誡都好使！

三月十一日，聯準會就收回了三億美元黃金儲備，並以此為基礎又印刷了七．五億新鈔；三月中旬，財政部對全國銀行完成了快速評估，並宣布全國四分之三以上的銀行是健康的（純屬糊弄，一個星期能搞定全國銀行評估，就是編也編不完，但，謊言穩定了民眾的情緒）。

六月，國會通過《格拉斯－斯蒂格爾法案》（Glass-Steagall Act），即《一九三三年銀行法》（Banking Act of 1933）：從此，在美國，投資銀行業務和商業銀行業務必須嚴格分離，商業銀行不再有

證券業風險。銀行持有證券牌照，必須經聯準會批准。這就是著名的銀行、證券分業經營的模式，一直延續到一九九九年才被取消。

趁熱打鐵才能成功。一九三三年羅斯福又主導通過了《證券法》（Securities Act of 1933），一九三四年通過《證券交易法》（Securities Exchange Act of 1934）。據此，聯邦政府成立了美國證券交易委員會（簡稱「美國證管會」），即今天大名鼎鼎的SEC（The U.S. Securities and Exchange Commission，簡稱SEC）。

SEC有著無遠弗屆的權力：可以調查任何人、任何物件，當事人不得拒絕。最離譜的是集體訴訟和辯方舉證，集體訴訟即如果有一個股民訴訟獲勝，所有利益相關者都要按此辦理；辯方舉證則把舉證責任推給了被告，若被告不能證明自己無罪，則會被判有罪，即「疑罪從有」！這兩部法律和SEC完全違反了普通法原則，在崇尚自由、反對集權的美國是絕無僅有的，對普通法原則是致命的挑戰。

美元貶值，美國貨大賺外匯，歐亞經濟深受其害

三部法律頒布至今，來自美國經濟學界的罵聲從來沒有停止過。

管制顯然是有代價的，儘管後來美國經濟又有神奇的表現，一直到五〇年代，市場規模才恢復到一九二九年的水準，此時美國經濟（國民生產總值）已經擴張了將近兩倍。

華爾街為自己毫無限制的投機付出了至少三十年的代價。

一九三四年，新政實施第二年，美國GDP較前年增長了一七・〇二%，個人可支配收入增長一五%……

新政是美好的，僅對美國本土而言。美元不顧一切貶值，美國貨在全世界越來越便宜，歐亞經濟深受其害；羅斯福開足馬力印鈔票，其他國家也只能跟著印。

一九三五年，中國是銀本位，羅斯福卻任意指定銀幣和黃金兌換比例，同時，在全球市場上大肆收購白銀。羅斯福給出的解釋居然是：「**加速中國的危機，可以迫使中國人民一步步奮發圖強，不再完全依賴歐洲和日本。**」

最終，中國被迫放棄銀本位。

就在各國大打口水戰的時候，魔鬼已經出世……

希特勒的興起

施羅德低估了希特勒，也高估了巴本。希特勒擅長演講，更擅長利用規則爭取利益：給我一個名分，我能撬動地球！

在人類歷史上，阿道夫．希特勒可以泛指一個邪惡的時代——血腥、殘暴、扭曲與狹隘，這個名詞代表著法西斯，代表著第二次世界大戰的開始與終結。

從流浪漢到政黨領導者，希特勒藉仇外氣氛崛起

希特勒出身於一個海關小吏家庭，十四歲喪父，十八歲喪母。儘管希特勒幼時幻想成為一名建築設計師，成年後卻在維也納貧民窟打零工，處境大概相當於現在的流浪漢。

身為流浪漢，希特勒始終很有理想；有理想的流浪漢，還是流浪漢。

第一次世界大戰爆發之前，希特勒正在慕尼黑討生活，戰爭的消息傳來，流浪漢喜極而泣，感謝上蒼給予他一個良機。

窮人，也是人，也有成就自己一生偉業的理想。戰爭對整個世界都意味著血腥、死亡，對希特勒，暴力卻是唯一的機會。

身為一個普通士兵，希特勒的戰功很輝煌：榮獲鐵質十字勳章，此前，十字勳章從未授予過普通士兵。身為未來的元首，希特勒很不成功：服役期間軍銜始終沒有超過下士，是一個徹頭徹尾的大頭兵。

這是一個奇怪的大頭兵，不嗜菸酒、不近女色，甚至對錢財不屑一顧。這裡，給出一個結論：**如果一個人不喜歡錢，那他喜歡的東西肯定比錢更值錢**。只不過，絕大多數人沒有機會去實踐。

造反，畢竟是成本很高的事業！

一九一九年德國戰敗，在極端沮喪的情緒下希特勒回到了維也納。在這裡，未來的元首、當時的流浪漢繼續著流浪生涯，並參加了一個叫做「國家社會主義德國工人黨」（Nationalsozialistische Deutsche Arbeiterpartei，簡稱NSDAP，即納粹黨）的組織。

一九一九至一九二三年，德國處於痛苦的戰後恢復期，希特勒藉由民族對外敵的仇恨發展了自己的黨徒，「工人黨」也從默默無聞到發展壯大，他自己也成為這個組織的頭領。而且，希特勒還給自己的職位取了一個響亮的名字：元首。

元首認為，自己的用途不僅僅是控制一個黨派，還要控制整個德國，乃至整個世界。

一九二三年十一月，希特勒領導了一次相當不成功的暴動，即「啤酒館暴動」（Hitlerputsch）。儘管暴動對德國當局沒有任何影響，對希特勒的影響卻特別大，因為，事後他被關進了監獄，並在裡頭寫了一本融合其政治意識形態的自傳——《我的奮鬥》（Mein Kampf），該書成為日後德國納粹的思想綱領。

在一個政治生活成熟、社會穩定的國家，暴動成本相當高；選舉，比較便宜。希特勒終於明白，自己那點實力搞武裝政變是絕無可能，於是，他不再主張暴力革命，轉向謀求議會選舉。

便宜，也是需要錢的。

透過選舉來獲得政治資源，向資本家靠攏謀求金援

當時，德國最有錢的人是工業巨頭。然而，壟斷資本者對希特勒的表現相當不滿意。「國家社會主義德國工人黨」的支持者多是工人和平民，而這些人的政治綱領是提高工資。

提高工資，那些壟斷市場的資本家是不會答應的。

於是，希特勒開始偷換黨派概念，只反對「掠奪資本」不反對「創造資本」，言下之意，支持壟斷資本。**元首這種兩面派的手法，在納粹黨內獲得了廣泛的負評！**

黨內二號人物格雷戈·施特拉塞（Gregor Strasser）四處活動，試圖取而代之。為獲得工人好感，施特拉塞不斷與共產黨聯盟，甚至要求黨員參加共產黨組織的柏林運輸工人罷工——反對壟斷資本的大罷工。

工業巨頭的反應很簡單，但很堅定：不給錢。

一九三二年十一月，德國總統競選結束後，納粹黨負債高達八百萬馬克，在國會選舉中失掉了兩百萬張選票……據希特勒自己回憶：「當時，我遙望著碼頭，眼看就要遭受滅頂之災了，陰謀詭計、財富困難，來回漂泊的一千兩百萬人形成的重壓使我窒息；往事是歷盡艱辛的歲月，未來則是昏暗不明的，一切前景和希望都已經幻滅……」

此時，一個真正改變世界的人出現了，他的名字叫庫特·馮·施羅德——德國科隆銀行總裁。

希特勒絕望的時刻，施羅德也很絕望。

一九三二年興登堡（Paul von Hindenburg）當選德國總統；他是一個很不可靠的人，剛當選，就想和社會民主黨（Sozialdemokratische Partei Deutschlands，簡稱SPD）鬼混——降低工資、組織罷工、工業國有化……那是不會有什麼好事情的，施羅德和施羅德們必須為自己選擇一位代言人。

施羅德選中的人，不是希特勒，而是巴本（Franz von Papen）。

一九三二年五月興登堡當選總統後，巴本出任德國總理，也是對抗工運勢力唯一的強勢人物。他強行推行有利於大企業的政策，允許工人法定工資下降一半，支援企業自救。由此，巴本與納粹黨、共產黨、社會民主黨的對立非常尖銳。

國會還在納粹手中，提高工資方面，共產黨、社會民主黨是納粹的天然聯盟。西方民主政治自有它的規則，議會反對，巴本由此被逐出內閣。

希特勒因掌握國會最大黨而成為總理

繼任總理施萊謝爾（Kurt von Schleicher）遠沒有巴本的鐵手腕，卻試圖玩弄政治：試圖以施特拉塞取代希特勒，換取納粹在國會的支持，失敗了；更離譜的是，施萊謝爾居然取消了巴本對企業主的工資讓步……玩不下去了，工業巨頭很快就想到辦法彈劾總理，問題是，誰來繼任？

答：巴本復出。

巴本要想重登政壇就必須吸取教訓，也就是說，巴本必須獲得議會支持。議會三大黨分別是納粹黨、共產黨和社會民主黨，唯一可以爭取的力量只有納粹黨；納粹中唯一可以爭取的力量，只有希特勒。

希特勒也認為，自己雖然當不了總統，可以慢慢來，比如，可以先當副總理。在施羅德的斡旋下，一九三三年一月四日雙方在施羅德家中進行了親切友好的交談。希特勒向巴本表達了進入政壇的願望，並強調了總理是巴本財產不可分割的一部分，給個副總理兼國防部長就行。

巴本很高興，只是暫時，因為，這幾天希特勒也沒閒著。希特勒認為，自己既然可以取得巴本的支持，也就可以取得巴本老闆的支持，何況，巴本的老闆是一群人，而且不是鐵板一塊。

總理之上還有總統，究竟誰當總理，工業巨頭只能斡旋，總統興登堡才說話算數。何況，施羅德也有自己的想法，巴本是一個很狂妄的人，上臺後能否還管得住很是一個問題。

出於制衡巴本的考慮，施羅德約見了興登堡總統的兒子奧斯卡和國務祕書，並向總統傳達了一個資訊：巴本很可能還是那個不聽話的部下。

同時，施羅德對克虜伯等人表示了對巴本的擔心：巴本在國會三大黨中並無真正的根基，在希特勒主導國會運作之下能否順利執政確實很成問題。

準備工作做好了，希特勒可以翻臉了。

一月十日，希特勒約見巴本，出爾反爾要求擔任總理，要求巴本給自己當副手。乘興而來的巴本當時就被打糊塗了。

幾天後，忐忑不安的巴本在施羅德家中等了三個小時，得到了這樣一個答案：既不能給自己內閣總理名分，希特勒也不會有實權。

按照施羅德的設想，納粹黨只能提名兩個部長職位（內政部和航空委員會；國防部，不給），內閣應該在巴本控制之下。施羅德認為，這種組閣方式，既能保證巴本不至於尾大不掉，也能保證巴本對內閣的控制權，他甚至樂觀地認為，「我們把希特勒約束住了，他已被框了起來」。

一月三十日，希特勒就職。

殺害納粹黨元老，希特勒成為無人可約束的怪物

施羅德低估了希特勒，也高估了巴本。希特勒擅長演講，更擅長利用規則爭取利益：給我一個名分，我能撬動地球！

一九三三年二月，就任總理後僅一個月，希特勒就炮製了「國會縱火案」（Der Reichstagsbrand），焚燒國會後嫁禍於共產黨，並以此為藉口通過《授權法》（Ermächtigungsgesetz），讓總理的許可權開

始高於總統，甚至高於議會。

至於巴本，已經不在希特勒考慮的範圍之內；現在，他只需要考慮有錢人。

納粹黨既然是工人黨，支持者當然主要來自工人和小企業主。一九三四年春，德國還有四百萬失業者，他們對納粹黨勾結工業巨頭的行為當然很不滿。

不滿之後就想在黨內搞點小動作，甚至搞掉希特勒。

結果，領袖對自己人亮出了屠刀：一九三四年六月三十日，希特勒親率黨衛軍屠殺了包括納粹黨元老在內的一千〇七十人，一千一百二十一人被捕，曾經為希特勒立下汗馬功勞的納粹黨（主要是衝鋒隊武裝力量）被清洗一空。

這一晚，被德國歷史稱為「長刀之夜」（Nacht der langen Messer）。

當年八月，興登堡總統病逝，德國政壇和納粹內部都再也沒有力量能約束這頭跑出籠子的怪獸。

壟斷資產階級終於吃下了自己親釀的惡果。

一九三六年，希特勒公布「四年計畫」，基本上全國工、農、商、學、兵都在計畫下運轉。四年計畫，希特勒只有一個目標：

「德軍必須在四年內做好戰爭準備。」

一九三六至一九三九年，德國常規武器增加十倍，飛機增加近十七倍，到戰爭爆發時共擁有戰機八千兩百九十五架、坦克一千七百輛……

一九三九年九月一日，成建制的德國裝甲兵團開進波蘭，離譜的波蘭，居然用騎兵長刀對抗坦克……第二次世界大戰，在波蘭戰馬的悲嘶中拉開了序幕。

明治維新改造日本

「明治維新」最難的不是廢除幕府集權，而是廢除地方勢力，因為幕府本身說話就不算數。正因為如此，明治維新的阻力並不是很大，過程也不如中國戊戌變法激烈，雖然沒掉多少腦袋，但後果對日本來說是革命性的。

唐朝的時候，日本開始派「遣唐使」，官吏也需要修中國的儒家典籍，如《大學》、《中庸》。不同於漢唐，日本周邊是海洋，從來沒有受到游牧民族侵襲，因此，在一定程度上傳承了漢唐文化。少讀唐史，我夢到過一個中土小院：堂前植梅，竹林通幽，現實中唯一接近夢境的實景，是我在日本大阪見到的民居。

不過，這個時代的日本可不是一個世外桃源，天皇沒有實權，所謂幕府也就管理東京周圍巴掌大的地方。地方長官叫做「大名」，也就是土皇帝。幕府就是東京的大名，只是因為他們控制了天皇，所以身分相對特殊。

在日本，天皇不是任何一個農民甚至大名帶兵起義就可以當的，所謂「皇帝輪流做，明年到我家」，在日本不太可能。日本天皇號稱「萬世一系」，從來沒有讓渡給異姓，儘管天皇說話沒有分量，可只要控制天皇，起碼能在諸位大名面前風光。

明治維新後天皇重掌實權，消除幕府地方諸侯勢力

一八六八年，明治天皇在長州等幾個小藩的支持下準備倒幕。德川幕府卻是一個不折不扣的紙老虎，面對西方外敵入侵，拱手稱臣，面對國內大名起鬨，乾脆自己辭職。

沒錯，長州等幾個藩屬確實擁立天皇，可是他們對各地大名仍舊沒有絕對統治權力，只有確立天皇為實君，才有可能控制整個日本，他們拿出的辦法是借天皇的名義「廢藩置縣」，革除了地方大名勢力，大名被集中到東京居住，並發放高薪。

這就是所謂「明治維新」。

「明治維新」最難的不是廢除幕府集權，而是廢除地方勢力，因為幕府本身說話就不算數。正因為如此，明治維新的阻力並不是很大，過程也不如中國戊戌變法激烈，雖然沒掉多少腦袋，但後果對日本來說是革命性的。

人們經常比較日本的明治維新與中國的戊戌變法，兩者最大的區別是日本在幕府統治下，並沒有一個歷時幾千年的皇權中央，天皇、地方藩鎮都沒有絕對性壓倒優勢：天皇雖然沒有軍事實力，但卻是精神領袖，幹掉他是肯定不可以的；地方藩鎮雖然都希望自己能成為發號施令的人，但即使不當老大，也不能被別人滅掉。

所以，憲政、議會是各方都能接受的新規則，在新規則下，大家再次處於新的起跑線，不至於兵戎相見。

日本維新的靈魂人物叫做伊藤博文，時任日本首相。有人比較李鴻章與伊藤博文，梁啟超曾嗟歎「西報有論者曰：日本非與中國戰，實與李鴻章一人戰耳……以一人而戰一國，合肥合肥，雖敗亦豪哉……吾敬李鴻章之才，吾惜李鴻章之識，吾悲李鴻章之遇……合肥有知，必當微笑於地下曰：孺子知我」。

人們也經常比較伊藤博文與康有為，康有為的權力自然不能跟這位日本權相相提並論。日本維新出現的是一個法，立憲之法，所有法律都需經議會裁定；康有為維新卻是忠君，一個皇權義之君。其成，其敗，早已一目了然。

儘管有了明治維新，日本仍無法與當年的英美比。英格蘭雖然也是島國，卻有歐洲大陸作為市場依託，美國則在文明傳承上與西歐一脈相承。

日本四島文明演進與中國卻實在相距甚遠，遠到只有日本向中國學習，雙方沒有交換的可能，中國不可能成為日本的市場。於是，中日之間的交流，更多的是非法入境，例如倭寇。

秉承倭寇的理念，日本開始了近代化路程。一般而言，國內資本主義萌芽，都要做一些原始資本的積累。一八七六年八月，明治政府頒布《金祿公債證書發行條例》，總計發行一．七四億日圓公債，用於資助國內大型企業；同時，募集國外資金修築鐵路，興辦國內產業。

國家經濟起飛，借點錢也是應該的；問題是，如何還錢？

日本的回答很簡單：搶！

為建立大東亞共榮圈，不惜與西方國家對壘

一八九五年四月，日本迫使清政府簽訂《馬關條約》，共勒索二．三億兩白銀，相當於日本四年的財政收入。憑藉這筆賠款，日本一八九七年建立了金本位制度，金融市場開始與海外市場對接。此後十年（一八九四至一九〇四年），日本經濟獲得迅猛發展，公司數增加二．一倍，資本總額增加二．八倍，出口貿易額增加一．五倍。

第一次世界大戰爆發後，日本先後控制了朝鮮和臺灣，一戰結束，日本造船業和機器製造業分別增長了六．五倍和五．五倍，儼然已是世界強國。

在「脫亞入歐」思想指導下，日本逐漸蛻變為軍國主義民族，要求自己以西方列強的身分對待亞洲鄰國：「我國不應猶豫等待鄰國開明而共同振興亞細亞，對待支那、朝鮮之法，惟有按西洋人對待彼等之方式處理之！」

這樣一個花慣戰爭財的強盜，當然不會放過第二次世界大戰的機會。

與德國不同，日本與東亞各國並無宿怨，只是，日本認為要建立一個「大東亞共榮圈」，這是

「日本現代國民光榮的任務」，所以，日本決心「排除萬難，為完成這一事業而邁進」。

這是一個毀滅世界的事業，可是，美國和西方世界卻以為日本不敢摸它們的老虎屁股。畢竟日本經濟總量只是美國的九分之一，科技先進程度更是相差甚遠。

「美國貿易禁運已經使得日本國民經濟陷入困境，如果沒有新的戰爭，天皇可能被推翻，儘管同美國為首的西方強國對壘等於蚍蜉撼樹，但是，日本必須保持體制安泰，哪怕國家化為焦土，也不惜一戰。」

在美國人看來，這種理念簡直不可理喻。如果美國人的《菊花與劍》（The Chrysanthemum and the Sword）早出版十年，美國人就會明白了。

薄薄一冊《菊花與劍》，詳細記述了一個日本故事——「十八死士」。十八位家臣為了替多年前含冤死去的主人報仇，甚至投靠主人的敵人，拋棄自己的家人，在親友的極端鄙視下生活了多年。這些年，沒有人理解這十八位家臣。多年後，十八位家臣成功殺掉仇家，卻也害死了當年的仇敵、今天的新主人，於是全部自盡……

為毀滅敵人，居然會毀滅自己的人生？這也太不合算了。

這只是美國人的演算法。

一九四一年十二月七日，日本進攻珍珠港美國海軍，以微小代價重創美軍，太平洋艦隊幾乎全軍覆沒。

十二月八日，羅斯福總統向參眾兩院發表戰爭咨文，宣布十二月七日為國恥日，對日本帝國宣戰，第二次世界大戰全面爆發。

日本雖然也是軸心國成員之一，經濟實力卻遠遜於德國。按照一九四〇年軍火產值計算，日本生產能力只有德國的六分之一、蘇聯的五分之一、英國的七分之一。加之日本本土狹小、資源極為貧乏，戰爭物資嚴重依賴海外，二戰期間日本九〇%以上的鐵礦、九五%的石油都出自被占領區。

一九三九年九月，羅斯福總統下令禁止美日武器、軍火及物資貿易。自此，日本只能依靠掠奪中國等被占領區供給軍事物資，於是東北人家的鐵鍋都成了日本侵略者的子彈。

日本侵略戰爭的罪惡遠非到此結束，在世界軍事史中唯有日本軍隊有一個特殊部門——給水部，用途是為軍隊提供清潔水源。因為，當地水源都已被日軍汙染，為製造瘟疫，他們甚至將罹難的平民投入水井。

租借法案金援同盟國

鑑於盟國確實無錢，而美國軍火又產自私人廠商，羅斯福想到了絕妙的一招：租借，由聯邦政府出錢購買，租借軍火給盟國。

面對邪惡的法西斯，英、美新舊兩個老大都坐以待斃，看著軸心國吞噬自己的兄弟，波蘭、匈牙利、中國、法國……最後，惹火燒身。

我們先談談戰爭背後的實際支撐——金融。

沒錢打不起閃電戰，希特勒修法全面掌握帝國銀行資金

「閃電戰」（Blitzkrieg）是德國在第二次世界大戰中使用的著名戰術，不依靠傳統的陣地，而是利用機械化部隊迅速推進：波蘭在兩個星期內滅亡，四十四天內半個歐洲都淪陷在德國戰車之下，一個月內進入蘇聯境內縱深八百公里，上百萬蘇聯紅軍投降……

其實，第二次世界大戰，德國成也「閃電」，敗也「閃電」。

閃電戰，顧名思義就是軍隊推進速度很快；軍隊推進速度快，消耗就更快，這就要求必須集中全國力量備戰。

為了這一天，希特勒準備了很久。

一九三七年二月，希特勒頒布《帝國銀行新秩序法》，帝國銀行董事長由元首直接兼任；一九三九年頒布《帝國銀行法》：停止兌換紙幣，中央銀行對帝國提供的貸款數額最終由「領袖」決定。至此，納粹政府透過中央銀行國有化掌控了全國財富，積累了閃電戰的資金實力。

剛才說的是戰前準備，戰時，就不好使了。

前面我們說過，對外戰爭最好的融資方式是對外借款，德國在第一次世界大戰中之所以戰敗，原因之一就是沒有對外舉債。

第二次世界大戰時，納粹竟把一戰失敗的教訓當成經驗——只在國內把稅收換成國債，以占領區的賠款計算利息；在占領區，成立國家信貸銀行，以占領區的土地做為儲備，發行銀行券。

不長記性啊！

不過這也怨不得希特勒，不是希特勒不想借錢，實在是沒人要借給他。

二戰期間，德國根本就沒有一個穩定的對外融資管道，英、法、蘇、美都是敵人，哪來的錢借給他？整個二戰期間，德國只在中立國瑞士得到一．五億瑞士法郎的借款。

一定有人想，既然占領了很多土地，何不搶劫？

希特勒也這麼想，而且也這麼做了。

二戰期間，德國總計從占領地搶劫了九十億英鎊，折合一千五百億馬克，這些財富確實也在很長的時間內，維持了德國的「閃電」戰術。

希特勒沒想到的是，當時，全世界都在執行中國的戰略方針：持久戰！

馬克無法正常通行，改發「軍隊緊急紙幣」為軍餉

國家生存與普通人生存沒有什麼區別，大家都希望獲得穩定的收入。搶劫畢竟只是一次性買賣，有了這次沒有下次。

一九四〇年八月，德國帝國銀行試圖在占領區發行以馬克標價的貨幣，建立一種長效的貨幣機制，但是由於納粹政府不能有效穩定占領區秩序，軍事勝利並沒有促成這個方案。一九四三年以後，即使在德國本土，馬克也不再被認為是通行的貨幣，收入中出現了實物，交換改為以物易物。

市場物價雖然被官方凍結，柏林卻存在一個馬克交易黑市，價格是官方市場價格的一百倍。官方交易中有效的不是貨幣，而是供應卡，類似於中國計畫經濟年代的布票。魔鬼可以裝作神佛，也可以把自己塑造為民族偶像；就算把世界上最極端的個人崇拜提高一千倍，崇拜者仍然要吃飯，當然，也就只能不聽領袖命令。

貨幣體制紊亂大大降低了德國本土和占領區的生產效率，當儲備消耗殆盡，也就閃電不起來了。因為，沒錢了。

沒錢之後，希特勒就開始動歪腦子。

經過長期思考，希特勒終於想到一個餿主意：軍隊緊急紙幣。這是一種馬克紙幣，雖然可以按照正常匯率在當地換成本幣，但不能匯款回國內。

「軍隊緊急紙幣」用來搶劫財富還差不多，問題是，希特勒把「軍隊緊急紙幣」當軍餉發給自己在海外奮戰的士兵。

希特勒本來的想法是，讓軍隊盡量掠奪敵國物資，節約本土物資，也就是所謂「以戰養戰」。這種方法實際操作起來簡直就是荒謬；就算德軍能搶到大批物資，軍官也可以把金銀財寶弄回家，但是，普通士兵卻只能帶枝破槍，四處流竄。整個戰爭，士兵幾乎得不到任何財富。

就算對領袖再忠誠，德國士兵也是人，也需要發點小財。這種毫無意義的紙幣，回國就等於廢紙，換成實物又不能弄回家去，哪裡還有什麼作戰積極性。

一旦把搶劫的矛頭對準自己的士兵，德國就已注定了敗亡的命運。

世界和平才有美國利益，羅斯福呼籲取消武器禁運

窮人是打不起戰爭的，還好，同盟國中有一個富人。

鑑於第一次世界大戰中歐洲諸國欠債不還的惡劣行徑，美國從銀行到軍火商都虧了很多錢。這些人，不可能是工人，而是一批大佬。

大佬們很憤怒！

二十世紀三〇年代，美國政壇出現了一種政治力量，叫做「孤立主義」（Isolationism），他們宣導不干涉歐洲事務，一九三五至一九三七年，美國國會先後通過三個法令，禁止向交戰國任何一方提供軍火。

不是不借給你錢，實在是被騙得太慘了。

儘管一戰賠款中美國實際幫助了德國，希特勒還是不會領情的，法西斯的目標也不僅僅是歐洲。關於這個問題，有的美國人還是很清醒的，比如，羅斯福總統。

歐戰剛剛爆發，羅斯福總統就在國會演講中呼籲：「英法贏得了戰爭，美國就保持了和平；如果德國勝利，美國本土就會很快燃起戰火……我深切而堅定地認為，取消武器禁運較之維持現行法律，更能保持美國的和平。」

一九三九年九月，在羅斯福總統的堅持下，國會終於通過「現購自運」修正案，即歐美軍火貿易，全部需要現金結算，由購買方自行運往戰場。這一次，不能再讓歐洲糊弄了，現金結帳，不怕你不還。

現購自運，廢話，老子有錢不會自己生產？

一九四〇年，法國淪陷；同年，美國大選，孤立主義者的選票很重要。

羅斯福是一個有著堅定信念的人，在大是大非問題上從來沒有任何妥協，在選票和國家安全之間，他堅定地做出了自己的判斷。

所以，羅斯福贏得了選舉。

在著名的「爐邊談話」中，羅斯福提到「要想同納粹和平共處，只能以全面投降為代價，這種受人支配的和平，絕不是和平」。當年，美國提出了年產五萬架飛機的目標，頒布《全國義務兵役法》，軍費撥款突破五十億美元。

一九四一年一月，羅斯福在國會痛陳：絕不能讓英法因為沒有子彈投降，任何消極防禦的措施都是最卑劣、最不真實、最沒有愛國心的表現！

根據租借法案，美國提供大量物資，反法西斯同盟成立

鑑於盟國確實無錢，而美國軍火又產自私人廠商，羅斯福想到了絕妙的一招：**租借，由聯邦政府出錢購買，租借給盟國軍火**。

為此，羅斯福的智囊團還在一堆國會舊檔裡「發現」了一個一八九二年的判例，該判例授權陸軍部長「如果出於維護公共利益的原則，可以租借陸軍財產」。

根據這個判例，羅斯福起草了《增強美國防禦法案》，即《租借法案》（Lend-Lease Program），只是陸軍司令換成了總統，總統可以「出售、劃撥、交換、租借或另行處置任何此類防禦物資給任何此類政府」。

一九四一年五月六日，羅斯福宣布，中國納入租借法案，到抗日戰爭結束，共援助國民政府八·四五億美元。

一九四一年六月二十二日，德軍大舉進攻蘇聯。六月二十四日，羅斯福總統在記者招待會上公開表態，將盡一切可能為蘇聯提供援助，蘇聯併入租借法案，解除其四千萬美元的海外資產凍結。一九四一至一九四五年，美國共計向同盟國輸出價值六百億美元的援助物資、資金，其中英國得到五四%，蘇聯得到二二%，遍及亞、非、拉丁美洲等三十五個國家。

租借法案只有一個最簡單的計算方法：每天美國援助盟國的坦克、軍艦和飛機，一定要比戰場上損毀的多！

一九四一至一九四二年，所有美國工業體系都在為這個目標奮鬥。這也是盟軍戰爭中最為艱苦的年月，中、英、法已經喪失了制海權，無力護航海上物資，尤其是對蘇聯的運輸，最短的航程也需四千五百英里，還要通過迷霧重重的北極；滇緬公路運往中國的物資則由美國十四航空隊護航，每運送一個美元，美國就要消耗掉一個美元……國民軍的滇緬公路生命線，是用美國航空兵的鮮血和生命換來的。

租借法案促成了反法西斯同盟的建立，一九四一年，二十六個國家共同簽署《聯合國家宣言》，世界反法西斯聯盟正式形成，各國保證以自己全部軍力聯合作戰，直到勝利！

戰端一開，則地無分南北，人無分老幼，皆有守土抗戰之責！

——蔣介石

盟軍發的軍餉可兌換美金，戰後美元成為世界通用貨幣

英法士兵雖然也使用地方貨幣作為軍餉，但士兵可以用地方貨幣按官方匯率兌換美元。要知道，就算是歐洲解放區也有黑市，實際匯率從來都是高於官方匯率。

很快，盟軍士兵就發現了一條生財之道，他們經常以黑市的價格換取地方貨幣，卻以官方匯率向

軍隊兌換美元，再到黑市換地方貨幣，幾個循環下來，就發了。

即使如此，英法官方卻從未明確禁止。

此時，戰爭已經膠著了近三年，德國士兵整日在數軍票，盟軍卻已經開始發美鈔！有美鈔的士兵，當然比數廢紙的士兵有勇氣。

租借法案的偉大之處不僅在於戰時支援了盟軍作戰，更在於一種危機時刻的國際合作精神。

一九四二年六月十一日，羅斯福在國會演講，希望免除盟國債務：

「戰爭的代價是無法用貨幣來估計、比較和償付的，這種代價必須而且正在以鮮血和辛勤的勞動來償付，但戰爭費用應該由符合持久和平與相互繁榮的辦法來補償……美國不需要新的戰爭債務危害新的和平，勝利的和平就是償付我們的唯一貨幣！」

在這種策略指導下，租借法案沒有引起各國的爭端，一九四五年八月租借法案失效時，美英即發表聯合聲明：「根據租借法案，盟國在戰爭中喪失、損壞或消費的美國物資，不構成對任何一國的財政負擔。」

根據此精神，一九四六年美國勾銷了對英所有援助求償權，隨後許多國家債務被勾銷：印度、法國、澳大利亞、紐西蘭、比利時、土耳其、南非、挪威、希臘、荷蘭……（不含蘇聯）

二戰結束時，史達林在慶功宴上曾舉杯提議「為羅斯福總統的健康乾杯」，羅斯福也舉杯「為全世界無產階級乾杯」。

但國際政治舞臺說到底還是靠經濟實力說話，第二次世界大戰終究是在美國的援助下才取得勝利，英國、法國，甚至蘇聯和中國，全世界都在拚命借美元、用美元。

無須標榜，美元已經為王，無須再議！

美元集團勝出

布雷頓森林鎮，是華盛頓市民的避暑勝地，位於庫斯郡境內。誰也沒有想到這個靜怡甜美、草木青蔥的小鎮，會成為國際金融巨頭爭吵的場所。

一九四四年六月，盟軍在諾曼第成功登陸，在歐洲大陸展開大規模反攻，盟國勝利已成定局。同一個時刻，重建國際貨幣體系也成為當務之急。

第二次世界大戰還未結束，英國和美國就開始著手準備重整國際金融體系，英國此時仍舊希望自己能與美國分庭抗禮。只是英國的黃金儲備已從四十一億美元下降到十九億美元，而美國的黃金儲備已經從一九三七年的一百二十七億美元，上升到兩百億美元，占世界黃金儲備的七〇%。

根據上述事實，兩國分別提出了自己的方案，即凱因斯計畫和懷特計畫[95]。

無論是凱因斯計畫還是懷特計畫，說到底都是固定匯率制，關鍵是哪個國家擁有國際貨幣體系主導權。鑑於英國黃金儲備不足，凱因斯建議成員國不得兌現黃金，可以向國際清算組織透支。鑑於自己的經濟實力和黃金儲備量，美國的想法很簡單：我的世界，我做主；別人的世界，我也要做主。

凱因斯對上懷特，所有的針鋒相對都集中在一點：究竟誰是老大？

以美元為中心的國際貨幣體系確立

一九四四年七月，在美國的倡議下，四十四個盟國代表，共七百三十多人，抵達了美國新罕布夏州的布雷頓森林鎮（Bretton Woods, New Hampshire）的華盛頓山度假飯店（Mount Washington Hotel）。布雷頓森林鎮是華盛頓市民的避暑勝地，位於庫斯郡（Coos County）境內，誰也沒有想到這個靜怡甜美、草木青蔥的小鎮，會成為國際金融巨頭爭吵的場所。據說是因為懷特心臟不好，需要一個安靜、設備好的去處；不過也有人說，選擇布雷頓森林鎮，是因為美國的財政部長小亨利．摩根索（Henry Morgenthau, Jr.）擁有該度假飯店五〇%的股份。

布雷頓森林會議（Bretton Woods Conference），正式的名稱為「聯合國貨幣金融會議」（United Nations Monetary and Financial Conference），主題是討論戰後國際貨幣金融關係。英美分別就凱因斯計畫和懷特計畫進行充分闡述，供與會國家代表討論。其實，無論會議形式如何，會議的本質始終是新一代的江湖霸主淘汰前輩。就算英國講得再天花亂墜，大家對英國的家底也心知肚明，英國此時的行為，完全是不識時務。因為，大家同樣知道美國的實力，即使美國什麼都不說，也都眼巴巴指望著新老大拉一把。

會議基本上接受了懷特計畫，通過了「國際貨幣基金協定」（Agreement of the international monetary fund），並決定建立「國際貨幣基金組織」（International Monetary Fund，簡稱ＩＭＦ）職司這方面活動，為戰後建立統一的國際貨幣體系奠定基礎。布雷頓森林會議所建立的國際金融體系，史稱「布雷頓森林體系」（Bretton Woods System）；因美元一直在這個體系中處於核心地位，故又名「以美元為中心的國際貨幣協定」。布雷頓森林協定實際上仍是一種金匯兌本位制，美元與黃金比價固定，一美元等於〇．八八八六七一克黃金；體系建立之初，國際貨幣基金組織只承認美元是「自由兌換貨幣」（Freely Convertible Currency）。

這也就意味著，美元＝黃金＝唯一的清算工具＝唯一的支付工具＝唯一的儲備貨幣。

95 凱因斯（John Keynes）是當時的英國財政部顧問、著名經濟學家。懷特（Harry White）則是當時的美國財政部長助理。

美元成為強勢貨幣，聯準會是全球的中央銀行

作為一種國際金匯兌貨幣制度，實際上布雷頓森林協定並不成熟，一些缺陷甚至是無法彌補的。更直白些說，這個協定是一九二二年熱那亞會議的二．〇版，只不過當時美國還沒有統領世界的經濟實力。現在輪到美國做主了，它就提出了更為苛刻的要求，不僅各個國家貨幣與黃金沒有直接關係，甚至即使持有唯一的「可兌換貨幣」——美元，也只能在一定條件下，才可向美國兌換黃金。這樣，事實上各國貨幣全成了美元的附庸。作為唯一的世界本位貨幣，美元是世界上唯一的通行貨幣支付清算手段，聯準會就成為世界的「中央銀行」，只要美國濫發美元，就可透過信用手段來操縱全球貿易和金融。

這個協定，對美國尤其有利，美國可以在不動用黃金的前提下，透過發行美元購買別國企業、資源、勞動力等。戰後初期美國的高度繁榮，很大程度上要歸因於這個國際貨幣體系。

然而，這畢竟是一種在實力不對等的前提下建立的貨幣體系，遠非一種合理的貨幣制度。

但是，布雷頓森林協定在國際金融歷史上的正面意義是不能抹殺的。二十世紀二〇至三〇年代國際金本位崩潰後，國際貨幣體系四分五裂，英鎊、黃金、美元代表的三個集團互不相讓，成為各自獨立的貨幣集團，加上無止境的貿易戰、高關稅、外匯傾銷，也是國際經濟危機爆發的重要根源之一，終於引發了第二次世界大戰。

戰後布雷頓森林協定，結束了國際金本位崩潰後國際金融領域的混亂局面，使得西方世界出現了長達四分之一世紀的長久繁榮。布雷頓森林協定實行固定匯率，又不存在黃金輸送點的概念，各國貨幣供應實際不受黃金儲備限制，可以動用貨幣政策緩和危機和蕭條。由於美元成為主要國際貨幣，美國可以透過貸款、贈予、援助等多種方式在世界範圍內擴張貨幣，擴大國際貿易。

有人這樣評價布雷頓森林協定：「促進了十國集團其他國家擴大出口和資金流動增加，從而支援了這些國家的經濟恢復和發展，使經濟達到第一次世界大戰前金本位時期以來從未曾有過的繁榮。」

第十一章

冷戰時代

美元成為國際貨幣

羅斯福逝世後，杜魯門和邱吉爾一手塑造二戰後的冷戰格局。在美國馬歇爾計畫的支持下，西歐走出了戰後廢墟，然而，西方世界馬上又面臨更加棘手的「滯漲」，二戰後的國際貨幣體系，也在二十年內崩潰。馬歇爾計畫是幫歐洲復興，還是美元稱霸世界的陰謀？布雷頓森林協定最終崩潰，是誰的責任？

美蘇冷戰時期開始

杜魯門是一位有理想的「太監」，一心想「千秋萬代，一統江湖」。羅斯福去世不滿一個月，杜魯門就在四月二十三日的內閣會議上表態：「過去我們與蘇聯的協議，一直是我們單方面在讓步。」現在，「太監」號稱要改變這一切。邱吉爾，終於找到組織了！更不幸的是，「太監」真的練成了絕世武功「葵花寶典」——原子彈。

二戰勝利後，幽靈走到了陽光下，放眼望去，非但蘇聯，整個東歐已經是赤旗的天下。美國等西方國家就是再能沉住氣，也不可能無視這個事實。

不過，我們說過，羅斯福是一個清醒的人。

很多文獻如此評價這位總統：有膽識的政治家、有遠見的戰略家、卓越的外交家……

羅斯福知道，蘇聯勢力已經推進到東歐，讓紅軍退守蘇聯本土，那是想都不要想的，想駕馭蘇聯，必須另想辦法。

比如，承認蘇聯勢力，讓蘇聯保持克制；進而誘使蘇聯開放經濟，透過國際貨幣基金組織（IMF）、關貿總協定（GATT）等一系列國際合約約束蘇聯。

如此，蘇聯、英國、中國……盡入彀中矣，美國就是名副其實的東西方不敗！否則，世界分裂為兩大陣營，美國最多是西方不敗、東方失敗。

杜魯門一改羅斯福的「合作」策略，公開挑戰蘇聯

很多人就想讓美國做西方失敗，比如，邱吉爾。美國不做東方失敗，英國就得是歐洲失敗。

英國曾經是世界霸主，一戰之前尚可與美國分庭抗禮，今日之局竟是毫無辯駁；二戰勝利，就連自己家後院也開始長草：蘇聯——這個遊蕩於十九世紀歐洲的幽靈，昂然名列雅爾達[96]三強。

當不了世界老大，起碼不能為蘇聯所困！

二戰結束前，邱吉爾就不斷告訴羅斯福：「蘇聯是自由世界的致命威脅，對於我們兩國來說，最重要的是毅然決然起而迎戰！」

羅斯福是聰明人，當然不會上當。

羅斯福認為，蘇共黨章號稱要解放全世界，這個目標似乎很遙遠，起碼自己見不到。史達林也覺得先在社會主義陣營混個小頭目也不錯，至於解放全世界，可以以後再說。雅爾達會議清晰地顯示了美蘇妥協的意願，雙方希望透過「合作」，限定各自二戰中獲得的份額。

不幸的是，就在羅斯福專心構建雅爾達體系的時候，突然病逝。

一九四五年四月十一日，美國人迎來了他們的新任總統杜魯門（Harry S. Truman）。杜魯門是羅斯福的副總統——一個有職無權的副總統。

據說，整個副總統任期內，杜魯門只見過總統兩面，而且不是談論戰爭問題，杜魯門經常嘲笑自己：「我在政治上是『太監』。」

杜魯門是一位有理想的「太監」，一心想「千秋萬代，一統江湖」。

羅斯福去世不滿一個月，杜魯門就在四月二十三日的內閣會議上表態：「過去我們同蘇聯的協議，一直是我們單方面在讓步。」

現在，「太監」號稱要改變這一切。

邱吉爾，終於找到知音了！

---

96 指於一九四五年二月，羅斯福、邱吉爾、史達林在雅爾達進行的首腦會議。

更不幸的是，「太監」真的練成了絕世武功「葵花寶典」——原子彈。

原子彈在日本長崎爆破成功的當天，杜魯門就開始公開向蘇聯挑釁：「東歐國家不應成為任何大國的勢力範圍。」

自由主義與計畫經濟對抗，美蘇各據一方

在稱霸世界這個問題上，羅斯福與杜魯門目標一致，手段不同。

羅斯福猶如一位太極內家高手，招式緩慢卻以陰柔的內功不斷困住對手；手握「神功」的「太監」卻是一位外家莽漢，招式看似剛猛，其實純粹是一通暴風驟雨的王八拳。

蘇聯vs.美國，本來就不是武力對抗，美國的自由主義與蘇聯的計畫經濟根本格格不入；都按計畫來，個人如何自由？市場如何存在？對大部分美國人來說，蘇聯這種模式簡直如同犯罪，這種痛恨就如同正常人對小偷和強盜的感覺。

按照羅斯福的思路，將蘇聯逐步納入經濟軌道，也許蘇聯迫於利益會尊重美國世界權威；按照杜魯門的思路，事情已經絕無可能。

一旦杜魯門試圖透過對抗讓蘇聯俯首稱臣，就必然激化美蘇的意識形態之爭，當這種矛盾在大眾中成為共識，**外交手段就已經絲毫沒有餘地了。**

在美蘇的眼中看來，對方都是魔鬼，如何能和魔鬼談判？

不談判，那就開打如何？

杜魯門最初的想法確實是霸王硬上弓：在蘇聯研發出原子武器之前，來一場「預防性戰爭」，徹底解決蘇聯。

對邱吉爾和西歐來說，勸誘杜魯門遏制蘇聯是可以的，真打起來則不行。

不是不想打，實在是不能打。

所謂核威脅有兩個先決條件：第一，對手有核子武器；第二，對手真的敢扔。

在邱吉爾看來，史達林是一個獨裁者，國家決策機制全憑個人好惡，不能以理性度量。蘇聯距離美國起碼隔著大西洋，歐洲可就在人家門口。

況且史達林一紙動員令就能集中全國物力，再窮，蘇聯也是全世界土地面積第一。西歐各國可沒有一個能有如此縱深的國土，第二次世界大戰剛結束，就在自己家擺擂臺，這日子還過不過了？

史達林也知道自己的原子彈其實是紙老虎，真打起來，最多往美軍海外軍事基地扔幾個解悶，至於美國本土，想都不要想（最初，蘇聯無此運載能力）。

杜魯門 vs. 史達林等於「葵花寶典」vs.「辟邪劍法」，勝負不可知！

爭老大也有必要的過程和方式。如果為了利益，多半是「以利服人」；如果牽扯精神問題，多半要「以力服人」；如果不但牽扯精神問題，力量又在伯仲之間，就只能對罵了。

坑灰未冷，昔日的盟友就已變身為兩個超級大國，代表西方的美國和代表社會主義陣營的蘇聯：美國人無法容忍一個總想「解放」自己的國度存在，史達林則號稱要把紅旗插遍全世界。

在這些國家裡，各種包羅萬象的員警政府對老百姓強加控制，達到了壓倒和違背一切民主原則的程度。或是一些獨裁者，或是組織嚴密的寡頭集團，他們透過一個享有特權的黨和一支政治員警隊伍，毫無節制地行使著國家的大權。

——邱吉爾

一九四六年三月五日，邱吉爾在美國富爾頓（Fulton）發表「鐵幕演說」（Iron Curtain），對罵正式開始——自此，世界進入了美蘇冷戰時期。

紙上談兵的「星際大戰」拖垮了誰？

誰在積累？又是誰的福利？

金庸先生告訴我們，任何武功招式只要出手，就一定有破綻，獨孤九劍的總訣是攻擊敵人破綻，最後，連辟邪劍法都敗在令狐沖劍下。蘇聯的經濟模式連葵花寶典都算不上，當然有致命的破綻。

史達林絕對是政治強人，從第一個五年計畫開始就強調軍事立國：「不為國防建立足夠的工業基礎，就不可能保衛我們的國家。我們比敵人落後五十至一百年，我們必須在十年內跑完這段路程。」為此，蘇聯付出了慘重的代價，一九五三年史達林去世的時候，蘇聯糧食產量甚至低於十月革命之前，重工業比重更是高達八五％，集體農莊卻處於無人耕作的狀態……

赫魯雪夫（Nikita Khrushchev）和布里茲涅夫（Leonid Brezhnev）延續了史達林的政策，蘇聯成為世界上獨一無二的「軍事經濟體」。

蘇聯，昔日的超級大國——僅僅是超級軍事大國。

蘇聯所有生產活動都支援軍備

儘管蘇聯獲得了世界第二的GDP，但是，GDP這個東西非常玄妙，究竟代表什麼根本就說不清楚。二戰後，蘇聯越來越像一部機器，所有制度、官僚甚至人民都在為一個目標奮鬥——領袖的目標。

這個目標，不是也不可能是「滿足人民日益增長的物質文化需要」，而是「領袖日益增長的軍事需要」。國家壟斷了所有產業，布里茲涅夫時代，蘇聯生產資料國有化的程度甚至達到了九九％，遠遠高出任何一個社會主義國家。

有人一定會問，這種體制能有經濟活力嗎？即使只有軍工，又如何生產出世界第二的GDP？這不是一般的經濟體制，當然也不能用一般的經濟概念來衡量。這種體制，勞工當然沒有積極性，沒有積極性的勞工也得要工作。

所有人都沒有選擇，身家性命都在這部戰車之上，而且絕無可能逃離。國家職能貫徹於每一個社會環節，被控制的不僅僅是勞動時間、強度，而且是公民的一切。在國土面積世界第一的國度，把國民的一切都用來製造軍工、製造GDP，焉能不強？

五六〇年代本是蘇聯經濟建設的絕好時機，這段時間美國開始以中國為最大的假想敵。即使是這個時候，蘇聯仍舊在大興軍工；尼克森（Richard Nixon）總統訪華時，偌大一個蘇聯只有五％至六％的產值是日用消費品，這就是所謂的「高積累，低福利」。

誰在積累？又是誰的福利？

金庸先生告訴我們，任何武功招式，只要出手就一定有破綻，獨孤九劍的總訣就是攻擊敵人破綻，最後，連辟邪劍法都敗在令狐沖劍下。

蘇聯經濟模式連葵花寶典都算不上，當然有致命的破綻。

繪聲繪影的「星戰計畫」，誘使蘇聯加速投入軍備

美國有中央情報局（CIA）、聯邦調查局（FBI），還有一堆世界頂級經濟學大師，就算他們沒練過獨孤九劍，蘇聯的軟肋還是能看清一二的。

美國的獨孤九劍——星際大戰，新鮮出爐中。

一九八三年三月二十三日，美國總統雷根向全國發表電視演說，宣布啟動「戰略防禦計畫」（Strategic Defense Initiative，簡稱SDI），亦稱「星際大戰」（Star Wars Program），為此，雷根總統公開

遊說國會撥款。

「星際大戰」只是一個形象的描述，簡單點說，就是美國準備建立太空防禦體系，用雷射、電磁炮、粒子束在導彈飛行過程中，摧毀任何飛向本土和盟國的核彈頭。

這樣，蘇聯的核威懾就不存在了。

一九八四年六月十日，美國南太平洋海軍發射了一枚截擊導彈，在一百六十多公里的高空，成功地擊中了從加州空軍基地發出的另一枚洲際導彈。借用當時的形象比喻，這是「用一顆子彈擊中另一顆子彈」。

這就是傳說中的「小李飛刀，例無虛發」了！

當天，美國各大報頭版頭條競相刊登了這條消息（請注意，這點很重要）。根據這個實驗成果，「星際大戰」計畫是可行的。

於是，一九八五年雷根總統向國會申請批准撥款一萬億美元，計畫在二〇一五年前後建成美國太空堡壘。

對蘇聯來講，要節衣縮食才勉強跟上美國的核武實力。您還真能擊中導彈頭，蘇聯人民這麼多年的褲腰帶，豈不是白勒了？

這個玩笑開大了！

為對付美國的小李飛刀，蘇聯肯定加大了航空研究投入，雖然我沒有找到蘇聯究竟花了多少錢，但找到了以下數據：

一九八六年，蘇聯全年共發射九十一枚火箭，當年，美國的「挑戰者」號（STS Challenger）太空梭墜毀，全年只發射六枚火箭。

一九八七年，蘇聯研發成功「能量」號（Energia）火箭，有效載重是美國空間運輸器的五倍。

一九八八年，蘇聯的一位軍事高官成為叛逃者，他在美國憂心忡忡地表示，「蘇聯星戰計畫從未間斷過，我敢肯定將來也不會間斷」。

整個八〇年代美國人也很忙，只不過不只是「星際大戰」。美國人在做兩件事，第一是搞掉了蘇聯的石油美元。

「星際大戰」啟動的第一年，美國與沙烏地阿拉伯的關係相當不錯。當年夏季，沙烏地阿拉伯原油從日產不足兩百萬桶猛增到六百萬桶，秋季則攀升到九百萬桶。

地球人都知道的一個經濟學原理就是：供給增多，價格會下降。

一九八六年，世界原油價格半年內從一桶三十美元下跌至一桶十二美元。僅此一項，蘇聯就損失了一百億美元，占蘇聯美元儲備的五〇%；同時，中東產油國也開始窮得要死，蘇聯的軍火銷售利潤又下降二十億美元。

從此，蘇聯人民的褲腰帶只能勒得更緊了。

第二件事，才是糊弄「星際大戰」。看好了，這裡沒說美國在部署「星際大戰」，**美國人從頭到尾所做的，只是糊弄。**

今天，星際大戰的很多檔案在美國已經過了保密期。透過這些檔案，我們才知道，這個計畫唯一的目的，就是誘使蘇聯加速軍備投入，最終拖垮社會主義老大哥的經濟。

就連一九八三年那份關鍵的「子彈碰子彈」試驗也是假的，美國人在兩顆導彈上都裝了追蹤裝置，所以才能在媒體上造足了聲勢，否則，這麼高科技的軍事機密，就算美國新聞再自由，中情局和FBI大概也不會讓它曝光。

一九八三至一九九三年，星際大戰十年，美國國會批准的撥款都沒超過三百五十億美元，從來就沒見雷根所謂的一萬億美金。

美國兩度提出救濟西歐計畫

> 如果美國處於攻勢，那西歐就是敵人的橋頭堡。蘇聯是一架隨時可能發動的戰爭機器，靠幾個西歐叫花子阻擋，看來是相當不明智的。所以，西歐絕不能落入蘇聯之手！

二戰之前，英國仍舊是世界的第一強國；二戰之後，英國一半以上的工業處於癱瘓，水路交通全部停運。

二戰前，法國是歐洲大陸第一強國；二戰後，素以農業著稱的法國居民，每天只有六兩麵包，混得還不如納粹占領時期。

二戰前，德國號稱要挑戰全世界；二戰後，馬克在市場上銷聲匿跡，香菸成為最有信譽的貨幣。

更離譜的，一九四七年，歐洲遭遇不知多少年一遇的寒災，儼然成為「一座瓦礫堆、一個屍骨收容所、一個滋生瘟疫和憎恨的溫床」。**一九四六年的歐洲與那時的中國一樣，都是滿目瘡痍，中國「底子薄」，西歐則已混成了「沒底子」**。

新大陸東有大西洋，西有太平洋，誰也不能輕易把戰火燒到美國本土。二戰後，美國完整保留了所有工業體系，經濟排名世界第一，黃金儲備占世界六〇%，工業產品總量占資本主義世界的六〇%，是當之無愧的老大。

世界經濟都蕭條，全球只有一個富人，那是一定會出事的。

「這種情況對共產主義勢力極為有利！」瀕於絕望的人們開始相信，只有共產主義才能帶來真正的幸福。

美提經援西歐計畫，抵抗共產勢力擴張

一九四七年，西歐各國赤色勢力空前增強，共產黨黨員較一九三九年增加了八倍，丹麥、挪威、冰島……一批政府內閣接納共產黨，組建了聯合政府。

剛才說過，太平洋、大西洋是美國防守的天然屏障。現在，換一種說法，如果美國處於攻勢，那西歐就是敵人的橋頭堡。蘇聯是一架隨時可能發動的戰爭機器，靠幾個西歐叫花子阻擋，看來是相當不明智的。

所以，西歐絕不能落入蘇聯之手！

一九四七年四月，美國助理國務卿克萊頓（William Clayton）在歐洲旅行，撰寫了著名的《五月備忘錄》（Memorandum of understanding）。《五月備忘錄》明確提出美國必須確保在西歐的戰略地位，透過西歐遏制蘇聯，是贏得世界霸權的關鍵。其中有一句話我至今記憶猶新，「**美國可以提供援助，但必須避免成為另一個聯合國救濟總署，這次美國必須自己操縱局勢！**」

美國要援助世界，那好，問題如下：

問題一：援助誰？

問題二：援助什麼？

五月底，美國國務院公布了《五．二八會談紀要》，回答了第一個問題。其核心只有一點：只有透過輸血才能遏制蘇聯東進，為此，西歐必須聯合起來。

然而，美國人很賊，他們沒有說要西歐聯合，**因為，西歐聯合的另一面必定是歐洲分裂。**美國人不想背這個罵名。

美借錢給西歐買美國貨，海外市場維繫美國繁榮

六月五日，國務卿馬歇爾粉墨登場，在他哈佛大學那篇傳世的演講詞中提出了「歐洲復興計畫」（European Recovery Program），宣揚美國有責任復興歐洲經濟。

我們應該幫助別人，因為我們懂得，我們不能在一個經濟停滯的世界中分享繁榮。我們應該幫助別人，因為經濟困擾無論出現在世界哪一個地方，都是暴力政治的孳生地。我們應該幫助別人，因為我們覺得，向正在醫治因對付我們的共同敵人而遭受損傷的朋友和同盟者伸出援助之手，是正確的。

——馬歇爾

既然是歐洲復興，當然就應該包括蘇聯。

當時的聽眾也聽出了言下之意，於是，有人當場提出了這個問題：既然是向「聯合的歐洲」提供援助，那是否包括蘇聯？

答：「復興計畫」必須尊重歐洲國家的主權，如果不能爭取歐洲所有的國家，那就在部分同意的國家實施。況且蘇聯若要加入「復興計畫」，就必須俯首稱臣，也就無所謂「冷戰」了；如果蘇聯不同意，那麼分裂歐洲、製造對立的責任當然也得要蘇聯承擔，冷戰就更有口實。

黑鍋，還是別人背吧。

現在，回答第二個問題，不過不要著急，答案見後文。

即使援助範圍僅包括西歐，那也是一片比美國本土都大的土地。美國人絕對沒有共產主義信念，支持西歐也絕不是為了世界大同。

此時，美國剛剛失去二次世界大戰的軍火市場，電氣化在國內市場又早就萎縮了（一九二九年危機），但美國廠商還得繼續過日子。

只要有海外市場，遊戲就能繼續下去；只要遊戲能繼續下去，美國人就能繼續享受繁榮。這錢，就是不借給歐洲，在美國大陸也不會有更好的用途，說不定大夥齊心合力在國內做投資，再做一個一九四九年危機出來。

況且，西歐國家也要生存。借不到錢，就會有新的方法，比如，共產主義！

美國人要過日子，西歐就必須有人購買商品；西歐要購買商品，就必須有錢；西歐沒錢，美國人就借給他。

於是，西歐復興，美國繁榮。

蘇聯號召成立經濟互助委員會，東歐成為附庸國

馬歇爾演說之後，英國、法國政要第二天就做出回應，英國人稱讚「這是世界歷史上最偉大的演說」，法國人表示將「毫不遲疑」地加入歐洲經濟計畫。

六月十七日，英法兩國仍舊邀請蘇聯針對馬歇爾演講做出回應；六月二十七日，英、法、蘇三國外長會於巴黎。

談是沒法談的。

史達林不可能看著自己的影響在歐洲消失，進而本土被西方勢力蠶食。馬歇爾計畫推出後，蘇聯立刻譴責美國以援助歐洲復興為條件，使歐洲成為美國經濟附庸（這個似乎也沒冤枉美國）。

三天後，蘇聯宣布退出會談，並且，我不去，別人也不能去！

為促使東歐各國拒絕馬歇爾計畫，一九四七年七至八月，蘇聯率先與保加利亞、捷克斯洛伐克[97]

97 捷克斯洛伐克（Czechoslovakia）是一個目前已不存在的中歐國家，成立於一九一八年，由捷克及斯洛伐克所組成，當時的國名是捷克斯洛伐克共和國，乃世界第五大工業國。後於一九九二年解體，成為捷克共和國及斯洛伐克共和國兩個獨立的國家。

等國家簽訂了一系列貿易協定，隨後在一九四九年一月又成立了社會主義陣營的「經濟互助委員會」（The Council for Mutual Economic Assistance，簡稱Comecon，經互會）。

胡蘿蔔之外，史達林拿出了大棒。

一九四七年七月，史達林警告捷克斯洛伐克：「馬歇爾計畫是直接針對蘇聯的，參加這個計畫將是對蘇聯的敵對行動，如果你們參與，你們將用行動來證明你們甘願充當反蘇工具。」其後東歐各國逐步發表聲明，聲稱放棄參加歐洲復興計畫。

與歐洲復興計畫相比，蘇聯遠沒有這麼慷慨，也許不是不想慷慨，實在是沒這個實力。經濟互助委員會更類似於一個強權條約，東歐國家在很大程度上變為蘇聯的衛星國，提供原料，傾銷產品。

至於經互會成員國之間的匯率機制，是比較離奇的。開始，經互會成員國本幣全部估值偏高。一九五五年，一美元兌換一．二盧布，同樣的東西在經互會成員國賣三十盧布，在美國卻賣十美元。後來，蘇聯匯率改革，同一個國家就出現了一系列匯率：官方匯價、貿易匯價、旅遊匯價、居民旅遊匯價、私人匯款匯價……

最離譜的是轉帳盧布（transferable ruble）。一九六三年經互會批准在東歐國家實行「轉帳盧布」，即各國之間貿易差額清算以「轉帳盧布」計算。轉帳盧布與盧布等值，但不是任何一個國家的貨幣，頗類似於一九六九年國際貨幣基金組織（ＩＭＦ）創立的「特別提款權」（ＳＤＲ）。

為此，西方勢力將史達林譏諷為「新帝國主義」。

沒有美援，西歐可以自救經濟嗎？

無論美國出於什麼目的，一個確定的結果是，馬歇爾計畫確實對恢復歐洲經濟具備關鍵作用，「就像給落水者的一條救生繩索」。

蘇聯退出馬歇爾計畫後，西歐十六國在巴黎繼續開會，成立「歐洲經濟合作委員會」。會後，十六國正式照會美國，要求美國四年內提供工業技術援助，並向申請國家貸款兩百二十四億美元。一九四八年四月三日，美國總統杜魯門簽署《對外援助法案》，根據該法案，美國要向西歐各國提供一百三十三·二億美元援助，其中捐贈為九〇%，其餘為貸款。

所有貿易管制放鬆，美元全面進駐西歐

無論美國出於什麼目的，一個確定的結果是，馬歇爾計畫確實對恢復歐洲經濟具備關鍵作用，「就像給落水者的一條救生繩索」。

有人說，世界上沒有無緣無故的愛，那簡直是一定的。

美國要求，受援國家必須盡快撤銷關稅壁壘，取消或放鬆外匯管制，其中關鍵的一條是「當西歐一國向另一國提供貨物而後者缺乏支付手段時，美國則給予前者相當於後者賒款數額的美元貨款予以結算」。

美元霸權源自布雷頓森林協定，布雷頓森林協定始於馬歇爾計畫。

一九四五年，布雷頓森林協定的原意是吸取一九二九年大危機教訓，實現「穩定價格、靈活市場和多邊自由貿易」。

但是，布雷頓森林協定意味奉美元為國際貨幣之主，別說蘇聯，就連英法也不答應。會議剛結束，蘇聯就拒絕批准會議文件，英法也在議會上要求修改議定條款，布雷頓森林協定面臨流產。

直接不行，可以間接。

二戰後，西歐各國出現了嚴重的通貨膨脹。一九四七年通膨達到頂峰的期間，德國馬克甚至一度

消失，此時，西歐已經硬不起腰桿了。

重建貨幣，必須讓持幣者對貨幣有信心。信心來自實力，實力來自黃金，足夠的黃金——只有美國有。

結論：只要本幣與美元掛鉤，持幣者的情緒就能穩定。

恰在此時，美國透過馬歇爾計畫向西歐輸出了大量美元。有了美元，對外貿易當然要用美元結算，也必須用美元結算，只有美國有這麼多設備、商品。

一旦以美元支付國際貿易帳目成為習慣，那麼就是一種不可逆的制輪效果，美元的支付範圍越來越大……也是從這一天起，美元全面介入西歐國家的國際儲備領域，順勢登上了國際貨幣制高點。

那麼，馬歇爾計畫到底向西歐輸出了什麼呢？

英國，接受美國援助最多，而且水路交通斷絕，於是，買了很多美國的舊船。

德國，接受援助較少，於是，購買了超過美國人均消費水準兩倍還多的果汁。

義大利，最是不可理解，弄來一．七五億磅劣質麵條……

一九四八年四月三日至一九五二年六月三十日，馬歇爾計畫歷時四年〇三個月，美元正式取代英鎊登上了國際貨幣神壇。

美元，才是美國真正想向西歐輸出的東西，其他的都是糊弄。

西歐，終於中招了。

如果沒有馬歇爾計畫，西歐還是可以自立自強

馬歇爾計畫重要嗎？

答：重要。

美國很重要，但沒有重要到沒有美國，歐洲就不能獨立在世界發出聲音；馬歇爾計畫很重要，但

還沒有重要到沒有馬歇爾計畫，西歐就會永遠一蹶不振。

馬歇爾計畫對歐洲的影響遠沒有想像中那麼大，按今天美國GDP比重推算，馬歇爾計畫大致向西歐輸出了五千億美元，比不上中國二〇〇九年宏觀調控的四萬億投資。馬歇爾計畫期間，英國接受美援的數額是西德的兩倍，英國在十六國中表現卻是最差的。反之，西德卻第一個走出困境；一九四八年，西德不顧美國和經互會的反對，自行主導馬克改革，終於締造了後來歐元的基礎——馬克。

馬歇爾計畫是歐洲統一的起點嗎？

答：不是。

沒有馬歇爾計畫，西歐六國簽訂歐洲煤鋼共同體（European Coal and Steel Community）也已啟動，歐洲復興更多依靠國內市場。相比之下，美國宣導的歐洲經濟合作組織（Organization for European Economic Cooperation），最後走進了死胡同。不管美國人怎麼抱怨「如果沒有我們，你們早說德語了」，英國終究還是加入了歐洲一體化進程。

馬歇爾計畫是歐洲復甦的關鍵嗎？

答：不是。

沒有馬歇爾計畫，歐洲各國十有八九也能度過難關，只不過相當痛苦；相對於美國市場來說，國內市場和國內人力資源才是關鍵。

沒有馬歇爾計畫，蘇聯會把西歐納入勢力範圍嗎？

答：仍舊不會。

沒有馬歇爾計畫，西歐與蘇聯同樣會對立，西歐如同美國一樣出於意識形態才與蘇聯對立。

中東石油危機

表象的經濟現代化，不是經濟現代化，光鮮亮麗的架構更不可能帶來真正的效益，有技術、有工人、有資金……那些只是空殼，它們什麼都不是。一個成熟的經濟體，一個能激發創新的經濟體，其經濟制度歷經數百年磨煉，法律、信用等規範已經深入人心，而阿拉伯國家卻天真地以為可以憑空買回一個經濟強國！

第二次世界大戰之後，美國以世界六%的人口消費了三〇%的世界石油，汽車、鋼鐵、石化……很多產業都以石化能源為原料。

有石油，就有錢，所以，石油又稱「黑金」。

一九七三年第四次中東戰爭爆發後，尼克森總統要求國會立即撥款二十二億美元支援以色列，保證中東地區美國的利益。同時，美國軍火商不僅賣很多武器給以色列人，還為以軍提供電子導航、衛星偵察等售後服務。

中東石油戰爭，阿拉伯國家戰敗。戰敗後，阿拉伯國家把怒火轉移到西方世界。

敵人的朋友就是我們的敵人！

面對二戰後最嚴重的「滯脹」，美國急尋經濟成長策略

為報復美國及西方世界，一九七三年十二月，阿拉伯國家石油輸出國宣布收回石油標價權，並將石油從每桶三．〇一美元提高到十．六五美元，同時限制石油產量。幾乎在一夜之間，西方國家陷入了油荒，油價從三美元躥到了三十五美元。

讓你再要老子！

一九七三年美國經濟還處於高增長階段，阿拉伯國家的石油政策等於釜底抽薪：美國石油供應下降一三％，航空公司平均每天三百個航班被取消，一九七四年工業生產下降一四％。

借用《紐約時報》的話，這導致了「和平時期有史以來最為嚴重的通貨膨脹、本世紀最高利率、由此而產生的房地產業極不景氣、正在萎縮和比較混亂的證券市場、大量失業、經濟停滯、日益惡化的國際貿易地位和支付地位」。

面對經濟衰退，國家責無旁貸，必然要出手調控經濟。

如何出手？

又該怎樣刺激經濟？

按照一九三〇年代治理危機的經驗，經濟衰退時，聯邦政府應該增加公共支出、擴大投資、刺激經濟。

尼克森、福特（Gerald Ford, Jr.）、卡特（James Carter, Jr）等美國歷任總統不是沒想辦法，減稅、增加公共支出一樣都沒少。但是，物價該漲照漲，失業該失照失……結果：美元花了，就業率沒上來，產能照樣過剩，物價照樣狂漲，經濟照樣不景氣。

這種現象在經濟學上有個術語，叫做「滯脹」[98]，即經濟停滯，通貨膨脹。

滯脹是痛苦的，痛苦到幾乎擊潰這個世界上最強大的經濟體。美國，陷入了戰後最嚴重的一次經濟危機。

危機，是危險，更是機會。任何一個經濟體系都會遇到危機，世界上永遠都不存在永遠繁榮的國家，就算美國人聰明絕頂，也不可能永遠順水順風，衰退或早或晚一定都會來臨。

98 滯脹（Stagflation），「停滯性通貨膨脹」的簡稱。又稱為蕭條膨脹或膨脹衰退。

不同的是，有的國家依靠自身力量可以調節經濟，這時候危險就有可能變為機會；有的國家卻只能被動等待，這時候就只有危險了。

是危險還是機會，完全依賴於國家市場結構本身。

美國產業轉型，從製造業改為金融、資訊、生化

任何市場都會排斥新的生產者，也都不歡迎競爭。對企業家而言，所謂「海內存知己」，只是一種理想，「犯我強漢者，雖遠必誅」才是根本。一個成熟的市場，新人很難分割現有利益格局。不是不想分割，而是市場利潤早就不足以支撐新的大亨。

人家苦心經營多年，您想再分一杯羹，難！

最佳的機會往往在最危險的時候，因為，只有危機才能迫使既得利益者放棄現有格局，這個格局同樣讓他們損失慘重。

打破格局的手段，是創新，相關主體是否有能力推動創新，就成為能否擺脫危機的關鍵。只有經濟環境能夠為創新提供足夠強的激勵，才能尋找到新的經濟增長點，才能擺脫原有利益格局。

一個穩定的社會，必須有層級流動。哪怕只是畫餅充飢，哪怕只是一個渺茫的希望，哪怕只是一個百萬分之一的機率，也會有幾百萬、幾千萬人為之奮鬥，社會就會安定，就會真的創新，就會蒸蒸日上！

如果既得利益者不但控制著經濟資源，還控制著社會資源，那就比較麻煩了。危機時刻，既得利益者就會從創造增量轉向掠奪存量。如果是這樣，危機將越演越烈，直至社會循環不能延續，最終可能是整個社會鏈條的崩潰，比如，一戰後的納粹。

今天回顧滯脹歷史，我們會發現那確實是一段痛苦的時光，製造業、交運倉儲、建築業、零售業……但是，受損和失業率最高的行業都是夕陽產業；還有一批弱小的產業不為人關注，但它們在逐漸成長，金融、資訊服務、藝文、航太、生化……

從沒沒無聞到發展壯大，這些行業將我們帶入了一個高速資訊時代。二十世紀七〇年代初，美國高技術工業投資在全國設備投資中僅占二〇％，七〇年代末期這個數字上升到二五％；滯脹結束前，電腦、通訊、航太、生物製藥、控制儀器、半導體等已經與汽車、鋼鐵、造船和紡織業產值相當。

滯脹期間，石油對美國是無可替代的，第四次中東戰爭引發的石油危機使得美國GDP下降〇．七％；十年後，兩伊戰爭造成了更嚴重的石油危機，這一次，使美國GDP僅下降〇．一三％。沒有滯脹，美國不可能放棄原有製造業為主的格局，金融、通訊、航太等產業更不可能在國民經濟中成為主角。長此以往，美國也許如同它的前輩英國一樣，死在自己的繁榮中……

破，才能立，所幸，美國做到了。

石油輸出國的罩門：煉油、運油倚靠外力，以美元做結算

石油危機給美國帶來了滯脹，卻給阿拉伯國家帶來了美元。

石油禁運在阿以兩軍停戰後便恢復了，阿拉伯產油國發現了一個祕密：如果油價死扛著不降，美國照樣得買。

至於國內是什麼光景，石油輸出國不想管也不用管。

一九七三年開始，阿拉伯產油國外匯收入呈幾何數增長：一九七二年九十億美元，一九七三年一百二十六億美元，到一九七八年第二次石油危機前這個數字為八百〇五億美元！

這就是傳說中的石油美元！

在國家經濟戰略中，賺錢者不一定是勝利者，錢也不一定是好東西，很多時候，錢甚至會阻礙國

家經濟發展。

七〇年代中期，阿拉伯產油國興起了「石油熱」。石油危機前，阿拉伯國家只有幾十部石油鑽採機在尋找石油，一九七五年，石油鑽採機的數量達到一百七十多部，一九八二年更達到三百〇七部。

等咱有了錢，喝豆漿，豆漿買兩碗，喝一碗，倒一碗！

有了錢，可以買技術；有了錢，可以買工人；有了錢，可以買管理……甚至有人說，阿拉伯世界憑藉石油美元就可以製造強大的「金融武器」，可在呼吸間撼動國際金融市場，甚至操控整個世界……

有了錢，就有了一切？

能嗎？不能嗎？

如果一個國家確實只有錢，那麼也就窮得只剩下錢了。

在國際經濟舞臺，沒錢是萬萬不能的，但金錢絕對不是萬能的。

石油美元確實可以買到設備，也能從國外花重金雇到技術工人，甚至高階主管，但是，阿拉伯國家除石油開採外，購買的在建項目不斷延期，開工項目停工停產；七〇年代後期，阿拉伯國家產油能力約為九億噸，可是煉油能力卻不足一億噸；儘管世界頂級轎車存量多在阿拉伯國家，它們卻不能解決自身的石油運輸問題……

石油下游產業尚且如此，何況其他？

表象的經濟現代化，不是經濟現代化，光鮮亮麗的架構更不可能帶來真正的效益，有技術、有工人、有資金……那些只是空殼，它們什麼都不是。

一個成熟的經濟體，一個能激發創新的經濟體，其經濟制度歷經數百年磨煉，法律、信用等規範已經深入人心，而阿拉伯國家卻天真地以為可以憑空買回一個經濟強國！

阿拉伯國家與美國信仰不同，但都不能改變資金流向。哪裡能賺更多的錢，錢才會流向哪裡。

石油輸出國國內不能吸收這些資金，就只能去海外尋找高收益，美國無疑是最好的去向。季辛吉[99]沒費多少力氣，就讓石油輸出國以美元作為結算貨幣，本來多數石油就是賣給美國的。

一九七四年石油輸出國總收入為一千一百〇二億美元，其中四百九十二億美元流向了美國；一九八二年，第二次石油危機結束，阿拉伯世界在美國擁有四千〇五十億美元的海外資產。

阿拉伯人歡呼雀躍，我們在購買美國。

關於這個問題，之前之後還會有人歡呼。現在，我們用一句簡單的話來說明這個問題：**美元多了是好的，購買美國資產是好的，但享受石油美元福利的，絕不是阿拉伯國家本土居民。**

況且，石油美元還是美元，不可能是里亞爾（SAR，沙烏地阿拉伯的貨幣單位）。只要美國掌握著國際貨幣制高點，這些美元究竟值多少錢，終究還是美國人說了算。

一九七八年美元突然貶值，石油輸出國的海外資產至少損失了一百四十億至一百五十一億美元。考慮到一九七四至一九七七年美元貶值，那麼，阿拉伯國家的美元投資利潤，甚至還不足以補償通貨膨脹和美元貶值所遭受的損失。

世界永遠不會是石油的世界，更不是資源的世界。世界經濟制高點，唯創新者居之！

國際貨幣制度的新協定

牙買加協定認可各國自由安排匯率，同意固定匯率和浮動匯率並存。這實在是沒有辦法，世界上不可能有任何貨幣能逃脫「特里芬魔咒」，但是，如果沒有基準貨幣，特里芬魔咒就不存在了。

99季辛吉（Henry Alfred Kissinger），一九六九至一九七五年擔任美國的國家安全顧問，並於一九七三至一九七七年間擔任美國國務卿，其外交策略影響甚巨。

在布雷頓森林協定裡，美國獨占國際貨幣的規則制定和修改權，說到底是美國一家的買賣，美元才是國際貨幣的老大。當老大也不是不可以，做到以下兩個條件即可：第一，保證本幣與黃金官價穩定，不能糊弄兄弟們；第二，要向兄弟們提供足夠的本幣。

要維持本幣與黃金的兌換穩定，本幣就不能過分流出；要當老大，就得給大家分美元，讓弟兄們都有錢花（維持國際清算）。

這兩個條件是一個硬幣的兩面，永遠不可能重合。不僅是美元，世界上根本就沒有一種貨幣，能同時滿足上述兩個條件。

過去沒有，現在沒有，將來也不會有。

魚與熊掌不可兼得，布雷頓森林協定剛剛建立，美國經濟學家特里芬（Robert Triffin）就宣布：布雷頓森林協定比金本位更不可靠。

崩潰，只是遲早的問題。

布雷頓森林協定剛剛建立，歐洲各項建設正熱火朝天地進行著，大家都眼巴巴地望著老大，指望能多支援幾個美元。這個時候，你就是讓西歐各國脫離布雷頓森林協定，它們也沒有這個能力。

世界上必須有清算工具，即使美元不行，也得先頂上去。

然而，各國生產能力沒恢復，實在賺不到美金……沒有美元，就是「美元荒」。

韓戰與越戰讓黃金流失，美國結束建國以來保持的外匯盈餘紀錄

在二十世紀的五〇年代，美國在錯誤的地點、錯誤的時間和一個錯誤的對手打了一場錯誤的戰爭——韓戰。

這是美國歷史上第一次未在勝利的情況下簽訂停戰協定，也是美元走下神壇的轉捩點。為維持戰爭及戰後軍事開支，美國不得已擴大財政支出，於是，各國軍工企業紛紛上馬，美國成了全世界最大的軍火買家。

西歐，有美元了！

韓戰期間，美國黃金儲備從占世界比重四七％，下降到三〇％，西歐則從一六％上升到三〇％，雙方力量已經基本持平。

一九五八年，西歐十國趁美國黃金流失，恢復了自由兌換。布雷頓森林協定說到底還是金本位，一旦其他國家貨幣也可以兌換黃金，老大的位子就不怎麼穩當了。

錢，還是留在自己家裡好。

此時，美國面臨兩難選擇：要麼從海外撤退駐軍，以減少美元外流，進而將多邊兌換控制在一定範圍之內；要麼繼續在世界上窮兵黷武，維持軍事力量，放棄美元霸權。

由於冷戰的特殊環境，美國當時的軍事安全要遠遠超出經濟安全，加上艾森豪總統又是軍人出身，決策集團堅決選擇了前者。

結果：一九五六年中國尚未撤出北韓，黃金就撤離了美國。

一九五六年開始，美國自有黃金儲備已經不足以抵償短期外債；到一九五八年中國撤離北韓，美國所有黃金儲備加在一起也難以抵償短期外債。

金融市場，是一個資訊市場，西歐對此當然洞若觀火。

布雷頓森林協定下，美國不兌付黃金就等於存到銀行的錢打了水漂。一九六〇年，黃金價格由每盎司三十五美元（官價）上漲到四十美元。

如此，就是「美元災」了！

鑑於需要美國的軍事保護，西歐各國只得拚命幫忙維持美元。

開始，西方國家還能用黃金總庫平抑美元與黃金匯價，但一九六一年五月，美國又捲入越戰；這是一場持續十二年的戰爭，為應付層出不窮的越共游擊隊，美國不得不連年擴大對外採購。一九六八年，西方國家的國庫裡放滿了美元，美國黃金卻不斷減少……越戰還沒有結束，一九七一年，美國終於結束了建國以來始終保持外匯盈餘的紀錄，黃金儲備也只剩下一百〇二．一億美元，是國家短期負債的一五％（六百七十八億美元）。

不能說西歐沒有為美元盡力。馬克是西歐最強勢的貨幣，西德為了維持美元匯率，一九七一年四月連續拋售本幣，在市場上連續購買了三十億美元。結果，五月五日，開盤後一小時，西柏林外匯市場就出現了十億美元的天量賣單，官方外匯市場被迫關閉。跟著，奧地利、比利時、荷蘭、瑞士紛紛被迫停止官方外匯市場交易。

國際貨幣體系進入匯率雙軌制形態

沒法子了，那就借用蘇聯的辦法吧！

西方國家創造性地借鑑了社會主義陣營的匯價方法——外匯價格「雙軌制」。所謂「雙軌制」就是在西方國家央行的儲備黃金上都貼一個綠條，表示這不是私人黃金。私人黃金兌換美元，您願意怎麼兌就怎麼兌，算是自由匯率；至於綠條黃金，始終遵以官方匯率為準。

同時，創造特別提款權（special drawing right，簡稱SDR），即國際貨幣基金組織大名鼎鼎的「紙黃金」（Paper Gold）。不是沒有黃金嗎？貨幣基金組織就大筆一揮自己創造點黃金出來（西方國家認可，不是真的黃金），這種SDR只能用來支付清算，不能購買商品。

如果這些事情放到金本位時代，那簡直就是無賴！

就在西歐為維持美元奮鬥的時候，美國提出了一個非常非常離譜的要求：**為維持現有西方貨幣**

體系，歐洲國家貨幣應集體升值！

弟兄們，給我頂住，頂住！

我們頂住，您先撤了？

不行！

鑑於西歐國家的堅決態度，美國在國際貨幣史上耍出了最大的無賴，就是這個無賴行為，直接導致布雷頓森林協定的崩潰：八月十五日，尼克森總統宣布停止承擔美元兌換黃金的義務，同時對海外商品徵收一〇％的附加稅。

特里芬魔咒應驗了！

這麼玩就等於重啟一戰後的金融三國志，長此以往大家都會死掉，搞不好蘇聯沒倒，西方勢力就得開始內訌。

鑑於美國經濟實力確實很強，鑑於蘇聯的軍事威脅，西歐國家屈從了。

一九七一年十二月十六日，美國、英國、西德等十國會於華盛頓，西歐貨幣集體升值，美國同意廢除一〇％的進口附加稅。會議還達成了一個共識：「應迅速實現國際貨幣體系根本性改革的第一步。」

這第一步就是所謂的《牙買加協定》（Jamaica Agreement），一九七六年一月，國際貨幣基金組織臨時委員會達成《牙買加協定》。自此，**國際貨幣體系進入了牙買加協定時代**，直到今天，我們仍停留在這個時代。

人們喜歡貨幣，但不喜歡貨幣貶值，所以，自古以來最保值的貨幣就是金銀。自牙買加協定起，貨幣不再代表黃金！

沒有金銀，什麼才是貨幣呢？

牙買加協定中，很多貨幣都可以當錢花，美元、日圓、英鎊、西德馬克……全世界的錢加到一起，也不代表一盎司黃金。《國際貨幣基金組織第二次修正案》明文規定「會員國以特別提款權或選定的黃金之外的另一共同標準，來確定本國貨幣價值」，這就是牙買加協定中著名的「黃金非貨幣化」。

所以，**牙買加協定最大的規則就是沒有規則**。

牙買加協定認可各國自由安排匯率，同意固定匯率和浮動匯率並存。這實在是沒有辦法，世界上不可能存在一種貨幣能逃脫「特里芬魔咒」，但是，如果沒有基準貨幣，特里芬魔咒就不存在了。

世間萬物，有利則必有弊。

說好聽點，牙買加協定是國際貨幣多元化；說難聽點，「多元」匯率從來不根據市場供求自定，完全是「心隨我動」。錢到底值多少錢，大概只有上帝才能說清楚。頻繁波動的匯率固然可以調節經濟，但也會給各國經濟帶來重創，於是我們有了拉丁美洲債務危機、墨西哥金融危機、巴西債務危機、東南亞金融危機……自此，江湖，不再平靜。

第十二章

金融新世界

英鎊沒落，歐元興起

雷根藉由「星際大戰」拖垮蘇聯經濟，雖然冷戰結束，金融危機依舊層出不窮。日本「衰退的十年」、東南亞金融危機、美股市場暴漲暴跌……這些現象其實並非全是美元之過，而是這些經濟體系本來就有根深柢固的惡疾。索羅斯為什麼認為現在的西方經濟學是騙子？冷戰以來，歷次金融危機中，西方政府究竟在救市還是在毀滅市場？

雷根的經濟復甦方案

雷根發現了一個新的發財管道——利用海外資金和商品提高美國人的福利。一九八二年開始，美國貿易赤字巨幅攀升；一九八二至一九八七年，年均赤字在千億以上，最高年份達一千五百億美元。用更直白的話講，從這個時候起美國開始白吃、白喝、白用全世界人民的勞動成果。

一九八〇年，雷根擊敗卡特當選為美國第四十任總統，開始了為期八年的元首生涯。

作為個人，你們和我可以靠借貸過一種入不敷出的生活，然而只能維持一段有限的時期，我們怎麼可以認為，作為一個國家整體，我們就不應受到同樣的約束呢？……政府能夠而且必須提供機會，而不是扼殺機會，它能夠而且必須促進生產力，而不是抑制生產力……就目前的危機而言，政府不能解決我們的問題，政府本身就是問題。

——雷根就職演說

就職演說前兩個小時，雷根還在睡覺，他的助手忍無可忍，把他從被窩裡拉了出來。雷根卻覺得很無辜，「我是不是必須起床了？」

然而，懶惰總統面臨的卻是非常棘手的美國經濟難題：前任總統卡特為了刺激經濟，始終執行財政擴張，當年通貨膨脹率已經達到一三．五％。

一九八〇年，美國經濟衰退跡象明顯，人們已經意識到之所以通膨高達兩位數，完全是因為聯邦政府濫用財政手段。要知道，財政政策的錢也不是天上掉下來的，無論怎麼刺激經濟，這個世界上的錢總是有數的。您聯邦政府花了，民間投資必然就萎縮——天下之財必有定數，不在官，便在民！

利用海外資金和商品提高美國人的福利

一九八一年二月，雷根向國會提出自己的「經濟復甦方案」，簡單來說有如下三條：第一，減稅；第二，降低社會公共開支，砍掉財政預算；第三，放鬆政府管制。

> **過大的政府，是人民的公敵。**
>
> **——雷根**

復甦方案剛剛頒布，美國經濟又給雷根上了生動的一課：一九八一年四月，美國第一季就有五千一百家工商企業倒閉，財政赤字不斷增加，七月開始，美國出現了戰後最高的失業率。

歷史教材告訴我們：雷根上臺後為了恢復信心，始終致力於降低稅收、削減財政支出，甚至執行美國「史上最大規模減稅」，最終使得美國經濟起死回生。

不是這樣的。無論是個人還是國家，不可能永遠入不敷出，長此以往必定國將不國。這似乎是一個悖論，減少稅收收入，同時提高財政支出。

奇怪的是，雷根居然沒捅什麼婁子出來。因為，雷根發現了一個新的發財管道——利用海外資金和商品提高美國人的福利。一九八二年開始，美國貿易赤字巨幅攀升；一九八二至一九八七年，年均赤字在千億以上，最高年份達一千五百億美元。

用更直白的話講，從這個時候起美國開始白吃、白喝、白用（以下簡稱「三白」）全世界人民的勞動成果。接下來的問題是，憑什麼全世界就讓你「三白」？

資金流入彌補貿易逆差，海外投資彌補財政赤字

「三白」是很多人的理想，起碼物質文化生活大大地豐富了，這是多麼美好的事情啊！**但是真想**

「三白」，也得有正經「三白」的本事！

那麼，憑什麼全世界就讓你「三白」？

很多人一定認為，美元既然是國際貨幣，那就開足馬力印鈔票，不就什麼都買得到了？直接印鈔票那是強盜，一點技術含量都沒有！

美國的海外購買資金，還真不是來自印鈔機。如果把美國生產消費當做一個黑匣子，只看輸入輸出，我們就會明白，正是資本流入彌補了貿易逆差。八〇年代中期，美國財政赤字上升為兩千億美元，到雷根離任的時候，這個數字刷新為一．五萬億，但是，海外投資彌補了財政赤字，高利率和強勢美元政策使得匯價連續上升，維持了穩定的外資流入。

一九八五年，雷根第二次當選總統，他驕傲地自詡美國「比過去更加強大」，「一個工業巨人得到了新生」。

雷根沒有吹牛，一九八四年創出六．九%的高速增長紀錄（是三十三年來的峰值），一九八二至一九八四年的通膨率僅為三．九%（是十七年來的波谷），失業率下降至七．一%。

寬鬆與不干預政策

人之所以為人，是因為我們有智慧。

如果能出售全民的智慧，那麼美國一定會長盛不衰……現在，美國人賣的，恰恰就是自己的智慧！

提問：人家憑什麼把錢給你？又憑什麼讓你剝削？

資本家剝削工人，是因為能給工人發工資。國家之間，只要能賺錢，能比其他地方賺更多的錢，人家也會把錢給你。

雷根當政之初，美國仍舊以傳統產業為主，比如汽車、石化、機械製造。這些產業確實也曾經引領世界經濟，但今天這些產品已經普及全球，想靠產品自然消耗創造利潤，那是想都不要想的。只有全新的產業、全新的產品，才有更大的市場，那是一個全球都未飽和的市場，那才是真正的暴利！否則，人家自己不會嗎？

要想吸引全球資金，就必須領導全球的創新。

如何領導群雄？又如何激發創新？答：放鬆管制。

管制越少，留給資本的利潤空間就越大。只有資本任意妄為，金錢才可能激發最有效率的創新，資金才能流動到最有效率的產業（當然，也有可能搞出一個世界經濟危機，兩者的差別後文詳述）……

致力高科技產業，美國人力資源優秀，出售全民智慧

美國本就是世界上市場管制最少的國家之一，雷根新政的重點又是放鬆聯邦政府對國家經濟的干預，要「消除繁瑣的、不合理的而且是無意義的管理制度」：雷根上臺後立即暫停所有新的聯邦行政審批職能，一九八一年三月成立「撤銷和放寬管理的總統特別小組」，專門審查現有規章制度、法律、條例。

獲益於雷根，新大陸再次獲得了創新空間，引領了微電子[100]革命浪潮，雖然當時日本在這些領域內的科技實力，已經被公認不弱於美國，但語言的優勢，讓新興產業再次在新大陸獲得生命。雷根第二任期內，除資訊產業外，新型材料、生物工程、光導纖維（即光纖）、雷射、航太、核融合和海洋

100 所謂微電子，是指在固體（主要是半導體）材料上構成的微小化電路，其應用於通訊和電腦的獲取、傳輸、儲存、處理和輸出方面，讓科技更加發達與進步。

工程顯示了巨大的生命力，製造等傳統產業則退出國民經濟主體。

那些傳統產業，美國陸續將其非核心部門轉移到海外，比如，勞動力密集型產業。這些產業確實曾經創造了美國的就業和經濟增長，但是，體力甚至機械所能創造的財富畢竟還是有限的。

人之所以為人，是因為我們有智慧。如果能出售全民的智慧，那麼美國一定會長盛不衰。現在，美國人賣的，恰恰就是自己的智慧！

經過幾個世紀的成長，美國積累了相當數量的財富，也積累了世界上最強大的人力資源。在一個人力資源豐厚、經濟穩定的環境中，一代人即使只有體力，也能獲得相對豐厚的報酬，他們的後代人力資本會越來越優秀。

然後，就是一個人力資源的良性循環。

民生消費創造國內市場，美國人開始欠消費債、卡債

世界上，沒有無緣無故的愛。

雷根的手段並非全無瑕疵，說到底，創新是一個極其艱難的過程，創新一旦衰退……

何況，雷根的債務邏輯有點像制輪，一旦開始就很難停止。選舉政治，誰也不肯為前任總統的欠帳買單，後任老布希、柯林頓、小布希無一不是沿著這個思路走下去。

雷根離任時，美國國債高達二．六萬億美元，外債也高達四千億美元，美國硬是從世界第一債權國混成了第一債務國，一九八七年外資在美利潤已經超過了美國所有海外利潤，債務已經成為美國必須解決的問題。

也是在雷根執政這八年，美國公民開始欠債消費，私人信用卡不斷增加，家庭儲蓄在一九八七年下降到三．八%以下，創造了一九四七年以來的紀錄，公共、私人債務開銷創造了國內市場。

所以有人說，二〇〇七年全球金融海嘯是雷根種下的種子，布希父子和柯林頓耕耘，最後歐巴馬

來收攤。

雷根卸任後，曾有記者問他：「你把問題推卸給國會，推卸給過去，你自己就沒有責任？」

「有，不過我當時是民主黨。」

日本「失落的十年」

泡沫總有破滅的一天，這沒什麼，泡沫破了可以繼續吹新的泡沫，可以繼續糊弄，創新就是這麼糊弄出來的。那是對健康的經濟體而言。可是，日本的經濟不健康。泡沫對日本經濟來說，好比一個垂死的老人突然被注射了興奮劑，誠然可以迴光返照，但結果往往是馬上就掛……

一九八五年九月二十二日，《廣場協議》（Plaza Accord）簽訂，很多人認為這是美國故意打壓日本經濟，致使日本從此開始了長達十多年的經濟蕭條，即所謂「失落的十年」。

這事情得分開看：美國故意採取弱勢美元的事情是有的，打壓日本是不可能的，想借此摧毀日本經濟，就算美國有這個實力，日本人也不會這麼傻。

簽訂《廣場協議》的國家，也不僅日本一家，還有西德、英國和法國。大家都在力挺美元，唯獨日本遭殃。日本遭殃的原因只有一個：日本本來就該遭殃。

大量日圓投入金融市場，房地產、股市大漲

《廣場協議》簽訂那一年，美國財政赤字高達兩千一百二十七億美元。美國希望透過美元貶值提高日本、西德和英國的貨幣購買力，同時促進美國出口。五國一致認為，應該透過「國際協調干

預」，穩步推進日圓、馬克等非美元貨幣升值。

難能可貴的是，各國沒有打馬虎眼，會後立即拋售美元回購本幣，日圓、馬克、英鎊匯率應聲而漲，《廣場協議》宣布後幾個小時內，美元賣單撲面而來，並且持續了兩年多。直到五國不得已在一九八七年再聚首，簽訂《羅浮宮協議》（Louvre Accord），才阻止了美元跌勢。

英、法、德、日之所以同意美元貶值，不是顧全江湖道義，大家都不傻，美國經濟長此以往會深陷泥潭，老大衰了，小弟們不會有什麼好處。

與英、法、德相比，日本付出的並不多。

只是，此時日本經濟自身已經存在很嚴重的問題，美元貶值後，這些問題更加凸顯，《廣場協議》不過是直接誘因。

而且，與一般想像的並不一致。《廣場協議》後，日本經濟先抑後揚，絕非被直接打壓到谷底。一九八六年，日本為應對國內經濟下滑預期，採取了擴張性財政政策和貨幣政策，一年內連續五次下調央行貼現率。從一九八六年年底起，日本開始了連續五年的「平成景氣」，至一九九一年，日本人均國民生產總值已經超過了美國，GDP總值占世界一三％。

當時，誰要是說再過五年日本經濟即將衰退，而且至少要衰退十年，估計日本人敢跟你玩命。

簡單地說，日本寬鬆的貨幣政策促使流動性異常充足，注意，這裡說是「異常充足」，不是一般充足，日圓實在是太多了，而且在匯市是強勢貨幣。遺憾的是，自封太陽神之子的民族，當時並沒有美國那樣高的創新水準，索尼、三菱重工等老牌企業，也沒能拿出足以吸引世界，甚至國內消費者目光的產品。

日本人把這種充足的流動性用於金融市場，自此日本的房地產、股市一飛沖天。一九八五至一九八九年日本股市總資產從兩百四十二萬億日圓飆升至六百三十萬億日圓，增值額幾乎相當於一年的GDP總額；全國地價上升了八四．二％，土地資產增值數量是GDP的三．七倍。

日本人還充分發揚了國際主義精神，大量購買美國、韓國、東南亞的房地產，就連美國的標誌性建築洛克菲勒中心，都被日本人買走了。對二戰期間被美軍占領本土的日本人來說，那叫揚眉吐氣。日本國際航班上坐滿了去歐美購物的人，資產升值給日本人帶來了巨額財富，普通人去歐美轉轉，買個LV包，大概不是很難。

這哪裡是「失落的十年」？日本人很得意，九〇年代將是日本的年代，太陽將永不落山！

但是，日本當時金融市場的狀況還有個學名——泡沫。

日本政府顯然意識到了這種泡沫很可怕，並準備著手控制。一九八九年十二月二十五日耶誕節，日本央行總裁三重野康宣布要戳破泡沫，東京股市應聲下跌兩千點。

日經指數的暴跌與金融界醜聞，讓日本股市泡沫化

泡沫總有破滅的一天，這沒什麼，泡沫破了可以繼續吹新的泡沫，可以繼續糊弄，創新就是這麼糊弄出來的。

那是對健康的經濟體而言。可是，日本的經濟不健康。

泡沫對日本經濟來說，好比一個垂死的老人突然被注射了興奮劑，誠然可以迴光返照，但結果往往是馬上就掛……

一九九〇年十月，日本第二大地方信用合作社——千葉信用合作社宣布倒閉，太平洋銀行與其他十一家小型銀行同時發生擠兌。

一九九〇年十一月，東京股市跌破兩萬點。

接下來的事情告訴我們，在泡沫破滅的過程中，沒有最慘，只有更慘！

一九九一年六月，日本第一大報《讀賣新聞》頭條，大藏省規定野村、日興、山一和大和等四家最大的日本證券公司以招待費為名填補大客戶的損失，幾乎涉及所有日本大企業和公立財務集團。

一九九一年九月，日本日光證券、野村證券被爆涉嫌與黑道山口組老大石井有染，非法挪用公司資金資助山口組。

一九九一年十一月，住友銀行幾乎所有高階主管因涉黑被捕。

公眾對市場的信心崩潰了。

一九九一年十一月二十日，日本央行公開宣稱進場護盤，日經指數反彈至兩萬五千點以上。此時，政府再大的動作，也不過是令市場曇花一現，何況日本金融界醜聞尚未結束。

一九九一年十二月，富士銀行勾結山口組黑道人物伊東成立信用合作社，非法吸儲兩千五百億日圓後，伊東捲款潛逃，同時還查到富士銀行對伊東的放款高達七千億日圓，兩者總共給富士銀行造成了一兆以上日圓的呆帳。

兆，這個數量單位在全書中只有在日本銀行業問題上涉及，即使日圓匯率再低，呆帳壞到「兆」這個級別，也實在令人歎為觀止。

十二月二日，花旗銀行爆料，日本大藏省命令大型銀行救援倒閉銀行的損失不低於六十兆日圓，到底日本銀行體系中尚有多少呆帳，無人能夠估算。當日，日經指數暴跌七百點……

以下省略n家金融機構的破產紀錄，n→∞。

一九九二年一月，所有經濟指標一致顯示日本經濟進入蕭條，三月三十一日，日本經企廳宣布五兆日圓振興經濟方案，八月，日經指數跌破一萬五千點，振興方案失效。

八月十八日，日本大藏省宣布，成立金融重建基金，動用郵政儲蓄金、勞工退休金和保險金進場護盤，規定所有銀行和金融業可以投資股市，上市公司市場操作只能是單一買方，不准出售股票。

這相當於讓中國四大國有銀行、社保基金[101]入場護盤，而且所有機構不准出售手中股票！日經指數應聲而起，很快恢復到兩萬點。即使如此強力的利好，日經指數一九九二至一九九五年的多數時間，僅在一萬五千至一萬七千點間徘徊，一九九五年一堆醜聞再度曝光後再次下探，然後震盪，二

○○三年跌到了七千六百○七點，僅有高點位的一九．六%。股市可以護盤，地產業不行。

地產交易的頻率、變現能力和資本市場不能同日而語，整個過程中日本地產業甚至連像樣的反彈都沒有。一九九四年，東京、大阪等城市地價跌幅都在五○%以上，但仍是有價無市。地產泡沫的破滅，使日本財富神話再也不能繼續，同時倒楣的還有實體經濟。一九九三年，日本企業設備投資額連續三年下滑，企業收益比起一九九○年已經下降了三○%，全國零售業營業額連續二十一個月下跌；失業率居高不下，二○○一年十二月創歷史紀錄，達到五．五%，在五%的高位上連續徘徊了十四個月。

這就是日本「失落的十年」。

資本雄厚者盡享金融泡沫的好處，財富集中平民受害

對個人而言，金融資產膨脹未必是壞事，起碼錢多了，很好；對企業來說，就不是那麼回事了。無論是行銷管道還是產品開發，目的都只有一個——盈利，既然金融市場能創造這麼高的收益率，開發新產品、拓展行銷管道還有個鳥用。整個八○年代，日本企業都在流行一種概念，叫做「財務技術革新」，說難聽點就是上市套錢。據說一九八五至一九八九年，日本製造業在金融市場的獲利是一．九一萬億日圓，而本業利潤卻僅有一．二一萬億日圓。

《廣場協議》只是日本泡沫經濟和九○年代後期經濟危機的誘因，而非本源。突如其來的財富虛幻了日本人的未來，在虛幻的泡沫中日本人看到了一種所謂的幸福生活，原來不工作也可以享受，只

101 中國的社會保障基金的簡稱，俗稱老百姓的「養命錢」，開始出現於八○年代末。其資金來自於企業及個人繳費、國家財政撥款、國有股及股權、經中國國務院批准的其他集資及投資收益，數目可觀。

憑藉金融收益就可以購買國外資產，享受高消費。

這也沒什麼，正常，都正常，有錢了，就該享受一下。享受是沒錯的，掙錢的管道和分配方式是有錯的。

毋庸置疑，日本也是一個集權主義悠久的國度，在金融泡沫中，受益最多的絕非普通居民，而是金融產業資本。日本公民似乎也享受到了經濟飛速發展，享受到了金融泡沫的好處——衣食住行好了，住宅升值了……只要泡沫能繼續，這個遊戲就可以繼續。隨著一輪一輪倒手，財富就逐漸集中。普通人會發現自己手中的銀子永遠買不起房子。

正常，因為你參與了遊戲，但角色設計中，你是被搶劫的那個。

然而，這是一種無法持續的機制，因為被搶劫的物件財富是有限的。

失落的十年，與西方金融泡沫並不一致，可怕之處在於，這種泡沫的實質也是一種財富再分配機制。更可怕的是，這一切是在市場名義下進行的，似乎一切都是公平的。如果你本來就一貧如洗，那麼很遺憾，泡沫中你會更貧困；如果你擁有一些資產，也很遺憾，你在國家財富中占的份額會越來越小，最後小到可以忽略不計。

索羅斯的金融傳奇

索羅斯始終認為當代經濟學的基礎假設是錯誤的。如果基礎假設錯誤，無論後來的邏輯多麼完備，整個經濟學大廈也都是無源之水。

一九三〇年，喬治・索羅斯（George Soros）生於布達佩斯，猶太人。今天名震全球的金融巨鱷，少年時代的生命歷程相當艱辛。

一九四四年三月，德軍殺進了他的故鄉，隨後十二個月中，布達佩斯至少四十萬猶太人遇難。索羅斯沒有被殺掉，全靠父親關係硬，肯作假，關鍵時刻親自動手弄了個假身分證。

納粹投降後，索羅斯就更不幸，家庭在戰爭中喪失了所有財產，由中產變為赤貧。未來的金融大鱷生活得相當不體面，不得已跑到倫敦討生活：油漆工、餐館侍者、農民、游泳池救生員……總之，從當時索羅斯的經歷來看，他絕無可能成為金融大鱷。

十九歲的時候，索羅斯終於考取了倫敦政經學院（The London School of Economics and Political Science），不過，他所學的專業仍舊不是金融，而是哲學。正是大學期間的哲學功底，奠定了索氏截然不同的投資理念，使得他在銅臭漫天的華爾街卓爾不群。

索羅斯以哲學理論看金融市場，經濟學的基本假設是錯的

索羅斯絕非經濟學家，相反，在索羅斯眼裡，當代經濟學（西方經濟學）才是相當不可靠的。

說到底，經濟學是研究一個人、一批人（企業）、一群人（國家）應該怎樣賺錢的「科學」。賺錢可是世界上最難的事情，要是書本能教人賺錢，那大家就一起讀博士好了，實在不行還可以搞壯士，壯士之後再搞聖鬥士……

人是世界上最複雜的高等動物，無論男女，您就是聖鬥士，他的心思您都別猜，猜來猜去也猜不明白。所以，經濟學需要假設。當代經濟學有一個最基本的假設叫「理性人」，也就是說，人類能對自己行為的損益做出精確判斷。

吹牛！能精準判斷自我得失的，只有上帝。人們身處的世界每一刻都在變化，無人可以對這個不斷改變的世界有完全的認知。

經濟學中還有一個最基本的模型叫做「完全競爭」：無數一模一樣的人，有一模一樣的資訊，買

賣一模一樣的商品。

索羅斯始終認為當代經濟學的基礎假設是錯誤的。如果基礎假設錯誤，無論後來的邏輯多麼完備，整個經濟學大廈也都是無源之水。

退一步，如果說世界上真有類似於「完全競爭」的市場，那必定是金融市場。如果金融市場都不能證明經濟學這個基本理論，那就……

至今沒有經濟學家能在金融市場指點江山，似乎市場總是錯的，股價總是和真實價值背離。在兩位經濟學諾貝爾獎得主悉心指導下，一家曾與索羅斯的「量子基金」（Quantum Fund）齊名的長期資本公司終於破產。

賺錢這事，諾貝爾經濟學獎得主也未必擅長。

索羅斯的經濟學啟蒙源自乃師波普爾[102]的哲學思想，簡單來說，一個社會必須不斷自我批判、包容錯誤，最終才會成為一個不斷進步的「開放社會」。索羅斯確實希望繼承波普爾哲學衣缽，不過，他只是將「開放社會」的哲學思想運用到了金融市場。

強者恆強，哲學專業都能混跡金融圈，闖下偌大名頭！讓我輩真是汗顏。

市場無法看清，應建立開放式經濟學，在過程中糾錯

無數次演講中，索羅斯也始終在強調一個物理學定律「測不準原理」：無論多麼精密的實驗，最不標準的就是實驗者，物理實驗中觀測者肯定會對實驗產生影響，所以物理實驗也是測不準的。

所謂主流經濟學，無非就是靠歷史資料類比未來經濟。

逝者如斯，歷史不可能再現了！金融市場，無數人幻想從K線中窺破天機，結果……所以，對於危機，經濟學不可能事先預警；經歷危機，經濟學只能藉助總統揚名。

如果經濟學真能預警危機、解決危機甚至還能防止危機，那麼經濟學應該改名叫《聖經》，這

活兒就是上帝來幹也頗有難度。

索羅斯認為，無論是市場經濟還是計畫經濟，大家都是錯的。經濟學的唯一出路就是建立一個「開放式」經濟學，在不斷進步中糾正各種錯誤，畢竟人們身處的世界每一刻都在變化，無人可以對這個不斷改變的世界有完全的認知。

人有缺點，有缺點就看不清金融市場走勢，昨天看不清，今天看不清，明天照樣看不清；鬱金香危機中看不清，二〇〇八年全球金融海嘯還是看不清；一千年前看不清，一千年後照樣看不清。相信靠幾本金融學教材、幾個數量模型就能笑傲市場，那是絕對不可能的。投資永遠有缺點，所以，金融市場永遠無效。

能看清市場的不是人，是神。我終於信服了索羅斯，原來經濟學這麼難，難怪很多人一看西方經濟學原著，都有一種想睡覺的衝動。

索羅斯的另外一個意思是，既然市場是無效的，就一定會有盈利機會。他的職責，就是看清別人看不清的東西，抓住那些機會。雖然按索羅斯的實踐水準，絕對可以成為一代宗師，但是索羅斯很聰明，從來沒出版什麼經濟學流行教材。如果著書立說能教人掙錢，那世界上就沒有索羅斯了。實戰，是學院派教不出來的。

金融奇才走進華爾街，最終成立「量子基金」

索羅斯也是人，他的性格底色上帝抹不去，所以他也有失誤，也有敗筆，不過起碼他知道市場是看不清的。

既然知道自己也看不清，索羅斯就堅定了自己的決心，他這一生所要做的，就是關注人類對所有

102 波普爾（Karl Popper，1902~1994）出生於奧地利，逝於英國倫敦，猶太人，二十世紀最著名的學術理論家、哲學家之一。

事物存在的缺陷和扭曲。在金融市場中，人們缺少正確的參照物，往往被既得利益迷倒，繼而沿著錯誤路線走下去，當人們試圖不斷彌補投資錯誤時，已經越走越遠了，這時索羅斯就該出手了。用《孫子兵法》中的一句話可以精練概括這種理念：兵無常勢，水無常形。

秉承這些理念，金融奇才走向了投資之路，一九五六年懷揣五千美元走進華爾街。在這裡，他開始了自己的金融傳奇。

當索羅斯還是華爾街打工仔的時候，向公司高層提交了一份業餘時間杜撰的備忘錄，描繪了房地產投資信託即將經歷一個繁榮、過度發展並最終崩潰的過程。

好在，他的老闆識貨，兩年內這家公司在一個地產循環之間盈利過億，靠的就是索羅斯的這份備忘錄。

自此，索羅斯得到公司高層賞識。公司為他建立了兩檔基金：雙鷹基金（Double Eagle Fund）和老鷹基金（First Eagle Fund）。為人作嫁終究不能承載這位金融奇才的個人理想，一九六九年索羅斯成立「量子基金」。

據索羅斯自己說，之所以把自己的基金命名為「量子基金」，是因為他覺得量子這個詞頗能反映他的投資理念。量子最基本的物理特徵是無論怎樣改變實驗方式、觀察技術，都不可能改變量子軌跡的不確定性。

一九七九年，量子基金成立十週年，索羅斯戰績輝煌：基金增長三三六五%，遠超過標準普爾[103]四七%的增速。

英鎊退出歐洲匯率機制

眨眼睛的人，沒自信；手環抱於胸前的人，在下意識自我保護。梅傑不知道，他的電視演說的每一個細節，索羅斯都沒放過，每一個眼神，甚至腿腳擺放的位置，對索羅斯來說，含義截然不同。

一九九二年，英鎊匯率狙擊戰，索羅斯擊潰了英格蘭銀行，一戰成名。

幾百年來，英鎊在全球金融市場始終舉足輕重，過去兩個世紀一直充當國際貨幣。英鎊背後是全球第一個完成工業化任務的強大英國，儘管二戰後實力衰退，一九九二年英國人均GDP仍然排名世界第四，而且法制、誠信、公民理性等遠非新興市場國家可比。英格蘭銀行更是世界上第一家具完整意義的中央銀行，有著豐富的外匯市場經驗和雄厚資本實力。

英格蘭銀行，徐娘半老，風韻猶存。

在國際金融界，從沒有人敢以個人（機構）對抗國家，尤其是英格蘭銀行這樣的老牌中央銀行。一人戰一國，以卵擊石。沒錯，不過順序要顛倒一下。索羅斯認為，他，才是石頭。

無視組成歐洲貨幣單位的條約，英國和德國各自調整利率

一九九二年二月七日，歐洲十二國簽訂《馬斯垂克條約》（Maastricht Treaty），約定組成歐洲貨幣單位。歐洲貨幣單位不是盯住美元或者黃金，而是以馬克為核心，互相盯住。也就是說，在沒有規矩的牙買加協定下，歐洲貨幣單位成員國之間的匯率是固定的。

匯率互相盯住是好的，能降低外匯風險，促進區域進出口貿易。但是，有個前提：各國經濟增長

103 標準普爾（Standard & Poor's）是一家具世界權威的金融分析機構，總部設於紐約市，由亨利．普爾（Henry Poor，1812~1905）於一八六〇年創立。該機構為投資者提供信用評級、獨立分析研究、投資諮詢等服務，其中包括反映全球股市表現的標準普爾全球一二〇〇指數，和為美國投資組合指數的基準的標準普爾五〇〇指數等一系列指數。

必須一致，否則，必須有一個國家承擔更高的調控成本。西歐也是半個大洲，總有國家經濟增長不均衡。在索羅斯看來，各國經濟發展平衡只是偶然，不平衡才是必然。

更不幸的是，索羅斯是對的。

二十世紀九〇年代初，英國經濟實在是不怎麼景氣，對英國來說降息是最好的選擇。英國加入歐洲匯率體系的目標，是在新經濟聯合體內張揚自己的政治地位與勢力，不至於讓德國在歐洲大陸一家獨大。為此，英國不惜以一英鎊兌二．九五馬克的高匯率作為代價，在《馬斯垂克條約》上簽字。

關鍵在於，當時英國經濟正處於蕭條階段，財政支出困難重重，要想刺激本國經濟的發展，唯一可行的方法就是降低利率。但是，柏林圍牆剛剛倒塌，德國正致力於重整德國馬克、恢復東部經濟。在以德國馬克為核心的貨幣體系中，假如德國政府堅持原有的利率剛性，英國單方面下調利率，其外匯就會流出。最後的結果是，英鎊極有可能被迫退出歐洲匯率體系。

索羅斯把這個可能變成了現實。

《馬斯垂克條約》剛簽訂，英國就要求德國央行降息；德國剛剛統一，財政赤字巨大，降息必然引發經濟過熱。

雙方爭執不下，於是各行其是：英國降低利率，德國提高利率。問題是歐洲的貨幣體系給歐洲人一種錯誤的感覺——歐洲每個國家的貨幣都差不多，只要哪個國家的利息高，就換成那個國家的貨幣。於是人們紛紛賣出英鎊，購買馬克。

在三國志大型電玩遊戲裡，想幹掉呂布之類的老怪，一般都要先幹掉前面一堆小兵，比如肥肥之流。國際貨幣匯率戰也差不多，要擊潰英鎊，首先要對小兵下手，比如義大利。

整個夏季，市場都在傳言義大利里拉即將貶值，潮水般的拋盤很快擊潰了里拉，九月十三日，義大利宣布里拉貶值七％。此前，義大利曾信誓旦旦地說，里拉不會貶值。

拋售英鎊的羊群效應，迫使英鎊退出歐洲匯率機制

英國政府在金融市場的公信力顯然高於義大利，但義大利自食其言，令英國面臨更大壓力。索羅斯更加相信，英格蘭銀行不是不可戰勝的，英鎊將退出歐洲匯率機制，而他將是終結者。

九月開始，**量子基金大量借貸英鎊，然後兌換為馬克，如果英鎊貶值，就可以用貶值的英鎊還債，中間的差額，就是利潤**。英國政要拿出了強硬的態度，英國首相梅傑（John Major）親自上陣為英鎊搖旗吶喊，不斷重申英國匯率政策絕不會變。

索羅斯卻從中看出了破綻：梅傑每次在公眾場合提到英鎊匯率時不但經常眨眼睛，而且手臂環抱於胸前。眨眼睛的人，沒自信；手環抱於胸前的人，在下意識自我保護。

梅傑不知道，他的電視演說的每一個細節，索羅斯都沒放過，每一個眼神，甚至腿腳擺放的位置，對索羅斯來說，含義都截然不同。

九月十五日，豪賭。索羅斯大量賣空英鎊，據說當天他共拋出了四十億英鎊賣單，這個數位是量子基金全部資本的一倍半，如果輸了，量子基金和索羅斯都將從市場上消失。

助手肯米勒反覆質疑索羅斯：「是這個數字嗎？」

「是，我們會贏的！」索羅斯肯定地回答。

如果只是量子基金，英格蘭銀行和歐洲各國央行聯手狙擊，索羅斯斷無生還之理。

但索羅斯帶動起來的是無數跟風的國際熱錢[104]，還有歐洲本土居民，此時已經形成了羊群效應（The Effect of Sheep Flock）。就連英國公民也知道英鎊可能要貶值，明智的選擇也是把英鎊換成馬克。

英格蘭銀行和歐洲各國當天約動用了三十三億英鎊進場護盤，逼迫英鎊升值，同時一天之內兩次提高利率，英國本土利率已經高達一五%。遺憾的是，此時的索羅斯不是一個人在戰鬥，這一刻他神

104 熱錢（Hot Money），又稱游資或投機性短期資本，指只為追求最高報酬，以最低風險而在國際金融市場上迅速流動的短期投機性資金。

靈附體，吆喝整個歐洲居民和他同步賣出英鎊，終於英鎊跌破了歐洲貨幣體系的底線。

當晚，英國宣布退出歐洲匯率機制，量子基金淨賺九．五八億美金，英國損失了七十七億美金，相當於每個英國人損失了一百二十五英鎊。索羅斯的江湖霸主地位，自此奠定。

東南亞的金融危機

國際熱錢不是索羅斯的獨家生意，有這樣的經濟體系，該發生的一定會發生。就算沒有熱錢作怪，也會發生經濟危機，拖得越晚就越慘烈。因為，誘因不同並不能改變事情的本質，就算泰國政府意識到這些錯誤，該犯的錯誤照樣會犯，該借外債照借，再換一個總理，還是要借，危機還是要發生。

一九六七年東南亞國協（Association of Southeast Asian Nations，簡稱ASEAN）成立，自此，東協成員國確立了出口導向型發展戰略，一九六五至一九八〇年東協經濟增長率為七．一％，經濟起飛的跡象顯而易見。八〇年代末，泰國、印尼、馬來西亞和菲律賓「亞洲四小虎」誕生了，當時，東南亞經濟奇蹟被視為成功的經濟體，是東方經濟發展的典範，東南亞甚至整個亞洲，都沉浸在這種喜悅中。

「二十一世紀將是亞洲的世紀！」

很多人腦袋沒熱，所以他們不這麼想。

比如，麻省理工學院的教授保羅．克魯曼（Paul Krugman）。一九九四年，克魯曼撰文〈亞洲奇蹟迷思〉（The Myth of Asia's Miracle），批評東南亞經濟增長的模式，實際隱藏著巨大的隱患，亞洲經濟的迅速增長，與二十世紀五六〇年代的蘇聯相似，經濟增長的直接誘因並非勞動生產率提高，而是投資所致。

蘇聯依靠高積累，東南亞依靠外資，兩者相比，東南亞更不可靠。

對於克魯曼指責東南亞的經濟增長，廣大的東南亞人民是不會認同的。〈亞洲奇蹟迷思〉引來東協國家無數口水，莫非只有西方經濟發達才不是迷思？東南亞人仍舊沉浸在經濟高速增長的喜悅中。尤其是泰國，持續十年一〇%的經濟增長率，城市居民生活水準快速提高，曼谷成為世界投資新寵。

高利貸外債投在房地產，沒有經貿發展產業

口水，淹不死人的；看不到危險，才可怕。

此時，泰國人似乎沒有注意到自己的外債已經高達九百億美元，最離譜的是，其中四百四十億美元是短期債券。事情並非全無轉機，如果說九百億美元用於國民教育、產業升級，那無疑也是一種經濟持續增長的契機。可惜，外債不是衝著產業升級來的，尤其是四百四十億美元的短期外債，它們看中的是泰國一二%的利率。

畢竟國際熱錢不是扶貧機構，憑什麼為你做貢獻。只是，要給人家一二%，自己只得賺得更多。這正是東南亞經濟奇蹟的迷思所在，國內實體經濟根本就沒有這麼高的回報率，而這些資金大部分投向房地產，曼谷高樓平地起。高樓背後有陰影。無論一個城市地產多麼突出，辦公大樓多麼宏偉，必須有實業支撐。一九九六年，美國電子市場疲軟，泰國當年經常性項目的逆差竟然占GDP的八．五%。

個人欠債，一般來說要靠收入還錢，借高利貸還高利貸，基本上會死得很慘；國家欠債，還錢的來源應該是經常性項目，泰國卻以資本項目的順差彌補經常性項目的逆差。這麼做，大概可以解釋為非法集資，只能是拆了東牆補西牆。

無論國家還是個人，結局都不好。

與西歐不同，東南亞地區歷經了長時間的皇權統治，至今泰國國王都是國內民眾的精神領袖，這

在西歐是無法想像的。自始至終東南亞的經濟自主創新能力始終很薄弱，無論是政府官員還是居民。在人們心目中，最值得信賴的始終是國家權力。然而，即使是國家權力真心想創新，也照樣辦不到。創新，不是幾個人、幾個部門制定幾個制度就能搞定的，創新依靠的是無數個人對利益的追求，在無數偶然中形成必然。沒有這種激勵，投入再多經費，如何呼喚「大師」，都是不可能的。況且，在這種制度下，權力所有者一定會為既得利益集團牟利，名義上的創新只是掠奪民眾財富的方式。

在此之前，東南亞諸國已經走進路徑依賴，無論它們創新的資金來源是金融還是直接投資，背後的陰影始終都是權力。

其實，並不一定如此，也可以讓本幣貶值，提高產品競爭力，但泰國又不敢讓泰銖貶值。泰銖一旦貶值，外債就憑空增加，如此巨額的外債，可能會讓泰國金融體系立即崩潰。泰國政府只有繼續提高利率，以此維持短期熱錢的流入。

一九九六年，泰國經濟已經顯出了疲態，全國銀行業普遍虧損，曼谷商業銀行七十億美元的資產，一半成了呆帳，因為它把貸款都投給了房地產；當時曼谷一半以上的辦公大樓都是空的。為防止推倒多米諾骨牌[105]，泰國政府向曼谷商業銀行注資二十億美元。

這並不是一個明智的選擇，為大銀行注資誠然可以粉飾報表，卻會使問題逐步深化，終致無法解決。何況，泰國是市場經濟，國家注資本身就足以說明銀行體系已經問題重重。果然，消息剛傳出，熱錢就開始在泰國本土撤退。

此時，索羅斯已經窺視多時了。

一九九七年一月，索羅斯在布達佩斯發表演講，抨擊緬甸軍政府是殘暴的獨裁者，呼籲（糊弄）東協不要接納緬甸。身為一個投資的富豪，東協國家肯定歡迎索羅斯，但身為政治人物，東協顯然不把索羅斯放在眼裡。

人們並不理解索羅斯抨擊東協的本意，很多人甚至把索羅斯這次演講作為發起對東南亞金融體系攻擊的誘因，甚至有人認為東協不吸納緬甸，就可以避免這場災難。

那是不可能的，因為索羅斯的本職工作是掙錢，不是政客。索羅斯指責緬甸，不過是出自一個西方人根深柢固的自由觀念；英美同種同源，索羅斯一點都沒客氣。東協是否接納緬甸，跟東南亞的金融危機，實在是扯不上任何關係。如果能扯上，去搞索羅斯的，恐怕就不是東協了，而是美國政府。

在西方世界，經濟危機並不奇怪，金融危機也是常事。西方經濟危機的根源，是社會化大生產和生產資料私有制之間的矛盾，通俗點說，就是銀子都讓資本家拿去了，平民手裡沒錢，東西賣不出去，自然就會產生經濟危機。

泰國金融危機從側面詮釋了這個問題，不過剝削者更無恥。

國際熱錢的炒作與拋空，讓泰銖持續貶值，從此一蹶不振

泰國經濟體制總體上說是一種「壞的市場經濟」，比如曼谷股市前十家大企業占到市值的三五%，儘管泰國同樣有高儲蓄率，但這些都被大資本攫取。攫取了外資和內資，這些大佬並沒有能力從事高科技，最成功的公司往往是與政府關係最密切的公司，最拿手的就是透過金融體系攫取國民財富。既然不能造飛機大炮，那就造房子，搞投機。

國際熱錢不是索羅斯的獨家生意，有這樣的經濟體系，該發生的一定會發生，就算沒有熱錢作

105 多米諾骨牌（Domino）。一八四九年八月，名叫多米諾的義大利傳教士，將牌上有兩個骰子點數的牌具（骨牌）帶回米蘭，送給小女兒。為讓更多的人玩骨牌，多米諾製作了大量的木製骨牌，並發明各種的玩法。不久，木製骨牌迅速在義大利及整個歐洲傳播，成為歐洲人的一項高雅運動。為感謝多米諾給他們帶來這麼好的一項運動，就把這種依序排列、推倒一個後，其餘骨牌依序倒下的遊戲命名為「多米諾」。後人將此衍生，指在一個相互聯繫的系統中，一個很小的初始能量，可能產生一連串的連鎖反應，即所謂的「多米諾骨牌效應」或「多米諾效應」（Domino Effect）。

怪，也會發生經濟危機，拖得越晚就越慘烈。因為，誘因不同並不能改變事情的本質，就算泰國政府意識到這些錯誤，該犯的錯誤照樣會犯，該借外債照借，再換一個總理，還是要借，危機還是要發生。

所以，索羅斯在東南亞危機之後，把自己標榜為一個國際匯率體系的「紅客」106，說自己只是為了讓東南亞匯率體系更健康。

一九九七年一至五月，索羅斯開始不斷拋空泰銖，買入泰銖對美元的期貨合同，到五月份，泰銖的期貨合約十有八九都落在了準備發動攻擊的熱錢手裡，索羅斯的子彈已經充足了。

消耗外匯存底救泰銖無效，IMF協助泰國重整貨幣

泰國政府顯然意識到失策，開始採取強硬態度，五月份開始拋出美元吸納泰銖，維持固定匯率。最離譜的是，泰國中央銀行為節約外匯存底，竟然在市場上進行場外遠期操作，因為遠期市場不需要立刻交割。接著，泰國政府要求媒體不得再報導不利於經濟增長的負面資訊，公布遠期泰銖合約的持有者名單，開始政治施壓。

不過，也有人說，正是這種策略，讓投機者立刻看清了泰國中央銀行底氣的不足。進口商不是泰國人，不會聽政府命令，對他們來說避險是明智的選擇。

實際情況是，無論泰國政府採用什麼戰略，在熱錢攻擊面前都會一敗塗地。

國內的事情明擺著，進口商也一定會換回美元以防泰銖貶值。即使泰國政府能贏得一次偶然的勝利，戰役最後肯定也是泰國完敗。

當月，泰國政府公布外匯存底損失二十億美元，為針鋒相對，熱錢在市場上開始散布消息，號稱泰國中央銀行已經損失了五十億美元。

五月十四日，泰國政府宣布實行資本管制，泰銖匯率應聲大幅下跌，中央銀行為了維持匯率，繼

續在市場中艱難地接盤[107]。

此時，索羅斯已經不再需要子彈，他所做的只有一件事：糊弄。

索羅斯及大大小小的索羅斯們大談泰銖即將貶值，在開放的匯市中，這些言論是致命的。只要大家預期泰銖即將貶值，那就會貶值，因為大家都看空，都在賣泰銖。何況當時的泰國政界還有一堆白癡。據說直到五月份，財政部和中央銀行還在為爭取總理信任而爭得你死我活。

六月十九日，絕望的財政部長林日光辭職。

六月二十七日，德國《法蘭克福匯報》（Frankfurter Allgemeine Zeitung）寫到「像索羅斯這樣的大投機家，不排除使泰銖貶值二十個或更多的百分點的可能」，而這只是報導之一。主流媒體這樣糊弄，等於泰銖被判死刑，中央銀行即使再有能力，護盤行動也只是延緩死刑執行時間，最後的結果必然是耗盡外匯存底。

七月二日，泰國政府宣布放棄維繫了十三年之久的一攬子聯合匯率制，泰銖實行自由浮動，泰銖當日貶值二〇%，此後一個月泰銖始終在跌。

七月二十九日，泰國中央銀行總裁差·馬拉加辭職，新任財政部長他儂（Thanom）表示，將謀求與國際貨幣基金組織合作解決泰國貨幣問題。

八月二日，泰國政府與國際貨幣基金組織簽訂協定，達成整頓國內經濟金融秩序共識。泰銖完敗。

106 紅客（Honker），指維護國家利益，不去利用網路技術入侵自己國家的電腦，而是為維護正義，替自己的國家爭光的駭客。

107 接盤，指買入證券、期貨等。

蘇哈托的貪腐政權

痛定思痛，審視東南亞經濟自身，這並非一種完美無缺的發展模式，或者在起點就注定了敗局，不過是索羅斯的手法使其敗亡更加醒目罷了。東南亞模式的死穴在於政府不恰當干預經濟，並由此成為經濟中最強勢的集團，而政府集團中往往有人借此牟利。

國際熱錢從來不嫌自己賺太多。

泰銖轟然崩塌，多米諾骨牌既然倒下了第一張，泰國就不會是最後一個崩潰者。襲擊泰銖得手，索羅斯開始連續狙擊其他國家，泰銖貶值升級為東南亞金融風暴。

表面上看，印尼的經濟環境要比泰國好一些，印尼盾在此之前就已經逐步貶值，化解了危機初期的壓力，而這一切都給印尼人信心。七月十一日，印尼政府先發制人，把匯率波幅擴大到一二%，此時印尼股市一路飆紅，人們對經濟的信心還是很充足的。可惜，這不是真相。

蘇哈托濫發銀行牌照給親信，國民財富被權貴侵吞

一九九八年一月，當泰國、菲律賓、馬來西亞危機漸趨平緩時，印尼盾的匯率卻一瀉千里，按一九九七年七月匯價計算，貶值二〇〇%，股市下跌五〇%，社會出現嚴重混亂，印尼成為東南亞金融危機中受災最為嚴重的國家。

真相是，與其他東盟國家比，印尼經濟其實更糟。

印尼的金融經濟體制是一種可怕的市場，金融成為掠奪者搶劫工具。據說，總理蘇哈托送給親信的禮物經常是銀行牌照，只要獲得金融牌照，就等於獲得了攫取國民財富的手段。在這種金融體制

中，無論出現多高的不良貸款率都不奇怪。這不是銀行，是掠奪國民財富的機器，目的就是製造不良貸款，而一九九七年年初印尼的不良貸款率曝光數字，就已經達到了三〇%。

過去十年，蘇哈托政府維持了七%以上的經濟增長率，也在一定程度上獲得了國民支持。然而，這種經濟增長是以犧牲國民福利為代價的，雖然**經濟增長必然帶來就業機會，但未必帶來國民福利**，在某種程度上甚至是國民財富淨損失。

製造事端轉移國內焦點更是拿手好戲，當權者可以利用居民在某方面的無知轉移憤怒，犧牲某一個群體或者階層，發展到極致就是血腥的騷亂，比如，至今讓全球華人痛徹心扉的排華騷亂。

隨著時間的推移，任何地方的經濟都會有所發展，但在蘇哈托及其類似的政治體制下，國民財富很快被集中於某個集團，甚至某些個人手中。國民積蓄的財富，實際上早就透過金融體系被揮霍一空，國民也很難獲得人力資源的積累，這是典型的「壞的市場」。經濟如果持續增長，國民可以在增量中維持生存，但很難提高福利水準，一個典型的例證是國家產出依靠海外市場，國民享受不到自身生產的財富。任何一個國家的經濟都不可能永遠順水順風，就連老大美國也不能，何況東南亞！

總有外力會觸發不健康因素，如果透過金融體系攫取國民財富，那這種表現很可能就是金融危機。這一點，蘇哈托政府表演得可謂淋漓盡致。

蘇哈托敷衍ＩＭＦ不做金融改革，通貨膨脹、貧富差距惡化

一九九七年十月印尼已向國際貨幣基金組織申請援助，在國際貨幣基金組織向印尼提供兩百三十億美元的同時，新加坡、馬來西亞、日本、澳洲聯手向印尼注資一百一十億美元，這是繼一九九五年墨西哥金融危機後，國際貨幣基金組織提供的最大救助。

按常理講，印尼應該無憂。

剛才說的是常理，印尼是壞的市場經濟，壞的市場經濟不按常理出牌。

作為代價，國際貨幣基金組織要求印尼推進經濟改革，包括調整金融結構、免除關稅、停止巨型建設專案、取消部分行業專利和補貼，比如蘇哈托幼子擁有丁香香菸專利權。

蘇哈托滿口答應。可一旦國際貨幣基金組織資金到位，就開始賴帳。一九九八年一月七日，蘇哈托政府公布了財政預算方案。這是一個非常離譜的方案，印尼政府認為一九九八年印尼至少要有四%的經濟增長率，通膨率在九%左右。

這個玩笑開大了，整個東協都這個德行了，您還糊弄。

政府預算就增加了三二%，哪能控制通膨！至於經濟增長率，您想怎麼糊弄都行，反正就算拉高資產價格、擴大政府投資，別說四%，就是四〇%，只要印夠了票子，一樣都能達到。

國際貨幣基金組織和美國政府非常惱火，國內輿論也一片譁然。國際貨幣基金組織和美國認為這是無賴的行徑，此時印尼盾已經開始自由浮動。國際貨幣市場對任何風吹草動都洞若觀火，財政預算方案公布當天，印尼盾跌至最低點，一美元兌換八千四百五十印尼盾。

一月八日，國際貨幣基金組織公開譴責印尼，點名批評蘇哈托政府的投資計畫沒有用於國民教育。三月之前，印尼本應拿到第二筆國際貨幣基金組織的貸款，鑑於此，國際貨幣基金組織提出除非印尼能嚴格保證財務紀律，否則將停止援助。美國總統柯林頓當晚親自致電蘇哈托，敦促其遵守諾言，進行徹底的金融改革。

一月九日，印尼全國爆發日用品搶購潮。

迫於壓力，一月十五日，蘇哈托發表電視演說，對國際貨幣基金組織再次做出承諾：將經濟增長率調低至〇，通膨預期調高至二〇%，保證財政預算能維持一美元兌換五千印尼盾。

一切都已無可挽回，面對國內一浪高過一浪的反對聲音，面對美國和國際貨幣基金組織的指責，面對巨大的貧富差距和幾乎無處不在的官員腐敗，蘇哈托於當年五月黯然下臺，結束了三十一年的統治生涯。

二〇〇七年，印尼政府對蘇哈托提起訴訟，有時正義確實可能會遲到，但時光洗盡鉛華，功過是非史筆自有公論。

無論怎樣追究蘇哈托的責任，意義都已經不大了，印尼舉國為蘇哈托的掠奪付出了沉重的代價：一九九八年第一季印尼經濟增長率為負八．五％，建築業萎縮了二七．二％，製造業萎縮了一八．六％，金融業萎縮了一一．一％，人均國民生產總值從危機前的一千〇八十六美元下降至四百三十六美元。

東南亞的經濟通病：行政力高於法律，政府不當干預經濟

二十世紀九〇年代初期，世界都在為東南亞經濟奇蹟喝采。一九九七年後，輝煌不再。東南亞金融危機後，很多人將其歸咎於索羅斯等國際熱錢，認為這是西方勢力針對亞洲的經濟陰謀，馬來西亞總理馬哈蒂爾（Mahathir bin Mohamad）甚至希望能對索羅斯提起法律訴訟。

英國匯率體系也敗在索羅斯手下，但從來沒見任何英國首相妄想憑藉政治勢力跑到美國去咬人！痛定思痛，審視東南亞經濟自身，這並非一種完美無缺的發展模式，或者在起點就注定了敗局，不過是索羅斯的手法使其敗亡更加醒目罷了。東南亞模式的死穴在於**政府不恰當干預經濟，並由此成為經濟中最強勢的集團**，而政府集團中往往有人借此牟利。

往往，是必然。

利益的驅動是無窮的，沒有蘇哈托，也會有其他人。

東南亞諸國在危機之前並沒有一個健全的法律體系，行政力量凌駕於法律之上。曼谷、吉隆坡、雅加達無不高樓林立、燈紅酒綠，可惜，這不是現代化的本質，東南亞的國家領導人似乎被一堆令人頭腦發熱的經濟增長計畫迷昏了腦子，似乎真的認為可以忽視當代經濟發展所必需的法律、文明，走出一條捷徑來。

沒有捷徑。

各種各樣的大企業、大規畫誠然可以在一定程度上幫助企業集結資金，卻最容易滋生黑金政治和金融詐騙。何況還存在一個可以超越一切的強勢政府，它可以掩蓋問題，可以用經濟高增長隱藏既有風險。這麼做，在短時期內也不是不可以，但往往會走入路徑依賴，最終的結局必然是對內通貨膨脹、對外本幣貶值。

近半個世紀的經濟增長給東南亞人民帶來了幻覺，似乎經濟就應該這麼增長，經濟增長確實也掩蓋了不良資產等金融體系的問題。然而國內沒有任何真正有創造力、在國際市場上具備競爭力的企業，就是有這樣的根基，也早被強大的行政壓力扼殺了，資金出路無一例外都必然落腳在金融投機上。出來混，早晚要還的。

美國的新經濟

你本是身披金甲聖衣的齊天大聖，現在還沒有變身，是因為還沒遇到那個能給你三顆痣的人。當你遇到他，你的一生就會改變……這個人，名字叫金融——才華遇到錢！美國人或許不勤勞、或許不勇敢、或許不智慧，但是，全世界的勤勞、勇敢、智慧都在這裡集中。

舊金山東南有片低地叫聖塔克拉拉谷（Santa Clara valley），不足四千平方公里，人口不過兩百三十萬，這裡就是名動世界的「矽谷」（Silicon Valley）。

二十世紀三〇年代，兩個毛頭小子在一個車庫裡弄出了振盪器，創立了惠普公司。

二十世紀五〇年代，快捷半導體公司（Fairchild Semiconductor）創立，矽谷開始發軔。

二十世紀六〇年代，矽谷出產半導體。

二十世紀七〇年代，矽谷涉足處理器。

二十世紀八〇年代，矽谷是軟體園地。

二十世紀九〇年代，網際網路自此興起，傳遍全球，改變了人類生活。一九九八年，矽谷創造了兩千四百億美元的產值，相當於中國當年GDP的四分之一。

沒錯，七〇年代的滯脹給美國帶來了失業，帶來了痛苦；八〇年代，日本氣勢洶洶地購買了美國相當一部分資產。

這又如何？

美國的自由風氣讓人展現才華，才華遇到金錢誕生矽谷

對矽谷來說，製造業的產品笨重又要花大錢運輸。**不打破一個舊世界，又如何建設一個新世界？**

矽谷需要的是敲擊鍵盤的纖細手指，需要孕育一種全新的經濟體。在這裡，人們活著不再是為了工作，工作本身就是樂趣，是上帝安排給人類的娛樂。比爾．蓋茲之類的上流名人根本不被尊重，任何一家頂級的公司，距破產永遠只有十八個月！

矽谷，這片土地誕生了電氣化之後最偉大的技術革命——資訊技術革命，自此，矽谷引領美國，而美國又引領世界。

二戰結束時，現代資訊技術就已經問世，此後三十多年電腦從大型到微型、從慢速到高速、從專用到通用、從低性能到高性能，最終普惠於人類，我們終於進入了資訊時代。

美國，為何又是你？

一個人聰明一時並不難，難的是聰明一輩子；同樣，一項創新出現可能確實源於偶然，但一個產業迸發於一個國度，絕非偶然。

道理很簡單，人們在這裡能自由發揮才華，才華能真正變成財富！

你本是身披金甲聖衣的齊天大聖，現在還沒有變身，是因為還沒遇到那個能給你三顆痣的人。當你遇到他，你的一生就會改變……

這個人，名字叫金融——才華遇到錢！美國人或許不勤勞，或許不勇敢，或許不智慧，但是，全世界的勤勞、勇敢、智慧都在這裡集中。

一九九九年，在加州矽谷工作的高科技人員中，三二％以上是外國人，其中具有博士學位的人，五〇％以上是外國人。

九〇年代，矽谷、創業投資（Venture Capital，簡稱VC，創投）和那斯達克（NASDAQ）終於成為夢幻組合，孕育出微軟、英特爾、思科等超級大戶。

一九九六年七月十七日，那斯達克指數突破千點，其後屢創新高，最輝煌的一九九九年上漲八九％，二〇〇〇年三月十日最高位達到五千〇四十八點，先後有五千多家企業在此上市，成為全球高科技企業的資金血庫。

創投扶植、那斯達克市場融資，高科技公司逐漸興盛

這是一個「網際網路」的時代，自此，人們開始將這個時代美國的經濟譽為「新經濟」。

按照一般的理解，創投的職責是在幼年期發現高科技公司，然後注資，將其扶持為上市公司，然後出售手中股份，賺取高額利潤。這麼說也不錯，但創投不是投資銀行，還要參與企業管理，甚至會把創業者趕出公司。因為**擁有技術未必能管理企業**，從創業到公司上市，在管理架構上會有質的轉變，創業者往往是技術人員，比如愛迪生、賈伯斯、思科創始人波薩克夫婦（Leonard Bosack、Sandy

Lerner）。

像比爾．蓋茲這樣的全才，不能說絕無僅有，起碼很偶然。

那斯達克市場更非傳說中的點石成金，該市場創立於一九六八年，本意就是為高科技公司融資，但是，過去幾十年裡，上市公司基本上都名不見經傳。八〇年代，雷根的新政放鬆了政府對市場的管制，大幅減稅確實削減了聯邦財政的收入，但正是企業稅賦下降，才刺激了市場化投資，也正是個人稅賦下降，才再次激發了人們賺錢的欲望。

——沒人來搶劫了！

有人看到「新經濟」透過一個「創意」就可以一夜暴富，於是成立一批「點子公司」——空殼公司。

新興高科技企業，豈能是一兩句話就可以囊括？如此，世界豈不是一個兒戲？

美國以創新取勝，引領世界潮流

矽谷是人才的天堂，也是人才的地獄。確實有人因股票上市，一夜成為億萬富豪，但創業的過程，沒人看見。確實有人靠「創意」發家致富，比如谷歌，只是這些「創意」更新的是一種全新的商業模式，從「創意」到運作再到盈利，多少人折戟沉沙？

二〇〇〇年一至三月，在那斯達克股票市場新上市的企業有一百七十六家，然而，下市的企業也有一百七十三家。到一九九九年年底，那斯達克股票市場連續三年，下市的企業數超過了新上市的企業數。

千淘萬漉雖辛苦，吹盡黃沙始見金。

新經濟最大的後果，就是美國徹底壟斷了新興行業。創新優勢使得美國「高赤字、高債務」的生存模式得以延續。

於是很多人指責，從「新經濟」時代起，美國就憑藉世界金融霸主地位剝削全世界。這個道理，聽起來是沒錯的。

現在，我讓大家反過來想一下，如果大家都明白這個道理，那為什麼大家都搶著讓美國佬剝削？只要大家不買美國貨，不用美元不就不受剝削了？

全世界人的腦子都秀逗了？

答：不買不行。

世界是一個網際網路的世界，世界更是一個資訊的世界，歸根結柢是美國創新能力的世界，你的衣服、你的糧食、你的資源甚至你的金錢，都會向最有效率的方向流動，那裡就是美國。

不是美國站在潮流之前，而是潮流本身就是他們引領。

創新的本源是創造者思想的火花，是任何計畫、規畫創造不出來的，等計畫制訂者明白過來，一切都晚了。創新不需要審批，需要審批的就不是創新了；創新更不需要認定，市場利潤是最好的認定。

跨國貨幣歐元的誕生

國際政治舞臺不是電視相親節目，不能靠作秀吃飯，更不能靠醜聞提高知名度。如果沒好處，政治家們才不會放棄貨幣主權，甚至放棄本國憲法、中央銀行，沒事弄個歐元、歐盟出來解悶。強勢歐元也並非一無是處，起碼可以控制通貨膨脹、刺激外資流入，起碼在美國緊咬海珊不放的時候，法國可以發出強硬的聲音。最重要的是，歐盟內部形成了一個統一的市場，沒有匯率風險，這一條怎麼表揚都是不為過的。

摧毀了納粹政權之時，我曾問我自己，對這個遍遭塗炭、民窮財盡的歐洲大陸的兄弟公民們，我能向他們提出什麼最好的建議呢？我向歐洲提出的建議可以概括為一句話：聯合起來。

——邱吉爾

歐元誕生，很偉大，而且不只針對金融界而言，因為，它是第一個打破國家界限的區域性貨幣。關於歐元誕生的歷史，這裡不講，講多了太枯燥，少了又說不明白，這裡要講清的是歐元誕生前後的文明誘因。

歐洲歷史上曾出現過無數小的城邦、城鎮、領主，指望領主聽國王命令，基本上是很不明智的。作為地緣，西歐發軔於「希臘─羅馬」文明，第一次世界大戰之前，這裡並沒有出現大規模的戰爭。就算英法百年戰爭這樣的歷史事件，放到古代中國也只能是小巫見大巫。戰國時代的中國就已經坑殺幾十萬了。

因為勢均力敵，統一歐洲的成本很高，高到任何一個領主或者國家都不能接受。後來，西歐人發現，即使不統一，混得也不錯。或者可以這樣說，西歐的領主制度根本就不可能出現這樣的超級猛人。大家都靠契約吃飯，你非要弄個帝國出來，打仗是為了掙錢，不是為了開疆拓土滿足某一個人的自我膨脹需要。

歐洲中央銀行發行歐元，匯率風險低、交易成本低

二戰之後，事情變了，大西洋彼岸的美國雄踞世界之首，蘇聯在邊上虎視眈眈，兩個超級大國沒事冷戰，搞得西歐相當鬱悶。想跟蘇聯單挑，恐怕不是對手；完全靠老大美國罩著，又不服氣。

既然不能單兵作戰，聯合起來未必不是一種好的結果。

一九五七年三月二十五日，法國、西德、義大利等六國在羅馬簽署了《歐洲經濟共同體條約》（Treaty establishing the European Economic Community），史稱《羅馬條約》（Treaty of Rome），邁出了歐洲統一的第一步；一九九二年十二國簽訂《馬斯垂克條約》，正式確立了歐洲經濟和政治聯盟目標。之後，歐盟先後六次擴張，二〇〇八年已經囊括了西、中、東、北歐共二十七個國家。

根據《馬斯垂克條約》（Masstricht Treaty），歐盟於一九九八年七月成立歐洲中央銀行，這是世界上第一個超國界的中央銀行，歐盟各國放棄了象徵國家獨立的貨幣政策權力，但是沒有任何成員國指責這是一種喪權辱國的行為。歐洲央行以獨立性著稱，不接受歐盟領導機構指令，也不受各國政府監督，是唯一有資格在歐盟境內發行貨幣的機構。一九九九年一月一日歐元正式啟動後，十一個歐元國政府將失去制定貨幣政策的權力，必須實行歐洲中央銀行制定的貨幣政策。

第二次世界大戰以來，無論是布雷頓森林協定還是牙買加協定，國際貨幣舞臺最拉風的始終是美元。歐元誕生，最不爽的肯定是美元。歐洲中央銀行儼然已經和聯準會平起平坐，盟友成了挑戰者。

更令美國心驚的是，歐盟具備這個實力：一九九八年歐盟占世界GDP三〇％，為美國的七五％，雖然歐元仍無法在世界金融市場上與美元抗衡，但歐元為歐洲地區帶來了低匯率風險、低交易成本、市場一體化……

誰敢抗衡我的霸權，那是打你沒商量。

巴爾幹戰亂、美國九一一恐怖攻擊，歐元、美元匯率輪流消長

一九九九年三至五月，美國在科索沃[108]狂轟濫炸——不只是在炸「南聯盟」[109]，還有剛剛誕生的歐元。科索沃攪得整個歐洲都不得安寧；炸彈就在鄰居家裡，投資者肯定要考慮資金安全：兩千多億美元的歐洲資金流入美國。

於是，紐約道瓊指數首次突破一萬點大關，逼近一萬一千點。

於是，不但美國公司利潤上升、資本充足、投資力度加大，美國普通人在財富效應的帶動下，也再次燃起了轟轟烈烈的消費熱情。

可憐歐元，國際投資者先是對歐元的穩定性產生質疑，繼而失去信心，歐元匯率就在科索沃炸彈狂轟濫炸下暴跌。歐洲中央銀行總裁、財政部長多次向美國提出希望美國、歐盟、日本三方聯手扭轉歐元跌勢，但美國始終充耳不聞。

不料，剛在科索沃炸了個不亦樂乎，全球經濟老大就挨了恐怖主義飛機的撞擊，全球經濟開始顯露疲態。自此，美元匯率一路下滑，歐元又一路走強，半年之內，歐元匯率上漲超過三〇%。

可是升值、貶值，對歐元都不是好事。

在發展問題上，歐盟自身也有失誤，畢竟歐盟是一個政治共同體，歐盟裡窮哥們還是有的，比如，土耳其……

歐元升值最直接的後果就是出口減少，這幫窮哥們還指望擴張財政赤字刺激經濟呢，《馬斯垂克條約》卻把條件限制得死死的，日子很難過。

二〇〇四年年底，歐元誕生以來的十二國經濟總體發展趨於停滯，年均經濟增長率僅為一．二個百分點，低於美國一個百分點，荷蘭和義大利年均增長率不超過一%。十二國的平均失業率達到九%，就是富裕的弟兄，比如法、德，失業率也接近一〇%；相反，沒有加入歐盟的英國，失業率僅為四．七%。

歐盟倍感失落。

108 科索沃（Republika Kosovo），位於歐洲東南部巴爾幹半島，在二〇〇八年單方面宣布脫離塞爾維亞獨立的國家。
109 南斯拉夫聯盟共和國（Savezna Republika Jugoslavija，簡稱FRJ）的簡稱。

歐盟國家成為與美國抗衡的勢力

信任危機也由此而生，二〇〇五年五月二十九日，歐盟創始國之一的法國，全民公投否決了《歐盟憲法》（Treaty establishing a Constitution for Europe），歐洲統一進程遭重創。否決《歐盟憲法》是有理由的，最大的擔心來自於東擴後土耳其之類的窮哥們，這幫窮哥們會搶他們的飯碗。同時，席哈克（Jacques Chirac）當選總統後，經濟政策不成功；法國政壇歷來是一個角鬥場，什麼極左派、極右派、中間派等紛紛希望登場跟席哈克PK，他們當然不遺餘力地說《歐盟憲法》的壞處。

《歐盟憲法》有害處嗎？當然有，而且前面已經提過。有害處，當然也有好處。

國際政治舞臺不是電視相親節目，不能靠作秀吃飯，更不能靠醜聞提高知名度。如果沒好處，政治家們才不會放棄貨幣主權，甚至放棄本國憲法、中央銀行，沒事弄個歐元、歐盟出來解悶。強勢歐元也並非一無是處，起碼可以控制通貨膨脹、刺激外資流入，起碼在美國緊咬海珊不放的時候，法國可以發出強硬的聲音。最重要的是，歐盟內部形成了一個統一的市場，沒有匯率風險，這一條怎麼表揚都是不為過的。

為什麼美元能夠搞定歐元，剛才其實已經說過：歐盟只是幾乎具備和美國抗衡的實力，幾乎具備，也就是不具備。

歐元的出現，意義並不在於世界上出現了一種新的強勢貨幣，而在於在某種條件下，國家真的可以和平放棄自己手中的權力，為謀求一個統一、幸福的歐洲做出權力犧牲。

僅此一條，人類就可以看到，世界大同原來不是夢想。

第十三章

危機年代

從次貸危機到全球金融海嘯

美國次貸危機引發全球對結構性金融產品的悲觀情緒，是美國歷史上百年不遇的金融災難。一批名震寰宇的公司因此倒下……二〇〇八年，人們已經開始習慣將這場衰退稱為「全球金融海嘯」。貝爾斯登，這隻「從不冬眠的熊」為何將永久冬眠？是誰摧毀了雷曼的靈魂？華爾街投資銀行的榮耀能否繼續？百年通用為何走到了盡頭？

次級貸款衍生的危機

說到賺錢，誰也比不上美國金融界，能創新固然好，不能創新，地產業的利潤也是錢！不去撈一把，跟上帝沒法交代。中國有位地產界賢達語出驚人：「我只給富人蓋房。」美國金融界的朋友卻比他更有覺悟：富人的錢要賺，窮人也不能放過。

二〇〇一年一月至二〇〇三年六月，聯準會十三次下調聯邦基準利率，寬鬆的貨幣政策總會刺激地產市場。美國也不例外。

說到賺錢，誰也比不上美國金融界，能創新固然好，不能創新，地產業的利潤也是錢！不去撈一把，跟上帝沒法交代。中國有位地產界賢達語出驚人：「我只給富人蓋房。」美國金融界的朋友卻比他更有覺悟：富人的錢要賺，窮人也不能放過。

於是，美國金融界創造了「次級貸款」（subprime lending，簡稱「次貸」）；所謂次級貸款，即針對低信用等級公民的貸款。二〇〇六年中期，次級房貸已占美國地產貸款的四五％，更有一批機構推出「零頭期款」、「零檻」的概念，頗讓地產新政調控下的中國人羨慕。

世界上沒有只漲不跌的市場，美國也一樣。實際上，二〇〇四年六月開始，聯準會已經連續上調利率，到二〇〇六年六月，兩年間利息翻了五倍。

利率上升，窮人當然還不起貸款，不歸還貸款，銀行就會有風險。

將信用等級低的貸款包裝成A級，放大收益也放大風險

很多美國金融機構都是百年老店，經歷過一九二九年的經濟危機，見過大世面，它們並非沒有看

到風險。事實是，它們從來沒想要自己承擔這些風險，規避風險的手段叫金融工程，就是透過各種衍生品分散風險，且計算手段相當複雜，專業人士基本上也看不明白。

簡單地說，經過一系列技術處理，可以將信用級別不到B的貸款，改頭換面成AAA級債券，投資銀行再把這些經過打包的債券賣給不同的投資者，然後再由保險機構承保……

比如，擔保債務憑證（CDO）[110]。反正，最後你要是知道自己買了些什麼，大概會後悔死了。

任何金融產品只能分散風險，不能消滅風險。這句話的另一個意思就是，這些次貸風險依然存在。如果僅是利率提升、次貸損失也算不上什麼，華爾街如果連利率上調、房價下跌都扛不住，早就不是華爾街了。但是，華爾街金融交易的槓桿實在太高，放大了收益，當然也放大了風險。

次貸違約引發了全球對結構性金融產品的悲觀情緒，投資者紛紛拋售手中的投資品，這就是傳說中的小機率事件[111]了。

投資產品被拋售↓金融市場價格循環下跌↓要求追加保證金↓銀行收縮信貸↓流動性緊縮↓金融機構倒閉……

二〇〇七年，貝爾斯登（The Bear Stearns Companies）、兩房（房利美和房地美）[112]、雷曼兄弟控股公司（Lehman Brothers Holdings Inc.）、美國通用汽車公司……一批名震寰宇的公司因此倒下。二〇〇八年，人們已經開始習慣將這場衰退稱為「全球金融海嘯」。至此，金融危機閃亮登場。

---

110 擔保債務憑證（CDO），一種債務債券抵押產品。即把所有的抵押放在一起，重新包裝，再以產品的形式推銷到市場上去賣。

111 「小機率事件」，指發生機率很低的狀況，居然真的發生了。例如被隕石擊中的機率微乎其微，但走在路上，不幸遭外太空隕石擊中，這就是所謂的「小機率事件」。

112 房利美（Fannie Mae，舊名聯邦國民抵押貸款協會），是最大一家美國政府贊助企業。主要業務是在美國房屋抵押貸款二級市場中收購貸款，並透過向投資者發行機構債券或證券化的抵押債券，以較低成本集資，賺取利差。房地美（Freddie Mac，舊名聯邦住房抵押貸款公司），是美國政府贊助企業中第二大的一家，商業規模僅次於房利美，其業務與房利美同。

致命謠言打倒了貝爾斯登

謠言不脛而走，傳聞貝爾斯登遇到流動性危機。至今也沒有任何權威解釋謠言出處，但後果是相當嚴重的。

貝爾斯登成立於一九二三年，被華爾街稱為「從不冬眠的熊」。次貸危機之前，貝爾斯登安然度過了一九二九年的大蕭條，二〇〇三年實現利潤十一億美元，超越高盛和摩根史坦利，成為全球盈利最豐厚的投行[113]。

請注意，這裡沒有「之一」。即使如此，這家全球盈利最豐厚的投行仍然被終結了。但與新世紀金融公司[114]不同，終結者乃是謠言。

貝爾斯登是CDO，擔保債務憑證的締造者，二〇〇六年末，CDO的交易總額高達一千一百三十億美元，位居全美（全球）之冠。二〇〇七年金融市場集體看空次貸衍生品，貝爾斯登當然會受到衝擊，這本就在意料之中。

貝爾斯登屹立華爾街八十年，不可能只靠運氣。

傳聞遭遇「流動性危機」，貝爾斯登被收回鉅額貸款

儘管原創CDO，儘管是最大交易者，但一切CDO的業務都透過旗下投資基金運轉，即使基金破產，貝爾斯登也不會出現問題。二〇〇七年六月十四日，貝爾斯登發布公告，稱受抵押貸款市場疲軟的影響，旗下兩支對沖基金受損，不過報告也指出，兩檔基金僅損失總資產的一〇%和二〇%，總數不過區區十五億美元，這個數字並不大。

但很快的，貝爾斯登面臨了更嚴峻的考驗。

九月二十日，貝爾斯登宣布季盈利下降六八%（只是盈利下降，不是虧損）；十二月二十日，貝爾斯登宣布計共提出十九億美元減值準備，增加風險撥備。二〇〇七年年底，貝爾斯登自成立以來首次宣布虧損，虧損金額為八．五四億美元。

此時，貝爾斯登仍然應該有充足的信心。與一百七十億美元的資本金相比，八億美元不是一個大數目。然而，很多時候，資本金不能證明一切，即使是青萍之末的微風。

二〇〇八年三月十日，穆迪公司（Moody's）[115]調減貝爾斯登的債券評級，這再正常不過，貝爾斯登畢竟是CDO的始作俑者，而且整個市場都看空次貸債券。

當天，謠言不脛而走，傳聞貝爾斯登遇到流動性危機。

至今也沒有任何權威解釋謠言出處，但後果是相當嚴重的。當日，貝爾斯登歐洲最大的合作夥伴荷蘭合作銀行（Rabobank）表示，本週將收回貝爾斯登五億美元的貸款，同時終止二十億美元貸款的額外協定。

貝爾斯登進行了反擊，收盤後對流動性危機闢謠，聲稱這不過是一堆雜訊，公司的資本、現金仍然充足。聯準會也於次日宣布，三月二十七日起將透過紐約聯邦準備銀行，向債券市場一級交易商提供不超過兩千萬美元的融資，期限為二十八天；交易商名單中，貝爾斯登赫然在列。

113 即「投資銀行」（Investment banking），簡稱「投行」，是一種以經營證券業務為主的金融機構，與我們所認知的「銀行」，在本質上並不相同。除證券承銷外，也經手併購業務。

114 新世紀金融公司（New Century Financial Corporation），美國著名的貸款公司，於一九九五年成立，位於加州，主要業務為次級抵押貸款，曾是全美第二大的次級貸款公司。二〇〇七年四月申請破產保護。

115 穆迪公司（Moody's）美國著名的三大信用評級公司之一，創始人是約翰．穆迪（John Moody，1868~1958），於一九〇九年首創對鐵路債券進行信用評級。一九一三年，穆迪公司開始對公用事業和工業債券進行信用評級。

三月十一日，瑞士信貸銀行通知自己的交易員，任何與貝爾斯登的交易都要經過信用風險經理批准，而且，沒有例外。

貝爾斯登交易大廳，艾倫・格林伯格（Alan C. Greenberg），一位佩戴蝴蝶結、身著黑西裝的八十歲老人，揮動起高爾夫球桿。艾倫・格林伯格是貝爾斯登前任老闆，二十年前的一次危機，他曾在交易大廳揮動高爾夫球桿，以此表示：貝爾斯登，會依舊輝煌。今天，這位曾經的靈魂人物希望以此激勵員工，貝爾斯登不會束手無策、坐以待斃。輝煌將繼續。

聯準會融資貝爾斯登，坐實危機傳言，股價大跌

三月十二日，貝爾斯登總裁施瓦茨（Alan Schwartz）透過CNBC[116]發表電視演說，「有人猜測貝爾斯登出了一些問題，這些不是事實」。當晚，貝爾斯登致電聯準會，要求紐約聯邦準備銀行兌付承諾，為貝爾斯登提供流動性支援。

三月十三日，貝爾斯登股價一瀉千里，客戶開始瘋狂從貝爾斯登提款，當日公司現金儲備僅剩五十九億美元。幾乎所有經紀夥伴都終止了與貝爾斯登的交易，包括赫赫有名的高盛集團和德意志銀行（Deutsche Bank）。

三月十四日清晨，貝爾斯登終於收到摩根大通[117]的郵件，是一個新聞草稿：紐約聯邦準備銀行將透過摩根大通，向貝爾斯登提供二十八天的三百億美元借款；這是一九二九年以來，聯邦準備銀行第一次向非銀行機構提供救助。

貝爾斯登的高階主管撫掌相慶，終於贏得了四個星期的時間。但這不是起死回生的奇蹟，是臨終前的迴光返照，期限：一個晚上。

聯準會融資被市場理解為貝爾斯登已經出現嚴重問題，流動性危機真的出現了。任何一個金融機構，包括聯準會，也沒有能力應付擠兌。在此之前，並沒有任何徵兆顯示貝爾斯登即將破產，此時，

貝爾斯登甚至已經準備好了一季的預盈公告。

三月十五日九點三十分，貝爾斯登估計已經進入下降通道，四十八美元、四十七美元、四十五美元……高盛成為貝爾斯登的對家，做空貝爾斯登股價……

聯邦準備銀行和美國官方開始擔心，如果不能遏制貝爾斯登股價下滑，道瓊指數很有可能在下週下跌兩千點以上。當日下午，聯準會突然宣布摩根大通的拆借資金期限縮短為三天，彼時距摩根大通的承諾僅一天而已。財政部長保爾森（Henry Paulson）通知貝爾斯登總裁，他希望看到週日前貝爾斯登做成一筆交易：

出售貝爾斯登。

貝爾斯登必須抉擇：要麼出售股份，要麼破產。

此時，貝爾斯登有兩個潛在的買家，一是摩根大通，一是JCF[118]。JCF提出的方案是，注資三十億美元，同時融資兩百億美元挽救市場信心。十六日晚上，JCF通知貝爾斯登無法獲得融資，收購計畫擱淺。

只有摩根大通才是貝爾斯登的救命稻草。

十六日，華爾街日報網站獨家披露了摩根大通的收購方案：每股二美元，總收購價僅為二・四億美元。很多人認為華爾街日報弄錯了，二之後還有一個〇。然而，沒有這個「〇」。

116 消費者新聞與商業頻道（Consumer News and Business Channel），簡稱CNBC，美國NBC環球集團所持有的全球性財經有線電視衛星新聞臺。

117 J・P・摩根公司在二〇〇〇年與大通曼哈頓銀行合併後，改名「摩根大通集團」（JPMorgan Chase & Co.）。

118 J・C・弗勞爾斯（J.C.Flowers），簡稱JCF，創立於二〇〇一年，總部設於紐約的一個全球最大、專注於金融領域的私人股權投資機構，先後在日本、德國、荷蘭、美國、英國等投資許多商業銀行、保險公司及其他類型的金融機構，管理資產規模超過百億美元。

低價賣給摩根大通，貝爾斯登被拔掉品牌名

十六日下午，貝爾斯登的董事們終於做出了艱難的選擇，「兩美元總比什麼都沒有強」，在破產和低價收購之間，董事們選擇了後者。晚間，雙方共同聲明，達成收購意向。

貝爾斯登的股東憤怒了：老子就是再不值錢，十四日收盤價還是三十美元，比摩根大通僅低六．五四美元。貝爾斯登確實沒有違規問題，只要市場信心恢復，貝爾斯登的網路、員工團隊乃至固定資產都很值錢。

三月十七日，道瓊指數開盤大跌，貝爾斯登被收購的消息令全球股市癱軟。大家都在想，誰會是下一個？

當日，貝爾斯登股價下滑至二．五美元，終於出現了明顯的護盤力量，投資者明白，貝爾斯登股東們顯然不肯吃這個啞巴虧，貝爾斯登就是破產清算，恐怕也比二美元多些。

三月十八日，市場信心似乎又回來了，貝爾斯登股價回升至八美元。但是，貝爾斯登已經開始解體，從前臺、中臺到後臺，各團隊都有人離開，據說當日貝爾斯登的工作臺空餘了三分之一。

三月十九日下午五時三十分，摩根大通的掌門人戴蒙（Jamie Dimon）來到貝爾斯登的辦公大樓。在這裡，他遭到數百名貝爾斯登股東圍攻，他們警告戴蒙，兩美元是絕不能接受的，貝爾斯登絕不做城下之盟，將選擇破產。

為促成交易，財政部開始對摩根大通施壓，保爾森在一次與戴蒙的電話中提到，希望能看到更高的價格。

三月二十四日，貝爾斯登與摩根大通終於達成共識，最終收購價為每股十美元。鑑於摩根大通在投資銀行界的實力與聲譽，將不再保留貝爾斯登品牌。

西元二〇〇八年三月二十四日，貝爾斯登卒，得年八十五歲。

雷曼兄弟的破產

雷曼兄弟給華爾街乃至全球金融市場帶來的傷害是永久性的，雷曼兄弟持有一千三百八十億美元優先債券、一百七十億美元後償債券（次級債務），破產意味著這些債券最多只能收回四〇%，投資者損失可能近千億。

雷曼兄弟控股公司（以下簡稱「雷曼兄弟」）擁有一百五十八年的歷史，二〇〇七年淨利達四十二億美元，在全球五百強企業中排名第一百三十二位，幾乎涉及所有的金融領域，業務遍及全球，是實至名歸的金融帝國。雷曼兄弟曾倖免於十九世紀鐵路公司倒閉風潮、一九二九年金融危機和長期資產管理市場崩潰，被業內譽為「有十九條命的貓」。

二〇〇八年九月十五日，華爾街迎來了有史以來最黑暗的一天，當日美國第四大投資銀行雷曼兄弟宣布破產，這是有史以來美國最大的金融業破產案（同日，第三大投資銀行美林〔Merrill Lynch〕被美國銀行〔Bank of America〕收購）。

一八五〇年，德裔美國三兄弟亨利．雷曼（Henry Lehman）、伊曼紐爾．雷曼（Emanuel Lehman）、邁爾．雷曼（Mayer Lehman）在阿拉巴馬州創辦了雷曼兄弟乾貨店（Lehman Brothers），從此開始了輝煌的歷史。

一九二九年，雷曼兄弟在大危機中引進私募資本，率先使用ＰＥ機制[119]為缺乏現金的公司融資，一戰成名。

一九九三年，雷曼兄弟為中國建設銀行海外募集債券成功，是中國企業海外融資的第一案，同年，為中國政府承銷首筆海外美元債券「龍債」（Dragon Bonds）。

二〇〇一年，雷曼兄弟於世貿中心的總部在九一一恐怖襲擊中毀於一旦，僅隔一天就動員一千兩百名員工重建總部，恢復了大部分的業務，當年，進入標準普爾一〇〇指數。

二〇〇七年，榮膺《財星》（Fortune）雜誌最受羨慕的證券公司。

危機前夕，雷曼兄弟總資產六千三百九十億美元……

精巧的金融工程模型：信用違約互換交易

在英雄輩出的華爾街，雷曼兄弟能走到今天，絕非幸運所致。二〇〇三年，雷曼兄弟大規模涉足次貸產品。與貝爾斯登相比，雷曼兄弟的思路更為精巧，主要經營次貸的高級衍生品——信用違約互換交易（CDS）[120]，與CDO相比，CDS的購買者根本看不出這是次貸產品，對原生貸款的違約率更是一無所知。

掩蓋原生違約率的方法，也是金融工程。

雷曼兄弟擁有強大的研發團隊，不但是金融精英，而且是數學家和電腦程式設計高手。即使在今天，我們仍驚歎於這些模型構思的精巧。與CDO相反，CDS認為次貸違約率很高，也對沖了各種違約風險，而且CDS及其衍生品囊括很多金融產品，次貸只是其中很小的一部分。理論上，即使次級房貸者大規模違約，對CDS的收益也不會產生顯著影響，雷曼兄弟似乎認為依靠這些金融工程模型，完全可以規避風險。

請注意，這裡講的是「理論上」，這一點很重要。即使金融工程模型再精巧，也不可能模擬人類心理，更不可能預估社會群體的反應。何況金融工程的始作俑者是一批一九二九年大危機中失業的物理學家，窮極無聊的把物理學方法嫁接到金融學上，創造了所謂的「金融工程」。如果金融工程真能類比市場，那設計者早改行創造變形金剛了。

在紛繁複雜的金融工程模型背後，無一例外有著致命的缺陷：模型假設不成立。無論多麼複雜的金融工程模型，也不可能囊括世間萬象，所謂小機率事件，某一個時點機率可能很小，某一個時點卻是必然。然而，金融工程高手們忽略了長期，只求現在，這種金融工程無論設計得多精巧，本質都是不可靠的。

曾榮膺諾貝爾經濟學獎的莫頓（Robert Merton）曾經慨歎自己的模型無效：「我們的模型沒有錯，是世界錯了。」

世界錯了嗎？沒有，錯的仍舊是那些不著邊際的金融工程模型，當人類把對沖、槓桿這些概念發揮到極致，也就種下了危機的種子。無論美國經濟現在多麼健康，無論美國市場交易多麼有誠信，投資銀行有多麼聰明的金融工程師，能設計多麼精巧的模型，有一個定論是無法更改的：**市場必然有下行的時候。**因為，這是金融市場，即使你聰明絕頂，也不可能永遠順水順風。很遺憾，像次貸危機一類的系統性風險，金融工程模型通常不予考慮。

借貸、打包、搭售，次貸經過分散風險後，成為系統性危機

雖然金融工程模型不能類比人類心理，卻真正促成了一件事：分散風險，在各種投資者中分散風險。隨著金融創新不斷深入，投資者的鏈條會越來越長，從貸款者到投資銀行，從證券市場到債券市場，從機構投資者到個人投資者……經歷借貸、打包、搭售、信用增持、回購協議、評級等各種環節，到投資者手中時，鬼才知道裡面到底有多少次級貸款。

119 PE即私募股權投資（Private Equity）的簡稱，所謂的PE機制，就是透過非公開形式募集資金，並對企業進行各種類型的股權投資，或是對已經形成一定規模，並產生穩定現金流動的成熟企業的私募股權進行投資。這樣的做法，有助於降低投資者的交易費用，提高投資效率。

120 信用違約互換交易（CDS），全名為Credit default swap。在該項交易中，購買者將定期向出售者支付一定費用（信用違約互換點差），一旦出現違約，購買者有權將債券以面值賣給出售者，從而有效規避信用風險。

分散風險，沒錯。雷曼兄弟把次貸納入金融市場的每一個環節，二〇〇七年中期，CDS規模已達美國GDP的四倍。次貸本來只是局部風險，經過分散後，卻成為一場系統性的危機。而系統性危機，金融工程無法分散。

其實，在次貸危機中，雷曼兄弟並非沒有機會全身而退，**致命的錯誤在於雷曼兄弟對危機的嚴重性估計不足**。簡單點說，就是雷曼兄弟認為美國經濟的基本面尚好，次貸危機不會蔓延過久。這種理念很可能源自雷曼兄弟過度依賴金融工程，畢竟模型的初衷是轉移局部風險，對系統性風險無能為力。如果認定次貸危機是系統風險，雷曼兄弟的金融工程師很可能會很快失業。

在這種理念指導下，新世紀金融公司剛剛破產，二〇〇七年五月雷曼兄弟突然宣布聯合鐵獅門地產公司（Tishman Speyer Properties LP），併購美國第二大房地產投資信託公司——阿切斯棟—史密斯信託（Archstone-Smith Trust），併購耗資兩百二十億美元。因為，雷曼兄弟的金融工程師認為，二〇〇七年美國地產業仍然很景氣，比如，紐約市區的租房率「should」從六%上升至六．五%。這種預測和戰略當然是相當瘋狂的，斷掉了雷曼兄弟最後的生存機會。

二〇〇八年三月，貝爾斯登被收購。由於雷曼兄弟與貝爾斯登的資產結構極其相似，市場開始做空雷曼兄弟的股票。雷曼兄弟感受到寒冬的到來。當月，雷曼兄弟對次貸減計十八億美元，裁員三千五百人。此時，雷曼對自己的絕境仍然一無所知，貝爾斯登破產的前一天，雷曼兄弟還公布季報，宣布本季實現盈利四．八九億美元。

二〇〇八年四月，雷曼兄弟旗下三家對沖基金破產清算。

二〇〇八年五月，雷曼兄弟股價已經不足淨資產的六〇%。

二〇〇八年七月，雷曼兄弟股價大幅下跌。七月下旬，市場盛傳高盛對賭雷曼兄弟股價下跌，雷曼兄弟可能會成為貝爾斯登第二……

此時，破產在所難免了。

九一一摧毀了雷曼兄弟總部，沒有摧毀雷曼兄弟的靈魂；七年後的九月十一日，才是雷曼兄弟真正的「九一一」，當日雷曼兄弟股價暴跌四一％，收於四．二二美元。次日，保爾森公開表態，美國財政部不會「浪費納稅人的稅款拯救雷曼兄弟」，跌破市場的眼鏡。

九月十五日，穆迪、標準普爾下調雷曼兄弟的評級，雷曼兄弟申請破產保護，金融帝國轟然倒下。當天，雷曼兄弟與半年前股價相比，跌去了九九．七九％，當日道瓊指數創九一一以來最大跌幅四．七一％。

雷曼兄弟給華爾街乃至全球金融市場帶來的傷害是永久性的，雷曼兄弟持有一千三百八十億美元優先債券、一百七十億美元後償債券（次級債務），破產意味著這些債券最多只能收回四〇％，投資者損失可能近千億。中國也是受害者之一，截至九月十五日，中國銀行系統共持有雷曼兄弟債券八億美元左右，如果核算央行持有的美國債券，損失會更大。

人們開始意識到，次貸危機是美國歷史上百年不遇的金融災難……

投資銀行從獨立到轉型

摩根史坦利和高盛的轉型意味著美國獨立投資銀行模式的終結，主流金融機構恢復到一九二九年經濟危機前的狀態。恰恰是在一九二九年那場史無前例的大危機中，混業經營同樣被認為是金融危機的根源。

面對洶湧而來的金融機構破產潮，美國政府雖然信奉自由市場，也不太可能讓市場自由崩潰。二〇〇八年九月十九日，雷曼倒下後的第四天，美國財政部長保爾森主導的救市計畫出爐，人們將之稱為「保爾森計畫」（Paulson finacial rescue plan）。

政府擬動用七千億美元購入已經喪失流動性的不動產抵押貸款證券[121]，為解決資金來源，要求國會批准國債法定上限提升到七千億美元，國債收入將在兩年內用於購買金融機構的「不流動證券」。

小布希總統當日發表演講為方案辯護：「方案需要投入可觀的納稅人金錢，但我認為這個進取的做法對美國家庭造成的代價，相比其他方案遠低。我們的金融市場繼續受壓，只會釀成大規模職位的流失，搞砸退休金帳戶，進一步削弱房價，新一批的房貸、車貸和大學學費借貸將變得乾涸。」

美國國會歷來是一個博弈角鬥場，任何提案都會引起軒然大波，何況保爾森計畫是一九二九年危機以來美國政府最大規模的救市計畫。

「保爾森救市計畫」通過，挽救美國經濟的第一步

九月二十一日，前眾議院議長金瑞契（Newt Gingrich）在國家發展網站上公開指責救市計畫，呼籲保守派議員們不能匆忙通過該議案。一天後，金瑞契再度語出驚人，稱拯救方案是為了收買人心，他甚至要求總統解聘自己的經濟小組，言下之意要保爾森和柏南克（Ben Bernanke）[122]走人。政壇以外，包括詹姆斯·郝克曼（James J.Heckman）、奧利弗·哈特（Oliver Hart）等大牌經濟學家在內的一百二十二名學者致函國會，稱保爾森計畫缺乏公平性，細節含混不清，計畫將長期損害美國的創新能力和資本市場。

顯然，否決救市計畫會引來市場暴跌，此時距總統大選只有六週時間，議員們未必敢以政治生命作為賭注，金瑞契畢竟是「前」議長。

九月二十三、二十四日，財政部長保爾森和新任聯準會主席柏南克接受國會質詢；兩位金融巨頭痛陳，美國經濟已經「危在旦夕」。但令議員們難以接受的是，保爾森曾任高盛集團董事長，聽證會上他未能充分論證該計畫如何惠及民眾，卻通篇在談如何支援華爾街頭寸和金融巨鱷。

議員們開始指責保爾森，說他「不過是將財政部的臨時辦法變成立法」，「從前說美國經濟基本

面很健康，突然又提出經濟即將崩潰，我們無法接受」，最終，保爾森未能說服議員。

時間：九月二十五日晚。

地點：白宮羅斯福廳。

事件：面對民主黨眾議院議長裴洛西（Nancy Pelosi），保爾森突然下跪。

面對曾經叱吒華爾街的現任財政部長，這位女強人很無奈，「要知道，不是我而是共和黨在抨擊你的議案」。大概是出於對財政部長一跪的感動，二十八日，裴洛西在國會大廈宣布政府已經和國會就保爾森計畫達成協議：總額七千億美元救助資金分期撥付，財政部可以馬上動用三千五百億美元，其餘一半等待國會批准；救助範圍擴大到養老基金、州政府、中低收入家庭為主的社區；至於金融機構，不得借此行使「金色降落傘」[123]。

裴洛西說的沒錯，民主黨不是救市計畫的主要障礙，民主黨雖然也抨擊救市計畫，但只是要求政府不得將救市資金交給華爾街。反而是布希所在的共和黨，對議案百般質詢，甚至聲稱選民不會支持，要求另行制訂方案。

結果，被裴洛西言中。

二十九日，眾議院以兩百二十八票反對、兩百〇五票贊成，否決了協議。道瓊指數應聲下跌七百七十八點，單日跌幅七％，再次刷新了華爾街歷史的單日下跌點數，保爾森只能仰天長歎：「我對今天的投票結果非常失望。」

121 不動產抵押貸款證券（Mortgage-backed securities，簡稱MBS），就是將金融機構的不動產擔保抵押貸款，包裝組合起來，移交給信託機構，由具公信力之擔保機構來擔保、發行證券以強化其信用，提高證券銷售。
122 當時的聯準會主席（二〇〇六年接任，二〇一四年二月三日卸任）。
123 金色降落傘（Golden Parachute）為一種補償協議，即規定在目標公司被收購的情況下，公司高層管理人員無論是主動還是被迫離開公司，都可以得到一筆巨額的安置補償費用，讓收購方的收購成本增加。此法可說是抵禦惡意收購的一種防禦措施。

但是，金融對美國實在太重要了，呼吸之間都要靠這些機構融通資金；沒有金融機構，等於直接斷送美國的經濟，這樣大家都得不到好處。顯然，議員們也知道救市方案的重要性，否決提案後，兩黨開始互相指責，痛斥對方投反對票是不負責任。隨後，兩黨領袖公開表示不會讓法案胎死腹中，要尋求其他途徑救市。民主黨和共和黨的州長協會也發表聯合聲明，呼籲兩黨通過救市計畫，挽救岌岌可危的美國經濟。「如果該計畫擱淺了，那就只能乞求上帝來拯救了。」

保爾森計畫開始了並不漫長的修改過程，雖然修改的內容很多，但關鍵的只有兩條：一是聯邦存款上限從十萬美元上調至二十五萬美元，二是增加了一條為期十年，總規模達一千五百二十億美元的減稅計畫。這些條文讓法案獲得了更為廣泛的支持，也儘量避免了黨派色彩。

十月一日，參議院以七十四票贊成、二十五票反對，通過了修改後的議案。十月三日，眾議院以兩百六十三票贊成、一百七十一票反對的結果通過了再次修訂後的提案，救市計畫總規模提升到八千五百二十億美元。

挽救美國經濟，這只是第一步，更多的人還是相信：「華爾街那些貪婪的豬，不值得勤勞的美國人民伸出雙手。」

從「以一流方式做一流生意」，墮落為「只要能成交，賺一票算一票」

投資銀行曾經是世界金融的驕傲，摩根史坦利、高盛、瑞銀（UBS AG）[124]、雷曼兄弟、美林，每一個名字都富有傳奇色彩，每一個巨無霸的背後，都有著無數炫目的金融巨匠。

金融海嘯突然擊潰了這些金融帝國。西元二〇〇八年九月二十二日，聯準會宣布批准高盛和摩根史坦利轉制為銀行控股公司，向包括美林在內的投行提供更多流動性支援。

獨立的投資銀行同樣是金融風暴的產物。二十世紀三〇年代，為隔離商業銀行和華爾街，美國國會通過了史上最為嚴厲的監管法案之一《格拉斯－斯蒂格爾法案》，投資銀行不准涉足商業銀行的業務。根據這個法案，一九三五年摩根財團被肢解為J・P・摩根公司和摩根史坦利，分治銀行和投行業務。

摩根史坦利是那個時代的投行貴族，它不會去搶別人的生意，與每一家客戶都是獨家業務。摩根側重選擇「沒有背景、有事業心」的青年作為雇員；今天投行遍地皆是協調人員，這些人在那時的摩根根本沒有位置，他們被鄙視為「推銷員」。說摩根史坦利是投行貴族，一點都不過分。

那個時代，整個摩根史坦利為融資者而存在，對資本提供者的回報只是副產品。今天，堂堂的摩根史坦利居然以犧牲員工個人的尊嚴為代價去換取業務！

整個五〇年代，在這種企業文化下，摩根史坦利都展現了非凡魅力，經常一單業務就刷新了全球投行界的紀錄：一九五三年承銷通用汽車公司三億美元的債券，一九五七年承銷IBM公司二・三一億美元股票……

> 如果上帝要融資，他也要找摩根史坦利。
>
> ——《摩根帝國》

七〇年代，高盛、所羅門兄弟等一批競爭對手逐步壯大，開始與摩根史坦利爭奪客戶。此時，一個決定性的人物——羅伯特・鮑德溫（Robert Baldwin）出現了。

他把平民行銷思想帶入了摩根史坦利。鮑德溫敏銳地意識到，摩根的對手正在取悅資本的供給方，而摩根恰恰相反。在鮑德溫的主導下，摩根開始重點涉足證券經銷；在此之前，這種業務一向被摩根視為「垃圾」。

124 瑞士聯合銀行集團的簡稱。它是一個多元化的全球金融服務公司，在瑞士及蘇黎世設有總部，乃世界第二大的私人財富資產管理者、歐洲第二大銀行。

自此，摩根史坦利開始以強硬的態度蠶食中小企業的首次公開募股（Initial Public Offerings，簡稱IPO）業務，到二十世紀八〇年代，投行領域的市場細分被徹底打亂，摩根史坦利、高盛、雷曼兄弟等美國本土投行開始了越演越烈的廝殺。

有競爭是好的，但過度競爭，很糟糕。如果說八〇年代投行之間的業務競爭還能限制在理性範圍之內的話，那麼九〇年代的競爭無疑進入了白熱化階段，正是這種競爭毀掉了投行帝國。

一九九五年八月九日網景通訊公司（Netscape Communications Corporation）上市，這個沒有一分盈利的公司，開盤股價即飆升至七十一美元；地球引力在這一刻消失了。自此，幾乎所有投行都組建科技行業部門，摩根團隊也開始鋪天蓋地地自我標榜。驟然興起的美國高科技行業，給投行帶來無盡的業務源泉，實際上，這是一批良莠不齊的上市公司。

為搶奪市場，包括摩根史坦利在內的投行，開始以巨額獎金激勵員工獲取市場份額，這種方式對投資銀行貴族式企業文化的打擊幾乎是致命的。自此，即使在同一家投行內部，團隊之間也是山頭林立，為爭奪業務，自家也可以白刃戰。摩根之前對市場的承諾是「以一流方式做一流生意」，至此，則墮落為「只要能成交，賺一票算一票」。

在高科技神話中，投資銀行不遺餘力「創新」了金融產品的定價方法。傳統折現核算不可能為網路公司定價，由此一系列的離奇指標開始進入投行模型。今天來看，無論如何衍生，「點擊率」這些指標實在是不能作為盈利基礎。

一九九九年美國國會通過《金融服務業現代化法案》（Financial Services Modernization Act of 1999），正式拋棄分業經營模式，商業銀行開始涉足投行領域。投行無一例外開始大規模涉足垃圾債券。很遺憾，次級貸款就是其中的重要內容。

二〇〇一年九月十一日，摩根史坦利在世貿中心的總部被恐怖主義分子炸掉，給新世紀的摩根帝國投下不祥的陰影。

摩根史坦利與高盛集團的轉型，終結美國獨立投資銀行模式

九一一之後，美國地產市場開始逐步回暖，CDS債券大行其道，二〇〇六年十二月，摩根史坦利以七億美元的價格併購了薩克森房貸服務公司（Saxon Mortgage Services）——一家專營次級抵押貸款的公司。

然而，無論摩根史坦利還是高盛都是江湖上屹立百年的門派，不能單靠糊弄。次貸危機之初，摩根史坦利就已經有所察覺。所以從二〇〇七年開始，摩根史坦利便在市場裡不斷做空次級抵押債券。

猜到故事的開頭，未必能猜到故事的結尾。

這個超凡的預見沒能挽救摩根史坦利，反而給它背上了一個大包袱。因為按金融工程理論，市場下滑時，優質債券的表現優於劣質債券，這似乎是一個常理。由此，為對沖做空CDO債券風險，摩根史坦利在二〇〇七年年初購入了大量超優先CDO，因為超優先CDO債券的評級優於CDO（實際上在危機中，這種債券的市場表現更差）。

市場是無情的，雖然摩根史坦利在做空CDO上獲得了大量收益，然而這並未能彌補超優先CDO債券帶來的損失。截至二〇〇七年八月，摩根史坦利稅前虧損為三十七億美元。即使如此，這些對摩根史坦利來說也不是不可彌補的，畢竟這家百年老店是世界上最強大的投資銀行，時至今日仍舊保留了資本實力和充足的流動性。

九月十五日，雷曼兄弟申請破產保護，市場普遍認為摩根史坦利和高盛也將步雷曼兄弟的後塵。此時，相信摩根史坦利的高層，對自己的變身並沒有充分準備。當天，摩根史坦利高層仍舊聲明沒有任何想法染指商業銀行業務，有足夠的財力支撐自己成為華爾街最後的投行。

金融市場裡有一個法則：如果市場認為一件事是真的，那這件事就會是真的。因為，市場是神。

二〇〇八年九月十七日，摩根史坦利股價下挫三七％；九月十八日，盤中最高下挫四六％。幸運的是，此時市場已經有保爾森計畫的傳聞，當日摩根史坦利股價以微幅小漲，收於二十二．五五美元。

即使如此，比股價下跌更可怕的事情仍舊發生了。摩根史坦利的優質機構經紀業務已經流失三〇％，據說這些客戶普遍認為有著穩定資金來源的商業銀行更加可靠。

九月二十日，摩根史坦利向聯準會申請轉型為商業銀行控股公司，次日獲得批准。同日，獲得同樣批件的還有摩根史坦利的難友，在全美投行排名第二的高盛集團。

一年之前，華爾街還認為金融監管是業務創新的絆腳石，此時為了挽救自己，接受聯準會監管卻成為救命稻草。華爾街，回到了八十年前。

摩根史坦利和高盛的轉型，意味著美國獨立投資銀行模式的終結，主流金融機構恢復到一九二九年經濟危機前的狀態。恰恰是在一九二九年那場史無前例的大危機中，混業經營同樣被認為是金融危機的根源。

今天，又是一場大危機，終結了獨立投資銀行模式，究竟哪種模式更適合抵抗危機或是促進經濟發展，也許本就很難說清。

終束了嗎？也許，**只有危機才能讓市場選出最優秀的金融體制**。

通用汽車走入歷史

長期併購使得GM產量超強，但最美麗的女孩也會年老色衰，沒有內涵，不可能靠容貌名垂千古。GM的產能就是這位遲暮的美人，空倚門欄，卻再也不會被消費者選在身側。

通用汽車（General Motors，簡稱GM）創立於一九〇八年。一九三一年開始直至二〇〇八年，GM不但始終是世界上最大的汽車製造商，還定義了戰後跨國巨頭的運作方式。

二十世紀三〇年代，GM創立了雪佛蘭（Chevrolet）、沃克斯豪爾（Vauxhall）、歐寶（Opel）等品牌，創新了獨立前輪懸吊系統等汽車技術。

二十世紀七〇年代，GM率先使用無鉛汽油，兩年後推出安全氣囊。

二十世紀八〇年代，GM實施自我重建，創立了一體化全球團隊。

二十世紀九〇年代創造了生物燃料和混合燃料。

GM曾經是美國人的驕傲，代表著工業文明。二十世紀五〇年代，通用總裁查爾斯·威爾遜（Charles Wilson）曾經在國會山莊驕傲地說：「凡是對通用有利的，都對美國有利。」

六十年，一個甲子，GM輪迴於生死之間。二〇〇九年六月一日，GM正式申請破產保護。新世紀的第一個十年，GM沒有走完……

「經理人持股計畫」讓通用的高階管理者以四處併購來提升業績

提到GM破產的原因，人們總是指責全美汽車工人聯合會過於強勢，並提及豐田等日系汽車的挑戰。然而，GM與豐田之爭已非一日，GM管理層更不可能糊塗到看不清人力成本高昂，緣何百年GM始終未能彌補自身的弱勢？GM的疲態在金融危機前就已經出現，這場突如其來的危機，不過是徹底擊潰這位百歲老人而已。其成其敗，都與金融相關。

殘酷的商戰中，GM最為有效的策略就是併購：在歐洲併購歐寶、澳洲併購荷頓（Holden）、亞洲併購大宇（Daewoo），大規模的併購中，GM迅速獲得了海外市場，這種跨國併購一度成為世界產業模式的典範。然而，這不是真相。

大規模併購背後，是類似於華爾街投行一樣的激勵機制和企業文化。GM從一九一八年起就開始推行「經理人持股計畫」，將管理階層的薪酬與企業當期業績直接掛鉤。每一任GM的高階管理者，都會受到巨大的當期業績壓力，併購無疑是最有效的擴張方式。於是，GM沒有像福斯（Volkswagen）一樣持之以恆地改良工藝，也沒有像梅巴赫（Maybach）一樣的頂級手工工藝，更不像日系車考慮燃油費用；面對全美汽車工人聯合會，管理者也得過且過，因為強硬的態度會引發罷工，會立刻影響到當期業績；更不敢與經銷商硬碰硬，畢竟經銷商轉投他人，對當期業績來說是硬傷。

相較於內部的消極，GM的管理階層卻有充足的動力推進海外併購，因為每次併購都將是一次海外擴張，能迅速帶來市場份額，提高當期業績。

日復一日的併購鑄就了GM龐大的身軀，也日益消磨了巨人的創新鬥志。對GM來說，創新，只意味著創新廣告概念，這樣可以提高市場份額，比如，不切實際的生物燃料技術。二十世紀八〇年代，GM還曾經投資小型車「土星」（SATURN），九〇年代也曾投資EV1電動車（Electric Vehicle No.1）。然而，九〇年代後期，GM的創新投資大幅下降，最後竟然連技術也要靠併購。

二〇〇〇年後，小型車在市場上站住了腳跟。世界石油價格波動，GM驚訝地發現市場已經是小型車的天下了。然而，自主創新卻非一日之功，GM的併購主體是銷售管道和海外品牌，面對挑戰，這位老人顯得手足無措。GM竟然將巨額費用用於遊說政府維持低油價，甚至放棄電動車EV1項目，使得豐田普銳斯（PRIUS）混合動力車（油電車）在美國本土長驅直入。

長期併購使得GM的產量超強，但最美麗的女孩也會年老色衰，沒有內涵，不可能靠容貌名垂千古。GM的產能就是這位遲暮的美人，空倚門欄，卻再也不會被消費者選在身側。

更可怕的是，GM發現自己甚至連調整產能都不可能，GM的高階主管無力對經銷商採取強硬態度，進而緊縮生產，也不能壓低勞動力成本。二〇〇五年，GM的在職員工平均每小時的工資為八十美元，而豐田美國本土的此一數字僅為五十美元。GM拿出的策略，只能是激勵消費者（過度）、簡化產品（降價），甚至降低研發費用。

飲鴆止渴。一切的根由，都是GM自身對高階主管的激勵機制，如同貪婪的投資銀行家；他們太看重高薪了。即便如此，GM非沒有機會。

董事會與總裁經營思路的不同，導致通用公司最後破產

二〇〇五年美國富豪柯克·科克里安（Kirk Kerkorian）收購了通用汽車九·九%的股票，成為通用汽車的最大股東，其助手傑洛米·約克（Jerome York）則進入GM董事會。

約克和GM總裁瓦格納（Rick Wagoner）的經營思路截然不同，約克希望GM能對市場份額和收入預期持更現實的看法，削減多餘產品和品牌，出售或關閉並不賺錢的業務，並以全新的視角看待通用汽車。同時，約克希望董事會儘快實行自己的經營方略，用他自己的話說，「時間就是一切」。

科克里安和瓦格納由此形成了尖銳對立。二〇〇六年六月，科克里安對瓦格納發表了一封措辭強硬的公開信，要求GM和雷諾—日產聯盟（Renault-Nissan Alliance），希望趕走瓦格納。

美國企業中，並非成為大股東就可以控制董事會，那是教科書上的傳說。控制一個企業，控股遠遠不夠，還要有控制企業的經營團隊。原總裁不配合，沒事；如果整個企業員工都不肯放棄既得利益，就是全資控股也沒用。

教科書告訴我們，大股東可以透過董事會換掉總裁。

對GM這樣的企業來說，這是胡扯。

以高薪在市場招聘員工，想加盟GM的人會擠破頭；即使以全世界最高的薪水聘請GM總裁，你會發現，這個位置根本無人可替，因為全世界稱職的人以個位數計算，而且他們早就有了自己的舞臺。這樣一個帝國，需要指揮若定，需要當機立斷，需要……任何人都可以被封為GM總裁，只是一紙律令根本無法保證控制整個企業。

何況，科克里安並沒有在董事會取得多數席位。

瓦格納在GM經營多年，在中小股東中頗有威望，所以最終瓦格納取得了董事會的支持，質疑科克里安聯盟程序的合法性，進而單獨組隊與雷諾－日產談判。瓦格納談判的結果自然是失敗，因為他堅持雷諾－日產必須為入股GM支付股權溢價，這是雷諾－日產不可能接受的條件。

隨後，約克脫離GM，科克里安也清空了手中的GM股份，GM喪失了危機前最好的自救時機。

此時，次貸危機已經席捲全美。

美國人開始勒緊褲帶，個人消費明顯下降，GM融資管道受阻；失去信貸途徑的GM開始搖搖欲墜。二〇〇八年九月，GM、福特和克萊斯勒三家汽車巨無霸的CEO到華盛頓，要求政府支持底特律汽車產業。令人憤怒的是，如此困境之下，三巨頭仍然包了一架專機，這激怒了國會山莊。

結果是，申請沒有獲得批准。

十一月，GM向美國國會遞交了第一份生存計畫書。

GM破產，顯然是美國政府非常不願意見到的，不僅因為GM自身數以萬計的員工，更為關鍵的是，GM背後超長的產業鏈會因此崩潰。為避免GM破產，小布希總統調整了國會援助計畫，向GM緊急援助一百三十四億美元。不過，一百三十四億對虧損幾近千億的GM來說，已經是杯水車薪了。

二〇〇九年二月，GM宣布二〇〇八年年底，公司只剩一百四十億美元現金，若無政府救助，將無法生存。當月，GM向國會遞交了第二份生存計畫書，同時向瑞典和德國政府求助。

即便如此，GM的掌門人瓦格納仍舊堅持絕不破產，並向國會痛陳，破產將使得三百萬人失去工作，GM無法重整山河待後生，因為，沒有人會購買破產企業所產的汽車。

國會拒絕了GM的生存計畫書，瑞典表示「瑞典國家和納稅人不會擁有這家工廠」，德國政府也表示即使援助GM，也要符合歐盟法律，資金不會流出歐洲本土。

好萊塢巨片中的博派變形金剛並沒有來拯救奄奄一息的GM，西元二〇〇九年六月一日上午八時，GM正式向紐約南區法院遞交了破產重組保護申請，此時GM資不抵債額為九百〇六億美元。

GM，在變形金剛的故鄉，走到了盡頭。

金融支撐世界，誰在支撐金融

如果複製、拷貝甚至盜竊核心技術真的可以強國，如果真的以為透過拆解別人產品就可領悟創新真諦，那麼世界上就永遠不會有弱小的國家了，再窮、再小的國家也會有天才。引領創新的，是金融；決定創新的，是教育。

毫無疑問，美國是當今世界第一強國。回顧美國崛起之路，我們試圖勾勒這個國家的發展戰略。一個令人驚訝的結論是：美國好像從來就沒有國家發展戰略。

從華盛頓時代，美國就沒有所謂的發展規畫；愛迪生沒有獲得國家基金支持，柯林頓也沒有制定偉大的資訊產業綱領。非但如此，人們對聯邦政府好像從來就不怎麼尊敬，沒事還經常刺殺總統解悶。

這是一個信仰新教的國家，從移民時代開始，清教徒就不斷移民新大陸。他們的思想始終為利益驅使，他們確實沒有綱領性文件，但每一個人又遵循同樣的行為準則：在現行法律架構內，賺錢、賺大錢、賺更多的錢。或許沒有人專門為他們設計，但他們確實朝著這個途徑走下去。

十九世紀末二十世紀初，美國湧現了一批「大王」：牛肉大王、糧食大王……各行業都有大王。他們是那個時代美國的中堅，但他們也終結了自由競爭時代。在殘酷的商戰中成長起來的壟斷企業，今天被叫做托拉斯。

競爭必然有失敗和成功，也就必然有兼併重組。產業趨向壟斷是不可避免的，最後必然產生托拉斯。托拉斯被肢解，自然也就成了金融控股集團，產業資金轉向更高端的汽車、石化。當這些再度成為夕陽產業，資金便轉向生物、核工業，接著就是二十世紀末的網路和虛擬經濟……

其中的關鍵，是創新。

「創新」是唯一的途徑，帶領產業走向頂端

產業代表著利益格局，當主導產業形成，利益格局也就給定了。不僅美國人，全世界的人都一樣，在既定的產業格局下要分割利益，不能說不可能，至少相當難。

每一個國家都希望能引領世界發展，民主國家希望，專制國家也希望。引領世界發展，僅有理想是不夠的，甚至發憤圖強也不夠。

中國人勤勞、勇敢、有智慧，美國人也不懶惰、愚蠢、懦弱。

但是靠這些，永遠成不了富人，更不可能讓一個國家、一個產業走進真正的頂端。從底層走到最頂端，僅靠勤勞、勇敢、有智慧，是不可能的。

唯一的方法，就是創新。

創造一種新的產品、新的理念，甚至一種全新的生活方式。此時，舊有利益格局就會被打破，而創新者，就會成為頂端。

這是捷徑，也是唯一的途徑。

在美國一百多年的產業創新中，金融為創新提供了充足的燃料——錢，世界資本在美國，從一個產業轉向另外一個產業，而在經濟分工中，美國始終掌握著產業中最核心的創新。美國手裡也始終掌握著世界最強大的資金，這些資金每日夢想著尋找更高的報酬，透過金融市場，一個個泡沫被吹出來；鐵路、電器、汽車、生化、網路，在泡沫中，這些技術的賺錢前景被看成七彩幻影，但最終在金

融市場的引導下變為現實。

當一個夕陽產業落後於時代，核心技術被別的國家掌握時，新的技術便會出現，因為他們的目的很明確，只有獨立掌握核心技術，才有可能賺更多的錢。拆解標準石油公司又能如何？拆解微軟又能如何？美國始終擁有世界上最強大的創新能力，有著世界上最優秀的技術。其他國家始終被壓制於產業鏈的最底端，包括歐洲，也包括日本和中國，只不過，中國更低。

可以複製產業模式，可以複製機械設備，甚至可以複製軟體原始程式碼，但永遠不可能複製的是第一次的創新！

如果複製、拷貝甚至盜竊核心技術真的可以強國，如果真的以為透過拆解別人產品就可領悟創新真諦，那麼世界上就永遠不會有弱小的國家了，再窮、再小的國家也會有天才。

發展教育、培育優秀人才來啟發更多的「創新」

引領創新的，是金融；決定創新的，是教育。

面對西方列強，清朝有人提出「富國強兵」，可從來就沒人提過「富國強民」。孫中山曾向李鴻章諫言，西人之所以船堅砲利是因為「人能盡其才，貨能暢其流，物能盡其用」，只追求船堅砲利是捨本逐末。

沒有富足的人民，哪來強盛的國家？沒有富足的人民，怎麼會有勇猛的士兵？沒有富足的人民，又憑什麼稱雄世界民族之林？

我們可以看到，美國、德國甚至日本在強盛之前都是率先發展教育，日本的甲午賠款，相當一部分用於國民教育。昨日風流不可述，今天，全球大學排行榜中的前十名，八所是美國院校，其餘兩所則是大學的濫觴——牛津和劍橋。

以此克敵，何功不建？

大概還不能稱呼這個邏輯為美國的國家戰略，因為並沒有一個專門的政策規定這些，這些是每一個人的行為理念：下一代人會比這一代人更幸福。

美國政府做得最多的事情，不是試圖引導產業資本，而是放任自流，給創新以空間。在教育方面，他們也從來都不含糊，即使南北戰爭期間，林肯總統一樣要頒布《土地撥贈法案》（Morrill Land-Grant Colleges Acts）：各州每入選一名聯邦議員，都要贈與本州三萬英畝土地，土地收益至少資助開辦一所農工學院。

即使存在金融危機，一九二九年那樣的風暴也未能擊潰這位全球經濟新秀。因為，這種教育體制給予人類一個公平起點。如果教育體制的遴選過程公平，優秀人才勝出就是必然，最後也必將經歷持久的繁榮。

只有這樣才可能有一個正常的社會階層流動機制，即使最底層的人也有機會身披金甲聖衣，腳踩七色祥雲，最後成為齊天大聖。

王侯將相寧有種乎？

如果王侯將相有種，絕大多數人也就斷絕了對美好生活的嚮往，不要說創造財富，不要說穩定，更不要說創新，全社會都會圍著財富存量在爭鬥，所有的一切就會變得沒有規則，這時候，維繫整個社會的剛性鏈條能存在多久都成問題。

於是，我們會看到暴戾，每一個人都不會感到幸福：窮人不幸福，有錢人不幸福；官不幸福，民就更不幸福。

當然，也有其他途徑能過上好日子，比如，搶劫。

中古時代，西班牙就搶劫美洲大陸為生。對國家戰略而言，能出門搶劫別的國家，也算一條路；搶劫自己人卻絕對不可能造就世界強國。因為，**被剝奪者不可能比剝奪者更強勢，因而也就只能是惡性循環。**

二十世紀九〇年代初的東南亞，正是這樣一個體制：現有的制度本身就具備掠奪性，只有進入體制內，機構才有掠奪的可能，當掠奪已經成為習慣，這種制度就很難打破自身循環。這種所謂的頂端，只能維持極少數人過富足的生活，因為，沒有創新，國民財富總數便是一定的。

創新必然會分割利益格局，而現行制度的本質，就是不允許這樣做。技術創新，靠的是利益激勵；制度創新，同樣也需要利益激勵。然而，制度創新遠比技術創新艱難。在一個給定的利益格局下，需要變革利益結構的人，恰恰不可能去變更現行制度。而對任何一個單獨的個人而言，即使有很強的能力，改變制度的成本，肯定高於躋身於現行制度的成本。

創新，難以為繼；危機，就成為必然。

所以，金融禍水就會向東流！所以，儘管我不能提出一個解決危機的方案，但是，我可以提出一個相信大家都不會罵我的辦法：中國教育經費應該增加！

如何看待金融危機

人類之所以能成為萬物靈長，最根本的原因是能製造工具，也就是說，人類具備改變這個世界的能力。而改變世界的動機在於獲得更多財富，也就是經濟學中的理性。當被掠奪者已經一無所有，創新的收益便會超越掠奪，人類終究會明白靠瓜分存量是不能發家致富的，也不能在戰爭中延續生存。

全球金融海嘯源於次貸危機，全世界人民都跟著美國倒了大楣……所以，有人說次貸危機是一場陰謀。這事，沒有。

搞垮自己，就為拖累別人？鬧這麼大動靜，目的就是為了讓自己終於過上窮人的日子？破產，順帶剝奪別人？大概只有為吸引注意力才提出這種思維，這是古龍《絕代雙驕》裡一個典型的惡人「損人不利己」——白開心。

就算美國統治者有這個賊心，包括美國人在內的全世界廣大人民也不會答應！

說次貸危機不是陰謀，是因為金融根本沒有這麼大的魔力。次貸僅僅只是一種融資模式，一個融資模式就能搞垮全球經濟，留你何用？

萬事萬物，有因，才有果。全球金融海嘯，也如此。它只是一個馬甲，如同一個幽靈，早就遊蕩於世界了。

在國家戰略中，只有白癡才這麼做。

說次貸危機是場陰謀，太高抬陰謀者，也太高看金融了。

辛辛苦苦幾十年，一夜回到解放前。莫非，金融就為製造危機？

前一陣，分析這場危機的文章鋪天蓋地：有人把葛林斯班拉下神壇，非難二十世紀末期他的低利率貨幣政策為本次危機埋下禍根；有人痛斥美國居民的消費習慣，信用消費透支了美國的未來；有人將禍端寄存到華爾街，指責無良的投資銀行家，唾棄毫無用處的金融工程模型……

這些，都對；這些，又都不對。

說對，是因為這些都是誘發危機的原因之一；說不對，是因為任何一個因素都不可能引爆危機，更不可能誘發全球金融海嘯。

生存經濟裡，不存在經濟危機

去掉細枝末節，勾勒出一個危機的骨架，或許我們能有新的認識：

……→經濟繁榮→流動性寬鬆→房價上漲→發放次貸→對沖風險（CDO等衍生債券）→房價下跌→次貸損失→對沖衍生金融工具損失→市場信心下降→金融機構倒閉→流動性緊縮→實體經濟下滑→

大型企業崩潰→全球經濟危機→……

這個流程在現有作品（文章）中並不少見，大家都知道。細心的讀者可能注意到，在我們勾勒的骨架之前之後都有「……」這個符號。加入「……」，是因為這段時間大家感覺正好，因此更少有人注意到。

萬事萬物，有因，才有果。金融海嘯也如此。

現在，讓我們順著這個邏輯回到工業革命之前，在第六章我們曾提到過一個名詞「生存經濟」，現在，讓我們溫習一下。

生存經濟中不存在金融或者經濟危機，因為這個時候的人們，能吃飽就不錯了。市場的激勵作用可以完全忽略，活下去才是最大的激勵。倒是組成集體抵抗自然（異族）的激勵非常強，於是我們有了氏族，有了部落，最後有了領主乃至國家。

如果用當代經濟學語言來描述，可以說這個時代人類的需求具有無限彈性，因此，無論生產什麼，人類都能消費掉。

於是，在這個時代，我們的歷史中有了集權式的秦漢和羅馬帝國。蒙昧時代，集權是抗衡自然的最佳途徑。

東亞始終在一個「集權—崩潰—集權」的圈子裡循環，國家政權始終是最有力的主體，於是東亞人更相信力量（權力）是獲得財富的主要途徑。確實，東亞自古不存在經濟危機，那是因為在西方殖民者到來之前，東亞始終沒有跳出生存經濟的限制。沒有市場，何來危機？因為沒有創新引導投資，獲得財富的唯一管道，就是詐騙或者掠奪，所以有所謂的「無商不奸」，所以說「竊國者為諸侯」。當被掠奪者進入絕境，那就是反叛與戰爭，這種經濟循環的表現形式更為殘酷，殘酷到要戰爭，要死人，甚至滅族。

西歐在羅馬帝國崩潰後孕育了城堡領主模式。由於沒有任何一方具有壓倒性優勢，所以，必須在規則之內武力競爭，於是，西歐有了騎士一對一決鬥。再往後，有了交易中的公平契約，西歐人希望在競爭中獲得收益。

要在市場競爭中擁有超越對手的實力，最大的長期獲利方式就是創新！無論是生產工具還是政治體制，西歐都沿著這個軌跡前進，所以在西歐，率先出現了有系統的科學技術，完善的商業銀行、資本市場，因為無論是技術還是融資方式的創新，都能取得競爭優勢。終於，在中世紀結束的時候，這種競爭體制率先突破了生存經濟藩籬，創造了輝煌的工業革命。

也是在這一刻，種下了經濟危機的種子。

經濟泡沫化之後的生存之道，就是再度創新

要想領先於競爭對手，就必須不停創新。但是，創新是艱難的，無論制度創新還是技術創新，都是一個循序的過程，也正是因為如此，重大的創新才顯得有意義，重大創新才有可能改變世界。如果我們真的生活在一個日新月異的世界，自己恐怕會瘋掉：早晨起來，昨天的知識、生活習慣就已經全部過時。

因為創新艱難，每次創新成功能帶來的都是巨大利益。其後，模仿者會蜂擁而至，投資新產業、新產品……創新由此改變人類生活，比如工業革命、電氣革命、資訊技術，但任何一次創新，都有自己的生命歷程，創新開始的時候會生產奢侈品，進而成本降低，等創新普及到草根大眾的時候，其使命就基本結束了。

理由很簡單，已經沒有市場再創造利潤了。

於是這個時候我們有了產能過剩，於是我們看到了西方初期經濟危機中被倒掉的牛奶，被砸掉的機器和產品。用馬克思的語言來解釋，經濟危機的成因就是人民購買力極度萎縮，也就是西方經濟學中的有效需求不足。確實，相對於過剩的生產能力，無論是購買力還是有效需求，都已經無法滿足。

這在經濟增長理論中，被稱為「延續型毀滅」，直白的語言就是「氣數已盡」，於是只能毀滅。即使創新毀滅了，投資還要繼續，前期的利潤還要尋求更多的收益，流動性過剩便會出現。沒有產業投資管道，錢會去哪裡？

答案是：泡沫。

當然，泡沫還會繼續創新神話，雖然事後看簡直是癡人說夢，比如製造永動機，比如製造聰明基因，比如製造變形金剛……

泡沫很漂亮，也有很多種，但結局無一例外只有一個：破滅。

泡沫破滅了，人還得生存，還要繼續創造財富；如果不能創造，那就必然轉向掠奪。這才是人類最悲哀的事情，畢竟我們是人，是人就要尋求更好的生存，得不到增量，就要瓜分存量。

這種搶奪發展到極致，就是戰爭，目的和手段只有一個：以錢換錢。

於是，我們有了一次大戰、二次大戰，有了兩次伊拉克戰爭……戰爭會毀滅既有的財富，也會改變財富分配，當然也能為過剩的產能創造需求，所以兩次世界大戰美國都能大發其財。

人類之所以能成為萬物靈長，最根本的原因是能製造工具，也就是說，人類具備改變這個世界的能力。而改變世界的動機在於獲得更多財富，也就是經濟學中的理性。當被掠奪者已經一無所有，創新的收益便會超越掠奪，人類終究會明白靠瓜分存量是不能發家致富的，也不能在戰爭中延續生存。

此時，創新會再度來臨，人們會再度拋棄原有的生活模式，進入一個嶄新的世界。這在經濟理論中被稱為「創造型毀滅」，直白的語言就是「以舊換新」，於是經濟再度繁榮。

脫離生存經濟一百多年來，東西方這種金融危機的內核始終沒有改變。

在經濟起飛的過程中，東南亞始終依靠出口導向型戰略、依靠模仿型創新、依靠勞動力優勢。說難聽點，這種方式是撿破爛，然後透過掠奪本國勞動力的紅利（廉價）進行出口加工，說到底還是原有的掠奪模式，沒有自主創新能力。一旦模仿型創新優勢耗盡，那無疑同樣會產生流動性過剩……剩下的就是危機了。

而次貸危機，內核與一九二九年的危機並無二致，都是因為創新的潛力耗盡，只不過一個是工業革命（催生了電氣技術）潛力耗盡，一個是資訊化創新能量耗盡。必須依靠人類理性形成新的創新，唯有如此才能真正結束本次危機。

昨天被倒掉的牛奶，就如同今天倒下的雷曼兄弟，兩者並無二致，都是因為創新的潛力耗盡，只不過一個是工業革命，一個是資訊化。

換了一個馬甲，就認不出來了？

既然認出來了，那麼，人類如何才能避免經濟危機？我用了一本書的篇，其實，就為回答這個問題。

回答這個問題，其實也就一句話。估計看完全書，您已經能接受了：危機永遠是不可避免的，金融危機昨天有，今天有，明天還會有。

索引

六劃

五劃

八劃

七劃

九劃

十劃

十一劃

十三劃

十二劃

十五劃

十四劃

十六劃

十七劃

十八劃

十九劃

二十劃

二十一劃

二十二劃

二十九劃

地球觀 20

世界金融大歷史3000年

從古希臘城邦經濟到華爾街金錢遊戲

作　　者　陳雨露、楊棟

社　　長　張瑩瑩
總 編 輯　蔡麗真
責任編輯　翁淑靜、蔡麗真
特約編輯　黃怡瑗
專業校對　魏秋綢
行銷企劃　林麗紅
封面設計　兒日設計
內頁排版　洪素貞

出　　版　野人文化股份有限公司
發　　行　遠足文化事業股份有限公司
地址：231新北市新店區民權路108-2號9樓
電話：（02）2218-1417　傳真：（02）8667-1065
電子信箱：service@bookrep.com.tw
網址：www.bookrep.com.tw
郵撥帳號：19504465遠足文化事業股份有限公司
客服專線：0800-221-029

讀書共和國出版集團
社　　長　郭重興
發行人兼出版總監　曾大福
印　　務　黃禮賢、李孟儒
法律顧問　華洋法律事務所　蘇文生律師
印　　製　成陽印刷股份有限公司
初　　版　2014年5月（初版書名為《世界金融史3000年》）
二版1刷　2019年1月

國家圖書館出版品預行編目(CIP)資料

世界金融大歷史3000年 : 從古希臘城邦經濟到華爾街金錢遊戲 / 陳雨露, 楊棟著. -- 二版. -- 新北市 : 野人文化出版 : 遠足文化發行, 2019.01　面；　公分. -- (地球觀 ; 20)

ISBN 978-986-384-340-5(平裝)

1.金融史

561.09　　107023400

世界金融大歷史 3000 年

線上讀者回函專用 QR CODE，您的寶貴意見，將是我們進步的最大動力。

野人
野人文化
讀者回函卡

書　名

姓　名　　　　　　□女 □男　年齡

地　址

電　話　　　　　　手機

Email

□同意 □不同意　收到野人文化新書電子報

學　歷 □國中（含以下）□高中職 □大專 □研究所以上

職　業 □生產/製造 □金融/商業 □傳播/廣告 □軍警/公務員 □教育/文化 □旅遊/運輸 □醫療/保健 □仲介/服務 □學生 □自由/家管 □其他

◆你從何處知道此書？

□書店：名稱 ________　□網路：名稱 ________

□量販店：名稱 ________　□其他 ________

◆你以何種方式購買本書？

□誠品書店 □誠品網路書店 □金石堂書店 □金石堂網路書店

□博客來網路書店 □其他 ________

◆你的閱讀習慣：

□親子教養 □文學 □翻譯小說 □日文小說 □華文小說 □藝術設計

□人文社科 □自然科學 □商業理財 □宗教哲學 □心理勵志

□休閒生活（旅遊、瘦身、美容、園藝等） □手工藝／DIY □飲食／食譜

□健康養生 □兩性 □圖文書／漫畫 □其他 ________

◆你對本書的評價：（請填代號，1. 非常滿意 2. 滿意 3. 尚可 4. 待改進）

書名 ____ 封面設計 ____ 版面編排 ____ 印刷 ____ 內容 ____

整體評價 ____

◆你對本書的建議：

野人文化部落格 http://yeren.pixnet.net/blog

野人文化粉絲專頁 http://www.facebook.com/yerenpublish

廣　告　回　函
板橋郵政管理局登記證
板橋廣字第143號

郵資已付　免貼郵票

野人

23141
新北市新店區民權路108-2號9樓
野人文化股份有限公司 收

請沿線撕下對折寄回

野人

書號：0NEV4020